2002-2012

“科学发展 成就辉煌”系列丛书

百年大计 教育为本

——党的十六大以来教育事业改革发展回顾（2002-2012）

■ 袁贵仁 主编

人民出版社

目　　录

中 篇

下　篇

全面推进教育事业科学发展
努力办好人民满意的教育（代序）

教育部部长　袁贵仁

“教育是国计，也是民生；教育是今天，更是明天。”大力发展教育事业，不断深化教育改革，是全面建设小康社会、加快社会主义现代化、实现中华民族伟大复兴的必由之路，是全面提高国民素质、提高人民物质文化生活水平、促进人的全面发展的根本途径。党和国家历来高度重视教育事业，新中国成立以来特别是改革开放以来，我国教育改革发展取得了举世瞩目的巨大成就。党的十六大以来，以胡锦涛同志为总书记的党中央带领全党全国各族人民，深入实施科教兴国战略和人才强国战略，坚定不移走中国特色社会主义教育发展道路。2010 年，党中央、国务院召开了新世纪以来第一次全国教育工作会议，启动实施《国家中长期教育改革和发展规划纲要（2010—2020 年）》（简称《教育规划纲要》），对全面推动教育事业科学发展、建设人力资源强国发出了新的动员令。

经过改革开放三十多年的不懈拼搏，特别是党的十六大以来的奋力攻坚，今日的中国，已从人口大国转变成为人力资源大国，正在向人力资源强国昂首迈进。在全党全社会喜迎党的十八大胜利召开之际，广大师生员工和教育工作者回顾过去十年教育改革发展新成就，深感振奋和自豪。

——党的十六大以来的十年，是我国教育优先发展战略地位日益巩固的十年。党的十六大以来，在以胡锦涛为总书记的党中央正确领导下，党和国家对教育在社会主义现代化建设中的基础性、先导性、全局性作用的认识不断深化，优先发展教育在全党全社会形成高度共识，成为党和国家的坚定意志，加强对教育事业的领导、落实教育优先发展战略地位，成为各级党委政府的自觉行动。

在党中央、国务院的有力推动下，在各级财政部门的大力支持下，国家财政资金优先保障教育投入取得重大进展。2010 年，国家财政性教育经费投入接近 1.5 万亿元，比 2002 年增加了 3.2 倍，年均增幅约 20%。国家财政性教育经费占国内生产总值的比例也从 2002 年的 2.9% 提高到 2010 年的 3.65%，逐步接近 4% 的目标。

各级党委和政府把推动教育事业优先发展作为重要职责、摆上重要议事日程。各省、市、自治区实施推动教育优先发展“一把手工程”，并将教育发展指标纳入各级政府和领导干部的考核体系，实行教育优先发展目标责任制和问责制，全国上下形成了密切协作、齐抓共管的新机制，为教育改革发展开创了全新局面。

——党的十六大以来的十年，是我国坚持以人为本全面实施素质教育的十年。党中央坚持把育人为本作为教育工作的根本要求，专门就加强和改进未成年人思想道德建设和大学生思想政治教育、加强青少年体育工作等下发文件，对把社会主义核心价值体系融入国民教育全过程、深入实施马克思主义理论研究与建设工程等作出专门部署。各级各类学校深入推动中国特色社会主义理论体系进教材、进课堂、进头脑，着力引导学生形成共同理想和道德规范，青少年思想教育工作取得新的进展。

全国教育系统越来越自觉地以全面贯彻党的教育方针、全面实施素质教育为导向，坚持德育为先、能力为重、全面发展，着力培养学生服务国家服务人民的社会责任感、勇于探索的创新精神和善于解决实际问题的实践能力，引导青少年学生树立远大抱负，刻苦学习，艰苦奋斗，开拓创新，以高尚的道德情操、过硬的专业素养、健康的身心素质，担负起崇高的历史使命。

——党的十六大以来的十年,是我国教育普及水平持续提升的十年。义务教育实现历史性跨越。在世纪之交基本普及九年义务教育、基本扫除青壮年文盲的基础上,经过十年攻坚,到2011年年底,全国31个省(自治区、直辖市)和新疆生产建设兵团全面普及了九年义务教育,青壮年文盲率降到1.08%,这一辉煌成就,成为中国教育发展史上的重要里程碑。

学前教育加快发展。2002—2011年间,全国幼儿园增加5.50万所,在园儿童数增加了1388万人,学前三年毛入园率从不到40%提高到62.3%,提前实现了《教育规划纲要》2015年的预期目标,学前教育的“短板”状况大为改善。

高中阶段教育加快普及。毛入学率从2002年的42.8%提高到2011年的84.0%。职业教育取得突破性进展,中等职业教育和高等职业教育分别占到高中阶段教育和高等教育总规模的半壁江山。

高等教育大众化水平进一步提高。3000多万人的在学总规模稳居世界第一,毛入学率从2002年的15%提高到2011年的26.9%。2010年,我国具有高等教育文化程度的人口为1.19亿人,每10万人中具有高等教育文化程度的由2000年的3611人上升为2010年的8930人,高层次专业技术人才队伍显著加强。

——党的十六大以来的十年,是我国教育改革开放不断深化的十年。国家加强对教育改革创新的顶层设计,组织实施重大项目和改革试点,人才培养体制、考试招生制度、现代学校制度、办学体制、管理体制等方面改革以及教育开放正在向纵深推进。

教育管理体制进一步完善,义务教育实行国务院领导、省级人民政府负责统筹规划实施、以县级人民政府管理为主;职业教育实行在国务院领导下,分级管理、地方为主、政府统筹、社会参与;高等教育实行中央和省级人民政府两级管理、以省级人民政府管理为主。各级政府之间对各级各类教育管理的职责与权限更加明确。

政府与学校的关系逐步理顺，学校面向社会依法自主办学、自我发展、自我约束的机制初步建立。国家鼓励和引导社会力量兴办教育，以政府办学为主体、公办学校和民办学校共同发展的格局基本形成。

教育投入体制改革继续深化，建立健全了公共教育财政制度，政府对公共教育的保障责任得到加强；非义务教育阶段成本分担机制更加完善，形成了义务教育由政府负全责、非义务教育阶段以政府投入为主、多渠道筹措教育经费的体制机制。

教育开放进一步扩大，开拓了全方位多层次宽领域的出国留学和来华留学同步发展的新格局，我国正在成为有吸引力的留学目的国，孔子学院呈现蓬勃发展态势，教育对外交流合作的质量和水平正在不断提高。

——党的十六大以来的十年，是我国教育公平迈出重大步伐的十年。我国已经全面实现了全国范围内的九年免费义务教育，惠及1.6亿多适龄儿童少年。2600多万农村义务教育阶段学生受益的营养改善计划启动实施，农民工随迁子女在城市接受义务教育的问题初步解决。

公共教育资源向农村地区、边远贫困地区和民族地区倾斜，西部和民族地区的主要教育发展指标与全国平均水平差距正在缩小。从学前教育到研究生阶段完整的家庭经济困难学生资助体系初步建立，每年资助近1.8亿名学生，保证了学生不因经济困难而失学。

义务教育均衡发展取得实质性进展，教育乱收费现象得到遏制，普通高校招生“阳光工程”取得明显效果。残疾人受教育权利得到切实保障。国家着力促进教育机会公平、公共教育资源配置公平、教育制度规则公平，有了明显进展。

——党的十六大以来的十年，是我国教育教学质量稳步提高的十年。党中央始终要求树立科学的质量观，把提高质量作为教育改革发展的核心任务，坚持规模与质量的统一，注重教育内涵发展，全面规划提高教育质量的方略，进一步完善人才培养质量体系。

建立国家教育质量标准和质量监测评估制度，推动实现义务教育学校标准化、高中教育多样化和高等教育特色化发展。按照“中国特色、世界水平”的要求,全面提高等教育质量,启动实施高等学校创新能力提升计划(“2011 计划”)。各级各类学校以人才培养为中心,深化教育教学改革,创新教学理念和模式,创新教学方法和手段,创新学习方式,努力提高人才培养水平。

把加强教师队伍建设作为提高教育质量的关键环节,作为最重要的基础工程来抓。以农村教师为重点,深入实施“师范生免费教育政策”、“中小学教师国家级培训计划”等,全国农村小学大专及以上学历、初中本科及以上学历教师比例分别达到2011 年的78.6%、62.8%的历史最好水平。职业院校中“双师型”教师的比例接近40%。全国高校引进“千人计划”创新人才1171 人,占全国总数的64%。

教育服务经济社会发展能力显著增强,2010 年的国家自然科学奖、技术发明奖和科技进步奖三大奖项中,高校获奖比例均超70%。高校科研成果转化率进一步提高,为建设国家创新体系、提升产业核心竞争力发挥了支撑和引领作用。高校集中了全国哲学社会科学领域80%以上的研究人员和成果,在党的理论创新和国家重大战略决策中“思想库”、“智囊团”的作用更加凸显。

总之,党的十六大以来教育改革发展取得巨大成就,为21 世纪第二个十年中国教育事业更大发展奠定了坚实基础,走出了一条中国特色社会主义教育发展道路。这条教育发展道路,是教育优先发展之路,是育人为本之路,是改革创新之路,是促进教育公平之路,是提高教育质量之路,既凝结了中国共产党领导人民发展教育事业的基本经验,又反映了世界教育发展规律,既继承了我国教育的优良传统,又具有鲜明的时代特征,是中国教育改革发展的唯一正确道路。

21 世纪是中华民族伟大复兴的世纪,也必将是我国教育事业全面发展的世纪。21 世纪的第二个十年,是全面建设小康社会的重要战略机遇期。以2010 年全国教育工作会议召开和《教育规划纲要》颁布实施为标志,中国特色社会主义教育事业站在了新的起点,步入了新的发展阶段。党中央、国务院着眼于实现全面建成小康社会目标进而到本世纪中叶基本实现社会主义现代化的战略全局，提出了我国到2020年基本实现教育现代化，基本形成学习型社会，进入人力资源强国行列的战略目标，确定了“优先发展、育人为本、改革创新、促进公平、提高质量”的工作方针，为新世纪第二个十年中国教育的发展指明了方向。

——新世纪第二个十年，将是我国实现更高水平的普及教育的十年。坚持发展是第一要务，满足广大人民群众不断增长的教育需求，必须更好实施科教兴国战略、人才强国战略、可持续发展战略，进一步提高我国教育普及水平。我们要立足社会主义初级阶段基本国情，充分发挥社会主义制度的优势，统筹各级各类教育的发展，积极发展学前教育，巩固提高九年义务教育，加快普及高中阶段教育，大力发展职业教育，全面提高高等教育质量，加快发展继续教育，更加重视民族教育，关心和支持特殊教育，实现更高水平的普及教育。

预计到2020年，我国将基本普及学前教育，基本解决“入园难”问题；巩固提高九年义务教育水平，巩固率达到95%；普及高中阶段教育，毛入学率达到90%；高等教育大众化水平进一步提高，毛入学率达到40%；扫除青壮年文盲。新增劳动力平均受教育年限从12.4年提高到13.5年；主要劳动年龄人口平均受教育年限从9.5年提高到11.2年，其中受过高等教育的比例达到20%。

——新世纪第二个十年，将是我国形成惠及全民的公平教育的十年。教育公平是社会公平的重要基础。坚持教育的公益性和普惠性，保障公民依法享有平等的受教育权利，是中国特色社会主义教育的本质要求。我们要健全法制保障，强化政府责任，完善资源配置制度，促进教育资源向重点领域、关键环节、困难地区、薄弱学校和弱势群体倾斜，着力缩小教育发展中的城乡、区域、校际差距。同时，健全保障教育公平的规则程序和监管机制，用规范管理维护教育公平。

以基本公共教育服务均等化和完善资助体系为重点，扩大和保障公平受教育的机会。按照基本公共服务普及普惠的要求，均衡发展义务教育，基本普及高中阶段教育，重点加强中等职业教育，基本建立学前教育体系，努力让广大人民群众共同享有更加均等化的基本公共教育服务。同时，完善教育资助政策体系，着力保障进城务工人员子女、残疾儿童少年等弱势群体、家庭经济困难群体的受教育机会和权利。

——新世纪第二个十年，将是我国提供更加丰富的优质教育的十年。提供更加丰富的优质教育，首先要提高教育的整体质量。我们将坚持以提高质量为核心的教育发展观，更加注重教育内涵发展；坚持科学的教育质量观，把促进人的全面发展和适应社会需要作为衡量教育质量的根本标准，为每个学生提供适合的教育，着力提升学生的思想道德素质、科学文化素质和健康素质，不断提高教育对经济社会发展的贡献能力和支撑能力。

提高教育质量的关键，是加强教育质量保障体系建设。要明确各级各类人才培养的基本要求，制定国家教育质量标准，建立健全适应不同类型教育特点和规律、体现德智体美全面发展要求、可衡量、有针对性的教育质量标准体系，形成科学的教育质量评价办法和评价指标体系。要大力加强教师队伍建设，提高教师地位，改善教师待遇，加强教师培养培训，提高教师师德水平和业务素质，努力造就一支师德高尚、业务精湛、结构合理、充满活力的高素质专业化的教师队伍。要努力扩大优质教育资源总量，鼓励学校办出水平、办出特色。

——新世纪第二个十年，将是我国构建体系完备的终身教育的十年。构建终身教育体系，建设全民学习、终身学习的学习型社会，是党的十六大、十七大提出的重要任务，是实现全体人民学有所教的必然要求。我们要按照教育规划纲要的部署，通过学历教育和非学历教育协调发展，职业教育和普通教育相互沟通，职前教育与职后教育有效衔接，努力使现代国民教育体系更加完善，终身教育体系基本形成，促进全体人民学有所教、学有所成、学有所用。

构建终身教育体系的基础是实现各级各类教育的协调发展，要大力发展各级各类教育，办好开放大学，满足全体社会成员多样化的教育需求。要大力加强终身教育体系中薄弱环节的建设，加快发展继续教育，建立健全继续教育体制机制，统筹扩大继续教育资源，搭建符合中国基本国情的终身学习“立交桥”，为实现人人皆学、时时能学、处处可学的目标，创造良好的制度环境。

——新世纪第二个十年，将是我国健全充满活力的教育体制的十年。改革是教育事业发展的强大动力，教育要更好适应国家经济社会发展和人民群众接受良好教育的要求，关键要靠深化教育体制改革。我们要以改革推动教育发展，以改革提高教育质量，以改革增强教育活力，进一步消除制约教育发展和创新的体制机制障碍，全面形成与社会主义市场经济体制和全面建设小康社会目标相适应的充满活力、富有效率、更加开放、有利于科学发展的教育体制机制。

深化教育体制改革，要着眼于适应经济社会发展对人才培养的需求，着眼于解决人民群众关心的重点难点问题和突出矛盾。要以人才培养体制改革为核心，系统推进管理体制、办学体制、投入保障机制改革，力争取得新突破。要以教育体制改革试点为突破口，以制度建设为导向，把改革开放以来特别是党的十六大以来在推动教育优先发展、科学发展过程中形成的经验和做法加以制度化，着力完善考试招生制度、现代学校制度、民办教育制度、教育督导制度和绩效评价制度，持续增强教育事业科学发展的制度保障。

回顾党的十六大以来的十年，教育系统在以胡锦涛同志为总书记的党中央的正确领导下，在各级政府和社会各界的大力支持下，开拓进取、锐意创新，推动教育事业步入科学发展的新阶段。展望新世纪第二个十年，我们要以更高的责任感和使命感，始终高举中国特色社会主义伟大旗帜，保持昂扬向上的精神状态，以促进教育事业科学发展的实际行动、办好人民满意教育的宗旨信念，努力把《教育规划纲要》绘制的宏伟蓝图落到实处，坚定不移地沿着中国特色社会主义教育发展道路奋勇前进！

上　篇

第一章　优先发展教育　建设人力资源强国

强国必强教，强国先强教。新中国成立以来特别是改革开放以来，我们党从社会主义现代化建设全局出发来认识教育工作的重要意义，强调教育对于促进经济社会发展和人的全面发展的重要作用，在党和国家工作全局中，努力把教育摆在优先发展的战略地位。党的十六大进一步强调教育在现代化建设中的基础性、先导性、全局性作用，必须将教育摆在优先发展的战略地位。党的十七大从国家战略和全局高度，作出了优先发展教育、建设人力资源强国的重大战略部署。优先发展教育、提高教育现代化水平，对实现全面建设小康社会奋斗目标、建设富强民主文明和谐的社会主义现代化国家具有决定性意义。

一、全面落实教育优先发展的战略地位

（一）优先发展教育是关系民族振兴和国家富强的重大战略选择

教育是民族振兴、社会进步的基石，事关民族兴旺、人民福祉和国家未来。

进入21世纪以来，世界正在发生广泛而深刻的变化。随着世界多极化、经济全球化深入发展，国际经济格局发生新变化，综合国力竞争和各种力量较量更趋激烈，知识越来越成为提高综合国力和国际竞争力的决定性因素，人力资源越来越成为推动经济社会发展的战略性资源，人才培养与储备成为各国在竞争与合作中抢占有利位置乃至制高

点的重要手段。面对风云变幻的世情,以胡锦涛同志为总书记的党中央继往开来,统揽全局,审时度势地提出了人才强国战略,使实施科教兴国战略跃升到了一个新起点。在2003年全国人才工作会议上,胡锦涛总书记强调实施人才强国战略,是抓住和用好重要战略机遇期、应对日益激烈的国际竞争的必然要求,是确立我国人才竞争比较优势、增强国家核心竞争力的战略选择。2006年8月,胡锦涛总书记在十六届中央政治局第三十四次集体学习时指出,必须坚定不移地实施科教兴国战略和人才强国战略,切实把教育摆在优先发展的战略地位,推动我国教育事业全面协调可持续发展,努力把我国建设成为人力资源强国,为全面建设小康社会、实现中华民族的伟大复兴提供强有力的人才和人力资源保证。“中国的未来发展,中华民族的伟大复兴,归根结底靠人才,人才培养的基础在教育。”

当代中国也正在发生广泛而深刻的变革。在新世纪进入全面建设小康社会、加快推进社会主义现代化的新阶段,经济建设、政治建设、文化建设、社会建设以及生态文明建设全面推进,工业化、信息化、城镇化、市场化、国际化深入发展,人口、资源、环境压力日益加大,发展中不平衡、不协调、不可持续问题依然突出,作为一个后发型国家,面对着传统优势减弱、人口资源环境约束增强和经济发展方式迫切需要转变等各种挑战。保持经济社会又好又快发展,走新型工业化道路,增强自主创新能力,建设资源节约型和环境友好型社会,必须紧紧依靠科技进步和提高劳动者素质,发展文化、科技、教育、卫生等社会事业,推进民主法制建设和社会公平正义,同样需要培养大批高素质的劳动者和各类专门人才,教育的基础性、先导性、全局性地位和作用更加突出,教育振兴直接关系国民素质的提高和国家振兴。2003年9月,温家宝总理在新中国第一次全国农村教育工作会议上讲话中指出:“教育是现代文明的基石。提高国民素质,增强综合国力,必须大力发展教育事业。”2006年,温家宝总理先后召开四次教育工作座谈会,指出国家能否继续繁荣下去,能否在国际竞争中具有竞争力,关键在人才,根本在教育。

振兴教育是中国振兴的重要标志。只有有了一流的教育，我们才有一流的国家实力，才能真正成为世界一流的国家。

教育涉及千家万户，惠及子孙后代，是体现发展为了人民、发展依靠人民、发展成果由人民共享的重要方面。国际经验表明，在人均GDP分别超过1000美元和4000美元后，人们对公共服务的需求开始进入快速增长阶段。从我国的情况看，2003年人均GDP突破1000美元，2010年突破4000美元，社会消费结构从生存型消费进入发展型消费阶段，人民群众对教育的期盼呈现出新特点，广大人民群众对通过接受教育提高自身素质、改变命运的愿望更加强烈，希望获得更加平等和更高质量的受教育机会。2007年10月，胡锦涛总书记在党的十七大报告中指出："必须在经济发展的基础上，更加注重社会建设，着力保障和改善民生，推进社会体制改革，扩大公共服务，完善社会管理，促进社会公平正义，努力使全体人民学有所教、劳有所得、病有所医、老有所养、住有所居，推动建设和谐社会。"把优先发展教育列为改善民生的六大任务之首，强调教育公平是社会公平的重要基础，办好人民满意的教育，是对人民群众愿望的积极回应，是落实以人为本的科学发展观的生动体现，更是中国共产党执政为民的庄严承诺。

（二）优先发展教育是深入贯彻落实科学发展观的基本要求

党的十六大以来，以胡锦涛同志为总书记的党中央从新世纪新阶段我国经济社会发展面临的新形势新特点出发，着眼于把握发展规律、创新发展理念、转变发展方式、破解发展难题，提出了科学发展观的重大战略思想。科学发展观的第一要义是发展，核心是以人为本，基本要求是全面协调可持续，根本方法是统筹兼顾。科学发展观指明了我们进一步推动中国经济社会又好又快发展的思路和战略，进一步解决了为什么发展、怎样发展得更好这个重大问题，标志着中国共产党对于社会主义建设规律、社会发展规律、共产党执政规律的认识达到了新的高度。

发展是执政兴国的第一要务,坚持教育为现代化建设服务。发展是当代世界的共同主题,党的十七大报告指出:"发展,对于我国全面建设小康社会、加快推进社会主义现代化,具有决定性意义。要牢牢扭住经济建设这个中心,坚持聚精会神搞建设、一心一意谋发展,不断解放和发展社会生产力。更好实施科教兴国战略、人才强国战略、可持续发展战略,着力把握发展规律、创新发展理念、转变发展方式、破解发展难题,提高发展质量和效益,实现又好又快发展,为发展中国特色社会主义打下坚实基础。"坚持把发展作为执政兴国的第一要务,全面推进经济建设、社会建设、文化建设、政治建设和生态文明建设,实现以人为本、全面协调可持续的科学发展,实现各方面事业有机统一、社会成员团结和睦的和谐发展,需要充分发挥教育的重大作用,教育是发展科学技术和培养人才的基础工程,促进教育与科技创新和经济建设、文化繁荣和社会进步紧密结合。正如胡锦涛总书记在2010年全国教育工作会议上所指出的:"我们要通过大力发展教育事业,努力培养造就数以亿计的高素质劳动者、数以千万计的专门人才和一大批拔尖创新人才,加快转变经济发展方式,坚持走中国特色新型工业化道路,增强我国发展后劲和国际竞争力,不断推动科学发展。"

人是社会发展的主体,坚持教育为人民服务。随着人类社会的不断进步,人们对发展的认识不断深化,国际发展实践和经验表明,经济增长是重要的,但其重要性质在于作为手段的作用,人类福利的发展则是根本目的,发展意涵在于通过"经济增长"来实现"人类发展"。以人为本是马克思主义历史唯物主义的基本原理,人的解放和自由而全面发展是社会进步的最高目的。2006年3月,十届全国人大第四次会议批准通过的《国民经济和社会发展第十一个五年规划纲要》明确提出:"立足以人为本推动发展,把提高人民生活水平作为根本出发点和落脚点,促使发展由偏重于增加物质财富向更加注重促进人的全面发展和经济社会的协调发展转变。"通过发展增加社会物质财富、不断改善人民生活,又要通过发展保障社会公平正义、不断促进社会和谐,让改革发展的成果惠及全体人民，使经济发展的成果有效转化为人的全面发展。教育是提高人民思想道德素质和科学文化素质的基本途径，教育公平是社会公平的起点和基础，是人民群众最关心、最直接、最现实的利益问题之一，保障人民群众平等受教育的权利和享有接受良好教育的机会，是深入贯彻落实科学发展观的重大举措，对于建设和谐社会和建设人力资源强国都具有极其重要而深远的意义。

全面把握科学发展观的科学内涵、精神实质和基本要求，推动教育事业科学发展。增强贯彻落实科学发展观的自觉性和坚定性，把全社会的发展积极性引导到科学发展上来，必须把科学发展观贯彻落实到经济社会发展各个方面。以科学发展观统领教育事业的发展，必须紧紧围绕发展什么样的教育、如何发展及培养什么样的人、如何培养这两个基本问题。胡锦涛总书记在2006年十六届中央政治局第三十四次集体学习时指出，全面实施素质教育，核心是要解决好培养什么人、怎样培养人的重大问题，这应该成为教育工作的主题。在2010年全国教育工作会议上的讲话中指出："推动教育事业科学发展，必须高举中国特色社会主义伟大旗帜，以邓小平理论和'三个代表'重要思想为指导，深入贯彻落实科学发展观，实施科教兴国战略和人才强国战略，优先发展教育，完善中国特色社会主义现代教育体系，办好人民满意的教育，建设人力资源强国。要全面贯彻党的教育方针，坚持教育为社会主义现代化建设服务，为人民服务，与生产劳动和社会实践相结合，培养德智体美全面发展的社会主义建设者和接班人。要全面推动教育事业科学发展，立足社会主义初级阶段基本国情，把握教育发展阶段性特征，坚持以人为本，遵循教育规律，面向社会需求，优化结构布局，提高教育现代化水平。"这是在新阶段实现我国教育事业科学发展的重要指导方针。

（三）优先发展教育是党和国家必须长期坚持的重大方针

改革开放三十多年来，党和国家对教育优先发展战略地位的认识和定位不断深化，把教育摆在优先发展战略地位的决心更加坚定，优先发展教育逐步在全党全社会形成高度共识和自觉行动。2007 年 8 月，胡锦涛总书记在全国优秀教师代表座谈会上的讲话中强调加强对教育工作的领导，“以更大的决心、更多的财力支持教育事业，经济社会发展规划要优先安排教育发展，财政资金要优先保障教育投入，公共资源要优先满足教育和人力资源开发需要”。在 2010 年全国教育工作会议上的讲话中强调，优先发展教育是党和国家长期坚持的一项重大方针。“要把优先发展教育作为贯彻落实科学发展观的基本要求，切实保证经济社会发展规划优先安排教育发展、财政资金优先保障教育投入、公共资源优先满足教育和人力资源开发需要，并尽快形成科学规范的制度。”发展教育是政府最重要的公共职责，尽快形成保障教育优先发展的科学规范制度，党和国家领导人表现出了高度的政治智慧。

公共财政优先保障教育投入是落实教育优先发展战略地位的根本措施。教育投入是支撑国家长远发展的基础性、战略性投资，健全以政府投入为主、多渠道筹集教育经费的体制。教育事业的公益性和普惠性，决定了教育作为公共财政支出的重点领域需要予以优先保障。1993 年中共中央、国务院颁布的《中国教育改革和发展纲要》提出，到 20 世纪末财政性教育经费支出占国内生产总值的比例达到 4%，但这一目标未能如期实现。近年来，党和政府一直在采取措施加大财政教育投入，努力推进实现这一目标。2006 年 3 月，全国人大审议通过的《国民经济和社会发展第十一个五年规划纲要》，其中规定“逐步使财政性教育经费占国内生产总值的比例达到 4%”。同年 10 月，党的十六届六中全会通过的《中共中央关于构建社会主义和谐社会若干重大问题的决定》，再次明确“保证财政性教育经费增长幅度明显高于财政经常性收入增长幅度，逐步使财政性教育经费占国内生产总值的比例达到 4%”。2010 年中共中央、国务院颁布的《国家中长期教育改革和发展规划纲要（2010—2020 年）》，明确要求到 2012 年实现国家财政性教育经费支出占国内生产总值的 4%，今年这个目标有望变为现实。

将提供公平优质的公共教育服务摆在公共服务体系建设的首要位置是落实教育优先发展战略地位的重要体现。国际发展实践表明，完善的公共服务体系和良好的公共服务对于促进经济增长和社会平等、提高国家竞争力具有重要的基础性作用。2008 年 2 月，胡锦涛总书记在十七届中央政治局第四次集体学习时强调，要在经济发展的基础上，不断扩大公共服务，逐步形成惠及全民、公平公正、水平适度、可持续发展的公共服务体系，切实提高为经济社会发展服务、为人民服务的能力和水平，更好地推动科学发展、促进社会和谐，更好地实现发展为了人民、发展依靠人民、发展成果由人民共享。党的十六大以来，在完善社会主义市场经济体制和建设公共服务型政府的过程中，党和国家把公共服务和社会管理放在更加重要的位置，特别是将教育摆在保障和改善民生的首要地位，不断加大教育惠民政策的力度，积极推动建设覆盖城乡的公共教育服务体系，把促进公平作为国家基本教育政策，逐步实现基本公共教育服务均等化，坚持公共教育资源向农村、中西部、贫困地区、边疆地区、民族地区倾斜，推动公共教育协调发展，义务教育阶段实行免费，非义务教育阶段建立健全国家助学制度，中等职业教育已对农村家庭经济困难学生和涉农专业学生逐步实行免费，基本解决了人民群众反映强烈、矛盾突出的"上不起学"问题，教育公平迈出重大步伐。

完善教育领导体制是落实教育优先发展战略地位的重要保障。2004 年党的十六届四中全会通过的《中共中央关于加强党的执政能力建设的决定》提出，制定体现科学发展观和正确政绩观要求的干部实绩考核评价标准。在 2006 年中央组织部印发实施的《体现科学发展观要求的地方党政领导班子和领导干部综合考核评价试行办法》中明确，必须按照科学发展观的要求，综合考核经济建设、政治建设、文化建设、社会建设和党的建设五个方面的成效，强化教育、文化、卫生等领域的目标责任，相关指标被列为各地区各部门党政领导班子和领导干部综合及年度考核评价的重要内容。胡锦涛总书记在 2010 年全国教育工作会议上的讲话中再次强调,要把是否坚持优先发展教育、发挥教育重大作用作为检验各级党政领导班子是否真正贯彻落实科学发展观的重要内容。各级党委和政府把推动教育事业优先发展作为重要职责,摆上重要议事日程。2010 年 7 月,国务院成立以刘延东国务委员为组长,包括中组部、中宣部、中央编办、发展改革委、教育部等 20 个部门相关领导参加的国家教育体制改革领导小组,审议教育改革发展的重大方针和政策措施,研究部署、指导实施教育体制改革工作,统筹协调教育改革发展中的重大问题。许多省、自治区、市实施推动教育优先发展"一把手工程","一把手"亲自关心教育,并将教育发展指标纳入各级政府和领导干部的考核体系,实行教育优先发展目标责任制,全国上下形成了密切协作、齐抓共管的新机制,为教育改革发展开创了全新的局面。

二、实现从人口大国向人力资源大国的转变

改革开放三十多年来特别是党的十六大以来,在以邓小平同志、江泽民同志为核心的第二、三代党中央领导集体带领全国各族人民不懈奋斗的基础上,以胡锦涛同志为总书记的党中央高举中国特色社会主义伟大旗帜,以邓小平理论和"三个代表"重要思想为指导,深入贯彻落实科学发展观,推动教育事业持续健康发展,教育改革全面深化,使我国在新世纪第一个十年终于实现了从人口大国向人力资源大国的转变。2011 年全国共有在校生 2.7 亿人,专任教师超过 1442 万人,人均预期受教育年限上升为 11.5 年,大大缩小了与发达国家的差距,在发展中国家中率先进入人类发展指数中上水平国家行列,为人力资源深度开发打下了坚实基础(表 1–1)。

(一)教育事业持续快速发展

——学前教育普及水平大幅提升。为解决人民群众关心的"入园

难”、“入园贵”问题，党和国家高度重视学前教育发展。采取一系列措施，扭转学前教育发展不利局面。2010 年起，在全国范围内全面实施“学前教育三年行动计划”，采取多种形式扩大学前教育资源。2010 年全国幼儿园比 2007 年增加 2. 13 万所，在园人数增加了 627. 84 万人，学前教育“短板”状况有所缓解，在园人数从 2002 年的 2036. 02 万人增长到 2011 年的 3424. 45 万人。全国学前教育三年毛入园率从 2002 年的 36. 8% 提高到 2011 年的 62. 3%。

——免费义务教育全面实现。全面普及九年义务教育和扫除青壮年文盲，标志着中国人基本受教育权利的保障水平达到历史新高。2011 年，全国所有县级行政单位、所有省级行政区划全部通过普及九年义务教育和扫除青壮年文盲的国家验收。普及九年义务教育人口覆盖率从 2002 年的 90% 提升到 100%，初中阶段毛入学率超过 100%，青壮年文盲率下降到 1. 08%。2011 年，全国小学学龄儿童净入学率达到 99. 79%，其中男女童学龄人口入学率分别为 99. 78% 和 99. 80%，性别差缩小到万分之一水平。

——高中阶段教育接近基本普及。2011 年，高中阶段教育普及程度明显提高，在校生规模达到 4686. 61 万人，毛入学率从 2002 年的 42. 8% 提高到 2011 年的 84. 0%，接近达到基本普及水平。普通高中办学体制、培养模式多样化改革逐步推进。高中阶段教育结构更加合理，中等职业教育发展水平和质量不断提高。

——职业教育取得突破性进展。职业教育快速发展，中等职业教育和高等职业教育分别占到高中阶段教育和高等教育总规模的半壁江山。职业教育综合实力和人才培养能力明显增强，职业院校办学效益和教育质量不断提高。现代职业教育体系建设迈出重要步伐。适应经济发展方式转变和产业结构调整要求、体现终身教育理念、中等和高等职业教育协调发展、具有中国特色、世界水准的现代职业教育体系逐步完善。

——高等教育规模跃居世界第一。2004 年起我国开始保持高等教育规模世界第一的位置。2011 年高等教育规模达到 3167 万人，是 2002 年的 2. 17 倍；研究生规模达到 164. 58 万人，是 2002 年的 3. 28 倍，博士研究生培养规模也居于世界前列，高端人才培养质量不断提高。“211 工程”和“985 工程”项目持续实施，“2011”高等学校创新能力提升计划正式启动，为中国建设若干所世界一流大学和一批国际一流学科发挥了重要作用。我国高等学校国际排名持续提升，国际影响力日益明显。

表 1-1　2002—2012 年我国各级教育毛入学率变化情况　（单位：%）

年　份	2002	2003	2004	2005	2006	2007	2008	2009	2010	2011
学前三年教育	36. 8	37. 4	40. 8	41. 4	42. 5	44. 6	47. 3	50. 9	56. 6	62. 3
小学教育	107. 5	107. 2	106. 6	106. 4	106. 3	106. 2	105. 7	104. 8	104. 6	104. 2
初中阶段教育	90. 0	92. 7	94. 1	95. 0	97. 0	98. 0	98. 5	99. 0	100. 1	100. 1
高中阶段教育	42. 8	43. 8	48. 1	52. 7	59. 8	66. 0	74. 0	79. 2	82. 5	84. 0
高等教育	15. 0	17. 0	19. 0	21. 0	22. 0	23. 0	23. 3	24. 2	26. 5	26. 9

（二）教育公平迈出重大步伐

——基本公共教育服务均等化水平不断提高。目前，全国约有 1. 3 亿农村义务教育阶段学生免除了学杂费和教科书费，约 3000 多万农村寄宿制学生免除了住宿费，中西部 1228 万名农村家庭经济困难寄宿生享受生活费补助，城市义务教育学生免除了学杂费。2001—2010 年间，农村高中学生高考报名人数年均增长超过 10%，录取数年均增长 14. 3%，近年来高校来自城镇和农村的新生分别为 48% 和 52%，与城镇化率比例大体相当。围绕推进义务教育均衡发展，教育部与 27 个省（自治区、直辖市）和新疆生产建设兵团签署备忘录，明确义务教育均衡发展的时间表和路线图。中央财政进一步加大对农村、边远贫困、民族地区教育支持力度，努力让广大人民群众共同享有更加均等化的基本公共教育服务。以义务教育为重点，积极探索建立城乡一体化教育发展机制。探索以城带乡、城乡联动教育发展模式，完善教育资源配置向农村倾斜的政策机制，逐步实现城乡教育一体化。

——家庭经济困难学生资助体系实现全覆盖。经过改革开放三十多年特别是近十年的努力，以政府为主导、多种资助方式并举的家庭经济困难学生资助政策不断完善。进一步完善资助政策，扩大资助范围，增设资助项目，提高资助标准，从制度上基本解决家庭经济困难学生就学问题，目前已基本形成从学前教育到研究生教育较为完整的学生资助政策体系，做到不让一个学生因家庭经济困难而失学。2012 年，中央财政在集中连片特殊困难地区启动实施农村义务教育学生营养改善计划，受益学生达 2600 万人。在城乡义务教育免费基础上，免费中等职业教育将逐步实行。

——保障进城务工人员子女受教育权利取得积极进展。坚持以输入地政府管理为主、以公办学校为主，确保农民工子女平等接受义务教育。2011 年，全国进城务工人员随迁子女 1261 万人在输入地就学，近 80% 进入公办学校。为加强对农村义务教育在校生中 2200 万留守儿童的关爱教育，建立健全政府主导、社会参与的农村留守儿童关爱服务体系和动态监测机制，加快农村寄宿制学校建设优先满足留守儿童住宿需求。进城务工人员子女和农村留守儿童接受义务教育权利得到切实保障。

——民族教育事业实现历史性跨越。少数民族教师队伍和在校生规模不断扩大，在各级教育中少数民族专任教师和在校生所占比重稳步增加。2011 年，全国各级各类学校中少数民族在校生总数 2372 万人，占全国在校生总数的比例明显提高，2002 年至 2011 年间，普通小学少数民族在校生比例由 9.5% 上升到 10.5%，普通中学由 7.4% 上升到 9.1%，普通高校由 6% 上升到 6.7%。第六次全国人口普查表明，我国 15 岁以上少数民族人口受教育程度增幅与全国平均水平相当，其中朝鲜族、蒙古族、满族等 13 个少数民族 15 岁以上人均受教育程度高于全国水平。2011 年，全国各级各类少数民族学生比例超出全国少数民族人口自然比例。2000 年到 2010 年，少数民族文盲率大幅降低到 9%

以下，降幅高于全国平均水平。

——残疾儿童少年受教育权利得到更好保障。把特殊教育纳入全国及各地经济社会发展规划，2020 年将基本实现市（地）和 30 万人口以上、残疾儿童少年较多的县（市）都有一所特殊教育学校。逐步实施残疾学生高中阶段免费教育，实现残疾人接受各级教育全面免费制度，加强残疾学生职业技能和就业能力培养。

（三）教育改革开放呈现新局面

——教育改革稳步健康持续推进。以农村义务教育全面纳入公共财政保障为重要标志，我国农村义务教育管理体制更加完善。坚持以人为本，以实施素质教育为主题，新一轮基础教育课程改革取得新进展。以服务为宗旨，以就业为导向，政府主导、面向市场、多元办学的职业教育发展机制初步形成。以完善职业教育、高等教育管理体制为重点，省级政府教育统筹能力不断提高。以扩大教育机会、推进教育公平为重点，考试招生制度改革稳步推进。

——教育保障能力不断提升。2002—2010 年，全国教育经费总投入从 5480.03 亿元增加到 19561.85 亿元，增长了 2.57 倍。其中，国家财政性教育经费从 3491.40 亿元增加到 14670.07 亿元，高于同期财政收入年均增幅。2010 年国家财政性教育经费占国内生产总值比例为 3.65%。2012 年 3 月，国务院总理温家宝向十一届全国人大五次会议作政府工作报告时指出："中央财政已按全国财政性教育经费支出占国内生产总值的 4% 编制预算，地方财政也要相应安排，确保实现这一目标。"农村义务教育经费保障机制更加健全。公共财政对民办教育的扶持政策逐步建立。

——教育开放进一步扩大。我国教育国际交流与合作取得重大进展，2011 年 3 月国内依法批准的中外合作办学机构和项目共 1200 多个。我国已经成为世界上最大的留学生生源国。截至 2010 年年底，以留学身份出国，在外的留学人员超过 127 万人，其中近 95 万人正在国外进行各个阶段的学习或从事学术访问等。2010年,共有来自194个国家和地区的26.5万名来华留学人员在中国620所高等院校、科研院所和其他教学机构中学习。2001—2010年间,累计接收来华留学人员156万人次,占改革开放以来中国接受来华留学人员总数的80%。2010年我国已在105个国家和地区建立了358所孔子学院和500个孔子课堂。孔子学院不仅成为国际汉语教育与推广的重要品牌,更成为中华文化传播的重要载体和开展民间外交的重要平台。

三、迈向教育强国和人力资源强国

百年大计,教育为本。中国教育站在新的历史起点上谋划新的发展,建设人力资源强国开启新的征程。

党的十六大根据我国在21世纪中叶基本实现现代化的战略部署,确定在本世纪头二十年的阶段性目标是全面建设惠及十几亿人口的更高水平的小康社会。全面小康社会包括经济、政治、科教、文化、社会、生态等方面的全面协调发展,把教育事业列入全面小康社会的重要目标之一。党的十七大坚持中国特色社会主义经济建设、政治建设、文化建设、社会建设的基本纲领,对实现全面建设小康社会的奋斗目标提出了新要求,明确提出优先发展教育、建设人力资源强国的战略目标。党中央、国务院立足于本世纪中叶现代化建设的总体战略和民族复兴的长远目标,着手研究制定国家中长期科技、教育和人才发展纲要,加快教育改革与发展,成为我国实现全面建设小康社会奋斗目标,进入人力资源强国、人才强国和创新型国家行列的重要基础和前提条件。

(一)绘制人力资源强国的宏伟蓝图

谋划发展,规划未来,超前部署,制定反映中国国情和时代特点、符合教育发展规律、让人民群众满意的规划。为了适应全面建设小康社会的新要求,适应国内外发展的新形势,适应人民群众对教育的新期盼,2008 年 3 月,党中央决定研究制订《国家中长期教育改革和发展规划纲要》,对未来 12 年教育改革和发展作出全面规划和超前部署。

2008 年 8 月,国务院总理温家宝主持召开国家科技教育领导小组第一次会议,研究部署《国家中长期教育改革和发展规划纲要》制订工作。中央的主要考虑是:一是教育发展要面向未来。既要立足当前解决突出问题、满足现实需要,又要着眼未来、明确长远目标和任务;既要培养能够满足我国当前发展需要的各类人才,又要造就更多引领经济社会未来发展的杰出人才。二是教育发展要适应经济社会发展对人才需求和全面提高国民素质的要求。以提高国民素质、建设人力资源强国为核心,确定到 2020 年我国教育改革与发展的战略目标、总体任务和重大部署,对教育规模、结构、质量以及分阶段和分地区的目标提出具体要求。三是教育发展要顺应人民群众对接受更多更好教育的新期盼。一定要解决好教育领域人民群众最关心的突出问题,办好人民满意的教育,为广大群众提供更多、更好、更公平接受教育的机会。四是教育发展要进一步深化改革。教育发展不是简单的数量扩张,而必须以提高质量为前提。实现教育事业的科学发展,根本出路在改革创新,要在人才培养、考试招生、办学方式、管理体制等方面进行大胆创新。高瞻远瞩,运筹帷幄,这是进入 21 世纪以来党中央、国务院着眼于全面建成小康社会和现代化建设全局作出的重要战略决策,在优先发展教育、促进教育公平、培养创新型人才、提高教育服务经济社会发展的能力等方面,提出符合国家战略和群众需求、反映教育规律和发展趋势的指导方针,规划纲要要找准症结,提出思路,具有战略性、前瞻性、针对性、可操作性。

制定教育规划纲要是一项涉及面很广的社会系统工程,始终在党中央、国务院的直接领导下进行,社会各界广泛参与,专家学者建言献策,凝聚了全党全社会的智慧。胡锦涛总书记多次就未来 10 年我国教育改革和发展中需要研究解决的重大问题作出指示,要求把教育放在优先发展的战略地位,建设人力资源强国,推进教育公平,尽力而为,量力而行,多为人民群众做些雪中送炭的事。温家宝总理亲自担任教育规划纲要领导小组组长,要求组建跨部门的工作班子,建立强有力的、有广泛代表性的专家咨询队伍。工作小组邀集相关中央部门的专业干部,吸纳动员具有较高研究水平和影响力的教育、经济、社会、科技、文化界等各方面专家力量,组成高素质的专题调研队伍,组织了上百人的专家咨询队伍,邀请全国人大、全国政协、各民主党派、各级各类学校、科研机构、企事业单位以及海外高校负责人等各领域高层次专家组成咨询组。问政于民、问需于民、问计于民。

党中央、国务院明确要求《教育规划纲要》制订要开放,充分听取社会各界意见,特别是校长、教师、学生和家长的意见,要使教育规划纲要制订过程,成为发扬民主、集思广益的过程,成为统一思想、凝聚共识的过程。温家宝总理曾在中南海主持召开了高等教育、职业教育、基础教育、管理体制、群众代表五次座谈会,听取社会各方面意见建议。规划纲要制订过程中先后两次面向社会公开征求意见,改革目标在广开言路过程中明确,发展共识在集中智慧过程中形成,文稿在反复研讨和不断修改中完善。2010 年,胡锦涛总书记先后主持召开中共中央政治局常委会议和中共中央政治局会议,审议并通过了《国家中长期教育改革和发展规划纲要(2010—2020 年)》,认为这是一份具有战略意义的好文件。2010 年 7 月,中共中央、国务院印发《国家中长期教育改革和发展规划纲要(2010—2020 年)》,这个凝聚全党全社会智慧、体现国家意志、寄托人民希望的纲领性文件,终于与社会公众见面了。

《教育规划纲要》描绘了未来 10 年中国教育事业改革发展的宏伟蓝图,科学确定了到 2020 年我国教育改革发展的战略目标、工作方针、总体任务、改革思路和重大举措。《教育规划纲要》提出教育改革发展的工作方针是“优先发展,育人为本,改革创新,促进公平,提高质量”,即把教育摆在优先发展的战略地位,把育人为本作为教育工作的根本要求,把改革创新作为教育发展的强大动力,把促进公平作为国家基本教育政策,把提高质量作为教育改革发展的核心任务。这一方针明确了教育的战略地位、核心内容、发展动力、根本任务和工作方向，育人为本是教育改革发展的核心内容，促进公平和提高质量是教育改革发展的两大重点任务，优先发展和改革创新是实现重点任务的两大重要保证，体现了科学发展观在教育领域的总体要求。

《教育规划纲要》确立2020年的战略目标是基本实现教育现代化，基本形成学习型社会，进入人力资源强国行列。为此，《教育规划纲要》还把战略目标细化为五个方面的具体目标和政策导向：实现更高水平的普及教育、形成惠及全民的公平教育、提供更加丰富的优质教育、构建体系完备的终身教育、健全充满活力的教育体制；具体分解为各级各类教育的发展任务是：积极发展学前教育，巩固提高九年义务教育，加快普及高中阶段教育，大力发展职业教育，全面提高高等教育质量，加快发展继续教育，重视和支持民族教育，关心和支持特殊教育。

《教育规划纲要》以人才培养为核心，整体设计和推进教育体制改革，抓住重点领域和关键环节，包括人才培养体制改革、考试招生制度改革、建设中国特色现代学校制度、办学体制改革、管理体制改革、扩大教育开放等六项改革任务。此外，《教育规划纲要》确定了与人财物、信息、法律、改革和组织领导等相关的六项保障措施，包括加强教师队伍建设，保障经费投入，加快教育信息化进程，推进依法治教，加强和改善党和政府对教育工作的领导，以及本届政府启动实施的十个发展项目和十项改革试点，涉及推进素质教育、义务教育均衡发展、职业教育办学模式、终身教育体制机制建设、拔尖创新人才培养、考试招生制度、现代大学制度、深化办学体制改革、地方教育投入保障机制、省级政府教育统筹综合改革等。

《教育规划纲要》对一些社会关注的热点难点问题，如关于财政性教育经费支出占GDP的4%、学前教育、减轻中小学生课业负担、解决义务教育阶段择校、保障农民工子女就学、拔尖创新人才培养、高考改革、高校行政化、教师队伍建设等问题予以积极回应，提出了解决问题的思路和方法。《教育规划纲要》既系统设计、谋划长远，又突出重点、部署近期任务；既注重在理念和思路上进行阐述，又提出一些扎扎实实的政策举措；既明确了各级政府的职责，又对全社会提出了要求。这是一个具有战略意义的指导性文件，是在新的历史起点上推动我国教育改革发展的行动纲领和工作指南。

（二）加快向教育强国和人力资源强国迈进

宏伟蓝图鼓舞人心，战略目标催人奋进。《教育规划纲要》提出2020年我国教育改革发展的战略目标：基本实现教育现代化，基本形成学习型社会，进入人力资源强国行列，即“两基本、一进入”。“基本实现教育现代化”主要包括在教育观念、教育制度、教育内容、师资水平、教育设施、教育手段等方面的现代化。这是党的十七大报告关于优先发展教育、提高教育现代化水平的重要体现。“基本形成学习型社会”，是指适应经济社会发展与人的发展需要，为广大社会成员提供更加广泛、多样、灵活的学习机会和平台，努力实现全民学习、终身学习。这是党的十六大、十七大报告提出的重要目标。“进入人力资源强国行列”，就是要在我国人力资源开发数量指标在全世界占据绝对优势的同时，使人力资源开发的质量指标也居于世界较先进水平。这是全面建成小康社会、进入人才强国和创新型国家行列的重要基础。

——全面提高我国教育现代化整体水平。为全面统筹推进各级各类教育全面协调发展，《教育规划纲要》继续强调义务教育、职业教育、高等教育三大重点任务，突出了终身教育理念，首次对学前教育、继续教育进行系统规划，构建了以国民教育为主体、覆盖人一生的终身教育体系，对民族教育和特殊教育列了专章，进一步完善了中国特色社会主义现代教育体系。预计到2020年，我国将基本普及学前教育，九年义务教育巩固率提高到95%，满足所有适龄儿童少年的基本学习需要；高中阶段教育毛入学率达到90%的普及水平，职业教育稳居同阶段教育的半壁江山，高等教育大众化水平进一步提高，毛入学率达到40%，攻读学位的研究生总规模控制在200万人左右，从业人员参与继续教育的年度规模接近3.5亿人次(表1-2),青壮年文盲率在现有基础上进一步减小。届时,我国将基本实现教育现代化,教育发展整体水平达到较发达国家的目前水平,其中,大中城市和沿海地区省市将可能率先基本实现教育现代化,高等教育毛入学率在大中城市有望超过50%,特大城市将超过60%。全国科学家工程师培养规模将保持世界第一位,硕士博士研究生培养规模将继续居于世界前列,教育质量不断提高。一流大学建设取得实质性突破,科学研究将取得世界性重大成就,若干所研究型大学综合水平力争跻身于世界著名大学前30位。同时,适应国家经济社会对外开放的要求,坚持面向国际国内两个大局,坚持以开放促改革、促发展,开展多层次、宽领域的教育交流与合作,提高我国教育国际化水平。借鉴国际上先进的教育理念和教育经验,促进我国教育改革发展,培养大批具有国际视野、通晓国际规则、能够参与国际事务和国际竞争的国际化人才,争取来华留学生2020年超过50万人,我国成为重要的留学生目的地国,不断提升我国教育的国际地位、影响力和竞争力。

表1-2 2020年前我国教育事业发展主要目标

指标		单位	2009年	2010年	2011年	2015年	2020年
学前教育	幼儿在园人数	万人	2658	2976.7	3424.45	3400	4000
	学前一年毛入园率	%	74.0	—	90.8	85.0	95.0
	学前两年毛入园率	%	65.0	—	73.4	70.0	80.0
	学前三年毛入园率	%	50.9	56.6	62.3	60.0	70.0
九年义务教育	在校生	万人	15512.41	15220.03	14993.17	16100	16500
	巩固率	%	90.8	89.7	91.5	93.0	95.0
高中阶段教育*	在校生	万人	4624	4677.3	4686.6	4500	4700
	毛入学率	%	79.2	82.5	84.0	87.0	90.0
职业教育	中等职业教育在校生	万人	2179	2238.5	2205.3	2250	2350
	高等职业教育在校生	万人	1280	1277.2	1272.8	1390	1480

续表

指　标		单位	2009 年	2010 年	2011 年	2015 年	2020 年
高等教育**	在学总规模	万人	2979	3105	3167	3350	3550
	在校生	万人	2826	2921.6	3020.6	3080	3300
	其中:研究生	万人	140	153.8	164.6	170	200
	毛入学率	%	24.2	26.5	26.9	36.0	40.0
继续教育	从业人员继续教育	万人次	16600	18500		29000	35000

数据来源:中共中央国务院:《国家中长期教育改革和发展规划纲要(2010—2020 年)》,新华社 2010 年 7 月 29 日电。其中,2010、2011 年数据引自教育部发展规划司报告。注:(1) * 含中等职业教育学生数; ** 含高等职业教育学生数;(2)高等学历教育未包含在职人员攻读博士、硕士学位和网络本专科生的数据。

——基本形成全民学习终身学习的学习型社会。以终身学习理念为导向,以国民教育为主体,以现代信息技术为支撑,以现代科学技术和社会科学成果为主体,建立终身学习资源共享系统,构建教育与培训相结合的服务体系,实现全社会教育资源合理整合优化配置。积极筹建开放大学,扎实推进社区教育示范区建设。建立灵活、开放、多元的终身学习制度,鼓励个人采取多种形式继续教育。我国将基本形成学习型社会信息支撑服务系统,实现各级各类学校宽带网络的全面覆盖,教育信息化整体接近国际先进水平。全面提升从业人员学习能力和职业能力,努力使每位新增劳动者都接受必要的职业教育和岗前培训,使城镇所有技能岗位劳动者都能持证上岗。适应城镇化加快趋势,以转业创业能力为重点,加强农村劳动力培训。大力推进社区教育,加强各类学习型组织建设。加快学习型城市、学习型社区、学习型乡村、学习型政府等各类学习型组织建设。积极营造“人人终身学习、时时处处学习”的氛围,全面提升个人和组织的学习能力,提升人力资源综合竞争力。构建完善的终身教育,健全充满活力的教育体制。推动普通教育与职业教育、职前教育与继续教育相互衔接,学历教育与非学历教育相互沟通,有组织学习与自主学习相互补充。继续教育参与率大幅提升,从业人员继续教育年参与率达到 50%。建设开放、灵活、方便的学习平台，促进全体人民学有所教、学有所成、学有所用，基本形成学习型社会，支撑人力资源强国建设，服务于人的全面发展。

——实现从人力资源大国向人力资源强国迈进。人力资源强国是指人力资源存量丰富，全体国民的人力资源实现充分开发、普遍提升、合理配置和有效利用的国家。加快从教育大国向教育强国、从人力资源大国向人力资源强国迈进，是保证和实现我国经济社会可持续发展的战略举措，意味着中国教育与人力资源开发的又一次伟大变革，意味着中华民族又一次伟大进步，意味着人类发展模式的又一次伟大创新。预计到2020年，我国具有高等教育文化程度的人数比2009年翻一番，接近2亿人，20—59岁主要劳动年龄人口平均受教育年限达到11.2年，其中接受高等教育的比例达到20%；新增劳动力平均受教育年限达到13.5年，其中，受过高中阶段及以上教育的比例达到90%（表1-3），我国将成为具有更加完善的社会主义现代化教育体系的国家，成为教育综合实力和国际竞争力较强的国家，成为形成有利于全民学习、终身学习基本制度的国家，成为人力资源得到普遍开发和充分利用的国家，并带动全球人力资源开发总体水平大幅度提升。

表1-3 2020年前我国人力资源开发主要目标

指 标	单位	2009年	2010年	2015年	2020年
具有高等教育文化程度的人数	万人	9830	11964	14500	19500
20—59岁主要劳动年龄人口平均受教育年限	年	9.5	9.6	10.5	11.2
其中：受过高等教育的比例	%	9.9	10.5	15.0	20.0
新增劳动力平均受教育年限	年	12.4	12.7	13.3	13.5
其中：受过高中阶段及以上教育的比例	%	67.0	67.0	87.0	90.0

数据来源：同表1-2。有关2010年人力资源数据引自国家统计局：《2010年第六次全国人口普查主要数据公报（第1号）》，新华社2011年4月28日电。

2010年7月，新世纪以来第一次也是改革开放以来第四次全国教育工作会议在北京召开，会议的主要任务是，动员全党全社会全面实施

《教育规划纲要》。胡锦涛总书记在讲话中指出:“大力发展教育事业,是全面建设小康社会、加快推进社会主义现代化、实现中华民族伟大复兴的必由之路。全党全国要积极行动起来,坚持育人为本,以改革创新为动力,以促进公平为重点,以提高质量为核心,推动教育事业在新的历史起点上科学发展,加快从教育大国向教育强国、从人力资源大国向人力资源强国迈进,为中华民族伟大复兴和人类文明进步作出更大贡献。”

2011 年 2 月,中共中央政治局就“优先发展教育、建设人力资源强国”问题举行第二十六次集体学习,胡锦涛总书记再次强调,优先发展教育、建设人力资源强国,对实现全面建设小康社会目标、建设富强民主文明和谐的社会主义现代化国家具有十分重大的意义。各级党委和政府要把推动教育事业优先发展作为重要职责、摆上重要议事日程,以更大的决心、更多的财力、更多的精力支持教育事业,及时研究和解决教育改革和发展的重大问题和群众关心的热点问题,扎实落实推动教育科学发展的政策措施和工作部署。要动员全社会关心和支持教育事业改革和发展,为把我国建设成为教育强国和人力资源强国而共同奋斗。

2006 年至今,党中央、国务院先后颁布了《国家中长期科学和技术发展规划纲要(2006—2020 年)》、《国家中长期人才发展规划纲要(2010—2020 年)》、《国家中长期教育改革和发展规划纲要(2010—2020 年)》,这三大规划纲要成为新世纪新阶段我国深入实施科教兴国战略、人才强国战略、可持续发展战略的关键举措,目标都定位在 2020 年,努力使我国跻身于世界人力资源强国、人才强国和创新型国家的行列。实施好《教育规划纲要》是基础和前提,将为如期实现三大战略目标提供有力的人才保证和人力资源支撑。

新起点、新目标、新征程。中国教育改革发展翻开了新世纪的新篇章,伴随着全国教育工作会议和《教育规划纲要》的贯彻实施,中国教育站在新的历史起点上又一次扬帆起航,走向辉煌!

第二章　全面实施素质教育
全面提高教育质量

党的十六大以来，教育系统全面落实科学发展观，全面贯彻党的教育方针，坚持以人为本、全面实施素质教育。素质教育从理念到实践、从局部试点到全面推进，逐步贯穿于教育教学全过程，延伸到各级各类教育的各个环节，渗透到学校教育、家庭教育和社会教育的各个方面，成为教育改革发展的战略主题。社会各界对于素质教育的认识有了很大提高，全党全社会共同关心、各部门齐心协力推进素质教育的工作格局已经形成，全面实施素质教育在重点领域和关键环节取得了突破性进展，全国各地不断涌现素质教育先进经验。

一、素质教育成为教育改革发展的战略主题

（一）党和国家高度重视素质教育

素质教育从提出到全面实施已有二十多年历史。1999 年改革开放以来第三次全国教育工作会议之后，全面推进素质教育作为国家意志，进入国家推进、重点突破、全面展开的发展新阶段。

党和国家高度重视素质教育。党的十六大报告提出，坚持教育创新，深化教育改革，优化教育结构，合理配置教育资源，提高教育质量和管理水平，全面推进素质教育，造就数以亿计的高素质劳动者、数以千万计的专门人才和一大批拔尖创新人才。这是素质教育首次写进全国

党代会主报告,实施素质教育成为全党全社会的共同使命。

2005 年,胡锦涛总书记就实施素质教育作出重要批示,要求进行系统调研,提出对策建议。随即,教育部等五部门联合展开为期一年多的深入调研。《人民日报》等多家中央媒体开展了素质教育大讨论,认真总结实施素质教育取得的进展,深入分析制约推进素质教育的突出问题,并归纳整理了各方面提出的建议。调研显示,社会各界对于素质教育的认识有了很大提高,全党全社会共同关心、各部门齐心协力推进素质教育的工作格局已经形成,各地各校创造出了丰富的经验,涌现了大批先进典型。湖南汨罗、安徽铜陵、山东潍坊、江苏南通、辽宁鞍山、深圳南山、上海闵行等地的典型经验。

2006 年,胡锦涛总书记在十六届中央政治局第三十四次集体学习时强调:“坚持党的教育方针,坚持以科学发展观统领我国教育事业发展全局,坚持教育为社会主义现代化建设服务、为人民服务,全面实施素质教育,深化教育体制改革,统筹城乡、区域教育,统筹各级各类教育,统筹教育发展的规模、结构、质量、效益,努力办好让人民群众满意的教育。”“全面实施素质教育,核心是要解决好培养什么人、怎样培养人的重大问题,这应该成为教育工作的主题。”“要形成全社会推进素质教育的强大合力和良好环境。”

2007 年,党的十七大报告再次强调:“要全面贯彻党的教育方针,坚持育人为本、德育为先,实施素质教育,提高教育现代化水平,培养德智体美全面发展的社会主义建设者和接班人,办好人民满意的教育。”报告提出,要“更新教育观念,深化教学内容方式、考试招生制度、质量评价制度等改革,减轻中小学生课业负担,提高学生综合素质”。十七大报告对素质教育的阐述更为具体全面,对素质教育的若干重要方面都作出了战略部署。

《教育规划纲要》明确提出,坚持以人为本、全面实施素质教育是教育改革发展的战略主题,是贯彻党的教育方针的时代要求。《教育规划纲要》进一步强调,素质教育的核心是解决好培养什么人、怎样培养人的重大问题，重点是面向全体学生、促进学生全面发展。胡锦涛总书记在全国教育工作会议重要讲话中明确指出，实施素质教育不仅涉及教育各个阶段和领域，更涉及文化传统、经济发展、社会结构、用人制度等方方面面，必须统筹兼顾、协调推进，切实把实施素质教育这件大事抓紧抓好、抓出成效。实施素质教育的重要性和紧迫性提到了前所未有的新高度。

（二）实施素质教育的基本内涵更加充实

党的十六大以来，素质教育理论与政策不断丰富和完善，素质教育内涵更加明确和充实。坚持德育为先、能力为重、全面发展，是社会各界对实施素质教育的基本内涵达成的广泛共识。德育为先是灵魂，能力为重是基础，全面发展是本质。

第一，坚持德育为先，增强德育工作的针对性和实效性。胡锦涛总书记多次强调，要坚持育人为本、德育为先，把立德树人作为教育的根本任务。德是做人的根本，只有树立崇高理想和远大志向，从小打牢思想道德基础，学习才有动力，前进才有方向，成才才有保障。育人为本是教育工作坚持以人为本的根本要求，是素质教育的出发点和落脚点，思想品德是衡量人才培养质量的第一标准。古人云："才者，德之资也；德者，才之帅也。"《教育规划纲要》提出，把德育渗透于教育教学的各个环节，贯穿于学校教育、家庭教育和社会教育的各个方面，增强德育工作的针对性和实效性。坚持德育为先，落实到具体的教育教学中，主要包含以下内容：加强爱国主义教育，增强学生热爱祖国、服务人民的使命感和责任感；深入开展理想信念教育，把社会主义核心价值体系融入国民教育全过程，树立正确的世界观、人生观、价值观、荣辱观；培养学生团结互助、诚实守信、遵纪守法、艰苦奋斗的良好品质，树立社会主义民主法治、自由平等、公平正义理念；构建大中小学德育课程教材体系，构建大中小学相互衔接的德育体系；要坚持贴近实际、贴近生活、贴近学生的原则，把德育融入学校课堂教学、学生管理、学生生活全过程，充分体现德育时代性，准确把握德育规律性，大力增强德育实效性。

党中央、国务院始终高度重视德育工作，针对青少年思想道德建设中的薄弱环节，以及种种不利于未成年人健康成长的社会环境和消极因素，党中央、国务院颁布了一系列文件，进一步阐明了青少年思想道德建设的指导思想、基本原则和主要任务，为大、中、小学德育工作指明了方向。2004 年中央就发布了《关于进一步加强和改进未成年人思想道德建设的若干意见》、《关于进一步加强和改进大学生思想政治教育的意见》，采取了一系列的重大政策举措，取得了明显的成效。《教育规划纲要》颁布以后，教育部把"整体规划大中小学德育课程"列入了 2011 年教育改革重要工作，大中小学德育课程修订工作正在进行当中。

第二，坚持能力为重，着重培育学生实践创新能力。长期以来，我们的教学中或多或少地、自觉或不自觉地存在着"学科为本"、"知识为本"的现象。知识点成为教学与考核的重点，知识被当做了人的发展的目的。知识经济时代，知识更新速度越来越快，知识创新和运用的重要性空前凸显，但知识不转化为能力，最终也无法发挥作用。能力是人才发挥作用的基本保证，坚持能力为重是素质教育的显著特征。坚持能力为重，首要任务是提高学生勇于探索的创新精神和善于解决问题的实践能力，加快改变学生创新能力不足、动手能力不强的状况。坚持能力为重，还要优化知识结构，丰富社会实践，教育学生学会知识技能，学会动手动脑，学会生存生活，学会做人做事，促进学生主动适应社会，着力提高学生独立判断能力、批判性思维能力、获取信息并加以鉴别的能力等等。1999 年《中共中央国务院关于深化教育改革　全面推进素质教育的决定》提出，素质教育要以创新精神和实践能力的培养为重点。《教育规划纲要》提出着力提高学生的学习能力、实践能力、创新能力。如今，培养学生创新精神和实践能力成为各级各类教育的工作重点。

第三，坚持全面发展，促进学生健康成长。人的全面发展学说是马克思主义的重要理论,促进人的全面发展是新中国教育的基本方针,也是素质教育的本质要求和最终目标。胡锦涛总书记在第四次全国教育工作会议上发表讲话时强调,要通过大力发展教育事业,全面加强和改进德育、智育、体育、美育,坚持文化知识学习和思想品德修养的统一、理论学习和社会实践的统一、全面发展和个性发展的统一,不断促进人的全面发展。他指出,坚持以人为本、全面实施素质教育,重点是面向全体学生、促进学生全面发展,着力提高学生服务国家服务人民的社会责任感、勇于探索的创新精神和善于解决问题的实践能力。《教育规划纲要》也重申,全面贯彻党的教育方针,培养德智体美全面发展的社会主义建设者和接班人。良好的心智寓于健康的身体,健康体魄是青少年为祖国和人民服务的基本前提。党的十六大以来,党和政府更加关心学生健康成长,学校更加重视提高学生健康素质。全国大中小学积极开展阳光体育运动,确保学生体育课程和课外体育活动时间,举办多种多样的群体性体育活动,培养学生的竞争意识、合作精神和坚强毅力,"健康第一"、"每天锻炼一小时,健康工作五十年,幸福生活一辈子"的思想深入人心。教育与生产劳动、社会实践相结合是培养全面发展人才的重要途径。各级各类学校不断加强和改进实践教育,让学生接触自然、了解社会,培养热爱劳动的习惯和艰苦奋斗的精神。

(三)树立以提高质量为核心的教育发展观

把提高教育质量作为教育改革发展核心,走内涵式发展道路,是党和国家在全面分析国际国内新形势、深刻把握教育发展阶段性特征基础上提出的教育发展战略思想。从国内来讲,自改革开放以来我国高度重视人才培养,教育规模不断扩大,从人口大国向人力资源大国转变。2002 年,高等教育毛入学率已经达到 15%,进入大众化阶段。如何实现从人力资源大国向人力资源强国的转变,是摆在我国面前的问题。从国际上来讲,尽管我国已成为世界上教育规模最大的国家,但是同发达国家的教育差距仍然存在,主要集中在教育质量上。胡锦涛总书记在2011年十七届中央政治局第二十六次集体学习时指出，要“着力推进教育内涵式发展，坚持走以促进公平和提高质量为重点的内涵式发展道路”，为教育改革发展指明了方向。

全面实施素质教育，成为教育发展走向内涵发展新阶段的标志。实施素质教育，就是要坚持面向全体学生，促进学生的全面发展；就是要以学生为主体，尊重学生的个性差异，为学生提供适合其个性发展需要的教育。党的十六大以来，素质教育的战略主题不局限于基础教育，而是贯穿于各级各类教育，贯穿于教育发展的全过程，大大丰富了教育内涵式发展的内容。

党的十六大以来，党中央、国务院坚持以提高质量为核心、科学的教育发展观，高度重视教育质量标准的建设和完善。教育部分步骤、有计划地制定了教师标准、学生健康标准、教师资格考试标准、学校课程设置标准、学校办学标准、学位标准、考试标准等一系列教育质量标准，推动实现义务教育学校标准化、高中教育多样化和高等教育特色化发展。教育部高等教育教学评估中心和基础教育质量监测中心分别于2004年和2007年成立，此后各地也纷纷成立了相应机构，在教育质量评估、教育质量保障以及相关研究等方面发挥了巨大作用。《教育规划纲要》明确提出，要“制定教育质量国家标准，建立健全教育质量保障体系”，将分散的各种教育标准建设进一步系统化、科学化、合理化。从确保充足的教育投入，到改善与规范各级各类办学条件；从保证教育者资质，到确保外部教育评估和监测，切实保障教育质量的提升。这一举措适应了时代发展与可持续发展需求，为教育内涵式发展提供了有力保障，促进了教育有序、健康、可持续发展。

二、素质教育在各级各类教育中全面推进

（一）以课程改革为核心，促进中小学生全面发展健康成长

新课程改革是基础教育领域全面实施素质教育的核心工作。2001

年启动的新课程改革按照“先立后破，先试验后推广”的工作方针，从义务教育向高中阶段逐步推进，2005 年全国义务教育起始年级全面进入新课程，2012 年全国普通高中起始年级全部进入新课程。《教育规划纲要》颁布后，2011 年教育部组织完成义务教育阶段 19 个课程标准修订工作，2012 年又进行了义务教育各学科教材的修订与审查，同时着手修订普通高中课程方案与课程标准。十年基础教育课程改革促进了先进教育理念的传播，带动了基础教育整体性变革，推动了素质教育的全面实施。

第一，符合素质教育要求的新课程体系基本建立。一是优化了课程结构。义务教育阶段课程综合性得到增强，课程门类有所减少。普通高中课程在保证学生达到共同基础的前提下，注重开发丰富多样的选修课，以满足学生对课程的不同需求。二是强化了中国特色。为提高学生思想道德素质，分学段系统设计了中小学德育课程，各学科有机渗透了社会主义核心价值观，充分反映了中华民族优秀传统文化，继承和发扬了我国基础教育的传统优势。三是突出了时代特征。各学科反映了现代社会发展和科技进步的新成果，以学生学会学习为核心，明确要求实施启发式、探究式教学，特别强调重视对学生创新精神和实践能力的培养。从义务教育到普通高中增设了社区服务、社会实践、研究性学习等必修课程，从制度上规定学生必须走出学校参加实践活动。普通高中还增设通用技术课程，加强学生动手能力的培养。四是完善了课程管理。改变课程管理过于集中的状况，实行了国家、地方、学校三级课程管理。一大批高质量、有特色的地方课程与学校课程应运而生，增强了课程对地方、学校及学生的适应性。

第二，教材建设呈现多样化发展的格局。2001 年以来，全国中小学教材审定委员会共审查通过 100 种小学教材、107 种初中教材、68 种普通高中教材。以学生发展为本、促进学生全面发展的教育理念在各科教材中得到充分体现。各种版本教材综合考虑学科发展、社会需求和学生终身发展需要，注重与学生生活实际相联系，关注教与学的过程和方法，关注学生情感态度价值观的培养，呈现方式也更加新颖、富有吸引力。

第三，教育教学改革取得实质性进展。课程改革给广大教育工作者提供了创造性实施国家课程、开发地方课程和学校课程的空间，全国普遍建立了以校为本的教学研究制度，促进了教师的专业发展。课程改革催生了自主课堂、走班教学、课例研修等新的教研成果，课程改革前诞生的教育教学成果也获得了新的生机和活力，如情境教学、尝试教学、成功教育等等。课堂教学发生了深刻变化，不再仅仅关注学生知识技能的学习，而是更加关注学习过程与方法，更加重视培养学生积极的情感、态度和价值观，努力创设有利于学生积极参与、独立思考、主动学习与动手实践的教学环境。

第四，"减负"先进典型不断涌现。减轻中小学生过重课业负担是长期的老大难问题，既涉及教育体系结构调整、社会就业竞争、优质教育资源供求矛盾、社会文化传统和家长成才观等，也涉及课程、教材和教法、教师综合素质、校长管理水平、考试招生制度和教育评价制度等各种内外影响因素。2007 年 5 月中共中央国务院颁布《关于加强青少年体育增强青少年体质的意见》，要求保证小学生每天睡眠 10 小时，初中学生 9 小时，高中学生 8 小时。2011 年教育部召开"减轻学生课业负担保障学生睡眠时间"工作座谈会，贯彻落实"科学安排学习、生活、锻炼，保证学生睡眠时间"要求，总结交流各地减轻学生课业负担的经验和做法，探讨保障学生睡眠时间的有效措施。十年基础教育课程改革为"减负"创造了有利空间，注入了强劲动力，各地不断涌现出减负先进典型。近年来，山东省所有中小学校统一规范办学行为，统一给学生减负，公办普通高中统一退出高考补习市场等，建立举报、督导、评估等机制严惩违规办学行为，将普通高中学科教学内容减少了 1/10 左右。上海市从 2006 年新学期起小学一二年级学生学业评价以优良中差等级制评定，除了期末考查也不再有任何检测形式。2007 年秋季将小学一、二年级语文篇目减少 35 篇，识字量减少 400 字，写字量减少

100字,古诗背诵篇目减少24首,听说活动减少12次,2000字识字量的学习时间从2年调整为3年。武汉市规定,小学各年级每学期只能组织一次考试,即期末考试或毕业考试,考试科目为语文和数学,考试时间均不得超过90分钟;初中各年级每学期只能组织两次考试,即期中和期末考试,初三年级只能组织上学期期末考试和下学期期中考试。贵州省要求各级政府不得向教育部门下达升学指标,不得以升学率作为衡量学校办学业绩的唯一标准;学校和教师不得以学科成绩作为衡量学生素质的唯一标准,不得以考试成绩排列学生名次。

第五,学生综合素质明显提高。"为考试而教,为考试而学",考试不涉及的科目被忽视,考试不涉及的育人环节不受重视,学生综合素质偏低,这是应试教育弊端的集中表现。基础教育新课程改革则要求开齐开全规定课程,着力培养学生思想道德素质、创新精神和实践能力,全面提高学生综合素质。一是学生思想道德素质得到提高。新课程改革将社会主义核心价值体系融入国民教育全过程。将各门课程社会主义核心价值体系的育人目标和内容具体化,有机渗透到学科教学过程中,注意培养学生的学习兴趣和良好学习方法与习惯。组织学生积极参与公益活动和志愿服务,挖掘课程和社会两种资源,形成全社会共同实施未成年人思想道德建设的生动局面。抓好全员育人、全方位育人、全过程育人,形成学校教育、家庭教育、社会教育"三结合"的教育网络。二是学生实践创新能力得到提升。教育部联合中央相关部委建设各类主题中小学社会实践基地62家,探索建立利用社会资源开展中小学社会实践的机制,共同培养学生社会责任感、创新精神和实践能力。2001—2010年,中央利用专项彩票公益基金支持建设了2460个县级校外活动中心,全国各县基本上都设有一个综合性未成年人活动场所。各级教育行政部门整合各类社会教育资源,为学生的社会实践、社区服务、研究性学习等创造条件。三是学生艺术素养和健康素质得到提高。针对农村和中西部地区中小学校体育和艺术教育资源短缺问题,教育部多措并举加强音体美教师队伍建设,确保配齐音体美等学科教师,开足开好规定课程，提高学生综合素质。2010 年，在“国培计划”示范性项目中设置紧缺学科教师培训项目，对农村中小学音体美等学科骨干教师进行 10 天专项集中培训，并要求在“国培计划”中西部项目中重视音体美等学科教师的培训。对高校音体美专业应届毕业生到中西部县镇以下义务教育学校任教实施学费返还，支持地方师范院校重点定向培养农村音体美教师。

（二）以服务为宗旨，以就业为导向，推进职业教育改革

党的十六大以来，国务院先后召开两次全国职业教育工作会议，充分体现了党和国家高度重视发展职业教育。2002 年发布《国务院关于大力推进职业教育改革与发展的决定》、2004 年发布七部委《关于进一步加强职业教育工作的若干意见》、2005 年发布《国务院关于大力发展职业教育的决定》，有力地推动了职业院校全面实施素质教育。十年来，职业院校坚持以服务为宗旨、以就业为导向，主动适应全面建设小康社会的时代要求，为调整产业结构、转变经济发展方式服务，不断深化职业教育教学改革，在加强学生职业道德教育、提高学生职业技能水平、建设“双师型”教师队伍等方面取得了重要进展。

第一，职业院校职业道德教育能力得到加强。职业道德是高素质劳动者和高技能人才必须具备的基本素质，职业道德教育是职业院校实施素质教育的首要任务。积极开展以“爱岗敬业、诚实守信、办事公道、服务群众、奉献社会”为基本内容的职业道德教育，努力把职业道德培养和职业能力培养紧密结合起来，培养一大批生产、服务第一线的高素质劳动者和高技能人才。一是确定一批职业教育德育工作基地，选聘一批劳动模范、技术能手作为德育辅导员。加强职业院校党团组织建设，积极发展学生党团员，深入开展中华传统美德和革命传统教育，不断培育青少年学生的爱国情感和民族精神。二是发挥学校教育、家庭教育和社会教育的作用，为学生健康成长创造良好社会环境。职业院校认真学习贯彻中共中央国务院《关于进一步加强未成年人思想

道德建设的若干意见》和中央关于加强高等学校学生思想政治工作的一系列重要精神，把职业道德教育水平作为职业学校竞争力的重要体现。

第二，职业院校职业技能培训水平有所提升。实践能力和职业技能是职业院校毕业生的核心竞争力，实践能力和职业技能培训是职业院校实施素质教育的重要内容。一是强化实践性教学环节。职业学校坚持以能力为本位，优化教学与训练环节，强化职业能力培养，教学活动与生产实践相结合，保证实践教学时间，培养学生的实践能力。鼓励学生积极参加形式多样的课外实践活动，培养实践能力。推动产教结合，加强校企合作，积极开展“订单式”培养，加强学生的生产实习和社会实践。中等职业学校在校学生最后一年要到企业等用人单位顶岗实习，高等职业院校学生实习实训时间不少于半年。社会各方面为职业院校开展生产劳动、科技活动和其他社会实践活动提供必要条件。二是建设校内外职业教育实训基地。建设职业教育实训基地，为学生提供实际动手训练机会，是提高职业教育质量的重要举措。实施职业教育实训基地建设计划，在重点专业领域建设专业门类齐全、装备水平较高、优质资源共享的职业教育实训基地。中央财政职业教育专项资金，以奖励等方式支持市场需求大、机制灵活、效益突出的实训基地建设。坚持共享、共建、共管，建设开放型的实训基地，充分调动政府、企业、院校和社会力量参与建设和管理的积极性。发挥行业协会和大中型企业的积极性，加强职业学校校外实习基地的建设。三是推进职业院校学生“双证”毕业制。取得职业院校学历证书的毕业生，参加相关中级职业技能鉴定时免除理论考核，操作技能考核合格者即可获得相应的职业资格证书。省级以上重点中等职业学校和有条件的高等职业院校普遍建立职业技能鉴定机构，考核合格后学生可同时获得学历证书和相应的职业资格证书。四是形成产教结合、校企合作的长效机制。2010年教育部成立全国中等职业教育教学改革创新指导委员会，批准成立43个行业职业教育教学指导委员会，聘任全指委委员99人、行指委委员 773 人。2011 年教育部印发了《关于充分发挥行业指导作用推进职业教育改革发展的意见》，进一步推进行业、企业在职业教育全过程中发挥更大作用。

第三，职业教育教师队伍建设成效显著。建设符合职业教育特点的教师队伍，是实施素质教育的基本前提。积极开展以骨干教师为重点的全员培训，提高教师的职业道德、实践能力和教学水平，培养一批高水平的骨干教师和专业带头人。吸引和鼓励企事业单位优秀工程技术人员、管理人员和有特殊技能的人员到职业学校担任专兼职教师，提高具有相关专业技术职务资格教师的比例。建设兼有教师资格和其他专业技术职务的"双师型"教师队伍，职业院校中实践性较强的专业教师，可申请评定第二个专业技术资格，也可申请取得相应的职业资格证书。建立符合职业教育特点的教师继续教育和企业实践制度，专业教师每两年必须有两个月到企业或生产服务一线实践，按规定每年脱产接受一定时数的继续教育。

第四，职业教育教育教学改革初显成效。一是修订了教学大纲。2008 年教育部正式启动新一轮职业教育教学改革，印发了《教育部关于进一步深化中等职业教育教学改革的若干意见》等文件，组织力量对中等职业学校语文等七门公共基础课程，以及机械类、电类、土木建筑类等专业大类的基础课程教学大纲进行了修订，并于 2009 年正式发布实施。二是强化专业设置管理。2009 年教育部组织力量修订《中等职业学校目录》，并于 2010 年印发《中等职业学校专业目录（2010 年修订）》。新目录设立了专业名称、专业（技能）方向、对应职业（工种）、职业资格证书举例、继续学习专业举例等项内容。这些调整旨在实现专业与产业、企业、岗位对接，专业课程内容与职业标准对接，教学过程与生产过程对接，学历证书与职业资格证书对接，职业教育与终身学习对接。2010 年印发《中等职业学校专业设置管理办法（试行）》，对中等职业学校专业设置进行规范和管理。

（三）以创新人才培养模式为重点，提高大学生综合素质

人才培养是高等院校的中心工作，人才培养体制改革是教育体制改革的重要内容，提高人才培养质量是实施素质教育的最终目的。党的十六大以来，高等教育以创新人才培养模式为重点，以人才培养体制改革为着力点，以高校教学评估为抓手，强化实践育人环节，全面实施素质教育，学生综合素质明显提高。《教育规划纲要》提出，着力培养信念执著、品德优良、知识丰富、本领过硬的高素质专门人才和拔尖创新人才。近年来，《教育规划纲要》的各项部署正在逐步落实，高等教育人才培养体制改革步伐明显加快。

第一，大学生思想政治教育工作成效显著。思想道德素质是大学生综合素质的核心体现，加强大学生思想政治教育是素质教育的首要任务。一是构建了思想政治课程体系。坚持贴近实际、贴近生活、贴近学生，充分考虑学生的认知能力和成长需求，形成目标明确、内容科学、结构合理、学段衔接、循序渐进的大中小学德育课程教材体系。国家将本专科思想政治理论课教材、研究生思想政治理论课必修课教学大纲编写工作纳入马克思主义理论研究与建设工程，每年修订以提高科学性、权威性、准确性。二是加强高校辅导员队伍建设。举办全国高校辅导员工作创新论坛、辅导员骨干示范培训班以及专题培训班，召开教育部高校辅导员培训和研修基地建设工作会议。组织高校学生工作骨干赴英国和美国研修，招收高校辅导员在职攻读思想政治教育专业博士学位。组织修改出版辅导员培训和研修教材，在高校配发《辅导员博客工作手册》，组织辅导员博客建设专题培训班，提高辅导员利用网络开展大学生思想政治教育工作的能力。三是加强网络思想政治教育阵地建设创新。推进“中国大学生在线”网站建设，完善 65 个与高校合作、内容丰富的共建频道，中国大学生在线用户数量目前已突破 160 万。举办高校百佳网站网络评选活动，指导建成上海高校“易班”网上社区和重邮红岩网校。试点建设大学生网络文化工作室，形成了天津大学学生党建平台、湖南大学寻亲献爱栏目、华中科技大学“冰岩”学

生团队等先进典型。近年来，广大师生在新中国成立60周年、中国共产党成立90周年、北京奥运会、上海世博会等大事喜事，在抗震救灾等急事难事中，充分展现出良好的思想政治素质和精神风貌。

第二，高等院校实践育人环节明显加强。教育与生产劳动、社会实践相结合是党一贯坚持的教育方针。培养大学生的创新精神和实践能力，是素质教育科学性和先进性的重要体现。加强高校实践育人工作，主要目的是提高大学生实践创新能力和服务祖国服务人民的社会责任感。一是出台实践育人系列文件。中共中央国务院《关于进一步加强和改进大学生思想政治教育的意见》明确指出，建立大学生社会实践保障体系，探索实践育人的长效机制。2005年，教育部等四部门联合下发《关于进一步加强和改进大学生社会实践的意见》，对大学生社会实践提出具体要求。2007年，教育部会同财政部启动《高等学校本科教学质量与教学改革工程》，任务之一是促进实验实践教学改革。2009年，教育部印发了《关于深入推进学生志愿服务活动的意见》，对大学生参加志愿服务活动作出安排。2012年，教育部等七部门联合印发了《教育部等部门关于进一步加强高校实践育人工作的若干意见》，对大学生系统开展实践教学、军事训练和社会实践活动进行了全面部署。二是形成实践育人的总体思路。结合专业特点和人才培养要求，分类制订实践教学标准。增加实践教学比重，确保各类专业实践教学必要的学分。整合各类实验实践教学资源，重点建设一批国家级实验教学示范中心、国家大学生校外实践教育基地等。加强实践教学管理，提高实验、实习实训、实践和毕业设计（论文）质量。广泛开展社会调查、公益活动、科技发明、勤工助学等社会实践活动。实施大学生创新性实验计划，支持15000个由优秀学生进行的创新性试验，促进学生自主创新兴趣和能力的培养。配齐配强实验室人员，组织编写实验教材，提升实验教学水平。新增生均拨款优先投入实践育人工作，新增教学经费优先用于实践教学。

第三，拔尖创新人才和高层次专门人才培养出台新举措。拔尖创新人才和高层次专门人才培养是高校创新人才培养模式的新举措，是高校实施素质教育的新探索。一是实施“基础学科拔尖学生培养试验计划”。为探索拔尖创新人才培养途径，建立基础学科国家青年英才培养基地，教育部等三部门2009年共同启动“基础学科拔尖学生培养试验计划”。该计划先行在数学、物理学、化学、生物科学和计算机科学等5个学科领域19所高校试点。试点高校聚集了一批国际学术大师参与本科教学，建立了由拔尖创新人才培养未来拔尖创新人才的新机制。仅清华大学参与该计划的著名学者就有诺贝尔奖获得者杨振宁、菲尔兹奖获得者丘成桐、图灵奖获得者姚期智等世界级科学家。目前，该计划的实施带动了相关高校各学科专业创新人才的培养，19所试点高校已选拔进入国家级试验班的学生共计2500人。二是实施系列卓越人才教育培养计划。实施卓越工程师、卓越医生、卓越农林人才、卓越法律人才等教育培养计划，以提高实践能力为重点，探索与有关部门、科研院所、行业企业联合培养人才的新模式。卓越工程师教育培养计划，参与高校与企业联合制定人才培养标准，共同建设课程体系和教学内容，共同实施培养过程，共同评价培养质量。卓越医生教育培养计划，重点推进五年制本科、临床医学专业学位研究生、长学制、面向农村医学教育等四类人才培养模式改革。卓越农林人才教育培养计划，与农业部合作，依托农业部现代农业产业技术体系和综合试验站，建设首批100个农科教合作人才培养基地。卓越法律人才教育培养计划，重点推进应用型、复合型职业法律人才，涉外法律事务高端人才以及面向中西部地区的基层法律人才等人才培养；探索建立高校与法律实务部门，国内与海外高校联合培养法律人才的新模式。目前，卓越计划已确定194所高校为试点高校，涉及824个本科专业点，加入“卓越计划”的在校生人数已达6万余名。三是继续实施“高等学校本科教学质量与教学改革工程”。2007年7月，教育部会同财政部启动“高等学校本科教学质量与教学改革工程”，中央财政投资25亿元，在2006年至2010年五年间逐步实施，取得良好效果。2011年7月，教育部和财政部决定“十二五”期间继续实施“高等学校本科教学质量与教学改革工程”。针对目前存在的专业结构不尽合理、办学特色不够鲜明、大学生实践能力和创新创业能力不强等问题，该工程以质量标准建设、专业综合改革、精品开放课程建设与共享、实践创新能力培养等为主要内容，推进本科教育教学改革，提高人才培养质量。

第四，研究生教育机制创新迈出新步伐。研究生教育是人才培养的最高阶段，是高层次人才培养的主阵地，是全面实施素质教育的新领地。一是探索高校与科研机构联合培养博士研究生的有效机制。2009年，教育部会同中国科学院、中国工程院启动联合培养博士研究生试点工作，把联合开展重大科研项目攻关与联合培养研究生紧密结合，充分利用双方优质教育和科技资源优势，建立高校和科研院所协同创新战略联盟，争取在高层次人才培养方面取得新突破。2012 年 23 所高校与中国科学院所属研究院所计划联合招收培养博士研究生 372 人，29 所高校与其他工程科研院所计划联合招收培养博士研究生 412 人，4 所高校与北京生命科学研究所计划联合招收培养博士研究生 100 人。二是实施研究生教育创新计划。设立博士研究生学术新人奖，对学业成绩优异、科研创新潜力较大的优秀在读博士研究生进行资助。设立研究生学术交流平台，组织高校举办全国博士生学术论坛和全国研究生暑期学校，充分发挥不同高校的学科优势，共享优质教育资源。2010—2011 两年间，共 1385 名博士研究生获得“博士研究生学术新人奖”，资助经费共计 4155 万元。三是优化研究生教育人才培养结构。近年来，为优化人才培养结构，满足转变经济发展方式、全面建设小康社会对应用型人才的需求，我国开展专业学位研究生教育综合改革试点，初步形成学术学位和专业学位并行的研究生教育体系。通过实践基地建设、双导师制和联合培养，积极推动高等学校与产业、行业、企业的深度合作，逐步形成了以职业需求为导向的培养新模式。依托各专业学位研究生教育指导委员会，加强质量监督和评估制度的研究，初步构建了具有专业学位特点的质量保证体系。积极推进专业学位与国家职业资格制度有机衔接,临床医学、翻译、建筑学等专业学位与相应职业资格制度实现了不同形式的衔接。2002—2011 年,全国累计授予 70 余万人硕士专业学位,授予 1 万余人博士专业学位,为各行各业培养了一大批高层次应用型专门人才。

(四)以开展阳光体育运动为抓手,全面提高学生健康素质

提高全民族的健康素质,是党的十六大全面建设小康社会的重要目标之一。2006 年 12 月,教育部、国家体育总局、共青团中央联合发出《关于开展全国亿万学生阳光体育运动的通知》。阳光体育运动以"达标争优、强健体魄"为目标,以《国家学生体质健康标准》为基础,以体育教学和课外体育活动为载体,使全国学生体质健康水平得到明显提高,"每天锻炼一小时,健康工作五十年,幸福生活一辈子"等口号广为流传深入人心。

第一,完善阳光体育运动配套措施。2005 年教育部印发《教育部关于进一步加强高等学校体育工作的意见》、《教育部关于落实保证中小学生每天体育活动时间的意见》,对学校体育的发展提出了明确要求,为开展阳光体育运动作出很好的铺垫。阳光体育运动政策出台后,2007 年中共中央国务院颁布《关于加强青少年体育增强青少年体质的意见》,教育部会同财政部等部门制定《推进校方责任保险,完善校园伤害事故风险管理机制》和《阳光体育奖章管理办法》,教育部会同国家体育总局印发《关于实施〈国家学生体质健康标准〉的通知》,2008 年教育部会同发改委等五部门制定《国家学校体育卫生条件基本标准》和《中小学体育工作督导评估指标体系》等,并建立由教育部等七部门共同参与的"加强青少年体育部际联席会议"制度,这些制度和措施为切实开展阳光体育运动铺平了道路。

第二,确保学生每天锻炼一小时。每天锻炼一小时是阳光体育运动的重要目标,这个目标在此前此后的相关文件中都有明确规定。2007 年中共中央国务院颁布《关于加强青少年体育增强青少年体质的

意见》还作出具体部署：小学1—2年级每周4课时，小学3—6年级和初中每周3课时，高中每周2课时；没有体育课的当天，学校必须在下午课后组织学生进行1小时集体体育锻炼；每天上午统一安排25—30分钟的大课间体育活动，同时要求开展丰富多样的课外体育活动。《教育规划纲要》也明确提出，"保证学生每天锻炼一小时"。2011年，教育部下发《切实保证中小学生每天一小时校园体育活动的规定》，要求建立保证中小学生每天一小时校园体育活动的有效工作机制，健全学校体育专项督导制度、社会监督机制、科学评价机制和表彰问责机制。

第三，全面实施《国家学生体质健康标准》。《国家学生体质健康标准》是阳光体育运动的基础。2007年中共中央国务院颁布的《关于加强青少年体育增强青少年体质的意见》要求，用3年时间使85%以上的学校能全面实施《国家学生体质健康标准》，使85%以上的学生能达到《国家学生体质健康标准》及格等级以上，掌握至少2项日常锻炼的体育技能，形成良好的体育锻炼习惯。为此，教育部要求全国各级各类学校积极落实党和政府要求，每年直接将本校各年级"标准"测试数据，通过中国学生体质健康网报送教育部国家数据库，国家数据库现有2.5亿学生的体质健康标准测试数据。

三、实施素质教育的制度保障逐步完善

（一）改革考试评价制度，促进学生评价多元化

转变教育评价方式，是提升人才培养水平的一个重要保障。长期以来，社会、家长评价学校的标准很大程度是一个升学率，社会和学校评价学生就看分数。这种教育评价严重忽视了学生综合素质的提高、个性的发展和创造力的培养，不利于教育"以人为本，全面、协调、可持续"的发展。党的十六大以来，片面追求升学率的应试教育倾向正在逐步得到克服，强调学生的综合评价，重视将评价的视角转移到素质教

育的要求上来。

招生考试尤其是高等学校招生考试牵一发而动全身，十分复杂和敏感。因此，《教育规划纲要》明确提出了高考改革的三原则，即有利于科学选拔人才、有利于促进学生健康成长、有利于维护社会公平。《教育规划纲要》同时指出了高考改革要建立和完善分类考试、综合评价、多元录取的考试招生制度。所谓分类考试，即按照不同类型的人才培养要求，逐步把普通本科和高职教育入学考试分开，或采取不同的选拔方式。所谓综合评价，即探索建立健全高考与高中学业水平考试和综合素质评价相结合的人才综合评价体系。所谓多元录取，即在坚持统一高考择优录取原则的前提下，完善多元录取机制，探索自主录取、推荐录取、定向录取、破格录取的具体方式，不拘一格选拔人才。开展由政府、学校、家长及社会各方面参与的教育质量评价活动，运用多种灵活的评价方法引导学生实现全面而有个性的发展。2012 年 7 月，由教育、科技、经济、法律、管理等领域 26 名专家组成的国家教育考试指导委员会成立，开展高考改革方案的系统研究设计。改革将坚持试点先行，以点带面，确保改革的科学、平稳、渐进和有序。

（二）建立教育督导评估制度，强化素质教育导向

加强教育督导与评估是适应政府转变职能、建设服务型政府的要求。近年来，督导评估与质量监测工作不断得到加强。

第一，督政与督学相结合，保障教育改革发展，保障教育质量全面提升。2004 年 1 月，国务院办公厅转发了《教育部关于建立对县级人民政府教育工作进行督导评估制度的意见》，正式建立对县级人民政府教育工作督导评估制度，全面开展对县级人民政府教育工作督导评估，有力促进了县域内教育的快速、健康发展，促进了落实教育优先发展战略地位。同时，制定《中小学校实施素质教育督导评估办法》、《进一步加强中小学校督导评估工作的指导意见》，全面开展中小学校督导评估，推动学校内涵发展。根据国家有关学校教育督导与评估的政

策规定，各地进一步制定和完善中小学校督导评估指标体系、标准和实施方案。指导一些地方进行督导机制和制度创新，积极探索建立相对独立的教育督导机构。此外，制定《加强督学责任区建设的意见》，推动督学工作制度化、常态化。各地在实践中努力探索适合本地的督导评估模式。为强化教育督导作用，建立了问责机制、约谈制度和限期整改制度。

第二，开展义务教育常规监测，及时了解不同地区义务教育实施情况。从 2002 年起，教育部在全国启动了义务教育监测项目工作，为各级政府及时提供义务教育实施情况使各级政府及时掌握义务教育的动态信息。围绕教育改革与发展中的重点、难点问题和社会普遍关注的热点问题进行专项督导检查，比如教育经费"三个增长"、农村义务教育阶段"两免一补"、农村义务教育经费保障机制改革、免除城市义务教育阶段学生学杂费、教师管理、中小学校和幼儿园安全、学校体育、卫生和艺术教育、特殊教育、幼儿教育、进城务工农民子女接受义务教育、职业教育等较大规模的，其中进城务工就业农民子女义务教育、幼儿教育和职业教育等，均为新中国成立以来第一次。

第三，开展基础教育质量监测，服务教育科学决策。2007 年成立的基础教育质量监测中心，负责制定基础教育质量监测标准，研究开发基础教育质量监测工具。从 2007 年到 2011 年，该中心连续 5 年分别对义务教育阶段学生数学、语文、科学、英语学生学习质量和心理健康、体育与健康状况及影响因素进行了试点监测，28 个省（自治区、直辖市）和新疆生产建设兵团参加了试测，涉及样本县（市、区）271 个，样本学校 4700 多所，教师、校长 3 万多名，学生 19 万多名，覆盖所测试省份 3000 多万名四、八年级学生。在五年试点监测工作的基础上，教育部从 2012 年起在全国范围内开展基础教育质量监测。本次监测涉及 31 省（自治区、直辖市）及新疆生产建设兵团的 254 个样本县，5290 所中小学，近 2 万名校长、教师和近 21 万名四、八年级学生。监测内容为义务教育阶段学生数学学习和科学（物理、生物、地理）学习质量及其影响学生数学、科学学习质量的相关因素。教育督导部门和监测中心对各省及样本县相关人员进行了培训。截至目前数据采集任务已经圆满完成。根据监测结果,教育部将发布我国首份基础教育质量监测报告。

《教育规划纲要》要求进一步完善教育督导评估制度,将制定国家教育督导条例,探索建立相对独立的教育督导机构,将以监测评估为基础,以督政督学为重点,以整改问责为手段,加强教育督导及评估工作。

(三)完善社会用人制度,营造实施素质教育的良好环境

实施素质教育,社会用人制度是重要的指挥棒。社会用什么样的人、怎样用人,对学校培养什么样的人、怎样培养人,具有很强的导向性作用。社会用人制度主要通过市场人才供需、社会价值观念、用人环境等路径影响素质教育。人才市场供需是引导学校育人的风向标。

全面实施素质教育离不开与之相应的社会用人制度的重要支撑。近十年来,随着经济社会的进步,社会用人制度改革同步深化,国家实行较为严格的就业准入制度。按照《劳动法》和《职业教育法》,属于国家规定实行就业准入控制的职业(工种),必须从取得相应学历证书或职业培训合格证书并获得相应职业资格证书的人员中录用。属于一般职业(工种),必须从取得相应的职业学校学历证书、职业培训合格证书的人员中优先录用。进一步完善职业资格证书制度,初步形成能够反映经济发展和劳动力市场需要的动态国家职业标准体系,在全社会实行学业证书、职业资格证书并重的制度。同时传统的人才观念正在逐步转变,正在形成使用人才重素质、重实际能力的良好风气。这些为素质教育创造初步的良好外部环境。

第三章　深化教育体制改革
增强教育发展活力

教育体制改革是推动教育事业发展的强大动力。进入21世纪,我国教育发展进入一个崭新时期,教育改革面临的形势也发生了重大变化。党的十六大以来,在党中央、国务院正确领导下,适应社会主义市场经济发展和全面建设小康社会的要求,我国坚持教育创新,把教育改革作为推进教育事业科学发展的重要抓手,稳步推进教育的管理体制和运行机制改革,在深化教育管理体制、办学体制、投入体制改革和现代学校制度建设等方面取得了可喜进展。《教育规划纲要》进一步明确了未来十年教育改革创新的方向和任务,我国的教育体制改革进入了全面深化、攻坚克难的新阶段。

一、教育管理体制改革深入推进

新世纪开始的十年,社会主义市场经济体制逐步完善,教育供求关系呈现新特征,政府职能和管理方式、中央与地方的责任权限划分以及政府、学校、社会的关系都面临新变化,教育行政管理体制改革成为教育体制改革的关键和难点。在深化行政体制改革、建设服务型政府的总体要求下,强化政府教育公共服务职能,积极推进简政放权进程,健全科学决策、民主决策机制,成为教育管理体制改革的努力方向和着力点。

（一）进一步明确基础教育和职业教育管理责权

党的十六大以来，随着教育事业不断发展和政府公共服务职能的加强，完善责权明确的教育管理体制成为教育体制改革的重要任务，我国在这方面取得了一系列新进展、新突破。

一是进一步明确了各级政府对于义务教育的责任。经过世纪初基础教育管理体制改革，到本世纪初，我国基本确立了“在国务院领导下，由地方政府负责、分级管理、以县为主”的基础教育管理体制。党的十六大以来，这一框架得到进一步巩固和发展。特别是基础教育方面，2003 年，国务院又作出了《关于进一步加强农村教育工作的决定》，针对新体制建立后出现的一些突出问题，进一步落实了各级政府对农村义务教育投入的共同责任，要求各级政府要调整财政支出结构，认真落实中央提出的新增经费主要用于农村的措施，将农村义务教育纳入公共财政体系并予以保障。进一步规范农村中小学“保工资、保安全、保运转”制度，实行农村中小学教师工资发放省长（主席、市长）负责制。确保中央下达的工资性转移支付资金，全部补助到县，主要补助经过努力仍有困难的县用于工资发放；确保税费改革专项资金主要用于农村义务教育，主要弥补农村教育费附加和农民集资取消后形成的中小学危房改造和学校运转的经费缺口；确保农村义务教育经费不低于税费改革前的水平并力争有所提高。这些重大举措，进一步巩固和完善了“以县为主”的管理体制，为我国农村义务教育发展奠定了坚实的体制基础。2006 年全国人大常委会新修订的《中华人民共和国义务教育法》，进一步明确了各级政府举办义务教育的责任，特别是强调强化省级统筹的责任，建立中央和地方分项目、按比例分担的新机制，将义务教育所需经费全面纳入政府保障范围，从制度、法律层面上规范和保障了农村义务教育经费的投入，在认识和实践上使农村义务教育管理体制改革提升到了一个新的更高水平，有力推动了我国义务教育特别是农村义务教育的持续、健康发展，全面完成了普及九年义务教育的历史任务，铸造了我国教育史上的一座历史丰碑。

二是确立了学前教育管理和投入的政府责任。关于学前教育投入体制。《教育规划纲要》明确提出“非义务教育实行以政府投入为主、受教育者合理分担、其他多种渠道筹措经费的投入机制”。《国务院关于当前发展学前教育的若干意见》进一步明确各级政府对学前教育的投入责任。要求“各级政府要将学前教育经费列入财政预算,新增教育经费要向学前教育倾斜,财政性学前教育经费在同级财政性教育经费中要占合理比例并在未来三年有明显提高,研究制定公办幼儿园生均经费标准和生均财政拨款标准,建立学前教育资助制度”。同时要求,“中央财政设立专项经费,支持中西部农村地区、民族地区和边疆地区发展学前教育和学前双语教育。地方政府要加大投入,重点支持边远贫困地区和民族地区发展学前教育”。《若干意见》也提出,要“制定优惠政策,鼓励社会力量办园和捐资助园”。关于学前教育管理体制。《国务院关于当前发展学前教育的若干意见》对学前教育管理体制和有关部门发展学前教育职责做了明确规定,要求“各级政府加强对学前教育的统筹协调,健全教育部门主管、有关部门分工负责的工作机制,形成推动学前教育发展的合力”。教育部门要完善政策,制定标准,充实管理、教研力量,加强学前教育的监督管理和科学指导。机构编制部门要结合实际合理确定公办幼儿园教职工编制。发展改革部门要把学前教育纳入当地经济社会发展规划,支持幼儿园建设发展。财政部门要加大投入,制定支持学前教育的优惠政策。城乡建设和国土资源部门要落实城镇小区和新农村配套幼儿园的规划、用地。人力资源和社会保障部门要制定幼儿园教职工的人事(劳动)、工资待遇、社会保障和技术职称(职务)评聘政策。价格、财政、教育部门要根据职责分工,加强幼儿园收费管理。综治、公安部门要加强对幼儿园安全保卫工作的监督指导,整治、净化周边环境。卫生部门要监督指导幼儿园卫生保健工作。民政、工商、质检、安全生产监管、食品药品监管等部门要根据职能分工,加强对幼儿园的指导和管理。妇联、残联等单位要积极开展对家庭教育、残疾儿童早期教育的宣传指导。充分发挥城市社区居委会和农村村民自治组织的作用,建立社区和家长参与幼儿园管理和监督的机制。各地加强对学前教育的组织领导,普遍建立了由政府分管领导牵头的学前教育联席会议制度或三年行动计划领导小组,健全了统筹协调的工作机制。

三是改革职业教育管理体制。我国职业教育现行管理体制是由1996年颁布实施的《职业教育法》和国务院2008年政府机构改革中关于部门职责分工的"三定"方案确定的。《职业教育法》第十一条规定:"国务院教育行政部门负责职业教育工作的统筹规划、综合协调、宏观管理。国务院教育行政部门、劳动行政部门和其他有关部门在国务院规定的职责范围内,分别负责有关的职业教育工作。县级以上地方各级人民政府应当加强对本行政区域内职业教育工作的领导、统筹协调和督导评估。"2008年政府机构改革中关于部门职责分工的"三定"方案规定:国务院教育行政部门负责职业教育工作的统筹规划、综合协调、宏观管理;国务院教育行政部门、人力资源社会保障行政部门和其他有关部门在国务院规定的职责范围内,分别负责有关的职业教育工作。2008年国务院办公厅印发《关于印发教育部主要职责内设机构和人员编制规定的通知》,把教育部在管理和指导职业教育方面的职责确定为"大力发展职业教育,坚持以就业为导向,深化职业教育教学改革,努力提高职业院校的办学水平和质量,积极推进体制机制创新,进一步增强职业教育发展活力"等方面。针对职业教育管理政出多门现象,为加强部门协调,2004年经国务院批准,教育部、国家发改委、财政部、人事部、劳动保障部、农业部、国务院扶贫办建立了职业教育工作部际联席会议制度,加强与有关部门沟通协调,及时研究解决全国职业教育工作中的有关问题。同时,推动地方各级政府建立职业教育工作部门联席会议制度,统筹推进职业教育改革。根据职业教育改革发展需要,调整教育部有关部门管理职能。2010年,教育部将高等职业教育的管理职能划归职业教育与成人教育司,统筹中等职业教育和高等职业教育管理。这一调整有利于推进职业教育分类指导和整体改革,强化技能型人才的系统培养,加快建设适应经济发展方式转变和产业结构调整要求、体现终身教育理念、中等和高等职业教育协调发展的现代职业教育体系。探索职业学校治理新机制,促进职业院校形成合理治理结构,推动健全职业教育科学决策机制。整合政府、行业、企业、科研机构、社会力量和职业院校6方面力量和资源,大力推动集团化办学,完善学校治理结构和决策模式,形成了教育与产业、学校与企业紧密对接、良性互动、合作共赢的良好态势。目前全国职业教育集团数量发展到600多个,覆盖30个省份、100多个行业部门、1万多家企业、近600个科研机构和50%以上的中职校、90%以上的高职校。2012年5月,教育部召开全国职业学校管理工作会议,要求学校把工作重心和资源配置重点集中到质量提高和内涵建设上来,推动职业院校管理向科学化、现代化迈进,为提升服务国家战略能力提供有力保障。

(二)增强省级政府统筹教育力度

中央向地方下放教育管理权限,增强省级政府教育统筹权限,是改革开放以来教育管理体制改革的重要趋势。在确立了基础教育以县为主、高等教育两级管理、以省为主的管理体制以后,加快教育管理权限向省级政府转移、加强省级教育统筹的必要性日益凸显。《教育规划纲要》提出,要推进中央简政放权,加强省级政府教育统筹。就是要明确中央和地方政府的教育管理权限与职责范围,促进管办评分离,形成政事分开、权责明确、统筹协调、规范有序的教育管理体制。

围绕这一目标,《国务院办公厅关于开展国家教育体制改革的通知》明确将“省级政府教育统筹综合改革试点”作为教育体制改革的重要内容,选择在北京、上海、安徽、广东、云南、新疆和深圳市开展此项改革试点。省级教育统筹综合改革试点的主要任务:一是深化教育管理体制改革,探索政校分开、管办分离实现形式。二是统筹推进各级各类教育协调发展。三是统筹城乡、区域教育协调发展。四是统筹编制符合国家要求和本地实际的办学条件、教师编制、招生规模等基本标准。

五是统筹建立健全以政府投入为主、多渠道筹集教育经费、保障教育投入稳定增长的体制机制。六是建立健全地方政府履行教育职责的评价制度。七是探索建立督导机构独立履行职责的体制机制。

为支持省级政府加强教育统筹,中央有关部门切实加大了简政放权的力度。2002 年以来,根据《中华人民共和国行政许可法》规定,教育领域共取消和调整行政审批事项 45 项,占项目总数的 54.9%。在新一轮行政审批改革中教育部进一步加大力度,又有 13 项行政审批权将取消或者下放。同时,积极探索以签署协议支持统筹、以印发会议纪要落实统筹、以行政批复推进统筹、以签署备忘录强化统筹等多种加强省级教育统筹的方式。《教育规划纲要》颁布以来,教育部与上海市人民政府签署了《共建国家教育综合改革试验区战略合作协议》,与安徽省人民政府签署了《加快省级政府教育统筹综合改革推进皖江城市带承接产业转移示范区建设战略合作协议》,与广东省人民政府签署了《关于共同推进教育体制综合改革的协议》,与云南省人民政府签署了《加快云南教育事业发展推进云南桥头堡建设战略合作协议》,与江苏省人民政府签署了《共建国家高等教育综合改革试验区合作协议》,与湖北签署了《共建武汉城市圈教育综合改革国家试验区合作协议》,与河南省人民政府签署了《加快河南教育发展推进中原经济区建设战略合作协议》。通过这些协议的签署,在院校设置、中外合作办学项目审批、基础教育教材审批等方面,有序向省级政府下放了权限,推进教育管理重心下移。

(三)转变政府职能和教育管理方式

转变政府职能和管理方式,是深化行政管理体制改革、建设服务型政府的需要,也是教育发展新阶段的迫切要求。党的十六大以来,随着各项改革的深入,政府职能和教育方式逐步转变。《教育规划纲要》明确提出“转变政府教育管理职能”,要求各级政府切实履行统筹规划、政策引导、监督管理和提供服务的职能,综合运用各种宏观管理手段,

减少对学校不必要的行政干预,近年来取得了明显成效:

一是坚持分区规划分类指导,形成适应中国国情的教育管理方式。区域经济发展不平衡,各地教育发展水平差异很大,是我国社会主义初级阶段的阶段性特征。与此相应,教育管理需要针对不同区域的不同特点和发展阶段,采取不同的发展方针和策略,分区规划,分类指导。分类指导作为我国教育行政管理的一条基本原则,在各级各类教育管理中得到充分体现。如按照分类指导、分期推进、一省一案的原则,教育部同27个省(自治区、直辖市)和新疆生产建设兵团逐省签署义务教育均衡发展备忘录。

二是完善教育督导评估制度。党的十六大以来,督政与督学并重的教育督导制度体系更加完善,督导检查结果公告制度、限期整改制度、教育问责制度等更加健全,初步形成覆盖学前教育、中等职业教育、中小学教育等各级各类教育工作督导制度框架。国家教育督导团分别于2006年、2008年和2011年就义务教育均衡发展、义务教育教师、中等职业教育等专题发布国家教育督导权威报告。开展探索建立相对独立的教育督导机构研究并指导地方先试先行。先后调研总结了北京、天津、上海等地探索完善教育督导制度,建立独立的教育督导机构的经验,天津、上海、贵州、西藏等4个省(自治区、直辖市)成立了教育督导委员会,由政府分管教育负责人兼任教育督导委员会主任。辽宁、广西、河南、青海、新疆等省、自治区分管教育的副省长或副主席兼任总督学。北京市人民政府教育督导室建立了相对独立的实体性正局级机构。目前,正在研究制定《教育督导条例》,教育督导评估工作将更加法制化规范化。2003年,教育部启动了五年一个周期的普通高等学校本科教学评估工作,到2008年6月底,首轮评估已全部结束,共有589所普通本科高等学校接受了评估。实践证明,本科教学评估工作巩固了教学在学校工作中的中心地位,促进了办学条件的改善,推动了教学管理制度化建设。在总结首轮评估工作经验的基础上,教育部于2011年印发了《关于普通高等学校本科教学评估工作的意见》,明确了我国本科教学评估工作的基本思路:建立以学校自评为基础,以教学基本状态数据常态监测、分类的院校评估、专业认证及评估、国际评估为主要内容,政府、高校、专业机构和社会多元评价相结合的高等教育质量保障与评估制度。

三是建立部委直属高校巡视制度。2006 年开展直属高校巡视工作试点,2012 年上半年第一轮直属高校巡视工作全面完成。按照《巡视工作条例(试行)》的框架,修订完善高校巡视工作的基本程序和管理制度,把发现问题作为巡视工作重点,把党内监督作为巡视工作主题,把发现问题和推动问题解决作为重要着力点,督促被巡视高校及时研究解决巡视中发现的突出问题,提炼一些重点专题和典型案例,建立对直属学校工作中的重点难点问题转办督办制度。直属高校巡视工作有力促进了部党组了解掌握直属高校整体情况,有力促进了直属高校认清并整改存在问题,有力促进了直属高校领导班子建设,有力促进了直属高校党风廉政建设的深入开展。

四是加强基础教育质量监测。2002 年教育部启动以县为基本监测单位的全国义务教育监测项目,既有全面监测,也有专题监测和重点监测。后来成立的教育部基础教育质量监测中心,从 2007 年到 2011 年,连续 5 年分别对义务教育阶段学生数学、语文、科学、英语学习质量和心理健康、体育与健康状况及影响因素进行了试点监测。在监测工作开展过程中,修订完善了监测指标体系和监测工具,建设了一支多学科、多领域,科学研究和实践服务密切结合的监测工作专业团队和视导队伍,确立了基于国情的监测组织模式和规程,加强了对地方开展质量监测的指导,形成了各类监测结果报告。在五年试点监测工作的基础上,2012 年教育部开始在全国范围内开展基础教育质量监测。根据监测结果,教育部将发布我国首份基础教育质量监测报告。

五是加强学校财务监管。一是设置总会计师岗位。在部分规模较大的高等学校可以设置总会计师岗位,总会计师按副校长级干部配备,协助校长全面领导学校的财经工作。2011 年年底教育部公开招聘东南大学等 6 所大学总会计师，标志着总会计师制度正式实施。二是设立教育经费监管中心。为贯彻落实《教育规划纲要》相关要求，2010 年年底教育部设立教育部经费监管事务中心，强化了教育经费的使用、管理、监督，提高了教育专项经费项目论证评估的科学化水平，促进了相关工作的常态化、规范化、制度化。三是发挥教育经费统计公告监督作用。为督促地方依法落实教育经费“三个增长”，提高财政教育支出占财政支出的比例，不断加大各地教育投入力度，教育部、国家统计局、财政部每年联合发布《全国教育经费执行情况统计公告》。公告内容包括全国教育经费情况、各地落实教育经费“三个增长”和预算内教育经费占财政支出比例情况、国家财政性教育经费占国内生产总值比例情况等方面。通过全国教育经费执行情况监测，促进了各级政府进一步重视教育发展，调动了地方财政教育投入积极性。为加强对重大项目资金的监管，提高资金使用效益，健全绩效评估体系，教育部会同财政部等部委研究制定了《教育规划纲要重大项目资金使用监督检查办法》等规章制度，综合运用网络监控、财务报告、监事督察、巡视检查、专项审计、评估评审、受理举报等方式方法，对重大项目资金的使用进行综合监管，实现关口前移、预防为主，确保重大项目顺利实施。

六是完善教育信息公开和社会监督机制。党的十六大以来，教育部门根据有关法律法规的规定和要求，有计划分步骤地依序推进部机关、直属单位、高等学校和中小学信息公开制度建设，积极推动高校设置、考试招生就业、教育收费、教育政策、人事制度、学校财务、教育质量评估等涉及人民群众切身利益或社会普遍关注的信息公开。2011 年，部分高校开始以部门的方式向社会公开财政的收支状况，北京大学等 39 所高校公布了《2010 年度本科教学质量评估报告》，接受社会监督，社会反响良好。近期，教育部正在着手研制高校财务、招生等专项信息公开实施办法，完善国家教育经费统计公告制度，制定各级各类学校财务收支公告制度，建立重大项目的使用公告制度。

（四）健全科学决策民主决策机制

教育决策科学化民主化，是教育管理体制改革的重要内容。党的十六大以来，群众诉求、专业声音对教育政策的形成起到了显著推动作用。《教育规划纲要》研究制定过程，成为教育决策民主化和科学化的典范。近年来，落实《教育规划纲要》“提高政府决策科学性和管理的有效性”的要求，教育决策科学化民主化取得了重要进展：

一是教育重大政策决策程序更加完善。充分听取各方面意见建议，把公众参与、专家咨询、风险评估、合法性审查作为重大政策决策必经程序。国务院成立新中国教育史上第一个国家教育咨询委员会，由64位来自不同领域、不同行业的委员组成，对国家重大教育改革发展政策进行调研、论证、评估。公开征求意见成为重要法律法规和规章起草的必经程序。教育规划纲要的研制过程是科学民主决策的典范，两次公开向社会征求意见共收集460多万条意见建议，这种广开言路、问计于民、问需于民的科学民主决策模式，已经成为教育政策制定的常规做法。

二是加强教育战略和政策研究。《教育规划纲要》颁布以后，在党和国家的大力支持下，教育部、民主党派和高校等新建或共建一批高起点、高标准、高目标的教育政策研究机构，旨在加强教育政策研究，为国家教育改革发展重大战略决策服务。为发挥高校科研机构在教育战略咨询中的作用，2011年教育部分别与北京大学等5所大学合作共建五个教育科学决策研究中心，重点开展教育规划与战略领域基础性重大问题前瞻性研究。各研究中心形成布局合理、分工明晰、各有特色、学科专业互补的教育科学决策研究网络体系。

三是充分发挥教育科研机构和中介机构的作用。我国已经形成中央、省、地、县、校等多级教育科研机构体系，拥有一支规模庞大、学科背景多样、整体水平较高、专兼群相结合的教育科研队伍。2011年国务委员刘延东在第四届全国教育科学研究优秀成果奖颁奖暨中国教育科学研究院成立大会上指出，我们党历来重视教育科学研究，要把教育科学研究作为党的理论建设的组成部分和教育事业发展的基础性工作。国家宏观教育政策研究机构在战略研究和政策研究方面形成优势，在国家重大教育改革发展战略中发挥了重要作用，中国教育学会等社团组织也积极参与教育决策，受到党和国家领导人的高度评价和重视。

二、中国特色现代学校制度建设取得重要进展

改革开放以来特别是党的十六大以来，我国不断深化教育宏观管理体制和学校内部管理制度改革，建设中国特色现代学校制度取得重大进展。2004 年，国务院批转的《2003—2007 年教育振兴行动计划》第 34 条提出，要“深化学校内部管理体制改革，探索建立现代学校制度”。《教育规划纲要》将“建设现代学校制度”专门列章，明确提出要“适应中国国情和时代要求，建设依法办学、自主管理、民主监督、社会参与的现代学校制度，构建政府、学校、社会之间新型关系”，对建设现代学校制度作出全面部署，中国特色现代学校制度建设进入系统推进的新阶段。

（一）推动政府向学校放权

《教育规划纲要》颁布以来，按照政事分开管办分离的要求，各级各类学校的办学自主权不断得到落实。特别是在高等教育方面，政府树立服务意识、改进管理方式，依法保障学校充分行使办学自主权和承担相应责任，分解落实高等学校自主开展教学活动、科学研究、技术开发和社会服务，自主调整学科专业，自主制定学校规划并组织实施，自主设置教学、科研和行政管理机构，自主确定内部收入分配、自主管理和使用人才，自主管理和使用学校财产和经费等权利。

取得重要进展表现在：在学科设置管理模式方面，二级学科由学位授予单位在一级学科授权权限内自主设置。深入推进学位授权审核制

度改革，放权58所研究生院单位自行审核博士、硕士学位授权点，委托省级学位委员会初审一级学科博士点和审核一级学科硕士点，同时加强国家宏观调控。在高校专业设置自主权方面，修订《普通高等学校本科专业目录》和《普通高等学校本科专业设置管理规定》，赋予高校更充分的本科专业设置自主权。

（二）探索建设中国特色现代大学制度

建设现代大学制度的核心任务是推动高校建立完善的内部治理结构和自律机制，确保学校管好权、用好权，对师生负责、对社会负责、对人民负责，逐步形成高校自我约束、自主管理、自觉发展的长效机制。

一是完善高校领导管理体制。一方面，坚持和完善普通高等学校党委领导下的校长负责制。按照中央要求，教育部党组配合中组部抓紧研究制定党委领导下的校长负责制的实施意见，着力健全议事规则与决策程序，依法落实党委职责、校长职权，促进党政协调配合，完善运行保障机制。另一方面，通过教育培训、工作指导和经验交流等多种方式，积极推进党委领导下的校长负责制顺利实施，并将实施情况纳入高校巡视工作范围，列为领导班子和领导干部考核评价的重要内容，巡视和考核的相关结果作为高校领导干部，特别是党委书记、校长选拔任用和奖惩的重要依据。各地各高校在实践中积极探索党委领导下的校长负责制的有效实现形式，积累了许多宝贵经验，并制定了相关文件和制度。如，北京、上海、江苏、辽宁、湖南、河南、山东、山西、广西、宁夏等多个省区市先后出台了党委领导下的校长负责制的暂行规定或试行办法，许多高校制定了具体的实施细则以及党政会议制度、“三重一大”制度等。另一方面，在推进高校领导干部选拔任用制度改革方面做了大量工作，如稳步推进副校长公开选拔、竞争上岗等工作，通过改革的办法先后在25所直属高校选拔了81位副校长。2011年，教育部党组启动了公开选拔东北师范大学、西南财经大学校长试点工作以及东南大学等6所直属高校总会计师公开选拔，进一步拓宽了选人用人视野。

提高了选人用人公信度，社会各界广泛关注并给予了积极评价。

二是制定或修订大学章程。2011 年教育部颁布实施《高等学校章程制定暂行办法》，推动学校以章程建设为契机，认真清理和修改校内的各种规章制度，完善内部决策及监督机制，依法推进内部治理结构改革，健全师生权利保障与救济机制，落实民主监督制度，形成以章程建设系统梳理学校内部管理体制，推动学校整体改革，实现依法治校的良好局面。

三是建立健全学术委员会或教授委员会。充分发挥教授在教学、学术研究和学校管理中的作用，明确学术委员会或教授委员会的构成，确保学术委员会依照学术委员会章程独立开展工作，依法履行审议学科、专业设置，教学科学研究计划方案，评定教学科学研究成果等有关学术事项的职责。

四是发挥教职工代表大会的作用。2011 年教育部会同全国总工会教育工会发布了《学校教职工代表大会规定》，进一步明确了学校教职工代表大会的基本地位，推动学校依法保障教职工参与民主管理和监督，探索建立和完善党委领导、行政支持、工会运作、教职工参与的学校教职工代表大会工作机制。

五是探索建立理事会或董事会，健全社会支持和监督学校发展的长效机制。探索高等学校与行业、企业密切合作共建的模式，推进高等学校与科研院所、社会团体的资源共享，形成协调合作的有效机制，提高服务经济建设和社会发展的能力。例如，中国矿业大学董事会成员单位包括神华集团、中煤能源、徐工集团等 117 家企业，其中全面合作协议单位 37 家，战略联盟单位 14 家。学校与董事单位进行了广泛的科研合作，年平均签订科技合作项目 1100 项左右，合同金额达 4 亿元以上。借此建立 200 多个稳定的校外教学基地，共建博士后流动站或技术研发中心，以特色和优势培养创新人才，迄今已为董事单位培养了 500 多名工程硕士，有力提升了煤炭行业高层次人才队伍水平。

（三）完善中小学学校管理制度

一是加强中小学校长队伍建设。制订校长专业基本标准，推行校长职级制。继续组织实施了优秀校长和骨干教师海外研修计划项目。

二是大力推进中小学幼儿园家长委员会建设。2012 年教育部出台《关于建立中小学幼儿园家长委员会的指导意见》。从充分认识建立中小学家长委员会的重要意义、明确中小学家长委员会的基本职能、积极推进家长委员会组建、发挥好家长委员会支持学校工作的积极作用和为家长委员会的建设提供有力保障等 5 个方面明确了中小学、幼儿园家长委员会的定位、基本原则、主要职能和组建程序，提出要“把家长委员会作为建设依法办学、自主管理、民主监督、社会参与的现代学校制度的重要内容，作为发挥家长在教育改革发展中积极作用的有效途径，作为构建学校、家庭、社会密切配合的育人体系的重大举措”，要求各级教育行政部门为家长委员会的建设提供有力保障。

三是深入探索现代职业学校管理制度，推动政府主导、行业指导、企业参与的职业教育办学机制的形成。2010 年，组织成立全国职业教育教学改革创新指导委员会和 43 个行业指导委员会。2011 年，制定《教育部关于充分发挥行业指导作用推进职业教育改革发展的意见》、《教育部等九部门关于加快发展面向农村的职业教育的意见》等，汇聚多领域特别是行业企业力量参与职业教育改革创新。建立职业教育与产业定期对话制度，2009 年以来，教育部与有关行业主管部门、行业组织联合举办 700 多个企业、2500 多所学校参加的 17 次全国性的产教对话活动，签署校企合作协议 450 多项，资金达 10 亿元。推动职业学校管理规范化。近年来，职业教育密集出台一系列管理文件，如《中等职业学校设置标准》、《中等职业学校管理规程》、《中等职业学校学生学籍管理办法》、《教育部人力资源社会保障部关于加强中等职业学校校园文化建设的意见》、《教育部关于进一步完善职业教育教师培养培训制度的意见》、《中等职业学校国家助学金管理暂行办法》、《中等职业学校免学费补助资金管理暂行办法》、《中等职业教育督导评估办法》、《关于进一步加强中等职业学校国家助学金发放管理工作的通知》、《关于在中等职业学校推行学生实习责任保险的通知》等。目前，职业教育已形成覆盖学校管理、学生管理、教师管理、行业企业参与、中高职衔接、实习风险管理、教育督导评估等方面的管理制度体系框架，中等职业学校管理向规范化迈出了一大步。

三、民办教育快速健康发展

改革开放以来，我国民办教育快速发展，办学规模不断扩大，教育质量逐步提高，为我国教育事业发展作出了重要贡献。党的十六大以来，党和国家高度重视民办教育发展，鼓励和规范社会力量兴办教育，并为促进民办教育快速健康发展作出了一系列重要部署，民办教育办学行为逐步规范，办学环境不断优化，办学水平不断提高。按照《教育规划纲要》的部署，大力扶持、依法管理民办教育的力度显著加大，公办教育与民办教育共同发展的格局正在逐步形成。

（一）民办教育规模稳定增长

据2011年教育事业统计，全国共有各级各类民办学校（教育机构）13万余所，比《民办教育促进法》颁布的2002年增加7万余所，增长114.8%；在校生3713.90万人，比2002年增加2717.8万人，增长236.8%。

表3-1　2002—2011年民办教育发展情况

类　别	学校情况			学生情况		
	学校（幼儿园）数（所）	占全国同类学校比例（%）	比2002年增长（%）	在校（园）生数（万人）	占全国同类学生比例（%）	比2002年增长（%）
幼儿园	115404	69.2	138.6	1694.2	49.5	323.0
普通小学	5186	2.1	1.3	567.8	5.7	155.7
普通初中	4282	7.9	38.6	442.6	8.7	118.6

续表

类　别	学校情况			学生情况		
	学校(幼儿园)数(所)	占全国同类学校比例(%)	比2002年增长(%)	在校(园)生数(万人)	占全国同类学生比例(%)	比2002年增长(%)
普通高中	2394	17.5	5.3	235	9.6	127.3
中等职业教育	2856	21.7	174.4	269.3	12.3	506.4
高等学校	698	29.0	—	505.1	21.9	—
其他高等教育机构	830		-44.8	88.1		-59.3

注:1.中等职业教育另有非学历教育学生37.7万人;
2.高等教育另有非学历教育学生26.0万人;
3.此外,另有民办培训机构21403所,接受培训955.5万人次。

近十年来,民办教育发展总体保持增长态势,也呈现新的特点。民办幼儿园增长较快,成为民办教育主要增长点,学前教育的重要力量;民办义务教育、高中阶段教育有小幅波动;民办高校学校、招生、在校生继续保持稳定发展。

(二)民办学校办学水平不断提高

进入21世纪特别是党的十六大以来,随着九年义务教育基本普及和高等教育实现大众化,民办教育也逐步将发展重点从规模扩张转移到内涵发展和提高质量上来。各级各类民办教育办学条件明显改善,教师队伍素质显著提升,办学规范程度大大改进,整体办学水平和教育质量大幅提高。涌现出一大批办学质量较高、特色鲜明的民办学校。目前,民办学校办学者普遍认识到,转变发展方式,突出办学特色,与公办学校错位竞争,满足人民群众多样化、选择性、高质量的教育需求,成为民办教育发展的新方向和新机遇。

民办教育在吸引社会资金投入、扩大教育资源、优化教育结构、促进改革发展、创新办学模式、加强内涵建设、提高服务水平、提升教育质量、规范办学行为、办好一批高水平民办学校方面取得新的成绩。民办幼儿园为解决“入园难、入园贵”作出了重要贡献；一批民办中小学校努力提供选择性教育机会，满足人民群众多层次、多样化、有特色的教育服务；一批民办职业学校创新教育思想、办学模式和管理方法，为国家现代职业教育体系建设作出了新的贡献。

（三）法制化规范化程度进一步增强

民办教育的快速发展使得对民办教育的规范要求日趋迫切，有关民办教育的法律、法规相继出台。2002 年，全国人大常委会审议通过《民办教育促进法》，2004 年实施《民办教育促进法实施条例》，这两部法律文件正式确立了民办教育的法律地位，改善了民办学校的办学环境。2006 年，国务院办公厅颁布《关于加强民办高校规范管理引导民办高等教育健康发展的通知》，2007 年教育部颁布《民办高等学校办学管理若干规定》和《独立学院设置与管理办法》，2010 年国务院颁发的《教育规划纲要》明确提出要大力支持和规范管理民办教育，促使各级政府及相关职能部门增强依法履行职责意识，提高规范管理服务水平；督促民办学校规范办学行为，落实健全内部治理结构，保障师生合法权益，建立监督管理和风险防范机制，引导民办学校提高质量、办出特色。民办教育发展做到有法可依，依法规范发展。

民办教育法律、法规和政策的密集出台，为民办教育健康发展打下了制度基础。民办学校在依法规范办学的前提下，从思想、认识和行动上着力加大内涵建设力度，凝练自身办学理念，加大优秀教育资源的引进力度，打造高水平师资队伍，促进自身实力增强，积极开展教育教学改革，努力提高人才培养水平。通过加强内部制度建设，完善法人治理结构，充实办学条件，落实法人财产权，积极构建中国特色的现代大学制度，为提高质量、增强内涵创造良好的内部环境和制度保障，推动民办学校依法治校、可持续发展。

（四）民办教育发展环境逐步改善

落实鼓励民办教育发展的优惠政策，消除对民办教育的歧视政策，是《教育规划纲要》提出的明确要求。《国务院办公厅关于开展国家教育体制改革试点工作的通知》把改善民办教育发展环境作为重大专项改革进行部署。根据《教育规划纲要》的内容，国家教育体制改革领导小组进行了任务分解，明确了责任分工，涉及民办教育的任务分解为10项，确定了牵头部门和配合部门，明确了总体目标和阶段性目标。425项国家教育体制改革试点中，涉及民办教育有20多项，现已全面启动。安排《教育规划纲要》确定的10个重大发展项目时，教育部要求各地方、各部门把民办教育纳入通盘考虑。国家教育咨询委员会成立了“办学体制改革咨询工作组”，负责为各地各校办学体制改革提供咨询指导。两年来教育部与国务院其他部委加强沟通协作，与地方政府通力合作，在改善民办教育发展环境方面取得了重大进展。

一是出台了促进民办教育发展的新政策。为落实《教育规划纲要》和《国务院关于鼓励和引导民间投资健康发展的若干意见》，解决制约民办教育发展的瓶颈问题，教育部联合国务院10个相关部委研究制定民办教育新政策。2012年6月初，印发了《教育部关于鼓励和引导民间资金进入教育领域促进民办教育健康发展的实施意见》，在扩大民办教育准入、落实民办教育优惠政策和依法管理民办教育方面采取一系列新措施。为支持民办高等教育发展，教育部2011年批准了17所民办学校升格为本科学校；已有24所独立学院转设为独立设置的民办本科学校；启动“服务国家特殊需求人才培养项目”试点，有5所民办高校通过审批首批获得研究生招生资格。这标志着民办高校培养层次进一步提升，也标志着教育部正在带头清理并纠正歧视民办教育的政策和做法，支持和鼓励高水平、有特色、高质量民办学校发展。

二是形成了支持、协助地方改革创新的机制。利用制定鼓励民办教育发展新政策的契机，教育部支持和协助各省制定大力发展民办教育的政策措施，形成了中央与地方互动、支持地方推动改革的新机制。

教育部在全面梳理有关政策的基础上，针对一些在全国层面暂时无法突破的问题，指导各省在地方层面探索突破。上海、重庆、云南、内蒙古、湖南等多个地方，在建立民办教育管理综合协调机制、设立民办教育发展专项资金、奖励对民办教育发展有突出贡献的集体和个人、建立民办学校融资和信用担保制度、规范民办学校资产管理和财务运行等方面进行了积极探索，为在国家层面制定政策提供了很好的经验。

三是各地落实《教育规划纲要》取得可喜进展。国家教育体制改革试点有序推进，各地促进民办教育发展的政策措施相继出台。上海、浙江、江苏、福建等省市，吉林华桥外语学院、西安欧亚学院等高校，在细化教育体制改革试点方案过程中，充分论证、反复协商，大胆探索一系列棘手问题的改革思路，初步理清了问题、确定了改革步骤。温州市已开始探索实践来实现把改革试点做成全国示范的诺言。全国 31 个省（自治区、直辖市）和新疆生产建设兵团的教育规划纲要，都进一步明确了大力扶持和依法管理民办教育的政策和思路，天津、内蒙古、江苏、广西、贵州、宁夏、陕西等省（自治区、直辖市）还配套出台了进一步促进民办教育发展的条例、意见或决定，加上之前的上海、云南、重庆、广东、吉林等省市，共有 12 个省（自治区、直辖市）出台了支持民办教育发展的政策文件。

四、全面深化教育体制改革的思路与工作机制更加完善

党的十六大以来，特别是近年来，党中央、国务院总揽全局、统筹协调，加强教育改革的顶层设计，各地区各学校结合自身实际努力探索，广大教师和教育工作者自觉投身教育改革实践，各部门各方面密切配合和大力支持，全方位推动改革攻坚良好局面基本形成。

（一）形成了深化教育改革总体思路

随着改革进入深水区，冲破多元利益格局、协调各方利益更为困

难;经济社会发展对改革提出了更高要求。教育改革涉及思想观念、体制机制,还涉及群众的切身利益,社会期待高,有些方面认识不尽一致,必须积极稳妥地推进教育改革,做到统筹谋划,系统设计。党的十六大以来,党和政府高度重视教育改革的战略规划,对教育改革和发展进行了全面部署。特别是《教育规划纲要》将改革创新作为一条贯穿始终的主线,以人才培养体制、考试招生制度、建设现代学校制度、办学体制、管理体制、扩大教育开放为重点,对教育体制改革进行了系统设计,明确了教育改革基本思路和具体任务,提出了一系列保障措施,为深化教育改革指明了方向。

(二)建立了推进改革新机制

一是成立了国务院教育体制改革领导小组。按照《教育规划纲要》要求,2010 年 7 月,国务院成立了国家教育体制改革领导小组(以下简称领导小组),由中央组织部、中央宣传部、中央编办、发展改革委、教育部、科技部、工业和信息化部、公安部、财政部、人力资源和社会保障部、农业部、法制办、国研室、中科院、社科院、工程院、国务院发展研究中心、国家自然科学基金会、共青团中央、中国科协等 20 个部门组成。中央政治局委员、国务委员刘延东亲自担任领导小组组长。国家层面成立跨部门综合协调机构,专门负责组织实施国家教育体制改革,是新形势下党中央、国务院加强对教育体制改革组织领导的重大决策。在领导小组的带动下,各省(含自治区、直辖市和新疆生产建设兵团,下同)都成立了省级教育体制改革领导小组,负责统筹本地区教育改革发展工作。各省领导小组组长均由省级领导担任。领导小组成员涵盖了发展改革、财政、人力资源社会保障、编办等 10 多个与教育密切相关的部门。实践证明,领导小组的成立,有效整合了部门力量,为教育体制改革提供了强有力组织保障,在重大教育政策协调、改革组织实施等方面切实发挥了重大作用,有力推进了全国教育体制改革的深入,形成了推进教育体制改革合力。

二是建立了推进改革的新机制。建立“分解落实机制”，将《教育规划纲要》确定的190项重大任务，分解落实到60个部门和单位，各地也都制定了任务分解落实方案。建立“专家咨询机制”，国务院成立了第一个国家教育咨询委员会，对国家重大教育改革发展政策进行调研、论证、指导、评估。一些省份也成立了教育咨询委员会。建立“省部、部部共建机制”，教育部已与9个省份签署教育改革发展试验区协议，与27个省（自治区、直辖市）和新疆生产建设兵团签署了义务教育均衡发展备忘录，继续推进高校部省、部部共建。建立“督促检查机制”，国家咨询委员会对国家教育体制改革试点进行检查、指导和评估，省级人民政府和国家有关部门建立督促检查机制，国家教育体制改革领导小组根据试点进展情况对试点项目进行动态调整和补充。

（三）教育体制改革试点全面展开

经过系统设计、统筹规划，经各地各校申报、国家教育咨询委员会专家评审，按照试点先行、动态调整的原则，在全国范围内确定了425项国家教育体制改革试点项目，从国家、地方和学校三个层面系统推进教育体制改革。目前，所有项目都制定了改革实施方案，明确了改革目标、改革措施、配套政策以及保障条件，并积极推进，有的已取得了初步成效。各地各校还根据自身实际，自主开展内容丰富、形式多样的改革探索。

一些地方和学校已经探索了不少成功经验。在“探索建立多元办学体制机制，加快学前教育健康发展”方面，江苏镇江市、安徽合肥市、浙江杭州市等地改革学前教育办学体制，探索多种形式扩大学前教育资源。安徽合肥市、内蒙古等地加大学前教育投入，因地制宜推进示范性、规范化、普惠性幼儿园建设。宁夏彭阳县、河北保定市等地探索并推广新的学前教育管理模式。在“加大改革力度，深入推进义务教育均衡发展”方面，北京顺义区、辽宁大连市、福建省厦门市、广东惠州市、云南昆明市、四川成都市、湖南长沙市芙蓉区、新疆石河子市等地，创新体制机制,全面推进城乡义务教育均衡发展。河北秦皇岛市、山西晋中市、吉林通榆县、黑龙江富裕县、福建厦门市、广西龙胜县等地,规范中小学布局调整,加强义务教育学校标准化建设,推动城乡教育一体化发展。安徽合肥市、深圳市等地完善进城务工人员子女接受义务教育体制机制,切实解决非本地户籍常住人口随迁子女就近入学。天津市、河南省郑州市等地,建立健全义务教育均衡发展督导、考核和评估制度。甘肃、海南昌江县等地,完善寄宿制学校管理体制机制,探索民族地区、欠发达地区义务教育均衡发展模式。在"探索推进素质教育的有效途径,促进学生全面发展"方面,北京、上海、甘肃、湖北、山东、陕西西安等地加强德育、体育和艺术教育,减轻学生课业负担,改革学生学业评价制度,促进学生身心健康发展。湖北、山东等地建立了分类考试、综合评价、多元录取的招生考试制度。在"适应经济发展需求,探索职业教育办学模式改革"方面,天津、广东、广西柳州市、辽宁沈阳市、四川德阳市等地不断强化政府统筹发展职业教育的责任,促使职业教育与经济社会发展需求相适应。江苏、河北邢台市、福建晋江市、江西新余市、重庆市巫山县等地探索职业教育办学体制机制改革,走政、企、校合作办学之路。在"改革人才培养模式,提高高等教育人才培养质量"方面,上海、山西、陕西、湖北、青海、西藏等地大胆探索,勇于实践,逐步推进各类高等教育人才培养模式改革。在"改革高等教育管理方式,探索建立现代大学制度"方面,江苏推进高等教育综合改革,努力做好"四个统筹",即统筹协调各级各类教育关系、统筹协调政府部门和社会各方、统筹协调区域教育改革发展、统筹协调高等教育内部各项改革,体现出综合性、创新性和协同性的鲜明特征。吉林华桥外国语学院坚持公益性和非营利性,修订理事会、监事会、院务委员会设置及工作规程,成立教职工代表大会,组建学术委员会、教授委员会,完善内部治理结构,千方百计办好高水平民办大学。在"改革高等学校办学模式,大力推进协同创新"方面,北京、湖北突出"优势互补"、"地域互助"、"功能互促"的理念,积极搭建合作交流平台,鼓励高校凝聚集群优势，大大提升了高等学校的办学活力。在“深化办学体制改革，改善民办教育发展环境”方面，浙江省温州市全面破解民办教育政策障碍，出台“1+9”系列文件，从登记管理、财政扶持、融资政策、队伍建设、产权属性、合理回报、税费优惠、土地政策、治理结构、办学体制等10个方面进行全面制度重建。浙江省宁波市采取加大财政投入力度、实现民办学校公共财政资助全覆盖，完善教师社会保障、落实民办与公办学校教师同等法律地位，启动分类管理改革试点、探索建立民办教育科学发展的长效机制等多项措施，积极推进民办学校管理体制改革。上海探索建立民办学校分类管理的中长期目标并明确实施计划，形成《浦东新区开办非营利性民办学校的若干制度》。在“健全教师管理制度，加强教师队伍建设”方面，吉林、福建、湖北、浙江、陕西宝鸡市等地探索建立教师专业发展的支持服务体系。山东潍坊市实施中小学校长职级制、中小学教师职称制度改革，极大地提高了教师工作积极性。在“推进省级政府教育统筹综合改革试点”方面，上海、安徽、云南等地深化教育管理体制改革，统筹推进城乡、区域各级各类教育协调发展。

（四）全社会关注教育改革、支持教育改革的良好氛围基本形成

各部门各单位支持教育形成了新合力。在推进教育改革发展时，中央部委积极主动地承担更多的任务，形成了推动教育事业科学发展的新机制。基层的改革积极性主动性充分调动起来，在国务院的领导下，通过各地、各部门和各级各类学校的共同努力，教育体制改革取得了阶段性成效。社会各界关心教育呈现出新氛围。分歧少了、共识多了，争论少了、期待多了。教育系统推进改革发展出现了新局面。广大教育工作者和教师积极筹划教育改革发展、踊跃投身教育事业科学发展的伟大实践。

第四章　大力促进教育公平，依法保障公民平等受教育机会

教育公平是社会公平的重要基础，也是促进社会公平的重要途径。党的十六大以来，国家不断加大促进教育公平的政策力度，我国教育公平迈出重大步伐。覆盖城乡的基本公共教育服务体系初步建立，基本公共教育服务均等化取得重要进展。公共教育资源向农村地区、边远贫困地区和民族地区倾斜力度加大，主要教育发展指标与区域差距在总体上呈现缩小趋势。在全国范围内实现了城乡免费义务教育，义务教育均衡发展取得可喜成效，择校现象在一些地区有所缓解。进城务工人员随迁子女在城市接受义务教育的问题初步解决。残疾人受教育权利得到切实保障。家庭经济困难学生资助政策体系逐步健全，资助力度不断加大。教育乱收费现象得到有效遏制，普通高校招生“阳光工程”取得明显效果。

一、优化教育资源配置，促进教育协调发展

党的十六大以来，国家出台了一系列政策，实施了一系列重大工程，加大公共资源向薄弱地区和薄弱领域的倾斜力度，有力促进了农村地区、边远贫困地区、民族地区和各级教育的协调发展。

（一）以加强农村义务教育为重点，缩小城乡义务教育差距

——实施西部地区“两基”攻坚计划。2003 年国务院召开了新中

国成立以来第一次全国农村教育工作会议，颁布《国务院关于进一步加强农村教育工作的决定》，强调把农村教育作为教育工作的重中之重，着力解决农村教育发展薄弱问题。温家宝总理在会议上提出，到2007年在西部地区实现“两基”（基本普及九年义务教育和基本扫除青壮年文盲）。2003年12月，温家宝总理主持召开国家科教领导小组会议，审议通过了教育部、国家发展改革委、财政部、国家西部开发办公室联合制定的《国家西部地区“两基”攻坚计划（2004—2007年）》（下称“攻坚计划”）。

为支持西部地区实现“两基”目标，解决制约西部地区农村普及义务教育的瓶颈问题，根据“攻坚计划”，2004年起国家全面实施中西部地区农村寄宿制学校建设工程（以下简称“寄宿制工程”）。2004—2007年，中央和地方共安排“寄宿制工程”资金113亿元，覆盖中西部地区950多个县，累计建设项目学校8300多所，建设校舍面积1500多万平方米。在国务院的正确领导下，在地方各级人民政府和有关部门的共同努力下，“寄宿制工程”所确定的目标和主要任务圆满完成。工程的实施，极大地改善了中西部地区农村学校的办学条件和寄宿条件，满足了200万新增学生的就学需求和197万新增寄宿生的寄宿需求，使确需寄宿的山区、牧区、高原和边远地区学生能进入寄宿制学校学习，为这些地区实现“两基”奠定了坚实的基础。

——实施农村义务教育经费保障机制改革。农村义务教育是我国义务教育发展中的薄弱环节。为了解决农村义务教育投入不足、责任不明的问题，2005年12月，国务院印发《关于深化农村义务教育经费保障机制改革的通知》，决定从2006年开始实施农村义务教育经费保障机制改革，建立中央和地方分项目、按比例分担的经费保障新机制。这项改革主要内容包括：一是免除农村义务教育阶段学生学杂费并提供免费教科书，对家庭经济困难寄宿学生给予生活费补助；二是提高农村中小学公用经费保障水平；三是建立农村中小学校舍维修改造长效机制；四是巩固和完善农村中小学教师工资保障机制。

作为农村义务教育经费保障机制改革的重要措施，中央财政加大了对中西部农村地区、边远贫困地区、民族地区等的政策倾斜和支持力度。新的保障机制实施以来，中央财政累计安排4000多亿元支持中西部地区发展农村义务教育。一是在农村学校公用经费补助资金上加大中央财政的分担比例。中央和地方分担比例为：西部地区8∶2，中部地区6∶4，东部地区予以奖励性支持。对位于中部地区的吉林延边朝鲜族自治州、湖北恩施土家族苗族自治州、湖南湘西土家族苗族自治州和243个县享受西部政策的县，也按照8∶2的比例分担。此外，还对高寒高海拔地区予以烤火费补助。二是在家庭经济困难寄宿生生活费补助资金安排上倾斜。中央财政按照5∶5分担比例对中西部地区予以补助，同时还安排专门资金对28个人口较少民族农村义务教育阶段学生每生每年再增加250元生活费补助。2011年，中西部1228万家庭经济困难学生享受生活费补助政策，占中西部寄宿生的30%。三是在校舍维修改造长效机制资金上倾斜。中央财政安排专项资金，按照5∶5的比例对中西部地区农村中小学校舍维修改造予以补助。补助标准为中部地区每平方米400元，西部地区每平方米500元。西藏、青海、新疆、新疆生产建设兵团、甘肃的甘南州、四川的甘孜、阿坝、凉山州、云南的迪庆、广西的喀斯特地区等民族地区、特殊地貌地区给以每平方米1000元的补助。

——实施中西部农村初中校舍改造工程。2006年，国务院批准《中西部农村初中校舍改造工程总体方案》，计划在2007—2010年安排中央专项资金100亿元，推动未纳入“两基”攻坚计划实施范围的中西部地区农村初中进行校舍改造，重点加强农村薄弱初中学生生活设施建设，改善食宿条件，提高农村初中巩固率和寄宿率。2008年第四季度以后，国家实施积极财政政策，在扩大内需一揽子投资计划中加大了对教育投入的力度，并将中西部农村初中校舍改造工程（以下简称“初中工程”）实施范围扩大到东部的福建、山东、辽宁三省困难地区以及广东、浙江、江苏三个接收进城务工人员子女较多的省份。

2007—2010年，中央财政累计安排资金140亿元实施“初中工程”，覆盖28个省（自治区、直辖市）、新疆建设兵团和黑龙江省农垦总局的1500多个县（市、区、旗、团场、农场），支持近7500所学校新建或改造学生宿舍、食堂和厕所等生活设施，建设校舍近1500万平方米，满足150多万新增学生的就学需求和200多万新增寄宿生的寄宿需求。“初中工程”的实施，使项目学校寄宿学生生活设施达到或接近《农村普通中小学校建设标准》，“大通铺”和校外租房现象基本消除；项目地区农村初中办学条件得到了显著改善，巩固率和寄宿率明显提高；对于缩小城乡、区域教育发展差距，推动义务教育均衡发展发挥了重要作用。

——实施“全国中小学校舍安全工程”。2009—2011年中央共安排校安工程专项资金80亿元，带动地方投入3000多亿元，在有关部门和地方各级政府共同努力下，工程实施成效显著，取得了四大成果：一是全面摸清了中小学校舍安全的“家底”。“地毯式”的排查鉴定，不仅使各级政府历史上第一次全面摸清了辖区内中小学校舍面积、场址分布和安全状况等基本情况，也为制定、完成三年工程规划和今后做好学校建设工作奠定了坚实基础。二是存在安全隐患的校舍得到加固改造。截至2012年6月底，全国已竣工3.07亿平方米，占全国中小学校舍总面积的22%；中西部七度及以上地震高烈度且人口稠密地区已竣工1.3亿平方米，占这类地区中小学校舍总面积的44%。三是建成了网络化校舍信息管理系统。目前，全国已录入41万所学校（含教学点）、212万栋单体建筑物基本信息，31万所学校校园规划信息，1367万条图片和视频信息，9万个加固改造项目实施过程信息，初步建成了一套全面覆盖、全国联网的校舍信息管理系统。四是校舍安全理念深入人心。随着工程的顺利推进和宣传工作的深入开展，一大批沉积多年的安全隐患得到消除，一大批通过加固改造的校舍达到了抗震设防标准、符合综合防灾要求，校舍安全建设已纳入各级政府重要工作，中小学校舍安全意识得到全面提升。

——实施农村义务教育学生营养改善计划。为进一步改善广大农村地区特别是边远贫困地区学生营养健康水平，2011年，国务院决定启动实施农村义务教育学生营养改善计划。一是国家提供营养膳食补助。国家为集中连片特殊困难地区农村义务教育学生提供营养膳食补助，标准为每生每天3元，全年600元。仅此一项，中央财政每年需要投入160多亿元，政策惠及中西部22个省份680个县约2600万农村学生。其中民族县368个，占连片特困区的54%，占中西部全部民族县的53%。二是提高家庭经济困难寄宿生生活费补助标准。小学生每年1000元，初中生每年1250元。三是国家拨出专款用于改善就餐条件。2011年，中央财政安排了100亿元，专门用于支持农村学校食堂建设和设施设备配备。同时，要求各地统筹义务教育专项工程项目资金，将学生食堂作为重点建设内容。近几年，国家还将安排专门资金用于农村中小学食堂建设。四是加强营养教育和监测。为实施好这项计划，各地、各相关学校将充分利用各种宣传教育形式，向学生、家长、教师和供餐人员普及营养科学知识，培养科学的营养观念和饮食习惯，建立健康的饮食行为模式，使广大学生能够利用营养知识终身受益。各地将建立专家组，加强营养配餐、科学饮食方面的指导和服务。政府将建立营养健康监测评估系统，及时进行营养改善状况的监测和评价，为做好农村学生营养改善工作提供科学依据。

（二）中央财政非义务教育专项工程向中西部地区倾斜，缩小区域发展差距

——实施普通高中改造计划，支持集中连片特困地区普通高中改善办学条件。为贯彻落实《教育规划纲要》，财政部和教育部从2011年起安排专项资金实施普通高中改造计划，支持中西部省份中集中连片特困地区，尤其是民族地区普通高中改善办学条件。资金主要用于支持集中连片特困地区普通高中校舍改扩建、配置图书和教学仪器设备以及体育运动场等附属设施建设。2011—2012年，中央财政安排普

通高中改善办学条件资金预算30亿元。

——职业教育实训基地建设项目向西部地区倾斜。从2010年起，职业教育实训基地建设中央专项资金为体现向西部倾斜政策，西部地区每个项目安排额度在标准基础上增加30万元，用以部分抵顶地方承担资金，以减轻项目学校自筹资金和地方财政负担。

——生均拨款奖补资金向中西部地方高校倾斜。为解决地方高校生均拨款标准偏低的问题，2010年11月，财政部、教育部下发《关于进一步提高地方普通本科高校生均拨款水平的意见》，建立了地方高校生均拨款奖补机制。2010—2012年，中央财政按中西部地区35%，东部地区25%的比例，对地方高校提高生均拨款水平进行奖补。2010年，中央财政安排地方高校生均拨款奖补资金75亿元，其中，中西部省份57.6亿元，所占比例达77%；2011年，中央财政安排地方高校生均拨款奖补资金125.3亿元，其中，中西部省份99.2亿元，所占比例达79%。

——化解债务奖补资金向中西部地方高校倾斜。为推动化解地方高校债务，2010年11月，财政部、教育部下发《关于减轻地方高校债务负担化解高校债务风险的意见》，建立了地方高校化解债务奖补机制。2010—2012年，中央财政综合考虑各地高校化债工作努力程度、债务规模下降幅度以及扩招学生数等因素，按照各省份每年安排化解高校银行贷款资金的一定比例对有效化解高校债务的省份给予支持。中西部地区省份奖励比例为45%，远高于东部省份。2010年，中央财政下达地方化解高校债务风险奖补资金70亿元，其中，中西部省份29亿元，所占比例达41%。2011年，中央财政下达地方化解高校债务风险奖补资金84.8亿元，其中，中西部省份70亿元，所占比例达83%。

（三）设立专项资金，支持民族教育和特殊教育发展

中央财政设立民族教育专款，支持民族地区加快发展教育事业。2011年该项专款额度由原来的每年1000万元提高到1亿元，主要用于中西部地区少数民族义务教育阶段中小学骨干师资双语培训和体现

民族教育特色的仪器设备购置。此外，义务教育保障机制建立后，中央财政每年安排西藏自治区义务教育助学金2000万元，用于补助寄宿制贫困学生生活费。

中央财政设立特殊教育专款，每年5000万元，资金主要用于中西部地区特殊教育学校购置教学仪器设备、康复训练设施和图书资料等。

二、建立健全国家资助政策体系，加大家庭经济困难学生资助力度

党和政府高度重视家庭经济困难学生资助工作。党的十六大报告提出“健全学生资助制度，保障经济困难家庭、进城务工人员子女平等接受义务教育”。党的十六届三中全会通过的《中共中央关于完善社会主义市场经济体制改革若干问题的决定》提出“完善国家和社会资助家庭经济困难学生的制度”。党的十六届六中全会通过的《中共中央关于构建社会主义和谐社会若干重大问题的决定》提出“在农村并逐步在城市免除义务教育学杂费，全面落实对家庭经济困难学生免费提供课本和补助寄宿生生活费政策，保证农民工子女接受义务教育。完善高等教育和高中阶段国家奖学金、助学金制度，落实国家助学贷款政策，鼓励社会捐资助学”。《教育规划纲要》指出，教育公平的关键是机会公平，基本要求是保障公民依法享有受教育的权利，并把“扶持困难群体”作为实现教育公平的重点之一，提出了“不让一个学生因家庭经济困难而失学”的目标。在党中央、国务院的正确领导和各级政府和有关部门的共同努力下，我国基本建立了从学前教育至高等教育的学生资助政策体系，对保障人民群众的受教育权利、促进教育公平发挥了重要作用。

（一）资助政策体系逐步完善

在学前教育阶段，按照“地方先行，中央补助”的原则，对家庭经济

困难儿童、孤儿和残疾儿童予以资助。在义务教育阶段，全面免除了城乡义务教育阶段学生学杂费，对义务教育阶段农村学生和城市家庭经济困难学生免费提供教科书，对家庭经济困难寄宿生提供生活补助，并从2011年秋季学期起启动实施农村义务教育学生营养改善计划。在普通高中教育阶段，建立起以国家助学金为主体、学校减免学费等为补充、社会力量积极参与的普通高中学生资助政策体系。在中等职业教育阶段，建立起以国家助学金和国家免学费为主，顶岗实习、学校奖学金和减免学费等为辅的资助政策体系。在高等教育阶段，建立了国家奖学金、国家励志奖学金、国家助学金、研究生普通奖学金、地方政府奖助学金、国家助学贷款、基层就业学费补偿贷款代偿、应征入伍服义务兵役学费补偿贷款代偿、校内奖助学金、校内无息借款、勤工助学、特殊困难补助、伙食补贴、减免学费等多元混合资助的政策体系。同时，建立"绿色通道"制度，确保家庭经济困难新生顺利入学。此外，在中央部属师范院校实行免费师范生政策。

（二）资助力度不断加大

2007年至2011年的5年间，学生资助规模逐年扩大，资助金额逐年增长，资助学生超过3亿人次、资助金额超过3000亿元。

5年期间，全国累计资助普通高校、中职学校、普通高中、义务教育阶段学生3.4亿人次，累计资助总金额3526.17亿元（资助数据包括各级政府、学校、企事业单位、社会团体、个人等资助的人数和金额，义务教育免费教科书和免学杂费相关数据未计入，2006—2011年全国资助学生数和金额分别见图4-1、图4-2）。

5年期间，累计资助普通高校学生1.79亿人次（见表4-1），累计资助金额1817.18亿元；累计资助中职学校学生7496.16万人次，累计资助金额1051.33亿元；全国义务教育阶段寄宿生生活补助累计资助学生7346.61万人次，累计补助金额512.97亿元。2010—2011年两年期间，累计资助普通高中学生1289.2万人次，累计资助金额144.69亿元。

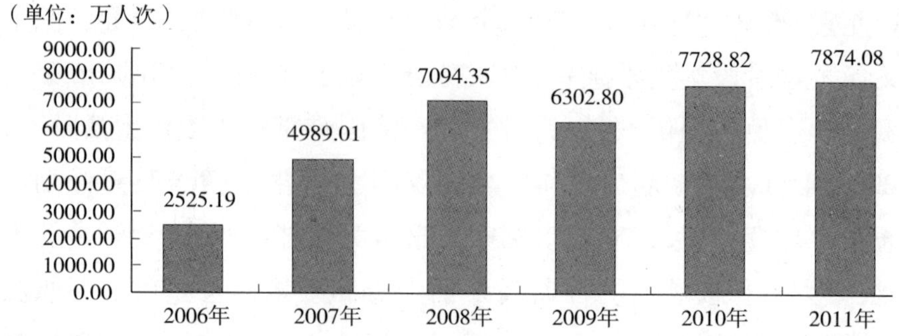

图 4-1　2006—2011 年全国资助学生数

注:2008 年资助学生数含汶川地震特殊资助等

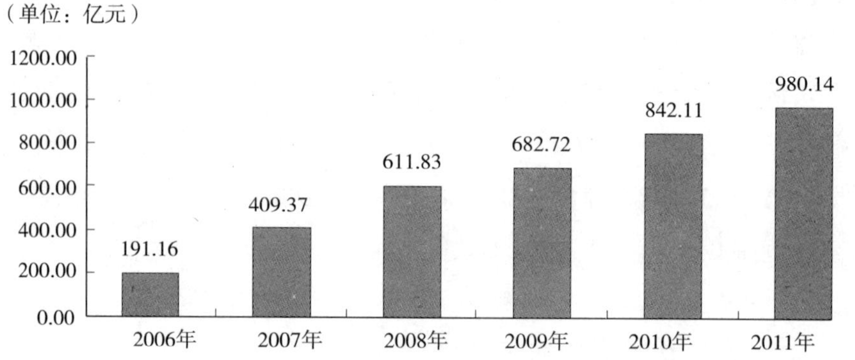

图 4-2　2006—2011 年全国资助学生金额

表 4-1　2007—2011 年各教育阶段资助学生人次与金额

（单位:万人次,亿元）

项目 教育阶段	受助人次	受助金额
合　计	33989. 06	3526. 17
普通高校	17857. 09	1817. 18
中职学校	7496. 16	1051. 33
普通高中	1289. 20	144. 69
义务教育	7346. 61	512. 97

注:普通高中仅为 2010、2011 两年数据。

2011 年学生资助规模再创历史新高,当年资助学生近 8000 万人次、资助金额近千亿元。2011 年,全国累计资助学生 7874. 08 万人次,比上年增长 1.88%，比 2006 年增长 2.12 倍；累计资助金额达到 980.14 亿元，比上年增长 16.39%，比 2006 年增长 4.13 倍。资助人次与金额均为历年最高。其中，资助普通高校学生 4170.14 万人次，金额 501.35 亿元；资助中职学校学生 1348.96 万人次，金额 223.24 亿元；资助普通高中学生 809.2 万人次，金额 108.69 亿元；义务教育寄宿生生活补助资助学生 1545.78 万人，补助金额 146.86 亿元。此外，全国义务教育阶段还有 1.3 亿义务教育阶段学生享受国家免费教科书，受助学生比例（占义务教育阶段学生总数的比例）约 87%；0.91 亿学生享受地方免费教科书，受助学生比例约 60.95%。

在总体资助规模不断扩大的同时，资助标准逐步提高，资助范围进一步扩大。高校国家奖学金由过去每生每年 4000 元增加到 8000 元；新设立的国家励志奖学金为每生每年 5000 元；高校国家助学金由过去生均 1500 元增加到生均 3000 元。中职国家助学金由过去的生均 1000 元增加到生均 1500 元。从 2008 年起，义务教育阶段国家课程免费教科书补助标准，由小学每生每年 70 元、初中每生每年 140 元分别提高到小学 90 元、初中 180 元；家庭经济困难寄宿生生活补助标准由小学每人每天 2 元、初中 3 元，2010 年提高为小学 3 元、初中 4 元，2011 年再次提高至小学 4 元、初中 5 元。同时，高校国家励志奖学金的资助面为在校生总数的 3%；高校国家助学金由过去的 3% 扩大到 20%；中职国家助学金由过去的 5% 扩大到 90%。义务教育阶段的资助从生活补助扩大到了改善营养。

（三）财政资金投入逐年增加

政府是学生资助投入的主体，2007 年至 2011 年，财政投入资助资金 2431.71 亿元，占五年全国累计资助总金额 3526.17 亿元的 68.96%。财政资金中，中央财政 1305.98 亿元，占财政资金比例 53.71%；地方财政 1125.73 亿元，占比 46.29%。财政投入资助资金由 2006 年的 52.97 亿元增长至 2011 年的 685.1 亿元（分年度数据见图

4-3),增长 11.93 倍。其中,中央财政增长 19.19 倍,地方财政增长 7.82 倍。

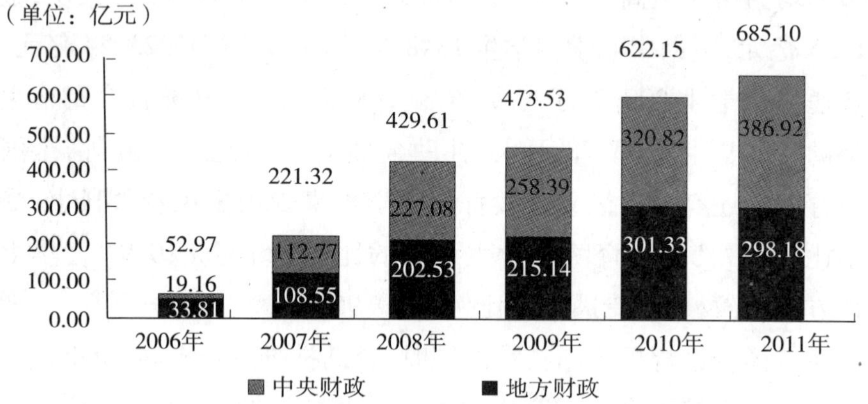

图 4-3 2006—2011 年全国财政投入学生资助资金

财政投入占当年资助总金额的比例由 2006 年的 27.71% 增长至 2011 年的 69.9%。其中,中央财政占比由 2006 年的 10.02% 增长至 2011 年的 39.48%(见图 4-4),地方财政占比由 2006 年的 17.69% 增长至 2011 年的 30.42%。

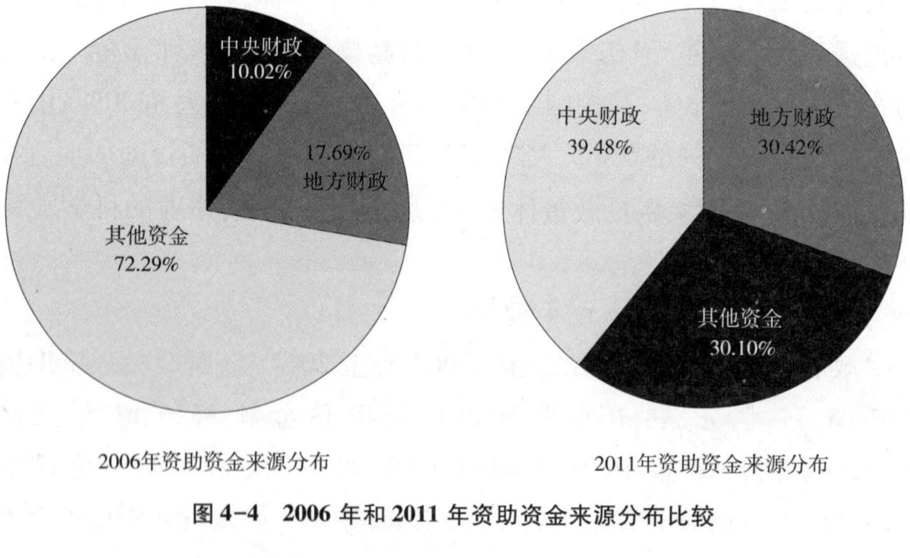

图 4-4 2006 年和 2011 年资助资金来源分布比较

此外，2007 年至 2011 年，财政共支付国家助学贷款风险补偿金和贴息经费 98.85 亿元；中央财政安排国家助学贷款专项奖补资金 30.25 亿元，用于鼓励和支持地方推动国家助学贷款工作。

学校和社会也是学生资助的重要组成部分。2007 年至 2011 年，学校和社会等其他资金（其他资金主要指学校从事业收入中提取资助资金、企事业单位、社会团体和个人捐助资金以及金融机构提供国家助学贷款资金等）共 1094.46 亿元，占五年全国累计资助总金额的 31.04%，是资助资金的重要来源。其他资金由 2006 年的 138.19 亿元增长至 2011 年的 295.04 亿元（分年度数据见图 4-5），增长 1.14 倍。

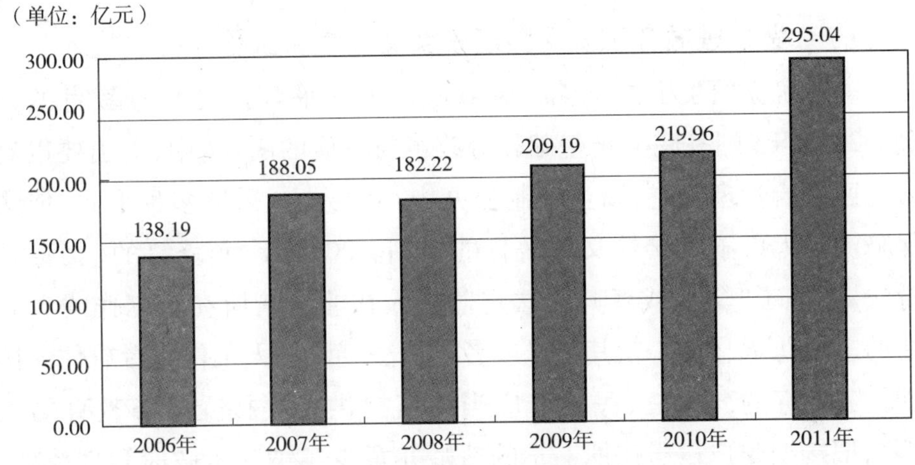

图 4-5　2006—2011 年其他资助资金

建立健全国家资助政策体系，有力地促进了教育事业的科学发展，促进了优秀人才的培养，减轻了家庭的教育负担，赢得了人民群众的高度赞扬，中华民族几千年来"有教无类"的理想正在逐步变成现实。据初步估计，2011 年，普通高校经济困难学生家庭平均减负约 5600 元，除国家助学贷款资助金额外，平均减负约 3500 元，同时国家贴息使国家助学贷款在校学生家庭每年减负约 700 元（按全国生均贷款 1.2 万元计）。普通高中经济困难学生家庭平均减负约 1400 元。中职学校全日制一二年级学生家庭平均减负约 1500 元。义务教育阶段免费教科书使小学生家庭减负90元、初中生家庭减负180元,寄宿生生活补助使寄宿生家庭平均减负约870元。

三、完善保障机制,促进进城务工人员子女健康成长

随着我国城镇化进程和剩余劳动力转移的加快,进城务工的农民数量逐年增加,进城务工人员子女的教育问题也日益凸显。让进城务工人员子女平等接受义务教育,健康成长,成为促进教育公平的重大课题。

(一)做好进城务工人员随迁子女义务教育工作

——确立"两为主"政策,保障随迁子女平等接受义务教育的权利。2001年《国务院关于基础教育改革与发展的决定》中,提出要以流入地区政府管理为主,以全日制公办中小学为主,采取多种形式,依法保障流动人口子女接受义务教育的权利。2006年,新修订的《义务教育法》明确了"父母或者其他法定监护人在非户籍所在地工作或者居住的适龄儿童、少年,在其父母或者其他法定监护人工作或者居住地接受义务教育的,当地人民政府应当为其提供平等接受义务教育的条件",把接纳非户籍居住地上学的适龄儿童少年纳入了政府管理范畴。2010年,《教育规划纲要》再次强调"坚持以输入地政府管理为主、以全日制公办中小学为主,确保进城务工人员随迁子女平等接受义务教育"。在各级政府的不懈努力下,以公办学校为主接收进城务工人员随迁子女就学的格局基本形成。

——建立经费保障机制,确保随迁子女教育经费落到实处。2006年国务院《关于解决农民工问题的若干意见》、《教育部关于教育系统贯彻落实〈国务院关于解决农民工问题的若干意见〉的实施意见》明确要求,"输入地政府要将农民工子女义务教育列入教育经费预算,按当地财政预算内义务教育经费标准,向接收农民工子女的公办学校拨付

办学经费；将民办农民工子女学校纳入民办学校的管理范畴，在办学场地、办学经费、师资培训、教育教学等方面给予积极的支持和指导。城市公办学校对农民工子女接受义务教育要与当地学生在收费、管理等方面同等对待，不得违反国家规定向农民工子女加收借读费及其他任何费用”；要将家庭经济困难的农民工子女纳入“两免一补”的范围。2008 年国务院印发了《关于做好免除城市义务教育阶段学生学杂费工作的通知》，对符合当地政府规定接收条件的农民工随迁子女都免除了学杂费，不收借读费，按辖区内生均公用经费标准和实际接收人数，对接收进城务工人员随迁子女就学的公办学校足额安排公用经费。中央政府也以专项奖励补助资金的方式帮助财政有困难的地方政府接收进城务工人员随迁子女。2008—2012 年，中央财政累计安排进城务工人员随迁子女接受义务教育奖励性补助资金 150 多亿元。中央资金重点投向接收进城务工人员随迁子女多和工作做得好的地区，主要用于补助公用经费、支持校舍维修改造、购置教学设施设备和用于新建学校或校舍。

——各地积极完善保障随迁子女平等接受义务教育的政策体系。根据《国务院关于解决农民工问题的若干意见》等文件的要求，各地特别是东部地区普遍制定了相应的实施意见，保障进城务工人员随迁子女平等接受义务教育的权利。同时，继续在评优奖励、入队入团、课外活动等方面，做到随迁子女与城市学生一视同仁的基础上，积极促进他们融入当地生活。如浙江等地开展了“大手拉小手”、师生结对等系列活动。上海以尊重文化差异、和谐师生关系、密切家校关系等为抓手，让随迁子女自信大方、平等自然地融入城市生活。北京、天津、广东中山等地试点流动儿童登记制度，通过建立跨部门的工作机制，协调和组织教育、卫生、计生、公安、民政、社会保障、财政、妇联等相关职能部门，采集流动儿童基础信息，实行多部门数据共享，使大部分登记的流动儿童更好地享受到了社会公共服务。2011 年在辽宁大连就读的外来务工人员子女近 10 万人，大连采取就近入学、随班就读政策，在全市公办中小学就读的外来务工人员子女，在收费、评优奖励、入队入团等方面享受与本地学生同等待遇。江苏南京积极开展进城务工人员随迁子女融入教育，通过师生“互夸、互评、互帮、互送”等活动增进彼此感情，内容包括：“我心爱的学生”、“夸夸我的老师”征文和演讲活动，师生互评“奖状工程”活动，师生互帮“双向结对”活动，师生互送“千里鹅毛”活动。逐步让随迁子女树立“我能行”的自信心，引导师生相互学习、相互欣赏、相互悦纳。湖北武汉探索进城务工人员子女“无痕融合教育”，城乡孩子间的界限逐渐模糊。

——认真研究解决随迁子女在流入地升学问题。关于高考改革问题，2005 年教育部、公安部《关于做好普通高校招生全国统一考试考生报名资格审查工作的通知》提出“各省级招生委员会可结合实际合理制定本地高考具体报名条件和报名办法”，“要进一步完善以考生户籍为主，与在本地区高中就读一定学习年限相结合的适合本地区实际的高考报名办法”。山东省 2012 年出台《山东省普通高校考试招生制度改革实施意见》，提出要不断改进和完善招生录取政策和办法，促进教育公平。该意见明确规定，从 2014 年起，凡在山东省高中段有完整学习经历的非户籍考生均可在山东就地（所就学的高中段学校所在地）报名参加高考，并与山东本地考生享受同等的录取政策。广东省出台《深入推进基本公共服务均等化综合改革工作方案（2012—2014 年）》，将异地务工人员随迁子女平等接受教育问题作为推进公共文化服务均等化的重要内容。方案指出，试行异地务工人员子女在输入地就读学校参加中考、高考，探索省内高职高专院校接受外省户籍考生的入学申请。鼓励外省籍高职高专学生毕业后，在广东就业和入户。

关于升入普通高中问题，教育部支持鼓励各地根据经济社会发展实际，针对该问题采取积极措施。如，兰州市规定，在城市四区有暂住证的本市初中应届毕业生均可报考城市四区普通高中，报考职业学校和民办高中的考生不受户籍限制。大连市规定，从 2011 年开始，外来务工人员随迁子女在大连取得学籍就读满一年并能提供相关证明的，允许填报公办普通高中公费统招志愿。安徽合肥实现“百分之百可以同等待遇录取高中阶段就学”,2011 年共有 6745 名进城务工人员随迁子女报名参加中考,占全市报名人数的 25.6%,普通高中录取 3230 人,占全市录取总数的 20%。关于升入中等职业学校问题,《教育部关于做好 2010 年中等职业学校招生工作的通知》明确要求东部地区和中心城市招收进城农民工随住子女。

(二)加强对农村留守儿童的教育关爱工作

——教育部门和学校认真做好农村留守儿童教育管护工作。2004 年起,教育部先后启动了农村寄宿制学校建设工程、初中改造工程、校舍安全工程、教师周转宿舍工程,以及农村义务教育薄弱学校改造计划等,推动留守儿童集中的地区,在科学规划的基础上积极发展农村寄宿制学校,让留守儿童过上集体生活。同时创造条件保障不能寄宿的留守儿童就近上学。《教育规划纲要》再一次强调,加快农村寄宿制学校建设,优先满足留守儿童寄宿需求。同时,加强教师与学生之间的情感交流,弥补留守儿童家庭温暖的缺失。对学习困难的留守儿童给予个别辅导,使他们不因学习困难而丧失学习兴趣。2011 年实施的农村义务教育学生营养改善计划,着力保障农村贫困地区和家庭经济困难学生营养水平,为促进留守儿童健康成长奠定坚实基础,切实改变因监护人监护不力等原因造成留守儿童“吃不饱、吃不好”影响身心发育的情况。教育部门和学校作为留守儿童教育的主阵地,努力提高农村留守儿童义务教育就学保障条件。

——构建多方参与的农村留守儿童关爱体系。各地积极落实《教育规划纲要》提出的“建立健全政府主导、社会参与的农村留守儿童关爱和服务体系和动态监测机制”,作出了很多有益的探索。主要形式有:一是以“部门联动”为载体,建成关爱留守儿童的长效机制。如重庆市教委联合财政、妇联、共青团、关工委等部门和单位建立农村留守儿童教育工作联席会议制度。二是以“建立专项档案”为载体,便于相关部门和人员有针对性的开展工作。如湖南浏阳“亲子家庭”档案,包括“全家福”、“家庭介绍”、留守儿童档案等。三是以“监护人培训”为载体,全面提高留守儿童家庭教育的水平。如重庆市每年开展1至2期市级留守儿童家庭教育骨干培训,100期留守儿童监护人培训。四是以“代管家长制”为载体,打造留守儿童管理的主抓手。如湖南省新宁县白沙中学,教师在一定程度上扮演了父母的角色,在生活上给予留守儿童关爱,在情感上给予交流慰藉。五是以“亲情平台”为载体,打造关爱留守儿童心灵的主渠道。通过平台,留守儿童加强了与父母的情感沟通。六是以“教材和活动”为载体,丰富留守儿童教育的形式和内容。一些地方的学校编写了心理健康辅导校本教材,丰富了留守儿童的文化生活。

为了增强对农村留守儿童教育和关爱的针对性和实效性,教育部门和其他相关部门开展了大量调查研究。2011年,教育部等部门围绕“农村留守妇女儿童权益保护情况”对全国部分地区进行了专题调研。同年12月,教育部、全国妇联在重庆召开了现场经验交流会,专门研讨农村留守儿童工作。安徽、天津、河南、云南、宁夏等地在国家教育体制改革试点项目中对进城务工人员子女的教育问题开展了专项研究,为这方面政策的进一步完善提供了有益的参考。

四、宏观调控与制度规范并举,
促进高等教育入学机会公平

确保高等教育入学机会公平是促进教育公平的重要内容。随着我国高等教育的大众化发展和高等教育体制改革的逐步深入,高等教育入学机会上的差距及高校招生工作中的公平公正问题越来越受到社会的关注。党的十六大以来,国家采取了一系列政策和制度改革举措,在促进高等教育入学机会公平方面取得了新的进展。

(一)加强宏观调控,缩小高等学校入学机会区域差距

为了促进区域高等教育的协调发展、促进高等教育入学机会上的公平,近年,国家采取了一系列宏观调控和政策引导措施,着力解决区域间高等教育入学机会差距问题。"十一五"以来,教育部会同国家发改委采取的高等教育事业发展宏观管理措施主要有:一是改进和完善招生计划安排模式,根据招生计划综合测算数学模型,科学分配各地招生计划,以提高高等教育招生计划分配的科学性、公平性和透明度;二是新增招生计划向中西部地区倾斜,在生源计划安排上,探索建立引导高教资源丰富的部分地区支援中西部地区的长效机制;三是要求中央部委高校在保持各地计划总量相对稳定的同时,将招生计划增量部分向中西部高等教育欠发达且生源质量好、数量多的地区倾斜。

2008 年,国家开始实施"支援中西部地区招生协作计划"(以下简称"协作计划"),从全国普通高校年度招生计划增量中专门拿出一定比例,安排给部分高等教育资源丰富、办学条件好的省份,由其所属高校面向指定的升学压力相对较大、高等教育资源缺乏的部分中西部省份招生。《教育规划纲要》发布后,不断增加了协作计划的规模。2011 年,招生计划从 2008 年的 3.5 万人增加到 2011 年的 15 万人(其中本科 8.5 万人),相当于在中西部地区建设了每年招生 2500 人的 60 所较高水平的普通高校。录取率较高的 6 个省份所属高校减少面向本地的生源计划约 2.1 万人,增投到中西部地区。该计划的实施取得了明显的工作实效,各中西部计划输入省 2011 年最低高考录取率均超过 60%,对促进教育公平起到了很好的推动作用。教育部直属高校持续降低在属地招生计划比例,2011 年,该比例平均为 25%,比 2006 年减少近 10 个百分点,调出的计划也全部投向了中西部省区。

随着我国高等教育大众化进程的发展,农村学子进入高等学校的机会显著增加。据对 2000—2010 年间普通高校招生数据的统计分析,依考生城镇、农村户籍、农村考生参加高考报名、录取、本科录取、高职(专科)录取的年均增长比例,均高于同期全国相关总量的年均增长比

例。同期,农村学生在“985”、“211”高校的录取比例也呈现逐年增大趋势,年均增幅超过相关高校录取规模增长幅度。

(二)清理并规范高考项目和加分政策,维护考试招生公平公正

出台高考加分政策的目的在于体现素质教育导向,以及对特殊群体予以政策性照顾。随着部分加分权力向省级政府下放,加分项目逐渐增多,在操作过程中出现了部分项目加分幅度偏大、科学性不足,甚至造假等现象。针对这些问题,2010年11月,教育部、国家民委、公安部、国家体育总局、中国科协等五部门联合下发了《关于调整部分高考加分项目和进一步加强管理工作的通知》,调整奥林匹克学科竞赛和科技类比赛、体育特长生高考加分项目,并要求省级政府对高考加分政策进行清理。目前,各省(市、区)已按照通知要求基本完成清理高考加分的调整方案,正在着手加分调整方案的公布、宣传解读和执行工作。从调整方案和实际操作情况看,高考加分清理工作的成效主要体现在以下几方面:一是调减鼓励性加分项目和分值。绝大部分省份不同程度地调减了鼓励性加分项目和分值,一半省份将所有鼓励性加分项目分值降至10分内。二是逐步调减地方照顾性加分项目,一半省份对本省地方照顾性加分项目进行了不同程度的调减。三是加大对加分资格考生的审查和公示力度。各省着手完善加分考生资格联合审查机制,明确各有关部门的职责,规范加分资格申请、审核、公示等工作流程。

(三)整治招生环境,实施高校招生“阳光工程”

2005年以来,作为促进教育公平公正、办好让人民满意教育的一项重要举措,我国在高校招生工作中实施了以规范招生管理,增加招生工作透明度为重点的“阳光工程”。2005年,教育部发出《关于高等学校招生工作实施阳光工程的通知》,要求各地各高校以公平公正为核心、制度建设为基础、信息公开为重点、严格管理为根本、优质服务为依

托、有效监督为保障，逐步建立和完善与我国社会发展相适应的更加公开透明的高校招生工作体系。通知要求建立和完善以招生政策公开、高校招生资格和考生资格公开、招生计划公开、录取信息公开、考生咨询及申诉渠道公开和重大违规事件及处理结果公开（俗称“六公开”）为主要内容的信息公开制度。教育部要求高校招生工作人员严格执行招生工作“六不准”，即：不准违反国家有关招生规定，不准徇私舞弊、弄虚作假，不准采取任何方式影响、干扰招生工作正常秩序，不准协助、参与任何中介机构或个人组织的非法招生活动，不准索取或接受考生及家长的现金、有价证券，不准以任何理由向考生及家长收取与招生录取挂钩的任何费用。对违反规定者，将严厉查处，触犯法律构成犯罪的，将依法追究刑事责任。要建立完善考生申诉制度，以确保考生申诉渠道的畅通，并建立健全信息快速反馈、问题迅速处理的有效工作机制。各级教育纪检监察部门要进一步加强有效监督，强化对招生重点环节、重点岗位、重点时段的监督，严厉查处顶风违纪案件，做到有诉必应、有案必查、有责必问、有错必纠，把维护考生的合法权益落到实处。

高校招生实施“阳光工程”以来，各省级教育行政部门、招生考试机构和高等学校通过完善规章制度、加强信息公开、严格监督管理、不断优化服务，切实维护了高校招生工作的公平公正，赢得了考生和社会的广泛认可和赞誉。2011 年，教育部“阳光”平台公示自主选拔资格考生、艺术特长生、高水平运动员约 7.3 万人，有效维护了考生利益和教育公平。与此同时，国家还加大了对高考考点的安全和标准化建设力度。2012 年，全国 94% 的高考考场达到标准化建设要求，国家教育考试指挥平台实现了对全国所有高考试卷保密室的电子监控。

中　篇

第五章　学前教育发展步入快车道

改革开放以来特别是新世纪以来，我国学前教育事业取得较大发展，入园率不断提高，但总体上看学前教育仍是各级各类教育中十分薄弱的环节，主要表现为普惠性资源短缺、投入不足、师资队伍不健全，体制机制不完善，城乡区域发展不平衡。随着九年义务教育的全面普及和经济社会的发展，人民群众对学前教育重视程度日益提高，需求更加强烈，一些地方"入园难"问题突出。

党中央、国务院高度重视学前教育。2010 年胡锦涛总书记批示，在贯彻落实《教育规划纲要》时，专题研究学前教育问题，首先解决"入托难"问题。温家宝总理、刘延东国务委员多次作出重要批示，要求制定切实可行的规划和措施，大力发展学前教育，作为贯彻落实《教育规划纲要》的一项紧迫任务，下决心解决人民群众关心的"入园难"问题。《教育规划纲要》提出基本普及学前教育宏伟目标，国务院出台一系列重大政策，对学前教育改革发展进行了全面规划和系统部署。各级政府和有关部门认真落实中央的决策部署，把发展学前教育作为关系国家长远发展的大事，作为解决人民群众最关切、最直接、最现实的民生工程，进一步加大工作力度，学前教育步入了前所未有的快速发展阶段。

一、全面部署学前教育改革发展

（一）提出基本普及学前教育的战略目标

《教育规划纲要》明确提出，到 2020 年基本普及学前教育。这是国家在基本普及义务教育以后,为实现更高水平的普及教育而作出的又一重大决策,开启了普及学前教育的进程。

为保证这一目标实现,《教育规划纲要》提出,明确政府职责,把发展学前教育纳入城镇、社会主义新农村建设规划。大力发展公办幼儿园,积极扶持民办幼儿园。加大政府投入,完善成本合理分担机制。加强幼儿园教师队伍建设,提高幼儿教师队伍整体素质。加强学前教育管理,规范办园行为,并强调,重点发展农村学前教育。采取多种形式扩大农村学前教育资源,改扩建、新建幼儿园,充分利用中小学布局调整富余的校舍和教师举办幼儿园,努力提高农村学前教育普及程度,着力保证留守儿童入园。《教育规划纲要》将“推进农村学前教育”作为十大项目之一,重点支持中西部贫困地区通过新建、改扩建等方式增加农村学前教育资源;对农村幼儿园园长和骨干教师进行培训。

另外,《教育规划纲要》对学前教育立法、投入、师资、督导、残疾儿童和学前双语教育等也都提出了明确要求,对未来十年学前教育改革发展进行了全面规划部署。

(二)确立了构建学前教育公共服务体系的基本方向

为贯彻落实《教育规划纲要》,加快推进学前教育发展,切实解决“入园难”问题,2010 年 11 月,国务院印发《关于当前发展学前教育的若干意见》,对学前教育改革发展进行了全方位制度设计,出台了十条强有力的政策措施,被社会各界热议为学前教育“国十条”。“国十条”立足当前、兼顾长远,着力解决学前教育面临的突出矛盾和人民群众关注的热点难点问题,在学前教育制度建设和体制机制建设方面取得重大突破。

进一步明确学前教育的性质定位和发展方向。“国十条”指出,学前教育是终身学习的开端,是国民教育体系的重要组成部分,是重要的社会公益事业。办好学前教育,关系亿万儿童的健康成长,关系千家万户的切身利益,关系国家和民族的未来。“国十条”强调,发展学前教育必须坚持公益性和普惠性，构建学前教育公共服务体系，保障适龄儿童接受基本的、有质量的学前教育。

多种形式扩大学前教育资源。加大政府投入，大力发展公办幼儿园，提供“广覆盖、保基本”的学前教育服务。积极扶持民办幼儿园特别是面向大众、收费较低的普惠性民办幼儿园，采取政府购买服务、减免租金、以奖代补、派驻公办教师等方式，引导和支持民办幼儿园提供普惠性服务。规范城镇小区配套幼儿园管理，新建小区配套幼儿园要与小区同步规划、同步建设、同步交付使用，由政府统筹安排，办成公办幼儿园或普惠性公办幼儿园。加快发展农村学前教育，乡镇和大村独立建园，小村设分园或联合办园，人口分散地区举办流动幼儿园、季节班等，配备专职巡回指导教师，逐步完善县、乡、村学前教育网络。

多途径加强幼儿教师队伍建设。核定公办幼儿园教职工编制。要按照规定的配备标准对公办幼儿园进行核编，逐步配齐。落实幼儿教师工资、职称和社保等方面的待遇。完善落实幼儿园教职工工资保障办法和幼儿教师专业技术职称评聘机制，切实维护教师权益。加强幼儿园教师培养。扩大幼儿师范院校和高等学校学前教育专业培养规模，加大面向农村的幼儿教师培养力度，扩大免费师范生学前教育专业招生规模，积极探索初中毕业起点五年制学前教育专科学历教师培养模式。建立幼儿园园长和教师培训体系。对幼儿园园长和骨干教师进行国家级培训，各地在五年内完成对园长和教师的全员专业培训。

多渠道加大学前教育投入。加大财政投入，将学前教育经费列入各级政府的财政预算，新增教育经费要向学前教育倾斜，财政性学前教育经费要在同级财政性教育经费中占合理比例并在未来三年有明显提高，制定公办幼儿园生均经费标准和生均财政拨款标准，建立学前教育资助制度，资助家庭经济困难儿童、孤儿和残疾儿童接受普惠性学前教育。

加强对幼儿园的监督管理。“国十条”明确提出了强化幼儿园准入、安全、收费和保教质量等方面管理的具体措施。严格执行幼儿园准入制度，对幼儿园实行动态监管。完善和落实幼儿园年检制度。加强安全设施建设，配备保安人员，健全各项安全管理制度和安全责任制，建立全覆盖的幼儿园安全防护体系。制定公办幼儿园收费标准，加强民办幼儿园收费管理，完善备案程序，加强分类指导，加强收费监管。坚持科学保教，加强对幼儿园保教工作的指导，建立幼儿园保教质量评估监管体系。

"国十条"还进一步明确了教育、编制、发展改革、财政等部门的责任分工。明确规定地方政府是发展学前教育、解决"入园难"问题的责任主体。要求各地以县为单位编制实施学前教育三年行动计划，尽快缓解"入园难"问题。

2010 年 12 月，国务院召开全国学前教育工作电视电话会议，刘延东国务委员出席会议并做重要讲话，对贯彻落实"国十条"、实施学前教育三年行动计划做了全面动员和具体部署。刘延东同志强调，要把解决入园难作为实施《教育规划纲要》的起步之举和重点任务，抓住关键，突出重点，加快提高学前教育发展水平。要大力发展公办幼儿园，提供"广覆盖、保基本"的学前教育公共服务。要引导和积极扶持民办幼儿园提供普惠性服务。要建好、用好和管好城镇小区配套幼儿园，在小区规划、审批和验收等各个环节落实配套幼儿园建设政策。要把重点发展农村学前教育，加快乡村幼儿园建设，建立和完善县、乡、村三级学前教育服务网络。

（三）实施学前教育重大项目

为落实《教育规划纲要》和"国十条"，加大对中西部地区发展学前教育的支持力度，加快构建覆盖城乡、布局合理的学前教育公共服务体系，从 2010 年起，教育部会同国家发改委、财政部对当前学前教育发展的新形势、新任务及困难问题进行了深入调研和充分论证，决定实施中西部农村学前教育推进工程和中央财政支持学前教育发展的政策及一揽子重大项目，全面落实"国十条"提出的各项财政支持政策，对中西部地区和学前教育薄弱环节进行全方位支持。

实施农村学前教育推进工程。2010 年,国家发改委、教育部启动实施中西部农村学前教育推进工程试点项目,支持中西部农村地区新建和改扩建一批布局合理、安全适用,办园规范,面向区域内适龄儿童的普惠性幼儿园,提供基本的、有质量的农村学前教育。

工程按照"保基本、广覆盖、多形式"的原则组织实施。在试点资金安排上,重点向贫困落后地区和民族地区倾斜。在建设层次上,重点支持乡镇中心幼儿园建设,兼顾人口集中的行政村。在建设方式上,以新建幼儿园为主,兼顾对现有幼儿园和利用中小学富余校舍改扩建。建设标准上按照实用适用的原则,合理确定每个项目的办园规模和建设体量。在建设内容上,主要支持幼儿园活动、生活、户外活动场地等设施土建,以及必备玩教具、室外活动器材和卫生保健、床具、主要厨具等必备生活设备购置。

2010 年,国家投入 5 亿元,在河北、内蒙古、黑龙江、安徽、河南、湖南、四川、云南、陕西、青海等 10 个中西部省区进行试点,支持 61 个县新建改扩建乡村幼儿园 416 所,并为幼儿园配备了必要的玩教具、幼儿图书等教育教学设备设施。2011 年,项目投入 15 亿元,实施范围覆盖到所有中西部省份,共支持建设乡村幼儿园 891 所。2012 年项目的支持力度进一步加大,投入 35.5 亿元,支持建设 1842 所乡村幼儿园,满足 40 万名农村幼儿的入园需求。

中央财政支持学前教育系列重大项目。2011 年,财政部、教育部印发《关于加大财政投入支持学前教育发展的通知》和《支持中西部地区利用农村闲置校舍改建幼儿园的实施方案》等 7 个项目方案。"十二五"期间,中央财政将安排 500 亿元,重点支持中西部地区和东部困难地区发展农村学前教育。

中央财政支持学前教育项目包括 4 大类 7 个具体项目。第一类是"校舍改建"项目,重在支持中西部农村扩大学前教育资源。包括 3 个具体项目:一是利用农村闲置校舍和其他富余公共资源改建幼儿园;二是在不具备独立办园条件的行政村，利用农村小学富余校舍资源增设附属幼儿园；三是在人口分散的农村偏远地区开展学前教育巡回支教，为散居儿童和家长提供灵活多样的学前教育服务。第二类是“综合奖补”项目，重在鼓励多渠道多形式举办幼儿园，提高各类幼儿园面向社会提供普惠性学前教育服务的能力。包括两个具体项目：一是支持地方扶持普惠性、低收费民办幼儿园发展；二是支持地方扶持城市集体、企事业单位办园和解决进城务工人员随迁子女入园。第三类是“教师培训”项目。从2011年起，将中西部农村幼儿教师纳入“中小学教师国家级培训计划”，实施幼儿教师国家级培训计划，重点对中西部农村幼儿园园长和骨干教师进行培训。第四类是“幼儿资助”项目，重在支持地方建立学前教育资助制度。从2011年秋季学期起，各地对家庭经济困难儿童、孤儿和残疾儿童入园给予资助，中央财政进行奖补。

项目管理方式是中央对地方实行目标管理，各省（自治区、直辖市）实行项目管理。中央财政根据地方扩大学前教育资源规划、项目申报、出台的政策措施及实施成效，给予相应奖补。2011年，中央财政共下达项目经费97亿元，其中校舍改建类经费90亿元，综合奖补类5亿元，幼师培训经费2亿元。2012年扶持资金超过150亿元，进一步加大支持力度。

实施学前教育系列重大项目，是新中国成立以来中央财政对学前教育最大的一次投入，充分彰显了国家大力发展学前教育的坚强决心，大大缓解中西部地区学前教育财政经费紧张问题，极大调动了地方政府加大学前教育投入的积极性，有效推动地方学前教育规划、幼儿师资队伍建设、办园、收费管理等各方面政策的进一步完善。

（四）启动改革试点破解学前教育体制机制障碍

国家教育体制改革领导小组将学前教育体制改革作为十个专题改革之一，在辽宁、黑龙江、江苏、广西、贵州等15个省（自治区、直辖市）启动实施了18项学前教育体制改革试点，目的是通过各地的大胆探索和体制创新，进一步破解学前教育在办园体制、投入体制、管理体制、用人机制和工作机制等方面的重点难点问题，推动学前教育科学发展。

试点内容主要包括四个方面：一是明确政府职责，完善学前教育体制机制，构建学前教育公共服务体系。二是探索政府举办和鼓励社会力量办园的措施和制度、多种形式扩大学前教育资源。三是改革农村学前教育投入和管理体制，探索贫困地区发展学前教育途径，改进民族地区学前双语教育模式。四是加强幼儿教师培养培训。

各地高度重视试点项目的组织实施，有些初步成果已经开始发挥示范作用。如辽宁省大连市通过实施公办幼儿园新建工程、小区配套幼儿园回收工程、扶持城镇公办性质幼儿园和农村乡镇公办中心幼儿园工程、免除家庭经济困难幼儿托保费工程和幼儿园保教质量提升工程等“五项工程”，逐步建立起学前教育投入保障机制，构建“覆盖城乡、布局合理、质量保证、百姓满意”的学前教育公共服务体系。其中，市级财政直接对扶持城镇公办性质幼儿园和农村乡镇公办中心幼儿园进行生均经费扶持，解决了长期以来企事业单位、集体办幼儿园得不到财政支持的问题，是一个有效的制度创新。2011 年市级财政就投入 1.2 亿元，对城镇现有 157 所公办性质幼儿园和农村 102 所乡镇公办中心幼儿园，分别给予每月每生 365 元和 230 元的生均经费补贴。通过扶持，扩大了城乡公办学前教育资源，逐步建立起了城镇公办性质幼儿园和农村乡镇公办中心幼儿园的长效投入机制，促进各类幼儿园健康发展。

（五）出台配套政策完善学前教育制度建设

学前教育事业的快速发展，对加强和规范管理提出了新的更高要求。按照《教育规划纲要》和“国十条”要求，教育部会同有关部门积极研究制定相关配套政策，完善管理制度和措施，努力推动学前教育管理的科学化、规范化和精细化，使学前教育改革发展在起始阶段就高起点、高标准推进。

完善幼儿园建设、玩教具和教师配备等方面标准体系。2012 年，教育部出台《幼儿园教师专业标准》，对幼儿园教师思想道德、专业知识和业务能力等方面提出了明确要求。《幼儿园建设标准》、《幼儿园玩教具配备标准》和《幼儿园教师配备标准》的研究取得阶段性成果。

出台幼儿园收费管理政策。2011 年，教育部会同国家发改委、财政部制定出台《幼儿园收费管理暂行办法》，明确了幼儿园收费项目、程序和管理职责。要求省级政府有关部门根据城乡经济社会发展水平、办园成本和群众承受能力，合理制定公办幼儿园收费标准。加大对民办园收费的监管力度，完善备案程序，实行分类指导。对享受政府财政补助的民办幼儿园，可由当地人民政府有关部门以合同约定等方式确定最高收费标准，由民办幼儿园在最高标准范围内制定具体收费标准，报当地价格、教育、财政部门备案后执行。

建立学前教育督导检查机制。2012 年，教育部印发《学前教育督导评估暂行办法》，明确规定学前教育督导评估的对象是地方人民政府，主要内容包括落实政府责任、加大财政投入、扩大学前教育资源、加强幼儿教师队伍建设、规范学前教育管理、提高学前教育发展水平等六大方面。要求各省（自治区、直辖市）建立学前教育发展督导评估与年度监测制度，建立学前教育工作表彰与问责机制，把学前教育督导评估和监测结果作为评价政府教育工作成效的重要内容，并作为表彰发展学前教育成绩突出地区的重要依据。建立学前教育督导评估结果通报和公布制度。省级人民政府教育督导机构每年对所辖地市、县三年行动计划落实情况进行督查，国家教育督导团定期对省（自治区、直辖市）三年行动计划实施情况组织督导检查，面向社会发布督导评估报告。

积极推进学前教育立法。《学前教育法》是《教育规划纲要》规定的重要立法项目。2012 年，教育部组织召开《学前教育法》立法座谈会，广泛听取社会各界对学前教育立法的意见和建议，就学前教育改革发展面临的主要矛盾和深层次制约进行了探讨。各地积极推动地方学前教育立法工作。2012 年，江苏省在全国率先出台《江苏省学前教育条例》，对学前教育管理体制、政府责任、经费投入、人员资质、幼儿园准入、安全及保教质量监管等方面作出明确规定。

加强学前教育领导和管理。教育部成立学前教育三年行动计划推进工作领导小组，加强部内各有关司局相关学前教育工作的统筹协调，加强对各地实施三年行动计划的指导。绝大多数省（自治区、直辖市）都逐级建立了政府牵头的学前教育联席会议制度或三年行动计划工作领导小组，形成了教育部门主管、有关部门分工负责的统筹管理机制。辽宁、贵州、陕西等省成立专门学前教育管理机构，加强了管理力量。

二、扎实推进学前教育三年行动计划

按照国务院要求，各地以县为单位编制实施学前教育三年行动计划，明确了加快发展学前教育，有效缓解“入园难”的路线图和时间表。2011 年，教育部分南北两片在天津市和江苏省南京市召开学前教育工作座谈会，对三年行动计划编制工作进行具体部署。各省（自治区、直辖市）以县为单位编制完成学前教育三年行动计划，普遍加大了财政投入，安排了项目资金。国家教育体制改革领导小组在陕西西安召开全国学前教育三年行动计划现场推进会，刘延东国务委员出席并做重要讲话。陕西、黑龙江、江苏、贵州、福建、广西、青海、湖北、安徽等省（区）政府召开本省学前教育现场推进会，认真落实全国现场推进会精神，扎实推进学前教育三年行动计划，取得显著成效。

（一）多形式扩大学前教育资源

针对当前突出的“入园难”问题，各地多管齐下，积极扩大普惠性学前教育资源，努力构建覆盖城乡、布局合理的学前教育服务网络。

新建幼儿园。在学前教育资源严重不足的地区，各地积极加大政府投入，新建一大批幼儿园，其中重点是新建乡村幼儿园特别是乡镇中心幼儿园，扩大农村学前教育资源。据初步统计，各地通过三年行动计划将新建幼儿园4.4万所，其中辽宁、黑龙江、江苏、安徽、河南、福建、广东、陕西、新疆等省区计划新建幼儿园的数量均超过1000所。黑龙江省委省政府把发展学前教育，解决“入园难”问题作为全省民生工程的十项重点任务之一，多次召开公办幼儿园建设会，仅2011年一年就建成452所公办幼儿园。

改扩建幼儿园。各地普遍制定了改扩建幼儿园的规划和措施，充分利用中小学布局调整的闲置校舍和其他公共资源，改建成幼儿园或依托农村小学举办附属幼儿园，既缓解了学前教育资源不足问题，又有效利用了闲置教育资源。据初步预计，各地通过三年行动计划将改扩建幼儿园5.3万所，其中河北、山东、河南、湖北、湖南、广东、广西等省区计划改扩建幼儿园的数量均超过2000所。

加强城镇小区配套幼儿园建设和管理。按照“国十条”的要求，天津市、山东省青岛市、浙江省杭州市、湖北省武汉市等地积极出台专门政策，进一步明确教育部门在城镇小区配套幼儿园设计、建设和验收等环节中的监管职能，确保城镇小区建设与人口规模相应的配套幼儿园，办成公办幼儿园或委托办成普惠性民办幼儿园，满足小区居民子女入园需求。北京市未来三年计划接收147所小区配套幼儿园，辽宁省将接收小区配套幼儿园207所，浙江省杭州市计划接收50所。

积极扶持企事业单位办园、集体办园和普惠性民办幼儿园。北京、天津、上海、山东、海南、重庆、福建等20多个省（自治区、直辖市）制定了扶持企事业单位办园、集体办园和普惠性民办幼儿园的具体措施。北京市计划安排专项资金7亿元，对250所中央及地方企事业单位办园，街道和乡镇办园给予生均经费补贴，对接受政府委托的普惠性民办幼儿园给予每年1200元的生均定额补贴，对接收一定数量进城务工农民工子女的普惠性民办园给予4万—20万元的补贴。重庆市出台普惠性幼儿园扶持办法，对各类普惠性幼儿园给予200—400元的生均公用经费补贴。陕西西安市对普惠性民办园和企事业单位办幼儿园按办园规模给予20万—30万元补贴。

五是在偏远地区开展学前教育巡回指导。青海省提出在经济基础薄弱、人口分散的偏远山区，采取季节班、游戏小组、巡回辅导站、早教点等灵活多样的形式，让幼儿接受一定程度的学前教育。广西壮族自治区计划在偏远山区通过设置教学点、流动大篷车等形式提供非正规学前教育服务。云南省计划建立巡回支教志愿者队伍，利用闲置校舍，农家书屋、村党支部活动室等公共资源开展巡回支教，增加散居幼儿的学前教育机会。2012年，中央财政项目支持辽宁、河南、湖南、贵州、陕西等5个省启动学前教育巡回支教试点，探索解决人口分散的偏远地区适龄幼儿接受学前教育问题。

（二）多渠道加大学前教育投入

各地认真落实“国十条”提出的财政投入“五有”政策，积极制定财政支持政策，设立了学前教育专项经费，安排了工程项目，加大了投入力度，一些地方长期以来对学前教育不投入或象征性投入的局面开始扭转，为学前教育事业快速发展提供了有力保障。

将学前教育经费列入财政预算，加大资金安排力度，提高了投入比例。据初步统计，地方各级政府三年计划新增学前教育财政投入超过1000亿元，其中2011年约400亿元。从实际投入来看，2011年，江苏省省本级财政实际投入学前教育专项经费3.6亿元，贵州省省本级财政安排学前教育项目经费1.5亿元，黑龙江省各级财政用于发展学前教育的投入达17.1亿元，农垦总局投入4亿元。广西壮族自治区学前教育财政投入达5.24亿元，比2010年增长80%。陕西省省级财政安排4亿元，福建省省级财政专项投入4亿元。上海市学前教育预算内教育经费投入为39.69亿元，比2010年增长30%，学前教育财政投入占地方财政性教育投入的8.13%。浙江省杭州市规定各区学前教育事业经费要达到同级教育事业经费8%以上，县（市）达到5%以上；地方教育费附加中按20%比例安排学前教育专项经费；市本级和各区

（县、市）每年按土地出让收入0.5%计提农村学前教育基础设施建设补助资金。

制定公办幼儿园生均公用经费标准和生均拨款标准。2011年，上海出台《关于调整本市学前教育公办幼儿园生均公用经费基本标准的通知》，将公办幼儿园生均公用经费基本标准调整为每生每年1200元，同时要求逐步提高政府在学前教育成本中承担的比例。江苏省苏州、常州等市已全面建立生均公用经费财政拨款制度，泰州城区、淮安市淮安区等一批地区建立了200—700元不等的生均公用经费财政拨款标准，同时建立了普惠性民办幼儿园生均公用经费财政拨款制度，将普惠性民办幼儿园纳入公共财政支持范畴。

建立学前教育资助制度，资助家庭经济困难幼儿、孤儿和残疾儿童接受普惠性学前教育。陕西省在全国率先实行学前一年免费教育，对每个5—6岁幼儿每年补助保教费700元，2011年接受资助的幼儿达33.66万人；对家庭经济困难幼儿、残疾幼儿和孤儿补助生活费，共有6.73万幼儿受益。南京市实行"幼儿助学券"，对全市接受普惠性学前教育的幼儿每人每年资助2000元，2011年共资助13.3万人；对低保家庭幼儿补贴伙食费和保教费，已有3189名幼儿受益。福建、山东、江苏等省已从2011年秋学期起，建立学前教育资助制度，平均资助标准为每人每年1000元，平均资助比例为在园儿童总数的10%左右。《江苏省学前教育条例》明确规定全省实行残疾儿童免费学前教育。

（三）多途径加强幼儿园教师队伍建设

各地学前教育三年行动计划在加快扩大普惠性资源的同时，把加强幼儿教师队伍建设摆上十分重要的位置，积极落实"国十条"提出的各项政策，大力加强幼儿园师资队伍建设。

核定公办幼儿园教师编制。各地积极制定出台幼儿园编制管理专门文件，加快公办幼儿园教职工核编进程，配足配齐幼儿园教职工。黑龙江省《幼儿园机构编制管理实施办法》，明确规定公办幼儿园事业编制按照教职工与幼儿 1∶6 的比例核定。陕西省《幼儿园编制标准（暂行）》，明确规定全日制幼儿园原则上每班配备教保人员不少于三名（两教一保或三教轮保）。贵州省《关于加强和完善中小学幼儿园教职工编制管理的意见》，明确要求各地加强幼儿园教职工编制动态管理，把幼儿园教职工编制管理纳入县级党委主要领导督查考核和县级人民政府教育督导评估体系。山东省《公办幼儿园编制标准》明确规定乡镇（街道）中心幼儿园、示范和实验性幼儿园可本着从严从紧的原则，按不超过教职工编制总数的 5% 核增附加编制。浙江省杭州市明确规定幼儿园教职工编制核定和岗位定员工作原则上 2—3 年开展一次。

加快补充幼儿园教师。各地积极采取公开招聘、富余教师转岗等多种方式补充幼儿园教师。天津、辽宁、山东、重庆、甘肃等省市实施了“幼儿教师特岗计划”。2011 年，黑龙江省补充幼儿园教师 3227 名，其中新招聘专任教师 1215 名，吸纳中小学转岗教师 2012 名。四川省公开招聘在编幼儿园教师 1952 名。据统计，2011 年全国幼儿园共有教职工 220.4 万人，比上年增长了 35.5 万人，增长了 19.2%。

努力提高幼儿园教师待遇。各地普遍研究制定了提高幼儿园教师工资待遇财政保障水平的措施。浙江省杭州市提出到 2015 年实现非事业编制幼儿园教师与事业编制教师同工同酬。山东省青岛市规定农村非公办幼儿教师的工资、保险等经费 70% 以上列入区、镇两级财政预算。

加大幼儿园教师培养力度。2011 年教育部特别批准了河北石家庄幼儿师范专科学校等 5 所幼儿师专。全国高等师范院校普遍扩大了学前教育专业招生规模。天津市实施了非学前教育专业在校生辅修学前教育第二学历政策。江西省实施“定向培养农村幼儿园教师”计划。江苏省启动师范生免费教育试点，2011 年招收了 300 名五年制免费幼儿师范男生，改善幼儿教师队伍的性别结构。

加大幼儿园教师培训力度。实施幼儿教师“国培计划”，2011 年全国有 7 万名幼儿园教师受到国家级培训。黑龙江省注重发挥优质资源的辐射指导作用，省教育厅将120个优质幼儿园作为全省幼儿教师的实训基地，分期分批安排基层幼儿园教师挂职学习，共培训幼儿教师2700余人。

以县为单位编制实施学前教育三年行动计划，是新中国成立以来最大规模的一次学前教育行动，地方各级政府和有关部门对学前教育的重视程度、财政投入的力度、普惠性资源增加的速度、配套政策措施出台的密度都是前所未有的，开创了学前教育快速发展的大好局面。据全国教育事业统计，2011年全国共有幼儿园16.7万所，比2009年增加2.85万所，增长了20个百分点；共有在园幼儿3424.4万人，比2009年增加766.7万人，增长了29个百分点，增长量超过前十年增量的两倍；全国学前三年毛入园率达到62.3%，比2009年增长了11.4个百分点。

三、科学保教促进幼儿快乐健康成长

2011年“六一”前夕，胡锦涛总书记到湖北十堰市柳林幼儿园考察，亲笔题词：“快乐生活，健康成长”，高度凝练了学前教育的核心任务，指明了学前教育改革发展的根本方向，是推进学前教育改革发展的出发点和落脚点。教育系统认真落实总书记批示精神，坚持一手抓发展，一手抓质量，在积极推进学前教育普及，为更多适龄幼儿提供学前教育机会的同时，努力加强对幼儿园保教工作的监管和指导，保障幼儿快乐健康成长。

（一）制定《3—6岁儿童学习与发展指南》

随着学前教育的快速发展，全社会对学前教育质量要求日益提高，迫切需要加强对幼儿园保育教育工作指导。为帮助广大幼儿园教师和家长了解3—6岁幼儿学习与发展的基本规律和特点，对幼儿成长建立合理的期望，指导幼儿园和家庭实施科学的保育和教育，提高学前教育质量,教育部2007年启动《3—6岁儿童学习与发展指南》(下简称《指南》)研制工作。专家组在系统总结国际国内幼儿园教育实践经验的基础上,完成《指南》文本起草工作,并对指标内容做了严格的年龄和内容效度检验。

《指南》将儿童学习与发展相对划分为健康、语言、社会、科学、艺术五个领域,每个领域按照儿童学习与发展最基本、最重要内容划分为若干方面。每个方面由学习与发展目标、教育建议两部分组成。学习与发展目标部分按照不同的领域,分别对3—4岁、4—5岁、5—6岁末期阶段幼儿应该知道什么、能做什么,大致可以达到什么发展水平提出了合理的目标和期望。教育建议部分针对幼儿各领域的学习与发展目标,提出了可操作的教育策略与方法。

(二)努力防止和纠正"小学化"倾向

由于应试教育和社会上一些不良宣传的影响,幼儿园教育"小学化"的现象日益突出,严重干扰正常的保育教育秩序,损害了幼儿身心健康。为整治"小学化"现象,2011年12月,教育部下发《关于规范幼儿园保育教育工作,防止和纠正"小学化"现象的通知》,就规范幼儿园教育内容和方式、整治"小学化"教育环境、严格小学入学考试、建立业务指导和动态监管机制等方面提出了明确要求,要求各地开展治理"小学化"专项行动,切实遏制"小学化"。各地认真落实,积极出台一系列切实可行的政策措施,积极开展专项治理行动,着力规范办园行为,取得显著进展。

坚决整治"小学化"办园行为。各地明确要求幼儿园取消幼儿教材,严格规范了幼儿园办班行为和一日生活活动。安徽省专门出台《关于严禁使用幼儿教材等问题的紧急通知》等文件,禁止幼儿园使用各类幼儿教材,要求增加幼儿园玩教具和图书材料。江西省教育厅出台《幼儿园保育教育工作十项规定》,要求幼儿园创设适宜幼儿发展的良好条件,不得以任何形式提前教授小学教育内容,不得给幼儿布置家庭作业，不得缩减幼儿户外活动和体育锻炼时间。重庆、安徽、湖北、江西、陕西等省明确规定要严格控制幼儿班额，不得违反国家相关规定超额编班，坚决纠正大班额现象。山东、山西、四川、陕西等省明确要求幼儿园不得以举办兴趣班、特长班和实验班为名进行各种提前学习和强化训练活动。

积极推动科学保教。各地采取多种举措，从内涵发展和外部支持两个方面综合施治，全面推动幼儿园科学保教。江苏、江西、河南等地积极制定政策措施，明确科学保教内容，要求幼儿园以游戏为基本活动，创设适宜的教育环境，合理安排一日活动时间，保教结合，寓教于乐，幼儿快乐健康成长。安徽、四川、江西、贵州等地加大教师培训力度，同时建立教研制度，形成覆盖城乡的学前教育教研指导网络，加强业务指导，提高教师科学保教水平。

建立防治“小学化”长效机制。各地积极加强幼儿园保教质量评估监测机制建设，通过将年度考核、检查通报、明确责任人、一票否决等措施制度化，建立整治“小学化”现象的长效保障机制。同时，加大对小学的监管力度，严禁小学举办预科班、提前招生，严禁举办各种形式的入学选拔考试，要求小学做好“幼小”衔接工作，积极为新入学的儿童创造适应小学生活的环境和条件，严格执行教学进度计划，不得随意删减教学内容、调整教学进度，更不得根据学生已掌握的课本知识的程度分班。

（三）广泛传播科学育儿知识和方法

为营造有利于幼儿健康成长的良好社会环境，推进学前教育科学发展，教育部积极采取措施，加大学前教育宣传力度。2012 年起教育部将每年 5 月 20 日至 6 月 20 日定为“学前教育宣传月”，在全国范围内组织开展宣传活动。教育部举办了首个全国学前教育宣传月的启动仪式。袁贵仁部长出席启动仪式并发表讲话，要求各地充分认识开展学前教育宣传月的重要性和紧迫性，要突出科学保教，注重宣传实效，建立长效机制,切实把宣传月的各项活动组织好、实施好。教育部通过开发科学育儿网站、制作公益宣传片和海报、制作大型系列专家电视访谈节目、赠送家长科学育儿宣传册等多种形式,积极宣传正确的学前教育观念和方法,为宣传月活动提供了丰富内涵。

各地高度重视学前教育宣传月活动,因地制宜开展形式多样的宣传活动,广泛传播科学育儿知识。天津市利用新闻媒体和专业资源,通过举办专家讲座等多种形式的公益宣传和咨询服务活动,引导家长遵循幼儿身心发展规律和年龄特点,自觉抵制各种违背幼儿认知规律,有损幼儿身心健康的活动。贵州省通过组织开展"六一"主题活动、免费发送科学育儿短信等途径,引导家长更好地认识了解儿童,掌握正确的教育观念和方法。福建省组织专家、幼儿园骨干教师和志愿者走入社区,通过张贴宣传海报、发放学前教育宣传册,开展家庭教育讲学服务等活动,宣传科学育儿知识。广大幼儿园通过家长开放日、亲子活动和家长学校等多种途径,积极加强家园合作,对家长进行科学育儿指导。

第六章　九年义务教育全面普及

党的十六大以来，党中央、国务院高度重视义务教育，把义务教育摆在教育事业重中之重的位置，不断加大政府投入，将义务教育全面纳入财政保障范围，全面实现了城乡免费九年义务教育目标。2006 年 6 月，第十届全国人大常委会第二十二次会议审议通过了修订后的《义务教育法》，明确了义务教育免费的原则和实施步骤、义务教育均衡发展的目标任务和保障措施、流动人口子女等特殊群体接受义务教育的保障机制，并对人民群众关注的"上学难、上学贵"等热点难点问题，提出了有针对性的规定。按照《义务教育法》的规定和要求，我国出台了一系列义务教育的重大政策措施，这些对于我国义务教育发展具有重要的现实意义和深远的历史意义。十年来，我国义务教育发展取得了重大成就，义务教育进一步巩固提高，入学机会差距逐渐缩小，办学保障水平不断提升，义务教育均衡发展成为今后一段时期义务教育发展的战略重点。

一、全面实现免费义务教育

（一）实施"两基"攻坚，巩固提高"普九"成果

世纪之交，我国实现了基本普及九年义务教育、基本扫除青壮年文盲的目标，但全国尚有 15% 的人口地区未实现"两基"任务，集中在西部地区。2003 年，国务院在《关于进一步加强农村教育工作的决定》明

确把农村教育作为教育工作的重中之重,着力解决农村教育发展薄弱问题,提出“力争用五年时间完成西部地区‘两基’攻坚任务”。2004年国务院批转《2003—2007年教育振兴行动计划》提出实施国家西部地区“两基”攻坚计划。当时全国尚有410个县没有实现“普九”,整个西部地区实现“两基”人口覆盖率仅为77%,人均受教育年限仅为6.7年。

根据《国家西部地区“两基”攻坚计划(2004—2007年)》,针对“两基”攻坚地区经济社会发展滞后、自然地理条件差、教育基础薄弱的状况,国家启动实施了农村寄宿制学校建设工程、农村中小学现代远程教育工程,同时国家贫困地区义务教育工程二期、中小学危房改造工程、“两免一补”政策(对家庭经济困难学生免除杂费、免费提供教科书、补助寄宿生生活费)向西部和农村地区进一步倾斜,并增加了扫盲专项经费,全力支持相关地区推进“两基”攻坚。2006年,国家启动实施农村义务教育阶段学校教师特设岗位计划,公开招募高校毕业生到西部“两基”攻坚县县以下农村义务教育阶段学校任教,努力提高农村教师队伍整体素质。通过实施西部地区“两基”攻坚计划,到2007年,全国共有3022个县级行政单位通过“两基”验收,未通过验收的县级行政单位由410个减至42个,西部地区“普九”人口覆盖率达到98%,全国“普九”人口覆盖率达到99%,初中毛入学率98%。

自2008年开始,国家全力支持西部地区尚未“普九”的42个边远贫困县实现“两基”目标,并继续巩固提高已实现“两基”攻坚县的“普九”、扫盲成果。针对薄弱环节和特殊人群,实施“中西部农村初中校舍改造工程”、“中西部特殊教育学校建设工程”、“全国中小学校舍安全工程”。《教育规划纲要》对义务教育发展作出新的部署,提出推动义务教育均衡发展的更高要求,在加大力度实施原有教育专项工程的同时,启动实施“农村义务教育薄弱学校改造计划”、“边远艰苦地区农村教师周转宿舍计划”、“中小学教师国家级培训计划”等。这些专项工程和计划的实施,显著改善了农村学校的办学条件,提高了义务教育阶段教师特别是农村教师队伍整体素质，巩固提高了义务教育普及水平，缩小了区域差距。到2011年，最后42个边远贫困县全部通过“两基”验收。全国所有县级行政单位、所有省级行政区划全部通过普及九年义务教育和扫除青壮年文盲的国家验收，人口覆盖率达到100%，初中阶段毛入学率超过100%。至此，中国全面实现了九年义务教育，青壮年文盲率下降到1.08%。

（二）完善经费保障机制，加强农村义务教育

加快义务教育的全面普及，农村是关键。国家重点针对农村地区教育发展问题，采取了一系列政策和体制机制创新，保障每一个孩子就学，努力做到不让一个孩子因为家庭经济困难而失学。

第一，为农村义务教育阶段家庭经济困难学生提供“两免一补”（免杂费、免书本费、补助寄宿生生活费）。2003年，在全国农村教育工作会议上，颁布了《国务院关于进一步加强农村教育工作的决定》，提出要建立健全资助家庭经济困难学生就学制度，争取到2007年全国农村义务教育阶段家庭经济困难学生都能享受到“两免一补”，努力做到不让学生因家庭经济困难而失学。国家从2004年秋季新学期开始，再次大幅度增加中央财政专项资金，将免费教科书发放范围扩大到中西部农村义务教育阶段全部家庭经济困难学生，同时推动地方政府逐步落实免杂费和补助寄宿生生活费的责任，到2005年，中西部农村有400万义务教育阶段贫困学生基本上接受了免杂费、免教科书费、补助寄宿生生活费的“两免一补”政府资助。

2005年，《中共中央国务院关于进一步加强农村工作提高农业综合生产能力若干政策的意见》再次提出到2007年，争取全国农村义务教育阶段贫困家庭学生都能享受到免书本费、免杂费、补助寄宿生生活费，国家扶贫开发工作重点县要加快实施步伐。2005年，《财政部教育部关于加快国家扶贫开发工作重点县“两免一补”实施步伐有关工作意见的通知》提出从2005年春季学期起，中央对国家扶贫开发工作重

点县的农村义务教育阶段贫困家庭学生全部免费发放教科书，地方政府对这些学生要相应落实免杂费、并逐步补助寄宿生生活费的责任。

第二，实行农村义务教育保障机制改革，全面推进农村免费义务教育。2006 年新修订的《义务教育法》第二条规定："国家实行九年义务教育制度。义务教育是国家统一实施的所有适龄儿童、少年必须接受的教育，是国家必须予以保障的公益性事业。实施义务教育，不收学费、杂费。国家建立义务教育经费保障机制，保证义务教育制度实施。"这标志着实施免费义务教育已经上升为国家意志。

建立农村义务教育经费保障机制的任务，是随着农村义务教育阶段免费目标确立而提出的。2006 年发布的《中共中央、国务院关于推进社会主义新农村建设的若干意见》提出，2006 年对西部地区农村义务教育阶段学生全部免除学杂费，对其中的贫困家庭学生免费提供课本和补助寄宿生生活费，2007 年在全国农村普遍实行这一政策。《意见》同时首次提出建立健全农村义务教育经费保障机制，以解决免费后的经费缺口，并进一步改善农村办学条件，逐步提高农村中小学公用经费的保障水平。

2005 年，国务院发出了《国务院关于深化农村义务教育经费保障机制改革的通知》，确定了"明确各级责任、中央地方共担、加大财政投入、提高保障水平、分步组织实施"的基本原则，逐步将农村义务教育全面纳入公共财政保障范围，建立中央和地方分项目、按比例分担的农村义务教育经费保障机制。具体内容包括，一是全部免除农村义务教育阶段学生学杂费，对贫困家庭学生免费提供教科书并补助寄宿生生活费。免学杂费资金由中央和地方按比例分担，西部地区为 8∶2，中部地区为 6∶4；东部地区除直辖市外，按照财力状况分省确定。免费提供教科书资金，中西部地区由中央全额承担，东部地区由地方自行承担。补助寄宿生生活费资金由地方承担，补助对象、标准及方式由地方人民政府确定。二是提高农村义务教育阶段中小学公用经费保障水平。在免除学杂费的同时，先落实各省（自治区、直辖市）制定的本省

(自治区、直辖市)农村中小学预算内生均公用经费拨款标准,所需资金由中央和地方按照免学杂费资金的分担比例共同承担。在此基础上,为促进农村义务教育均衡发展,由中央适时制定全国农村义务教育阶段中小学公用经费基准定额,所需资金仍由中央和地方按上述比例共同承担。中央适时对基准定额进行调整。三是建立农村义务教育阶段中小学校舍维修改造长效机制。四是巩固和完善农村中小学教师工资保障机制。

此外,政府还补助学校公用经费、维修改造校舍、免费提供教科书、补助寄宿生生活费等。这项政策惠及5000多万名西部农村中小学学生,平均每个小学生年减费140元、初中生年减费180元、贫困寄宿生年减费500元。“自古读书须缴费,而今上学不花钞。”在实施农村义务教育经费保障机制改革的西部乡村,负担减轻了的家长编了这句顺口溜。据统计,当年就有近20万名因贫困辍学学生返回学校。

2007年春季,继西部农村义务教育阶段免杂费之后,全国农村义务教育阶段实现免杂费。2008年国家出台农村义务教育阶段中小学公用经费基准定额,2009年全部落实到位,义务教育经费保障机制进一步完善。2010年、2011年,国家先后两次提高农村义务教育阶段学校生均公用经费基准定额,保障水平不断提升。

(三)免除城市义务教育阶段学杂费,全面实现免费义务教育

2006年春季学期开始,农村义务教育经费保障机制改革率先在西部实施,首先在西部农村实行了义务教育免除学杂费。在实现农村免费义务教育之后,按照《义务教育法》的要求,国家继续推进义务教育的既定目标,免费义务教育从农村拓展到城市。国务院总理温家宝在2008年十一届全国人民代表大会一次会议上所作的《政府工作报告》中提出:“从2008年开始实施城市免费的义务教育,并从本年秋季开始全面免除城市义务教育学杂费,进而在全国实现全面的免费义务教育。”2008年7月,温家宝总理主持召开国务院常务会议,研究部署全

面免除城市义务教育阶段学生学杂费工作。这是继农村义务教育经费保障机制改革后,中央决定实施的又一重要民生工程。这意味着城乡每一所中小学,每一个孩子都可以平等享有接受义务教育的权利。

从2008年春季学期开始,在北京、天津、上海等16个省区市和5个计划单列市进行免除城市义务教育学杂费试点。政策规定,免除城市义务教育学杂费的标准为各省级人民政府制定的城市义务教育阶段学校“一费制”中杂费标准,每个学生每年可免交190元至350元不等的费用。在民办学校就读的学生和进城务工人员随迁子女都与当地义务教育阶段学生一样享受政策待遇。对享受城市最低生活保障家庭的义务教育阶段学生,在免除学杂费的同时,继续免费提供教科书,并对确需寄宿的家庭经济困难学生补助生活费。在这次试点工作中,共有1702万名城市义务教育阶段学生免除了学杂费,占全国城市义务教育阶段学生总数的60%。从2008年秋季学期起,免除城市义务教育阶段学杂费在全国范围内实施,全国2.59万所城市中小学的2821万名学生得以享受真正的免费义务教育。国家对享受城市居民最低生活保障政策家庭的义务教育阶段学生,继续免费提供教科书,对家庭经济困难的寄宿学生补助生活费。这意味着我国义务教育全部实现免费义务教育,义务教育经费全面纳入国家财政保障范围,实现了义务教育由全面普及向免费发展的新的更大跨越。2010年《教育规划纲要》强调:“义务教育全面纳入财政保障范围,实行国务院和地方各级人民政府根据职责共同负担,省、自治区、直辖市人民政府负责统筹落实的投入体制。”

全面免除城市义务教育学杂费,是继农村义务教育经费保障机制改革后的又一重要民生工程,是促进教育公平的又一重大举措,使几千年“有教无类”的理想变成了现实。免费义务教育的全面实施,中国义务教育真正实现了由“人民教育人民办”到“义务教育政府办”的重大历史性转变,充分体现了人民的意志、政府的责任和义务教育发展的趋势。这一具有历史意义的举措,也是我国推动义务教育均衡发展的重要前提，是全面提高义务教育质量的新的起点。

二、普及九年义务教育成就显著

（一）入学机会差距逐渐缩小

随着免费九年义务教育的实施，义务教育保障不断提高，我国教育城乡差距、区域差距、人群差距明显缩小。

第一，城乡差距明显缩小。到2010年，全国小学净入学率城乡（不含县镇）的差距缩小到1个百分点以内；小学五年巩固率的城乡差距2010年也缩小到1个百分点以内。2001年至2008年间，中国成人识字率城乡差距从8.4个百分点下降到5.9个百分点。

第二，区域差距明显缩小。2000年至2010年间，小学净入学率西部与东部地区的差距从1.83个百分点下降到0.58个百分点，小学毕业生升学率的差距从6.9个百分点缩小到0.52个百分点。2001年至2008年间，成人识字率西部与东部的差距从4.8个百分点下降到4个百分点。民族地区义务教育就学率和成人识字率与全国平均水平的差距显著缩小。少数民族在校生占全国在校生总数比重持续增长，近年来均高于人口自然比例，少数民族成人识字率上升幅度较快，10多个少数民族人口平均受教育程度高于全国平均水平。

第三，人群差距明显缩小。中国义务教育入学率和识字率的男女差异显著缩小。全国小学入学率，女童与男童达到同等水平；全国小学毕业生升学率，女生比男生略高。农民工子女平等接受义务教育环境显著改善。近年来，各级政府按照“以输入地政府管理为主、以全日制公办中小学为主”原则，着力解决农民工随迁子女平等接受义务教育问题。2010年，全国农民工随迁子女在流入地公办学校就读的比例已接近80%。对农村留守儿童，各地政府、学校和社会采取多种措施，努力健全关爱机制和服务体系，保证学生健康成长。残疾人的受教育机会显著增加。近年来国家加大了对特殊教育的支持力度，新建、改扩建特殊学校，对义务教育残疾学生实行免费入学，对家庭经济困难残疾学生给予特别资助，为接受更多残疾人入学、帮助他们更好地融入社会创造了条件。2010 年特殊教育学生进一步增加到 42.56 万人。

（二）保障水平不断提升

在党中央、国务院的领导和部署下，经过各地政府多方面的努力，我国义务教育的保障水平发生了翻天覆地的变化。

第一，经费投入水平稳步提高。随着政府对教育经费投入的进一步增大，我国义务教育的投入保证水平稳步提高，为义务教育的普及提高提供了很好的保障基础。2010 年，全国普通小学、普通初中生均公共财政预算教育事业费支出分别为 4013 元、5214 元，分别是 2002 年的 4.9 倍、5.4 倍；生均公共财政预算公用经费支出分别为 930 元、1414 元，分别是 2002 年的 15.4 倍、13.6 倍。2010 年、2011 年，国家两次提高农村义务教育阶段学校生均公用经费基准定额，达到中西部地区小学生均 500 元/年、初中生均 700 元/年，东部地区小学生均 550 元/年、初中生均 750 元/年。

第二，办学条件得到显著改善。全国义务教育基本办学条件不断改善，教学仪器设备配置水平继续提高。全国小学和中学生生均校舍建筑面积分别从 2001 年的 4.9 平方米、6.1 平方米提高到 5.9 平方米和 8.21 平方米。2010 年，全国小学、初中生均仪器设备值分别为 384 元和 603 元，分别比上年增加 25 元和 61 元，比 2005 年增加 63 元和 200 元。每百名学生拥有计算机分别达到 5 台以上和近 8 台。生均图书分别达到 15 册和 19 册。从 2003 年起实施的农村中小学现代远程教育工程，使优质教育资源传送到几乎所有中西部农村中小学。

2010 年，全国小学体育运动场（馆）面积达标学校的比例为 55.48%（2001 年为 47.4%），体育器械配备达标学校的比例为 52.19%，音乐器械配备达标学校的比例为 48.55%（2001 年为 36.62%），美术器械配备达标学校的比例为 47.64%（2001 年为

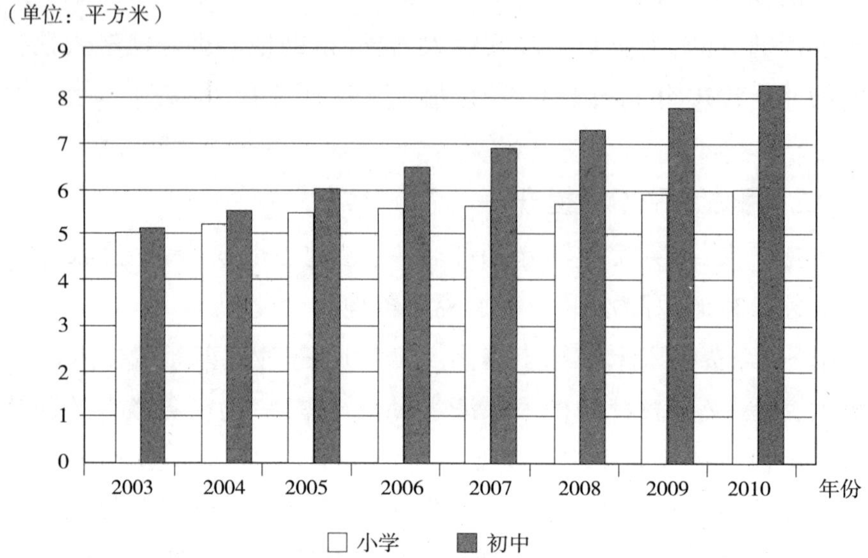

图 6-1　义务教育学校生均校舍建筑面积(单位:平方米/生)

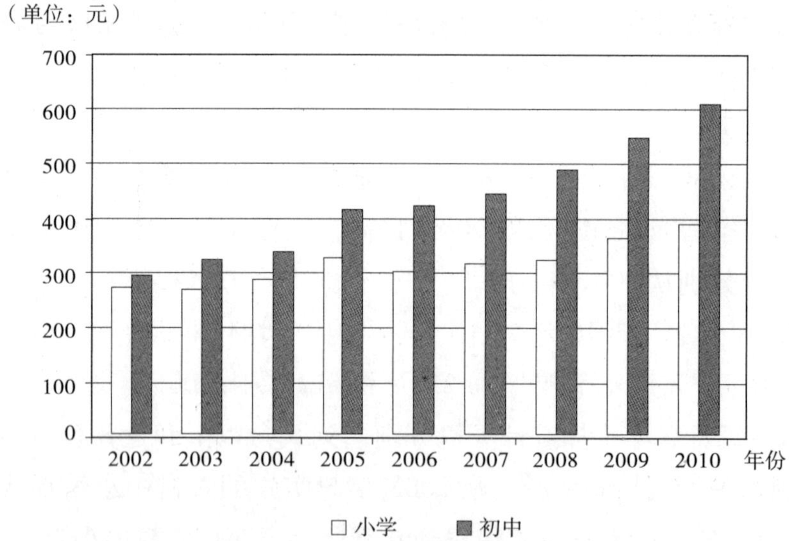

图 6-2　义务教育生均仪器设备值(单位:元/生)

34.51%),数学自然实验仪器达标学校的比例为 54.62%(2001 年为 48.55%),均比 2001 年有较大提高。普通初中体育运动场(馆)面积达标学校的比例为 69.53%(2001 年为 69.46%),体育器械配备达标学校的比例为68%,音乐器械配备达标学校的比例为62.4%(2001年为50.42%),美术器械配备达标学校的比例为61.67%(2001年为48.84%),理科实验仪器达标学校的比例为74.55%,均比2001年有一定提高。中国农村义务教育基本实现了从土房子泥台子到标准化学校、从黑板粉笔到多媒体课堂的历史性跨越。

第三,师资水平得到较大提升。全国义务教育阶段专任教师规模略有增长,师资配置状况不断改善。2010年,义务教育专任教师达914.2万人,比2005年增加5.8万人,与上年基本持平。其中,小学专任教师为561.7万人,比2005年增加2.5万人;初中专任教师为352.5万人,比2005年增加3.3万人。

随着农村教师培养和补充新机制的逐步完善,以及在校生规模的不断减少,农村义务教育学校教师配置状况得到明显改善,生师比已低于城市。2010年,农村小学生师比为17.4∶1,比城市低1.8,比上年下降0.2,比2005年下降2.1;农村初中生师比为15.0∶1,与城市持平,比上年下降0.5,比2005年下降3.3。

义务教育教师学历合格率保持在较高水平,城乡差距已不明显。2010年,小学教师学历合格率为99.5%,城乡差距仅为0.5个百分点;初中教师学历合格率为98.7%,城乡差距仅为1.1个百分点。

农村义务教育学校高一级学历教师比例大幅提升,城乡差距明显缩小。2010年,全国农村小学大专及以上学历教师比例达到75.4%,比上年提高3.7个百分点,比2005年提高23.2个百分点,城乡差距由2005年的25.8个百分点缩小为17.0个百分点,差距依然较大。2010年,全国农村初中本科及以上学历教师比例达到59.4%,比上年提高5.0个百分点,比2005年提高30.5个百分点,城乡差距由2005年的33.5个百分点缩小为23.2个百分点,但差距依然较大。

农村义务教育学校中、高级职称教师比例提升较快。2010年,农村小学中、高级职称教师比例为52.1%,比上年略有提高,比2005年提高11.1个百分点,城乡差距由2005年的9.4个百分点缩小为5.9

个百分点;农村初中中、高级职称教师比例为 52. 3% ,比上年提高 1. 9 个百分点,比 2005 年提高 13. 0 个百分点,城乡差距由 2005 年的 19. 5 个百分点缩小到 12. 3 个百分点。

第四,义务教育质量稳步提高。义务教育质量是义务教育的生命线。在义务教育普及水平不断提高的同时,通过加大经费投入、改善办学条件,提高教师队伍素质,义务教育办学水平逐步提升小学五年巩固率由 1993 年的 78. 83% 提高到 2010 年的 99. 0% ;初中阶段三年巩固率由 1993 年的 82. 68% 提高到 2010 年的 93. 8% 。2009 年,上海 5000 名 15 岁中学生参加经合发展组织(OECD)国际学生学业水平测试项目(PISA),在阅读、数学和科学全部三个学科测试中均列第一位,从一个侧面反映了中国义务教育质量的进步。当然,从全国范围来说,义务教育质量仍有待进一步提高。

(三)为推进世界全民教育作出积极贡献

2011 年年底,全国所有县级行政单位、所有省级行政区划全部通过普及九年义务教育和扫除青壮年文盲的国家验收,人口覆盖率达到 100% 。这是中国教育发展史和中华民族发展史上的重要里程碑,对于社会主义现代化建设和中华民族伟大复兴具有重大而深远的影响。作为世界上人口最多的发展中国家,中国实现普及义务教育和扫除青壮年文盲的目标,对世界全民教育进程具有重大影响。随着“两基”任务的全面完成,中国切实履行了对国际社会的承诺,提前实现了联合国教科文组织《达喀尔行动纲领》提出的到 2015 年使所有儿童享有高质量的免费初等教育的目标。联合国教科文组织发布的 2006 年《全民教育全球监测报告》显示,2002 年中国全民教育发展指数为 0. 954,在 121 个被监测国家中排名第 38 位,比 2001 年的第 54 位上升 16 位。中国全民教育事业所取得的突出成就,获得国际社会高度评价,联合国教科文组织认为中国为世界全民教育发展作出了积极贡献,是发展中国家推进全民教育的成功范例。

三、大力推进义务教育均衡发展

十年来，国家在大力普及义务教育的同时，也关注不同地区之间、城乡之间、学校之间、群体之间的义务教育发展差异。为此，国家出台了一系列政策措施，实施了一系列重大工程项目，改善农村地区、民族地区义务教育学校办学条件，缩小城乡之间、区域之间、校际之间义务教育发展差距。目前，在全面普及义务教育的现状下，国家更是将战略重点从普及转向义务教育的质量提升和内涵发展，义务教育均衡发展成为今后义务教育发展的重点。

2005 年，教育部印发了《关于进一步推进义务教育均衡发展的若干意见》，明确提出各地要把推进义务教育均衡发展作为实现“两基”之后义务教育发展的一项重要任务，研究制定本地区推进义务教育均衡发展的目标任务、实施步骤和政策措施，有效遏制城乡之间、地区之间和学校之间教育差距扩大的势头，逐步实现义务教育的均衡发展。2006 年修订的《义务教育法》将促进义务教育均衡发展列入了法律条文，明确规定：“国务院和县级以上地方人民政府应当合理配置教育资源，促进义务教育均衡发展，改善薄弱学校的办学条件，并采取措施，保障农村地区、民族地区实施义务教育，保障家庭经济困难的和残疾的适龄儿童、少年接受义务教育。”2010 年 1 月，教育部再次下发《关于贯彻落实科学发展观　进一步推进义务教育均衡发展的意见》，对合理配置教育资源，提高经费保障水平，制度建设和机制创新，提高教育教学水平等方面提出了指导意见，以提高教育质量、促进内涵发展为重点，大力推进义务教育均衡发展。2006 年 6 月和 2009 年 11 月，教育部分别在四川省成都市、河北省邯郸市召开全国推进义务教育均衡发展经验交流现场会，交流各地推进义务教育均衡发展的经验，为均衡发展探索出了不同的发展模式和道路。

（一）建立健全义务教育均衡发展保障机制

《教育规划纲要》明确提出到2020年基本实现区域内义务教育均衡发展的目标，提出建立健全义务教育均衡发展保障机制，推进农村义务教育学校标准化建设，统筹城乡义务教育发展，合理配置教育资源，努力缩小学校之间、城乡之间、区域之间教育发展差距，推进县域义务教育均衡发展等方面任务。至此，均衡发展成为我国义务教育的战略性任务，是实现全面普及之后新世纪义务教育工作的重中之重，是时代的呼唤和人民群众的热切期盼。

第一，进一步明确各级政府促进义务教育均衡发展的责任和任务。为了扎实落实《教育规划纲要》，形成义务教育均衡发展有效机制，按照分类指导、分期推进、一省一案的原则，教育部和每一个省（自治区、直辖市）逐一签订备忘录，逐县落实县域内义务教育均衡发展目标。2011年上半年，教育部与27个省（自治区、直辖市）和新疆生产建设兵团签署了义务教育均衡发展备忘录，构建中央部门和地方政府协同推进义务教育均衡发展机制，明确各自在推进义务教育均衡发展过程中的职责和任务，确保完成2020年基本实现区域内义务教育均衡发展的目标和任务。根据各地规划，实现义务教育基本均衡的县数比例，2012年将达到29%，2015年将达到67%，2020年将达到100%。有些地方还根据本省实际，提出了较高的义务教育均衡发展目标。比如，江苏省将优质均衡发展作为义务教育改革发展的战略任务，制订县域义务教育优质均衡发展规划，提出到2018年年底前全省所有县（市、区）实现县域义务教育优质均衡发展。浙江省以教育现代化为引领，推进义务教育高水平均衡发展，提出到2015年基本实现县域义务教育现代化，到2020年全省全面实现义务教育现代化。

第二，通过改革试点深化义务教育均衡发展体制机制。《教育规划纲要》明确把义务教育均衡发展作为我国教育改革十大试点之一。根据《国务院办公厅关于开展国家教育体制改革试点的通知》要求，各地积极申报义务教育均衡发展改革试点，目前均衡发展试点共有38

个。教育部制定了《国家教育体制改革试点项目义务教育均衡发展专家指导方案》，召开了国家教育体制改革义务教育均衡发展试点项目推进会，加强对试点工作的指导。在改革试点中，各地因地制宜，在建立县域或片区内的教师交流制度、将优质高中录取名额分配到辖区内初中学校、统筹配置优质教育资源改造城乡薄弱学校、统筹城乡推进义务教育均衡发展等方面进行了有益的探索。如河北省全面推行将公办省级示范性高中公助生部分招生指标按比例均衡分配到各初中学校的办法，"名额分配生"比例 2011 年已提高到 80%。天津市河西区实行"小学教育发展联合学区"，北京市东城区实行"学区化管理"，河北省承德市通过学区建设实现优质均衡、河南省郑州市"学区化联合办学"等。重庆市在建立城乡一体化的义务教育经费保障机制的基础上，"以城促乡，城乡互动"，努力推进城乡均衡。

（二）加强义务教育学校标准化建设

在义务教育均衡发展中，办学条件的均衡是基础，生源的均衡是突破、师资的均衡是关键。国家和地方政府始终坚持"软件"、"硬件"并重，大力促进义务教育学校标准化建设、建立县（区）域内教师交流制度，把优质普通高中和优质中等职业学校招生名额合理分配到区域内初中。

中央财政继续加大投入，各地把提高义务教育学校标准化率作为推进义务教育均衡发展的约束性指标。一是启动农村薄弱学校改造计划，集中力量支持解决"教育装备短缺、县镇学校太挤、农村学校太弱"等突出问题。2010 年度中央财政已安排 81.9 亿元，2011 年计划投入 85.3 亿元。二是 2011 年启动实施第二期"中西部农村初中校舍改造工程"，主要是改善学校食宿条件。目前，2011 年 30 亿元资金已下达。三是实施中小学安全工程。2009—2011 年中央共安排专项资金 280 亿元，重点支持中西部七度及以上地震高烈度且人口稠密地区农村义务教育阶段学校实施校安工程。一系列工程项目的实施，消除了一大批沉积多年的校舍安全隐患，大大改善了学校办学条件，为推进较高水平的义务教育均衡提供了强有力的基础和平台。

各地在国家义务教育学校办学标准的基础上，根据经济社会和教育发展的实际，进一步制订和完善本地义务教育阶段学校办学标准，对校园校舍、仪器配备、师资配置等方面提出明确要求，满足本地义务教育改革发展的基本要求。依据标准对本地中小学办学条件进行全面评估，逐一确定不达标学校及其主要问题，提出整改措施，实施改造。通过开展学校标准化建设，改善农村地区、贫困地区薄弱学校基本办学条件，缩小学校之间发展差距。比如，山东省全面启动中小学办学条件标准化建设工程，重点做好中小学校舍、场地、教育教学装备标准化建设以及教师配备与建设等工作，力争到 2015 年全省所有县基本完成中小学标准化建设任务。湖南省制定了义务教育学校办学标准及合格学校建设规划，提出到 2015 年所有完全小学和初中基本达到合格学校建设标准；到 2020 年所有义务教育学校达到合格学校建设标准。

（三）促进教师交流和流动

深入推进教师管理体制改革，促进教师交流制度化。一是在“国标省考县聘校用”的框架下制定教师聘用管理办法，完善校长聘任制，将校长、教师交流等政策制度化，引导校长、教师在城乡之间、校际之间合理流动，促进教师资源合理配置，提高农村学校、薄弱学校教师队伍整体素质。如福建等将县域内公办学校教职工人事关系收归县管，实行“县管校用”，推动义务教育教师资源的均衡配置。如江苏省建立校长和教师定期交流制度，规定校长在同一学校连任不得超过两届，教师按照每年不低于专任教师总数 15%、骨干教师按照每年不低于骨干教师总数 15% 进行交流。许多地方建立城乡学校共同体，推进联合办学，共享优质师资。二是加强教师流动的保障条件。从 2009 年开始实施的义务教育阶段教师绩效工资制度，为教师合理、有序地流动奠定了坚实的基础。积极推进的农村教师周转房建设，解决交流教师实际困难。试点探索建立农村教师特殊岗位津贴制度,给予农村边远地区、薄弱学校教师在晋级、晋升方面以政策倾斜。比如福建省实施“农村紧缺师资代偿学费计划”和“经济困难县补充农村教师资助计划”等,创新农村教师补充机制,吸引优秀高校毕业生到农村学校任教。河北省通过采取增加农村教师工资和福利待遇、优先晋升职称、提高教师高职聘任结构比例、落实高寒教师专项补贴等措施,促进教师、校长由城镇向农村、由超编学校向缺编学校、由强校向薄弱学校流动。湖北省通过实施“农村教师资助行动计划”、“城镇教师援助农村教育行动计划”和“农村教师素质提高工程”等,大力改善农村地区教师队伍素质。三是建立帮扶制度,努力扩大优质教育资源覆盖范围。各地通过教育对口支援、城乡学校结对帮扶、组建教育共同体等多种形式,促进区域优质教育资源共享,提升薄弱学校办学水平和教育质量。如浙江省杭州市“名校集团化办学”模式、山东省潍坊市潍城区、四川省成都市青羊区等学校发展共同体模式、湖北省“联校走教”、“联校办学”模式、江苏省南通市崇川区联合办学模式、河南省南阳市“名校托管薄弱学校”模式、上海市“委托管理”模式,等等。

(四)多种途径缓解城市择校问题

各地采取了多种措施着手治理和缓解城市义务教育阶段择校过热的难题,包括按照区域内适龄儿童少年数量和学校分布情况,科学划定每所学校的服务范围;加快实行优质高中招生名额合理分配到区域内初中的办法,并逐步提高分配比例;扩大优质教育资源覆盖面,通过学区管理、联合办学、集团化办学、结对帮扶等多种有效方式,使区域内不同学校学生都能共享优质教育资源;坚决制止以各种学科类实验班名义招生,制止以各种名义举行入学考试,制止举办或参与举办以选拔生源为目的的各类培训班,等等。如浙江省开展跨城乡的对口帮扶,积极推广“名校集团化”、“城乡学校共同体”、“乡村中心校”等模式,以名校、强校带动薄弱学校提高教学质量和办学水平。山西省晋中市将优质高中招生指标将100%分配到所有初中学校，学生升学根据所在初中学校不同的分数线录取，引导生源合理流动，消除了城区大班额现象。山东省把规范学校节假日、作息时间、课程设置、考试、作业量、教辅资料等作为学校规范管理的重点，作出严格具体的政策规定，指导各地做好义务教育阶段新生入学、编班等常规工作。

（五）加强义务教育均衡发展督导评估

均衡发展是义务教育发展的战略性任务，写入了2006年新修订的《义务教育法》，也是《教育规划纲要》的重点部署。《教育规划纲要》提出“率先在县（区）域内实现城乡均衡发展，逐步在更大范围内推进”。按照这一要求，国家已在着手建立义务教育均衡发展督导评估制度。

第一，国家制定了《省级义务教育均衡发展工作督导考核评价办法》、《县域义务教育均衡发展督导评估办法》，开展对义务教育发展基本均衡县的评估认定工作，对地方各级人民政府推动义务教育均衡发展的工作开展督导检查，将评估检查结果作为评价地方教育工作的重要指标。按照省级评估、国家认定的原则，由省级人民政府教育督导部门依据省级人民政府和教育部签署的关于推进义务教育均衡发展备忘录，以及本省（自治区、直辖市）制定的县域义务教育均衡发展督导评估实施办法，具体组织实施。教育部负责制定评估的基本标准和审核认定，对此项工作进行指导、监督、检查。一些地方还积极创新，深入推进督导评估工作。比如，山西省建立义务教育均衡发展工作情况年报制度，围绕义务教育均衡发展规划制定、学校标准化建设、校长教师交流、优质高中招生指标分配、学校“大班额”控制等方面，通报各市推进义务教育均衡发展工作情况。浙江省创新教育督导机制，通过建立教育强县现代化水平评价机制，充分发挥教育督导对均衡发展的导向作用。福建、重庆、黑龙江等地建立义务教育均衡发展督导评估制度，将义务教育均衡发展作为对县级人民政府教育工作督导评估的重要内容。

第二,“一个门槛、两项内容、一个参考”,是义务教育均衡发展督导评估的主要内容。“一个门槛”,即基本办学标准评估。要求在对一个县进行评估认定前,要对其所辖义务教育阶段学校是否达到本省基本办学标准进行评估。达到这一条件的县,才有资格接受均衡督导评估认定。“两项内容”,就是均衡督导评估认定的核心内容,包括对县域义务教育校际间差距的评估和对县级政府推进义务教育均衡发展工作的评估两个方面。校际间差距评估是以生均教学及辅助用房面积、生均体育运动场馆面积、生均教学仪器设备值、每百名学生拥有计算机台数、生均图书册数、师生比、生均高于规定学历教师数、生均中级及以上专业技术职务教师数8项指标来分别计算小学、初中综合差异系数。达到基本均衡评估的标准为:小学综合差异系数不高于0.65,初中综合差异系数不高于0.55。对县级政府推进义务教育均衡发展工作的评估主要是通过入学机会、保障机制、教师队伍、质量与管理4个方面的17项指标来进行,每个指标赋一定分值,总分为100分;达到85分以上的县方可视为达到此项评估的要求。考虑到省情不同,要求省级在制定实施办法时,可适当增加对县级政府工作评估指标。“一个参考”,是指公众对本县义务教育均衡发展状况的满意度,作为评估、认定一个县是否实现基本均衡的重要参考依据。

第三,体现公众参与性,积极回应社会关切,公众满意度首次纳入评估标准。为了办好人民满意的教育,义务教育发展基本均衡县的评估标准,除了包括对县级人民政府推进义务教育均衡发展工作、对县域内义务教育学校校际间差距进行评估外,首次将公众满意度纳入评估标准,努力实现人民满意的义务教育均衡发展。义务教育均衡发展不仅是国家教育发展的战略性任务,也是受到全社会广泛关注的热点、难点问题。教育督导始终强调坚持公开、公正、公平原则,此次制定的均衡督导评估暂行办法,将公众的满意度作为评估认定的重要参考,意在引入公众参与机制,使得评估的结果能得到当地群众的认可。同时,也使广大群众参与进来,更加了解身边的每一所学校,以逐步缓解择校的矛盾。公众满意度调查由省级督导评估组组织开展,也可由省级教育督导机构委托政府统计部门、科研单位、专业调查机构等进行。具体内容包括:适龄儿童少年就近入学情况、县域内校际间办学条件的差距、县域内校际间教师队伍的差距、县域内义务教育择校情况、政府在缩小学校之间差距方面所做的工作等。参与评价的主体包括:当地人大代表、政协委员、无党派人士、学校校长、教师、学生家长以及其他群众。以上参与评价的主体中,以学生家长、群众为主,体现公众评价的普遍性和客观性。

第七章　高中阶段教育加快普及

高中阶段是学生个性形成、自主发展的关键时期。高中阶段教育对于提高国民素质，培养创新人才具有特殊意义。党的十六大以来，在党和国家的高度重视和科学领导下，在社会各界的大力支持下，经过教育战线广大师生员工的不懈努力，我国高中阶段教育取得了长足发展，普及水平显著提高，办学条件不断改善，教育质量逐步提升。我国高中阶段教育的快速发展，有力地巩固了义务教育的普及成果，有力地支撑了高等教育的大众化，为提升国民整体素质、实现我国由人口大国向人力资源大国的历史性转变作出了重要贡献。

一、高中阶段教育普及水平大幅提高

（一）高中阶段教育发展不断加快

世纪之交，中共中央国务院做出了深化教育改革全面推进素质教育的战略决策，提出要在确保“两基”的前提下，积极发展包括普通教育和职业教育在内的高中阶段教育。保持普通高中与中等职业学校的合理比例，促进高中阶段教育协调发展，在城市和经济发达地区要有步骤地普及高中阶段教育，支持已经普及九年义务教育的中西部农村地区发展高中阶段教育。党的十七大提出，要加快普及高中阶段教育。《国家教育事业发展“十一五”规划纲要》提出，到2010年，高中阶段教育普及程度明显提高，在校生规模达到4510万人，毛入学率达到80%

左右。在党和国家的高度重视和大力推动下,我国高中阶段教育的普及水平大幅提高,结构更加科学合理,具有中国特色的高中阶段教育体系基本确立。2010 年,全国高中阶段有学校 28584 所,在校生 4677.3 万人,比 2002 年增加了 1769.3 万人,增幅达 61%。越来越多的适龄青少年能够享受到高中阶段教育。(图 7-1)

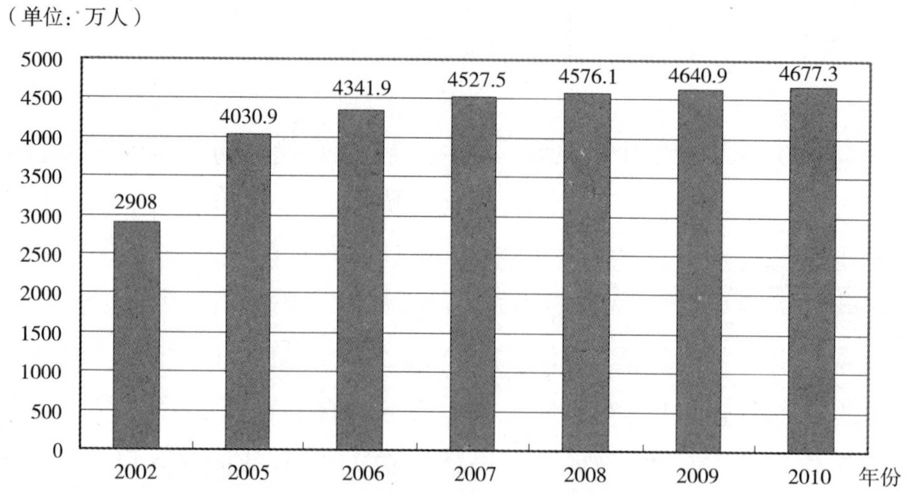

图 7-1　全国高中阶段在校生数增长变化情况

2010 年,全国高中阶段教育毛入学率达 82.5%,比 2002 年增长了 39.7 个百分点,八年间高中阶段毛入学率平均每年增幅达 4.96%。目前,一些东部发达地区和部分大中城市已经率先普及了高中阶段教育。2010 年,初中毕业生升学率达 87.5%,比 2002 年增长了 29.2 个百分点,平均年增幅达 3.65%。(图 7-2)

(二)高中阶段教育结构更趋合理

在高中阶段教育快速发展过程中,结构得以不断优化。目前,普通高中和中等职业教育招生规模基本相当,两者协调发展,为高中阶段教育的加快普及作出了积极贡献。(图 7-3)

——普通高中教育规模快速增长。普通高中教育处于国民教育体

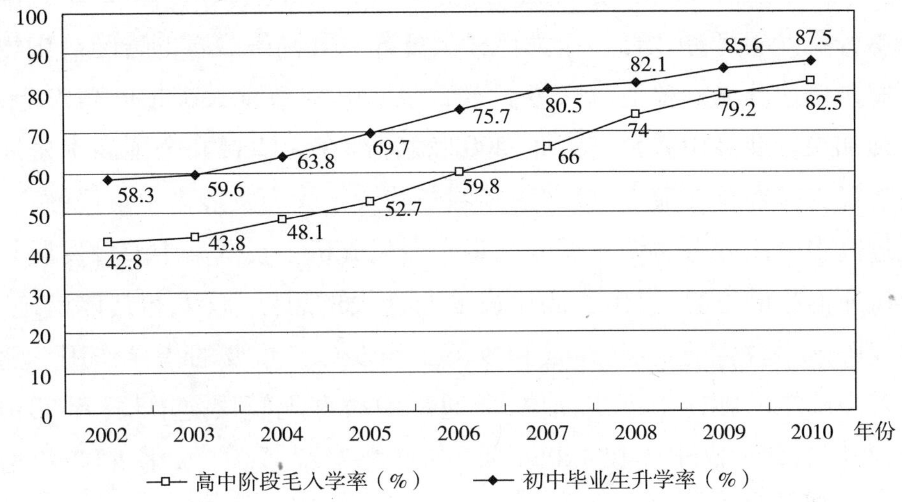

图 7-2　2002—2010 年全国初中毕业生升学率和高中阶段毛入学率

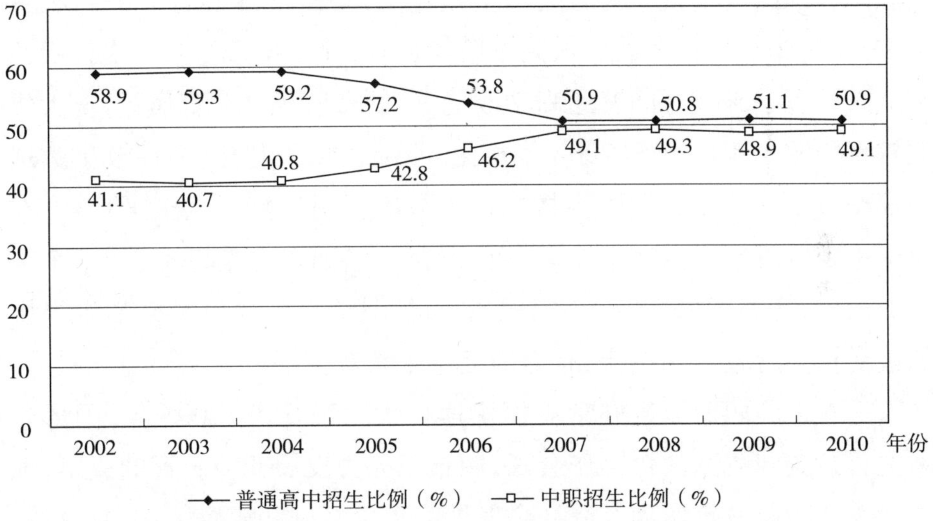

图 7-3　2002—2010 年高中阶段招生普职比例变化情况

系承上启下的关键环节，是九年义务教育基础上进一步提高国民素质、面向大众的基础教育，承担着为学生终身发展奠基的重要使命。发展普通高中教育，对于培养合格公民、高素质劳动者、创新人才和建设人力资源强国、创新型国家具有重要的基础性作用。

1999年党中央国务院决定扩大高等教育招生规模。2000年我国基本普及九年义务教育。作为衔接义务教育和高等教育的普通高中教育瓶颈迅速凸显。要适应义务教育普及和高等教育大扩招的新形势，必须加快发展高中教育。为此，2002教育部在天津召开全国高中发展与建设工作经验交流会，贯彻落实国务院关于大力发展高中阶段教育、促进高中阶段教育协调发展的决定。会议分析了我国高中教育发展与建设所面临的形势，提出了高中发展与建设的思路、政策和具体措施，对我国高中教育的发展、建设和改革工作发挥了重要的指导作用。随着各项政策措施逐步落实到位，普通高中教育规模快速增长，到2010年，我国有普通高中学校14058所，在校生2427..3万人，比2002年增加743.5万人，增长44.2%。

同时，我国中西部贫困地区、民族地区普通高中教育实现了较快发展。国务院高度重视农村普通高中教育工作，2003年召开了农村教育工作会议，要求加快发展农村高中阶段教育，并安排资金重点支持中西部地区一批基础较好的普通高中改善办学条件，提高教育质量，扩大优质教育资源。2010年与2002年相比，西部、中部普通高中在校生数增幅都超过了一倍。少数民族县在校生数增长明显高于全国平均数，在校生中少数民族学生比例全国各地区普遍增加了一倍以上，其中东部增加最多，增加了1.5倍。这为更多的贫困学生和少数民族学生提供了接受初中后教育的机会，有力地促进了教育公平。

——中等职业教育办学规模快速扩大。2002年、2005年，国务院两次召开全国职业教育工作会议，颁布了大力发展职业教育的决定，强调把发展职业教育作为经济社会发展的重要基础和教育工作的战略重点。各地区、各部门认真贯彻落实会议、文件精神，大力发展职业教育的战略部署得到进一步落实。

近年来，教育部采取一系列强有力措施扩大中等职业教育招生规模。2010年，中等职业学校招生、在校生数分别比2002年增长了64.1%、69.1%，占高中阶段教育的比例分别达到50.94%、47.78%。

高中阶段教育基本实现了职普大体相当的格局。近十年来，职业院校累计向社会输送了7000多万名毕业生，每年开展各类职业培训的能力达到1.5亿人次。我国已建成了世界上最大规模的职业教育，人才培养的类型结构、层次结构更加合理，形成了大规模培养技能型人才的能力，为造就适应"转方式、调结构、惠民生"战略的人力资源结构奠定了基础。

二、普通高中办学水平显著提高

（一）学校办学条件明显改善

党的十六大以来，根据国务院和教育部的部署，各地政府和教育部门紧紧抓住应对义务教育普及和高等教育扩招的发展机遇，乘势而上，通过加大政府投入、借助社会力量、利用信贷政策等多种方式，改建扩建校园校舍、实验室、图书馆，更新和添置教学设施设备。2010年，全国普通高中生均校舍建筑面积达到16.41平方米，理科实验仪器达标率达到84.63%，生均仪器设备值达到1603.9元，建网学校比例达76.7%，每百名学生拥有计算机台数达到13.5台，生均图书28.53册，均比2002年有明显提高。高中学校办学条件和校容校貌发生了巨大变化，许多市县的高中学校成为当地教育、文化中心，为培养和造就优秀人才创造了良好的环境。

普通高中办学条件的改善，得益于经费保障水平的不断提高。我国普通高中实行以财政投入为主，其他渠道筹措经费为辅的机制。近年来，普通高中教育的经费保障水平不断提高，经费投入不断增长。2009年我国普通高中教育总经费达到1779.4亿元，比上一年增加177.2亿元，增长了11%。其中，国家财政性教育经费1109.3亿元，比上一年增加148.1亿元，增长了15%；预算内教育经费985.4亿元，占总经费的比例达55%，比上一年增加了2.7个百分点。2002—2009年，我国普通高中预算内教育经费占普通高中总经费比例提高了13.5

个百分点，政府对普通高中财政投入的努力程度明显提高。

（二）优质教育资源不断扩大

为了进一步加快高中发展与建设，扩大优质高中教育资源，解决制约整个教育发展的瓶颈问题，满足广大人民群众的教育需求，2002 年教育部在天津市召开了普通高中发展建设现场经验交流会，对加快示范性高中建设，扩大优质教育资源进行了专门部署。

在国家政策引导下，各地有效整合和盘活各种教育资源；扩大优质高中教育资源；坚持政府办学为主，同时积极鼓励和引导社会力量兴办高中；把优质高中的扩建、改建同深化基础教育办学体制改革、有利于调整九年义务教育的学校布局结合起来，逐步做到高、初中分离；按照素质教育的要求，加快高中课程改革，改进教学方式，充分发挥学生的自主性、能动性和创造性，为学生全面而富有个性的发展创造有利的条件，进一步提高教学质量；大力发展现代远程教育，使广大农村地区、西部地区、民族地区的高中学生也能够享受到优质教育资源。经过一段时期的努力，一大批历史传统悠久、文化积淀深厚、办学传统优良和办学特色鲜明的优质高中涌现出来，普通高中教育的质量和水平有了明显提高。目前，全国已有近一半的学生在省级示范性、实验性高中就读，大部分学生都能享受到优质教育资源。优质高中资源的扩大，既满足了群众上高中的需求，又初步缓解了群众上好高中的突出矛盾。

（三）教师队伍建设明显加强

随着普通高中规模的不断扩大，教师队伍也逐渐壮大。党的十六大以来，各地高度重视教育队伍建设，增加财政投入，扩大教师编制，吸引大批优秀大学毕业生和研究生到高中任教，世纪之交高中教师严重不足的问题得到了极大缓解。2010 年，全国普通高中专任教师数达到151.8 万人，比 2002 年增加了 94.6 万人，增幅达 60.5%。东中西部地区都呈现增加的态势。随着专任教师数量的不断增加，生师比情况进一步改善，由 2002 年时的 17.8 下降至 2010 年的 16。

教师队伍结构进一步优化，整体素质和水平明显提高。目前，年龄 45 岁以下的教师占比近 90%，35 岁以下教师比例超过一半，呈现年轻化的特点。同时，专任教师学历水平有了大幅提升。全国普通高中本科以上学历专任教师数平均增幅明显。2010 年全国普通高中专任教师中本科及以上学历教师比例已达 94.8%，比 2002 年增加 21.9 个百分点。研究生学历专任教师人数呈逐年上升趋势，2010 年全国已达 5.5 万人，占专任教师的 3.6%。2010 年，专任教师中专科及以下学历教师比例全国平均比 2002 年下降了 21.9 个百分点。全国普通高中中学高级专任教师数从 2000 年的 12.3 万人，增加到 2010 年的 37 万人。这支年富力强、充满朝气的教师队伍，对办好普通高中教育发挥了重要支撑作用，有力地保障了普通高中课程改革的顺利实施。（表 7-1）

表 7-1　2002—2010 年全国普通高中生师比与教师学历职称结构

指　　标	2002 年	2005 年	2008 年	2010 年
生师比	17.8	18.54	16.78	16.0
专任教师中本科及以上学历教师比例	72.87%	83.46%	91.55%	94.8%
专任教师中研究生学历教师比例	0.8%	1.18%	2.2%	3.6%
专任教师中专科及以下学历教师比例	27.13%	16.54%	8.45%	5.2%
专任教师中中学高级教师比例	17.48%	19.29%	22.33%	24.4%

教师培训成效显著，教学质量得到保证。师范院校紧紧围绕培养优秀教师和教育家的目标，积极推动教师教育创新，调整专业机构，深化课程改革。教育部 6 所直属师范大学先后在全国建立了 80 多个教师教育创新试验区、700 多个教育实习基地，强化教育实践环节，探索高校、地方和中学合作培养师范生的新机制。2009 年又启动实施了教师教育创新平台计划，建设了全国教师网络联盟公共服务平台，共建共享教师教育的优质资源。各级教育行政部门对实施新课程的高中教师开展了不同层次、不同形式和不同专题内容的培训。全国普通高中教

师普遍接受了不低于40学时的新课程培训。其中由教育部直接培训的骨干教师达3万余人。

（四）办学体制改革发挥积极作用

党的十六大以来，为应对普通高中入学人数激增的巨大压力，在坚持政府办学为主的同时，国家积极推进办学体制改革，有效扩大了教育资源，增强了办学活力，促进了教育供给方式的多样性，增加了教育的选择性。

一是积极开展公办普通高中办学体制改革探索，努力扩大优质资源。改革工作在地方政府的主导下推动，政府提供土地，给予政策支持，依托原有优质教育资源，充分吸纳民间资本，有效扩大了全社会的教育投入，缓解了进入新世纪后高中发展的瓶颈问题。一部分普通高中学校面向社会和市场，运用各种机制和手段，解决学校发展中的公共教育投入严重不足的问题，并在相当程度上提升了学校自主发展能力和课程实施能力。一批高等院校与地方合作举办了外语、艺术、体育等特色高中，丰富了我国普通高中教育的办学模式，为学生提供了更多的选择机会。公办普通高中办学体制改革符合当时中国教育改革和发展的实际需要，在特定的历史时期，起到了缓解高中教育资源不足的积极作用。

二是积极支持鼓励民办普通高中教育发展，为学生提供更多选择。民办教育是中国特色社会主义教育事业的组成部分，民办高中的发展在一定程度上扩大了教育事业规模，缓解了政府财政支出压力，增加了教育供给方式的多样化和社会成员的可选择性，为教育事业的发展发挥了积极的作用。2002年颁布的《民办教育促进法》和2004年施行的《民办教育促进法实施条例》，对我国民办教育发展起到了有力的促进和推动作用。2010年，全国民办普通高中学校共有2499所，约占普通高中学校总数的17.8%；民办普通高中在校生230.1万人，约占普通高中在校生总数的9.5%，农村地区该比例为11.9%。2010年，民办普通高中专任教师有34.4万人，约占普通高中专任教师总数的22.6%。其中2003—2006年是民办普通高中快速发展的时期，学校总数增长了567所，在校生数增加了106.3万人，专任教师增加了11.3万人。民办普通高中教育已经成为我国高中阶段教育的重要组成部分。

三、普通高中课程改革稳步推进

在积极扩大规模、努力改善办学条件的同时，党和政府始终把提高高中教育质量放在突出位置。为迎接知识经济时代的到来，应对日益激烈的国际竞争，立足于全面提高国民素质和提升综合国力，国家着力推进基础教育课程改革，使教育质量上升到一个新阶段。

2001年，经国务院同意，教育部颁布了《基础教育课程改革纲要》，调整和改革基础教育的课程体系、结构、内容，构建符合素质教育要求的新的基础教育课程体系。2003年教育部颁布了《普通高中课程方案》和16个学科的课程标准。2004年，在义务教育改革试点的基础上，广东、山东、海南和宁夏四省（区）率先进行了普通高中新课程实验。2009年教育部在江苏南京召开基础教育课程改革现场经验交流会，全面总结了课程改革八年多的成绩，部署了进一步深化改革，全面推进素质教育工作。2012年全国普通高中起始年级全部实施了新课程。

普通高中课程改革，整体构建了适应时代发展需要的普通高中人才培养体系，有力推动了教育理念、教育内容、人才培养方式和考试评价制度的深刻变革，促进了学生的全面发展和教育质量的全面提升，为拔尖创新人才的培养奠定了坚实基础。

（一）普通高中课程改革持续推进

新课程培养目标更加体现时代特点，将全面贯彻党和国家的教育方针落到实处，更加注重学生身心发展规律，同时把培养学生的社会责任感、创新精神和实践能力作为人才培养目标的核心。新课程体系更加符合素质教育要求和学生身心发展规律，在继承我国基础教育重视基础知识和基本技能的优良传统的基础上，对学科类课程进行了调整，适当减少了数学等学科课程的课时，增加了课程的综合性、开放性，新增了综合实践活动、科学、通用技术课程，增加了德育、体育、艺术等课程的课时数，使学生有更多的时间思考和实践，促进全面发展。新课程把“德育为先”融入教育教学的全过程，充分体现育人为本、德育为先，将社会主义核心价值体系有机融入各学科教育之中，德育的针对性和实效性不断增强。

（二）人才培养模式变革初见成效

新课程突出了学生主体地位，注重调动学生学习的内在动力，保护学生的好奇心、求知欲，激发学生的兴趣和热情，关注学生潜能培养。新课程强调教育过程“知行统一”，强化了实践环节，增设了社区服务、社会实践、研究性学习等课程，将实践活动变成学生学习、成长的重要环节和途径。新课程促进了教师角色的转变，教师从传统的指导学生被动学习转向现代的成为学生的良师益友，与学生共同学习和成长，在传授知识的同时，更多引导学生主动探究，培养学生的学习能力、适应未来社会的能力。

（三）评价与考试制度改革取得进展

评价观念发生根本性转变，更加尊重学生，更加关注学生个性差异和全面发展。建立了综合素质评价制度，强调关注学生全面发展和每一个学生发展的全过程，使教师了解每一个学生在发展过程中的需求，给予针对性的指导和帮助，使学生在评价中认识自我、不断进步。中考改革取得了重大突破，考试命题更加重视能力考查，招生录取基本改变了过去以分数作为唯一依据的做法，将综合素质评价的结果作为招生的重要依据；为促进义务教育均衡发展，通过将优质高中招生名额合理分配给初中等多种方式，已经有效推动了高中学校自主多元录取。课程改革还有力地推动了高考改革，以国家统一考试为主，多元化考试评价和多样化选拔录取相结合的具有中国特色的高校招生考试制度正在逐步形成。从各省实际情况看，高考改革总体上体现了课程改革的要求和导向，考试内容更加突出对学生能力的考核，增加了选考内容，有利于引导学生有个性的发展；进一步探索建立了学业水平考试，学生学业水平考试成绩和综合素质评价结果逐渐成为高校招生录取的参考依据。

四、探索普通高中多样化发展

《教育规划纲要》明确提出要加快普及高中阶段教育，全面提高普通高中学生综合素质，推动普通高中多样化发展。这是根据现阶段我国经济社会发展条件和普通高中教育发展的实际情况作出的重大战略选择，为普通高中教育发展指明了方向。

随着我国经济社会的快速发展，生产技术不断革新，产业转型速度加快，对人才的需求呈现多样化和全方位的特点。同时，人的潜能各不相同，高中阶段正是学生个性形成、潜能显现、自主发展的重要时期。为满足不同学生的学习需求，促进学生全面而有个性的发展，必然要求普通高中能够提供高质量、多样化、有特色的教育服务。

2010 年国家启动了教育体制改革试点项目，其中北京、上海、黑龙江、新疆和江苏南京五个地方承担了普通高中多样化有特色发展试点项目。一年多来，试点地区大胆探索实践，创建有特色的地方课程和校本课程，增加选修课，提高课程的多样化和选择性，努力加强校园文化建设，创新培养模式，满足学生不同的发展需要。试点地区先后启动了试点改革工作，努力探索多样化发展的实现途径、推进机制和保障体制。

（一）北京：一系列创新举措助推普通高中多样化发展

北京市根据推动高中多样化发展的要求，于2008年成立了北京市青少年科技创新学院，启动“翱翔计划”，初步形成了以生源推荐校、基地校、高校实验室为培养链条，以“双导师制”下的“进室熏陶”为主要培养形式，以研究性学习为学习形式，以参与的表现和业绩水平为评估手段的灵活有效的创新拔尖人才培养机制。北京市政府12个部门联合启动了“社会大课堂”工程，利用首都丰富的社会文化科技资源，为学生开展社会实践活动提供免费或优惠的学习、实践场所。目前资源单位已由市级480余家，扩展到市、区两级1200家。市区两级政府投入的专项经费达4400余万元。开展了部分示范高中自主安排课程实验。扩大学校在课程安排、课时长短上的办学自主权。挖掘学校自身潜力，开发课程资源，探索了自主会考新机制，全面服务学生个性发展。2010年北京市召开校长论坛对自主排课实验进行了系统总结。北京市加大政府投入，在全国率先建立了覆盖所有学生的电子学籍管理系统（CIMS），配合高中课程改革，建立了完整的学生综合素质评价系统。

（二）上海：构建推动普通高中多样化发展的整体战略

上海市坚持把学校推向发展前沿，引导学校提升自主发展能力；坚持以课程多样化建设为载体，满足学生多元学习需求；坚持鼓励学校找准定位，特色办学，错位发展；坚持试点先行，通过试点和实验带动整体改革和发展。具体举措包括：

一是激活区县两级政府的主观能动性，以区域推进为高中发展新亮点，形成高中分类指导和多样发展的良好生态。如杨浦区，注重提升高中办学品质，坚持高中教育的公益性和多样化，并借整个区域成为“国家创新实践区”的契机，从2000年开始探索依托高校合作办学，着力破除制度壁垒，建立高中高校联动机制，使高中教育呈现“高质量、多样化、有特色、可选择”的发展格局，让每个学生享有适合自己成长的高中教育。

二是以提升校长课程领导力为重要抓手,引导高中校长从关注课程改革这一核心切入探索学校特色发展和创新素养培育。上海制订了"校长课程领导力实施三年行动计划"。对于高中发展,这一行动计划也成为一种重要导向,引导校长聚焦课程改革这一核心地带带动多样和特色发展。

三是以创新素养、创新精神和实践能力培养为重点,探索创新拔尖人才培养的有效机制和创新人才孕育的环境创设。开展了"创新拔尖人才实验项目"、高中学生创新素养培育项目。其中"创新拔尖人才实验项目"试点学校从校情和学情出发,特制了项目培养方案,对课程、师资、设备等方面进行了重构,分别以聚焦志趣、构建课程图谱,创造丰富的学习条件和机会等方式探索创新人才早期培育的办法。"高中学生创新素养培育项目"核心是突破一般意义上的"尖子"选拔再加工的模式,鼓励各学校强化综合课程、探究课程和实践课程;建设一批着重探究、自主学习的现代创新实验室,如:上海理工大学附中机器人实验室、上海财经大学附中金融实验室、同济一附中低碳创新实验室等一批实验室在各自依托的高校支持下,开发相关课程,为学校特色办学提供了有力支撑。

(三)黑龙江:把普通高中多样化有特色发展纳入总体规划

黑龙江省把普通高中多样化有特色发展试点项目纳入省中长期教育改革和发展规划纲要和"十二五"规划,专门成立了试点工作办公室,制定了《黑龙江省普通高中多样化特色化发展试点工作方案》,明确了改革试点工作的指导思想、工作任务、工作原则、试点单位、工作步骤和工作要求。同时,出台了《黑龙江省普通高中多样化特色化发展试点实验区、实验学校管理办法(试行)》,根据试点效果,将逐步扩大实验区和实验学校范围。改革预设了九个类别的实验学校:综合高中类、高二分流类、艺体特色类、外语特色类、理科特色类、人文特色类、科技教育特色类、创新型拔尖人才培养类和其他类。试点学校将优先获得省级以上培训、指导和帮助,可以获得相应课程开发、设置权。省级示范性普通高中建设,优先向特色普通高中倾斜。试点工作将实施动态管理,实行年报制度,及时总结工作进展情况并提出下一阶段总体安排和计划。全省将每年对实验工作组织有力、成效显著、示范引领效果强的实验区、实验校,以及先进个人进行表彰,鼓励和引导更多的普通高中学校走特色办学之路。

(四)新疆:以高中课程改革推动普通高中多样化发展

新疆通过改革现有普通高中的课程结构、教学方式、管理模式和评价标准,以推动不同层次的普通高中学校多样化、特色化发展,重点是实现课程的多样化。计划在试点的基础上,总结出推动普通高中教育多样化发展的经验,制定出有效促进各层次普通高中协调、可持续发展的政策措施,再积极进行推广,从而实现自治区中长期教育改革和发展规划纲要所确定的普通高中教育发展目标。区教育厅确定首批参加普通高中多样化改革试点的20所学校,开展初步探索。要求试点学校要有自己办学定位,每所学校要办出鲜明特色,根据学生的实际,确定多层次的培养目标,从而提高高中毕业生的整体质量,使学生的道德品质、公民素养、身体素质、实践能力、劳动与生活技能等都有明显提高。组织学校开发一批与地方经济、社会发展相适应的普通高中学校校本课程,开展对校本课程的师资培训,建立起与普通高中多样化发展相适应的校本课程教师队伍。教育厅还将提供一定的专项经费,对各试点单位进行资助,还计划在招生政策、办学条件改善等方面提供支持。每年将对各试点单位进行考核评价,对试点工作不力,不按项目实施方案和要求开展工作的试点单位,自治区教育厅将取消其试点单位的资格。

(五)南京:大力推进高中多样化特色化建设工程

南京市研究制定了《南京市推进普通高中多样化建设实施意见》

文件,明确了普通高中多样化发展的指导思想和主要目标,对未来发展的目标任务和重点工作进行了整体规划和部署。在高中多样化特色化建设工程推进过程中,坚持以促进学校的自主发展作为目标,以满足需求,提高质量,促进学生全面而有个性的发展作为价值取向。以项目为引领,鼓励学校广泛参与,积极探索。改革的重点主要在以下几方面:

——立足于体制机制创新,实施普通高中综合改革。南京航空航天大学附属中学积极寻求与南京航空航天大学深度合作,成为航天科技人才培养基地。南京师范大学附属扬子中学与南京师范大学进行课程共建,利用高校资源,以课题引领,推动学校的全方位改革。南京外国语学校仙林分校着力办学体制、管理机制、评价体系的创新,以建立班级指导小组取代班主任制度;教学管理上探索学生自主选择课程,自主排课,实行跑班分层教学。南京市第十二中学积极推行基于小班化教育模式的高中综合改革。雨花台中学利用"数字化"平台优势,以改变教与学的方式为核心,丰富校园数字化教与学的资源建设,促进学校管理全面改革。

——立足于学科特色创新,提升学校办学品质。南师附中、金陵中学、第一中学通过与高校合作开发课程,实施"卓越工程师培养计划"、"准博士后工程"、"明天科学家计划"等项目,积极探索拔尖创新人才培养机制。第五中学、第十三中学提出"人文高中"建设方案。田家炳高级中学重点建设"科技创新高中",培养科技技术型后备人才。第三高级中学提出建立基于传统特色项目,关注每一个的"素质拓展高中"教育理念,以阶梯课程与特色课程的组合方式构建学校的课程体系,为学生的发展提供多样化的课程选择。宁海中学围绕"美的教育",将美术特色课程系列化,不仅为美术特长生提供丰富的专业课程,也为全体学生享有"美的教育"提供丰富的课程选择。

——立足于普职融通,构建人才成长立交桥。以职业教育为依托,实行普职课程共建,为学生提供更多的职业技术课程选择,扩大学生求学就业选择权。高淳县普通高中充分利用高淳职教中心教学资源,开设通用技术课程、综合实践课程,打通普职教学资源,构建融通课程体系。高淳县湖滨高级中学与高淳职教中心联合培养学生,实行学分互认,双学籍制管理。大厂高级中学利用市内丰富的高等教育资源和高职学校及周边“化工园”企业资源,提出 2+1 的分层分流教学设计、四通道学生发展模式和“立体化”的课程结构,以学科见长,提升特色品质。

第八章　职业教育取得突破性进展

在新的历史时期，发展职业教育成为我国转变经济发展方式、推动产业结构调整优化升级、发展实体经济、促进区域经济协调发展的战略性举措，解决就业结构性矛盾、扩大中等收入群体、保障和改善民生、实现社会和谐公正的基础性保障，构建合理教育结构、深度开发人力资源、打造高素质产业大军、促进人的全面发展的战略突破口。职业教育在国家经济社会发展全局和教育工作大局中的地位更加凸显，在同步推进工业化、城镇化、农业现代化进程中的地位更加凸显，在建设学习型社会、构建终身教育体系中的地位更加凸显。党的十六大以来，面对新的国际国内形势，党中央、国务院从实现经济社会全面协调可持续发展的总要求出发，大力发展职业教育，我国职业教育改革不断取得重要成效。

一、职业教育的战略地位更加突出

（一）坚持大力发展职业教育的方针

党的十六大以来，党中央、国务院非常重视职业教育，把大力发展职业教育作为一项重要的经济、社会和教育政策，摆在经济社会和教育发展的突出战略位置。2002 年、2005 年，国务院两次召开全国职业教育工作会议，颁布了两个大力发展职业教育的决定，强调把发展职业教育作为经济社会发展的重要基础和教育工作的战略重点。各地区、各部门认真贯彻落实会议和文件精神，大力发展职业教育的战略部署得到进一步落实。2010年，全国教育工作会议和《教育规划纲要》进一步要求把职业教育摆在更加突出的位置。同时，教育部与天津、广西、四川、河南、三峡库区、辽宁沈阳、山东潍坊、安徽皖江城市带共建了8个国家职业教育改革试验区，积极探索职业教育的综合改革。《教育规划纲要》颁布之后，全国确定了56项职业教育体制改革试点项目。通过建立试验区、实施试点项目，地方人民政府进一步提高了对职业教育的重视程度，积极探索和推进职业教育改革创新，为形成和完善我国特色的职业教育发展模式提供了丰富的实践经验。

（二）职业教育政策法规保障不断加强

在发展职业教育的进程中，职业教育法制建设不断推进，适应社会主义市场经济体制需要，以《职业教育法》为基础，相关法律为补充，行政法规、地方性法规、行政规章和规范性文件为配套的职业教育法律制度体系框架初步形成。《职业教育法》颁布实施以来，全国各地相继制定了实施《职业教育法》的条例或办法，为指导、推动和保障我国职业教育的改革发展和依法治教提供了基本制度支撑。《国务院关于大力推进职业教育改革与发展的决定》（2002年）、《国务院关于大力发展职业教育的决定》（2005年）、《关于进一步加强高技能人才工作的意见》（2006年）、《国务院关于加强职业培训促进就业的意见》（2010年）等进一步明确了职业教育改革发展的重大政策。为进一步建立健全职业教育支持政策，教育部颁布实施了《中等职业学校设置标准》、《中等职业学校管理规程》、《关于充分发挥行业指导作用推进职业教育改革发展的意见》、《中等职业教育督导评估办法》等十多个政策性文件，进一步完善了覆盖学校办学条件、专业设置管理、教师配置与资格标准、学生实习管理与风险防范、行业企业参与办学的基本制度和政策。

（三）职业教育投入大幅度增加

党的十六大以来，在中央财政的引导和带动下，各地财政大幅度地增加了对职业教育的投入。许多企事业单位、社会团体和公民个人也积极投入，支持职业教育的发展。正是因为有了这些投入做保障，职业院校的办学条件持续得到改善。

按照2005年《国务院关于大力发展职业教育的决定》要求，从2006年起，教育费附加安排用于职业教育的比例，一般地区不低于20%，已经普及九年义务教育的地区不低于30%。随着九年义务教育的全面普及，全国各地区教育费附加用于职业教育的比例均应为30%。一般企业按照职工工资总额的1.5%足额提取教育培训经费，从业人员技术要求高、培训任务重、经济效益较好的企业，可按2.5%提取。

"十一五"期间，中央财政投入职业教育基础能力建设专项资金超过140亿元。2011年，中央财政投入基础能力建设专项资金已达104亿元，远高于"十一五"期间年均投入水平。近年来，中央财政投入加强薄弱领域和关键环节，重点支持建设了100所国家示范建设高等职业学校，100所国家骨干建设高等职业学校，950所高职学校的1753个专业，647所国家示范性中等职业学校，3056个职业教育实训基地，支持了3232所中等职业学校加强基础能力，完成了国家级和省级专业教师培训15万人次。同时，推进各地制定和实施职业学校生均拨款标准，健全职业教育经费投入稳定增长保障机制。随着基础能力建设项目的有序推进，职业教育资源配置不断优化，覆盖城乡、面向所有人群的优质职业教育资源更加丰富和完善。

表8-1　2010年我国中等与高等职业学校经费收入来源表（单位：千元）

来　源	高等职业学校		中等职业学校	
	经费数额	所占比例	经费数额	所占比例
国家财政性教育经费	49162573	46.76%	96828258	71.34%
民办学校中举办者投入	1456820	1.39%	1290231	0.95%

续表

来　　源	高等职业学校		中等职业学校	
	经费数额	所占比例	经费数额	所占比例
社会捐赠经费	293170	0.28%	255148	0.19%
事业收入	49932641	47.49%	33200220	24.46%
其　他	4303709	4.09%	4157133	3.06%
合　计	105148913	100%	135730990	100%

二、职业教育人才培养能力显著增强

（一）职业学校办学规模快速扩大

党的十六大以来的十年，是我国职业教育规模发展最快的时期之一。到目前为止，我国已建成了世界上最大规模的职业教育，人才培养的类型结构、层次结构更加合理，形成了大规模培养技能型人才的能力。中等和高等职业院校招生数从2002年的565万人增长到2012年的1134万人，基本上翻了一番；中等和高等职业院校在校生数从2002年的1231万人，增长到2012年的3156万人，增长了2.5倍；中等和高等职业院校毕业生数从2002年的339万人，增长到2012年的991万人，年均毕业生数增长了2.9倍，十年累计向社会输送职业院校毕业生达到2100万人，基本实现了高中教育阶段和高等教育职普比例大体相当。每年开展各种类型的职业培训达1.5亿人次。

表8-2　2002—2011年高等职业教育发展状况

年　度	学校数（所）	招生数（万人）	在校生数（万人）	毕业生数（万人）
2002	767	89.05	193.41	27.73
2003	908	199.64	479.36	124.25
2004	1047	237.43	595.65	119.48
2005	1091	268.09	712.96	160.22

续表

年　度	学校数(所)	招生数(万人)	在校生数(万人)	毕业生数(万人)
2006	1147	292.97	795.50	204.80
2007	1168	283.82	860.59	248.20
2008	1184	310.60	916.80	286.27
2009	1215	313.39	964.81	285.57
2010	1246	310.50	966.18	316.37
2011	1280	324.86	958.85	328.53

资料来源:教育部发展规划司《中国教育统计年鉴(2002—2010)》,人民教育出版社;《2011 年中国教育事业发展统计简况》。

表 8-3　中等职业教育规模变化情况

年　度	学校数(所)	招生数(万人)	在校生数(万人)	毕业生数(万人)
2002	15919	473.55	1190.76	380.05
2003	14682	515.75	1256.73	246.40
2004	14454	566.20	1409.25	359.19
2005	14466	655.66	1600.04	418.19
2006	14693	747.82	1809.89	479.05
2007	14832	810.02	1987.01	530.90
2008	14847	812.11	2087.09	580.66
2009	14427	873.61	2178.69	619.23
2010	13872	870.42	2238.50	665.29
2011	13093	813.87	2205.3	660.3

注:统计数据中含中等专业学校、职业高中、技工学校和成人中等专业学校。

来源:2002—2010 年数据出自《中国教育统计年鉴》各年度版,2011 年数据出自教育部发展规划司编《教育统计报告快讯汇编》2012 年 6 月。

为扩大职业教育规模,教育部对高中阶段教育招生工作进行统筹管理,广泛面向应往届初高中毕业生、返乡农民工、进城农民工、退役士兵、在职职工、下岗失业人员等城乡劳动者开展职业教育,明确要求各地招生职普比大体相当。深化高等职业教育招生考试改革,完善"技能+知识"的考核办法,扩大单独招生、对口招生的规模。实施跨区域和城乡合作招生,加强面向农村地区、西部地区、民族地区的招生,促进区域和城乡生源、资源共享。

中等和高等职业教育的快速发展，为我国加快普及高中阶段教育和高等教育进入大众化阶段、实现从人口大国向人力资源大国转变作出了重要贡献，推动我国人力资源开发水平迈上了新的台阶，为造就适应“转方式、调结构、惠民生”战略的人力资源结构奠定了基础。

（二）职业院校服务能力持续提高

职业教育的发展，在坚持保证规模的同时更加注重内涵发展与质量提高，改善了我国的人才结构，为缓解就业结构性矛盾作出了贡献。近年来，平均每年有近千万获得中等以上技术技能的毕业生进入就业市场，职业院校毕业生一直保持较高就业率，大大缓解了产业结构调整升级过程中出现的劳动力供求失衡矛盾。我国技术工人由2005年的8700万人增加到2010年的1.1亿人，年均增长近5%；高技能人才由2005年的1860万人增加到2010年的2880万人，年均增长9%。

在办学中，职业院校坚持正确的人才观和质量观，把促进学生健康成长作为学校一切工作的出发点和落脚点，尊重教育规律和学生身心发展规律，关注每一个学生的不同特点和个性差异，发展每一个学生的优势潜能。坚持以人为本，全面实施素质教育，落实德育为先、能力为重、全面发展的育人要求，促进德育、智育、体育、美育的有机融合，正确处理学生综合素质提高和职业能力培养的关系，正确处理学生文化基础知识学习、人文素养熏陶与职业技能训练的关系，着力培养学生的职业道德、职业技能、就业创业和继续学习的能力。

在服务能力上，按照服务国家战略的要求，职业教育着力在八个方面提升服务能力：提高服务经济发展方式转变的能力，提高服务产业结构调整的能力，提高服务产业优化升级的能力，提高服务发展实体经济的能力，提高服务区域经济发展的能力，提高服务保障和改善民生的能力，提高服务解决就业结构性矛盾的能力，提高服务构建合理教育结构的能力。提升八个方面的能力，体现了职业教育服务经济社会发展和民生建设的本质要求。为此，职业教育普遍实行工学结合、校企合作、顶岗实习的人才培养模式，重视对学生进行创业教育，拓宽了毕业生从业渠道，增强了人才培养的针对性、适用度和吻合度。职业学校毕业生受到企业的广泛欢迎，中等职业学校毕业生就业率保持在95%以上，高等职业学校毕业生初次就业率达到84%。职业院校毕业生就业质量不断提高，起薪水平体现出较为明显的比较优势。

（三）职业教育培养结构不断优化

我国职业教育分为职业学校教育和职业培训两大类。按照系统培养技能型人才、高端技能型人才的思路，通过举办5年制高职、3年中职+2年高职等模式，推动中等和高等职业教育有机衔接和协调发展。改革高等职业学校招生结构，2011年高等职业学校对口招收中职毕业生已占其招生总数的17%。高等职业学校从2001年的628所增加到2011年的1280所，增幅103.8%。职业教育结构已经从以初等和中等职业教育为主发展到以中等和高等职业教育为主。同时，教育行政部门与人力资源和社会保障部门等积极组织开展职业培训，呈现出职业学校教育和职业培训并举并重、蓬勃发展的良好局面。

调整优化职业院校专业结构。根据国家产业政策和产业发展趋势，积极发展面向鼓励类产业的专业，控制面向限制类产业的专业，逐步取消面向淘汰类产业的专业，并据此建设新的课程教材体系，改革教学内容和方式方法，为我国现代产业体系建设提供了坚实的技能型人才保障。

三、以服务为宗旨以就业为导向职业教育改革成效显现

党的十六大以来，职业教育坚持以服务为宗旨、以就业为导向，促进职业教育面向社会、面向人人，推动职业教育办学指导思想、办学模式、办学机制转变，职业教育办学质量逐年提高。

（一）职业教育办学指导思想与办学模式转变明显

坚持以服务为宗旨以就业为导向，进一步明确了职业院校的定位和方向，立足于培养数以亿计的高素质劳动者和技能性人才，以促进职业院校毕业生就业为目标，而不是中职升高职、高职升本科，坚持面向社会、面向市场办学，把学生就业不就业、用人单位满意不满意作为衡量职业教育质量的重要标准。为此，教育部召开了一系列经验交流会，大力推动职业院校办学指导思想与办学模式转变，取得了一定的成效。目前，职业院校基本上能够按照劳动力市场需求的变化，普遍建立了学生就业服务机构，加强了与就业中介机构以及用人单位的联系，初步建立起稳定、有序、灵活的毕业生就业渠道，按照就业需求设置专业和配置教学资源，在劳动力市场上打造有影响力的学校和骨干专业品牌，以订单培养的方式推动职业院校办学模式改革，取得了明显的效果。

（二）职业教育办学机制转变显著

职业教育按照市场经济体制建设的要求，推动校企合作产教结合，使学生熟悉生产情况，掌握生产技能，有利于学生就业。

一是职业院校普遍建立了学生到企业带薪实习的制度，有助于学生通过实习获得劳动收入，减轻学业上的经济负担。同时，加强学校与企业的联系，有助于学校改善办学条件，拓展学校的办学空间。

二是职业教育特色的“双师型”教师队伍建设取得显著进展。2010 年，全国中等职业学校教师队伍总规模超过 100 万人，其中专任教师 87 万人、兼职教师 14 万人。高等职业学校教师队伍实现了突破性增长，2010 年共有专任教师 40 万人。全国职业技术培训机构专任教师 24. 23 万人。教师学历水平、职务（职称）结构都有了大幅改善，近 40% 的专业教师成为“双师型”教师。高职学校涌现出一大批优秀“双师型”教师，其中 79 位获得国家级教学名师称号，126 个优秀专兼结合专业教学团队荣获国家级教学团队称号。“十一五”期间，教育部、财政部组织实施了中等职业学校教师素质提高计划。中央财政投入5亿元,支持超过15万名专业骨干教师参加了国家级和省级培训,上万名教师取得更高一级职业资格证书;开发了80个专业的教学法和200多本师资培训核心课程教材,基本形成了专门化的教师培训课程和教材体系;资助中等职业学校聘请兼职教师2.7万余人次,优化了专兼结合的教师队伍结构,创新了职业学校用人机制。完善职业教育教师培养和继续教育制度,建立了高等学校培养职业学校教师制度、职业教育教师定期到企业实践制度、中等职业学校教师在职攻读硕士学位制度。国家规定中等职业学校专业课和实习指导教师每两年必须累计有两个月到企业或生产服务一线实践,其他教师也应定期到企业进行考察、调研和学习活动。加强职业教育教师培养培训体系建设,依托普通本科学校、职业院校和大中型企业,建立了76个国家级职业教育教师培养培训基地和教师企业实践单位,300个省级职业教育教师培养培训基地,形成了以师资基地为主体,其他院校、企业和机构共同参与,灵活开放的教师培养培训体系。

(三)职业教育办学质量提高

以服务为宗旨以就业为导向,加强职业教育专业、课程和教材体系建设,以信息化改造传统教学,全面推进教育教学改革创新,取得了显著成效。2011年,全国中等职业学校就业率达到96.71%。坚持职业教育与人民群众日益增长的多样化教育需求的有机协调,与工业化、城镇化和农业现代化进程的密切衔接;着力搭建人才成长“立交桥”,促进人的全面发展和可持续发展,构建与经济社会发展阶段相适应的人力资源结构;着力推进职业教育与产业的深度融合,随着经济发展方式转变而“动”,跟着产业调整升级而“走”,围绕企业技能型人才需要而“转”,适应市场需求变化而“变”。

加强职业院校专业建设,通过五个对接促进职业教育支撑产业发展、服务国计民生,即专业与产业、企业、岗位对接,专业课程内容与职业标准对接、教学过程与生产过程对接，学历证书与职业资格证书对接，职业教育与终身学习对接。2010 年教育部颁布了新的《中等职业学校专业目录》，改革中等职业学校专业设置管理。《目录》包括 19 个专业类、321 个专业、927 个专业（技能）方向，对应职业（岗位）1185 个、职业资格证书 720 个、继续学习方向 554 个。高等职业学校专业设置实行年度调整，共有 19 个专业大类、78 个二级专业类、532 种专业。（表 8-4）

表 8-4 《中等职业学校专业目录》内容示例

专业类	专业代码	专业名称	专业（技能）方向	对应职业（岗位）	职业资格证书举例	基本学制	继续学习专业举例
01农林牧渔类	010100	设施农业生产技术	设施农业栽培 设施作物病虫害防治	5-01-01-01 农艺工 5-01-01-04 农作物植保工 5-01-02-01农业试验工	农艺工 农作物植保员	3 年	高职：设施农业技术 本科：设施农业科学工程

推进职业院校课程改革。中等职业学校课程由两类组成：公共基础课程和专业技能课程（表 8-5）。公共基础课程包括德育课、文化课、体育与健康课、艺术课及其他选修公共课程，学时一般占总学时的 1/3，累计总学时约为一学年。专业技能课程按照相应职业岗位（群）的能力要求，采用基础平台加专门化方向的课程结构，课程内容紧密联系生产劳动实际和社会实践，突出应用性和实践性，并注意与相关职业资格考核要求相结合，学时一般占总学时的 2/3，其中顶岗实习累计总学时约为一学年。高等职业学校与行业企业紧密合作，从职业岗位分析入手，在专业育人中融合职业资格标准和职业态度养成，建立突出职业能力培养的课程标准，系统设计专业课程体系，实现专业课程内容与职业标准对接。专业课程开发基于工作过程，通过典型工作任务分析，以项目为载体设计专业课程内容。

表 8-5 我国中等职业学校课程结构

专业技能课 (占总学时 2/3)	按照相应职业岗位(群)的能力要求,采用基础平台加专门化方向的课程结构,设置专业技能课程。 实习实训是专业技能课程教学的重要内容。
公共基础课 (占总学时 1/3)	必修课:德育课,语文、数学、外语(英语等)、计算机应用基础课,体育与健康课,艺术(或音乐、美术)课。 选修课:物理、化学等其他自然科学和人文科学类课程,可作为公共基础课程列为必修课或选修课,也可以多种形式融入专业课程之中。学校还应根据需要,开设关于安全教育、节能减排、环境保护、人口资源、现代科学技术、管理等方面的选修课程或专题讲座(活动)。

创新职业院校教材和教学方式方法,积极吸纳行业企业专家参加教材评审和修订工作。推进数字化信息资源库和学习平台建设,加快数字校园与信息化建设。在教学组织形式上,将理论知识学习、实践能力培养和综合素质提高三者紧密结合,融教、学、做为一体,在培养学生职业能力的同时提高学生的可持续发展能力。建立了每年一度的全国职业院校技能大赛制度,展示、交流职业院校育人成果,并以此带动职业教育教学改革,强化实践教学环节。目前,已经形成了“校校有比赛,层层有选拔,全国有大赛”的格局,实现了对职业院校学生的广覆盖。2011 年全国大赛项目覆盖 16 大产业门类、55 个紧缺技术岗位,参赛选手超过 5000 人,各地参加选拔赛的学生人数达到 400 万人以上。

四、现代职业教育体系迈出新步伐

现代职业教育体系,是现代产业体系建设的重要支撑,是促进职业教育面向社会、面向人人的重要内容,是建设终身教育体系的战略基点。建设现代职业教育体系,是适应我国工业化、信息化、城镇化、市场化和国际化迅猛发展,适应经济发展方式转变和产业结构优化升级的需要,是满足人民群众接受职业教育的需求、满足经济社会对高素质劳动者和技能型人才的需要。党的十六大以来,特别是《教育规划纲要》颁布以来,国家确定了现代职业教育体系建设“三步走”战略,迈出了新步伐,即2011—2012年重点推进中高职的统筹与衔接,2015年初步形成现代职业教育体系框架,2020年建成较为完善的适应需求、有机衔接、多元立交,中国特色、世界水准的现代职业教育体系。

(一)完善统筹协调的管理体制

我国职业教育实行在国务院领导下,分级管理、地方为主、政府统筹、社会参与的管理体制。2004年,在国务院领导下,建立了由教育部、人力资源社会保障部、国家发展改革委、财政部、农业部、国务院扶贫办等相关部门参与的职业教育工作部际联席会议制度,研究解决职业教育工作中的重大问题。县级以上地方各级人民政府建立相应管理体制,负责对本行政区域内职业教育工作的领导、统筹协调和督导评估。

充分发挥行业指导的作用。推动行业主管部门和行业组织开展本行业人才需求预测,制订教育培训规划,组织和指导行业职业教育与培训工作;参与制订本行业特有工种职业资格标准、职业技能鉴定和证书颁发工作;参与制订培训机构资质标准和从业人员资格标准;参与国家对职业院校的教育教学评估和相关管理工作。

(二)形成多元参与的办学格局

建设现代职业教育体系需要各方面的积极参与。目前,我国职业教育已经形成了政府主导、依靠企业、充分发挥行业作用、社会力量积极参与、公办与民办共同发展的多元办学格局。政府、行业组织、企业、事业组织、社会团体、其他社会组织及公民个人都承担职业教育与培训机构的办学责任。目前,行业企业举办的中等职业学校占中职学校总数的9.6%,行业企业举办的高等职业学校占高职学校总数的24%。民办中等职业教育异军突起,成为职业教育改革发展的有生力量。2011年,全国民办中等职业教育学校数达到2856所,比2002年增长174.4%,占全国同类学校比例为21.7%;在校生数269.3万人,比

2002年增长506.4%，占全国同类学校在校学生比例为12.3%。民办高等职业教育发展迅速，到2011年，民办高职（专科）院校达到310所，占全国高职（专科）院校总数的24.2%；民办职业培训机构21403所，955.46万人接受了培训。

（三）着力构建产教结合、校企合作机制

加强产教结合、校企合作，是推动职业教育科学发展的客观要求和重要途径。在发展职业教育的过程中，各级政府把统筹和加强职业教育工作作为一项重要职责，统筹职业教育与经济社会发展规划，强化职业教育在经济社会发展中的基础性先导性作用；统筹职业教育与其他教育、中等与高等职业教育发展，强化职业教育在优化教育结构、推动教育事业科学发展中的战略突破口地位；统筹行政部门、行业企业、社会各界的合力，强化职业教育在各相关部门和领域工作中的重要地位。重视调动行业企业的积极性，把加强行业指导和推进校企合作作为重要着力点，健全基本制度和政策机制，增强行业指导、企业参与的内生力、持久力。

密切职业教育与行业、企业的联系。教育部成立了包括行业、企业等多领域专家参与的全国职业教育教学改革创新指导委员会和43个行业教学指导委员会，汇聚行业、企业等多领域人员共同指导教育教学改革创新。建立了教育与产业定期对话协商机制，从2009年起，教育部联合多个部委和行业协会，指导开展了20次职业教育与产业对话活动，仅2011年，产教对话活动就覆盖了1500多家企业、1600多所学校、80多个研究机构，促成校企签约300多份，合作资金达7亿元。成立职业教育集团，完善学校治理结构和决策模式。各地积极推进集团化办学，完善职业院校治理结构和决策模式，各地区面向区域主体产业、特色产业建立了600多个职业教育集团，覆盖100多个行业部门、1万多家企业、近600个科研机构和50%以上的中职校、90%以上的高职校。积极创新人才培养体制、办学体制、教育管理体制，改革质量评

价和考试招生制度，改革专业设置、课程开发和教材建设机制，改进教学内容和方式方法，使产教结合、校企合作贯穿职业教育各个方面、各个领域、各个环节。

（四）深入推进职业教育对外交流与合作

现代职业教育体系需要根据我国经济社会实际需要，在加强职业教育的国际交流与合作的基础上建立和完善。近年来，教育部通过与德国、澳大利亚、奥地利、美国、中国香港等国家和地区开展合作，累计选派了7000多名职业院校校长、教师到国（境）外进修，造就了一大批在学校办学和教学中发挥引领示范作用、在国内具有影响力的名校长、名教师，对我国职教师资队伍建设、职业教育教学改革产生了十分积极的影响。目前，我国已经与30多个国家、十几个国际组织建立了稳定交流合作机制，合作方不仅包括德国、英国、法国、意大利、澳大利亚等西方发达国家，也包括广大发展中国家。交流合作的范围涵盖政策对话、官员互访、校际交流、人员培训、技术培训、课程开发、学校建设、科学研究等众多领域，对于丰富和发展我国职业教育的理念，扩大和引进优质职业教育资源，起到了良好作用。如在2002—2007年，我国政府与澳大利亚政府合作实施了中国—澳大利亚（重庆）职业教育与培训项目，重庆市根据工作建立了电子、机械、电子商务、建筑、旅游、农业、卫生、移民等8个“行协委”，与1000多家企业建立了联系合作关系；重庆工业职业技术学院等学校启动了“C—TAFE”办学模式试点，学习借鉴澳大利亚经验；制作开发了483个能力标准、23个专业课程方案和大量立体化教学材料；开展培训578次，覆盖人员1万多人次，其中赴澳培训人员达数百人次；澳大利亚9所TAFE学院与中国22所职业院校签订了合作协议。2011年，中德签署《关于共同设立“中德职教合作联盟”的联合声明》，中英签署《中英职业教育合作谅解备忘录》，在政府层面强化了定期对话和合作机制。同时，积极实行“走出去”战略，面向非洲国家举办了一系列职业教育培训班，援建了埃塞俄比亚中国职业技术学院。

在党中央国务院高度重视下，职业教育办学机制、办学条件、办学质量、办学环境都有了显著的变化，职业教育服务经济社会发展和人的全面发展的能力大幅提升，职业教育改革与发展取得了突破性进展。

第九章 高等教育进入内涵式发展新阶段

党的十六大以来，我国高等教育规模稳步增长，大众化的程度和水平不断提高，入学机会持续增加。2006 年，国务院第 135 次常务会议决定，高等教育的发展要全面贯彻落实科学发展观，切实把重点放在提高质量上，相对稳定招生规模。近两年来，为深入贯彻落实胡锦涛总书记在清华大学百年校庆大会上的重要讲话精神和《教育规划纲要》，全面提高高等教育质量，教育部会同有关部门启动实施了《关于全面提高高等教育质量的若干意见》和高等学校创新能力提升计划等一系列重大政策措施，推动高等教育从以规模扩张为基本特征的外延式发展向以质量提升为核心的内涵式发展转变，把提高质量贯穿到人才培养、科学研究、社会服务和文化传承创新各项工作之中。

一、高等教育大众化水平不断提高

（一）高等教育规模稳步增长

2011 年，全国普通高等学校 2409 所，比 2002 年的 1396 所增加了 1013 所；全国各类形式（包括全日制学校教育和成人继续教育）的高等教育在学人数增加到 3167 万人，比 2002 年的 1600 万人增加了近一倍。我国高等教育的在学人数先后超过俄罗斯、印度和美国，跃居世界第一。高等教育的发展有力提升了我国人力资源开发水平，为我国实现由人口大国向人力资源大国的转变提供了支撑，为迈向人力资源强国奠定了基础。

2011 年,我国高等教育毛入学率已达到26.9%,比2002 年的16%提高了10.9 个百分点。在全国高等教育入学机会普遍增加的新形势下,教育部高度重视促进高等教育区域协调发展和入学机会公平,确保普通高校招生计划增量部分向中西部地区倾斜。2008 年起,教育部会同国家发展改革委启动实施“支援中西部地区招生协作计划”,计划规模从最初的3.5 万人逐年增加到2011 年的15 万人。“协作计划”实施4 年,相当于在东部地区建设了60 所专门面向中西部地区招生、每年招生2500 人的公办普通高校,社会效应显著。通过连续多年努力,中西部地区的高等教育入学机会与全国平均水平的差距缩小到10 个百分点以内。

针对一度出现的高等教育规模增长过快的问题,国家及时采取了宏观调控措施。“十一五”期间,全国普通本专科和研究生招生规模年均增幅分别为5%和8%左右,比“十五”期间的18%和23%大幅下降。2012 年,全国普通本专科招生计划安排685 万人,仅比2011 年实际执行增长0.5%;研究生招生计划安排58.4 万人,比上年增长4.3%。我国高等教育事业发展从持续快速增长逐步转到稳步合理增长,宏观调控取得明显成效。

表9-1　高等教育主要数量指标的变化

	招生数(万人)				在校人数(万人)				毕(结)业生数(万人)				普通高校数(所)
	研究生	本科	专科	合计	研究生	本科	专科	合计	研究生	本科	专科	合计	
2002	20.26	219.81	323.01	563.08	50.10	681.36	781.16	1512.62	8.08	88.48	162.75	259.31	1396
2003	26.89	182.53	199.64	409.06	65.13	783.48	884.24	1732.85	11.11	131.57	215.51	358.19	1552
2004	32.63	285.86	382.64	701.13	81.99	879.44	873.85	1835.28	15.08	173.66	255.07	443.81	1731
2005	36.48	311.08	386.40	733.97	97.86	1009.93	987.91	2095.71	18.97	202.16	271.43	492.56	1792
2006	39.79	330.85	399.64	770.29	110.47	1155.37	1108.35	2374.19	25.59	194.50	264.49	484.58	1867
2007	41.86	364.18	392.85	798.89	119.50	1247.02	1162.03	2528.56	31.18	267.08	357.15	655.41	1908

续表

	招生数(万人)				在校人数(万人)				毕(结)业生数(万人)				普通高校数(所)
	研究生	本科	专科	合计	研究生	本科	专科	合计	研究生	本科	专科	合计	
2008	44.64	380.20	430.02	854.86	128.30	1339.50	1229.82	2697.62	34.48	294.13	386.92	715.53	2263
2009	51.10	407.69	433.28	892.07	140.49	1405.52	1280.49	2826.50	37.13	332.08	393.41	762.62	2305
2010	53.82	436.59	433.59	924.00	153.84	1490.66	1277.17	2921.67	38.36	339.45	433.27	811.07	2358
2011	56.02	446.37	453.65	956.03	164.58	1583.27	1272.73	3020.59	43.00	355.16	443.66	841.82	2409
年均增长率(%)	11.96	8.19	3.85	6.06	14.13	9.82	5.57	7.99	20.41	16.70	11.79	13.98	6.25

注:2003 年成人高等学校没有招生数据。

(二)高等教育结构渐趋合理

——高等教育层次类型结构逐步优化。

党的十六大以来,教育部将调整优化高等教育层次类型结构,作为宏观管理工作的重要内容。应对社会对高层次人才增长的需求,不断扩大高学历人才的供给,从 2002 年到 2011 年,高职(专科)、本科和研究生在校人数比例由 15.6 ∶13.6 ∶1 调整为 7.7 ∶9.6 ∶1;不断优化研究生教育层次结构,逐步稳定博士生招生规模,特别是党的十七大以来的五年,博士生招生规模年均增长稳定在 2% 左右。不断优化硕士研究生教育类型结构,2009 年起,教育部加快发展全日制专业学位研究生教育,逐年扩大全日制专业学位硕士招生,加强高层次应用型人才培养。2011 年全国全日制专业学位硕士招生占研究生招生总数已达 32%,比 2008 年提高 23 个百分点;支持研究生教育加强拔尖创新人才培养,支持本科阶段加强开展应用型人才培养,支持现代职业教育体系建设和加强技能型人才培养。与此同时,高等学校办学体制结构不断调整完善,民办高校正在逐步发展壮大。2011 年,全国民办本科高等学校(含独立学院)数为 388 所,占普通本科院校总数的 34.4%,在校生达到 311.82 万人。国家支持民办高校开展研究生教育,2011 年有 5 所民办高校获得硕士研究生学位授予权。

——高校布局结构呈现重心下移态势。

适应国家和区域经济社会发展需要,高校布局结构进一步优化,在区域布局上呈现出重心下移态势。这一态势在改变着我国高等教育长期形成的集中于大城市的状况,促进了小康社会的全面发展。2011 年,地级市及以下地区普通高校数占全国普通高校总数的比例已接近一半(45.2%),在校生规模比例已达 44.4%,地级市及以下地区的高等教育人才培养能力明显提升。根据国家统一部署,各地区不断扩大西部地区招生规模,区域高等教育协调发展取得明显成效。

二、人才培养质量水平逐步提升

(一)学科专业结构进一步优化

——适应国家战略和经济社会发展需求加快紧缺人才培养。

按照科学发展主题和加快经济发展方式转变主线的要求,优化专业结构、完善专业布局。一是制定国家重点领域紧缺人才培养的政策措施。2007 年,教育部与国家发展改革委、财政部、人事部、科技部和国资委等六部委联合印发了《关于进一步加强国家重点领域紧缺人才培养工作的意见》,将农业、林业、水利、气象、地质、矿业、石油天然气、核工业、软件、微电子、动漫、现代服务业、新能源等重点公益、基础研究和前沿技术领域以及新兴产业等领域的紧缺人才培养作为重点支持对象,明确了指导思想和目标任务,提出了加大培养重点领域紧缺人才的政策支持措施。二是超前部署国家战略性新兴产业所需专业设置和人才培养工作。2010 年教育部印发《教育部办公厅关于战略性新兴产业相关专业申报和审批工作的通知》,在高校增设战略性新兴产业相关本科新专业 25 种、布点 140 个,涉及节能环保、新兴信息产业、生物产业、新能源、新能源汽车、高端装备制造业和新材料 7 个战略性新兴产业领域。三是重点支持了一批经济社会急需专业的建设。在软件、集成电路、服务外包等32个领域,重点支持建设了420个专业点;重点支持建设了77个与战略性新兴产业相关专业点;支持建设了89个红色经典艺术教育、少数民族医药学、特色农业等专业点;在师范院校重点支持了50个以培养优秀教师为目标的专业点,加大中小学教师特别是农村中小学骨干教师培养。

——修订学科专业目录及设置管理办法建立动态调整机制。

为促进高校学科专业结构与经济社会发展相适应,教育部分别修订了本科、高职专业和研究生学科目录,改革学科专业设置办法。一是修订本科专业目录和专业管理办法。2010年,教育部组织修订了《普通高等学校本科专业目录》,体现拓宽专业口径与服务国家、地方经济社会发展和行业特色需求相结合,建立既科学规范又相对开放的本科专业目录。修订后的本科专业目录学科门类由原来的11个增加到12个,新增了艺术学门类;专业类由原来的73个增加到92个,专业由原来的635种调整为506种,近年来高校根据人才培养特殊需求设置的专业列入新目录。二是修订高职专业目录和专业设置管理办法。积极引导高职学校结合区域经济社会发展需求,科学合理设置专业,促进专业与产业、企业、岗位对接。重点建设了面向先进制造业特别是装备制造业、现代服务业、新兴产业的精品专业,加强建设贴近区域产业、民族艺术、民间工艺等领域的特色专业。三是修订研究生学科目录,改革学科设置与管理机制。2009年,印发《学位授予和人才培养学科目录设置与管理办法》。2011年,印发《学位授予和人才培养学科目录(2011年)》,增设了艺术学门类和21个与国家重大战略需求相关、与产业发展和改善民生相关的国家亟须学科,推进了学科结构调整。四是改进学科专业设置的管理方式。按照学科专业设置管理规定,专业目录中除国家控制布点专业外,本科和高职高专专业自主设置,研究生二级学科自主设置,在有条件的学位授予单位试行自行增列博士、硕士一级学科学位授权点等。

(二)人才培养类型和层次更加合理

——本科教育大力培养应用型人才、复合型人才。

鼓励高校根据办学历史、区位优势和资源条件等,确定特色鲜明的办学定位、发展规划、人才培养规格和学科专业设置,加大应用型、复合型人才培养力度。一是在新建本科院校合格评估中,强调以区域经济社会需求和就业为导向,发挥学校办学特色和优势,加强应用学科专业建设,突出应用性人才培养,推进应用研究和成果转化。二是支持地方本科院校加强校企合作、构建"双师"型教师队伍、强化实践环节、重构课程体系、重视能力和素质培养,培养各行各业急需的应用型人才。三是在与人才培养有关的项目中积极推行分类指导。比如,2010 年启动实施的"卓越工程师教育培养计划",支持不同类型的高校参与,培养一大批创新能力强、适应经济社会发展需要的各类型工程技术人才。高校在工程型人才培养类型上各有侧重,地方本科院校以培养应用型现场工程技术人员为主。四是推动各地加大对高等教育的统筹力度,引导高校合理定位,特色发展。比如,安徽省确立了应用型地方高等教育发展定位,成立了安徽省应用型本科高校联盟等六类联盟,初步建成能够支撑经济发展和产业升级、引领文化繁荣和社会进步的具有安徽特色的现代应用性高等教育体系。

——高职教育重点培养高端技能型、技术应用型人才。

高等职业教育坚持以服务为宗旨、以就业为导向,走产学研结合发展道路的办学方针,以培养生产、建设、服务、管理第一线的高端技能型专门人才为主要任务。支持高职学校以提高质量为核心,以增强特色为重点,以合作办学、合作育人、合作就业、合作发展为主线,创新体制机制,深化教育教学改革,围绕国家现代产业体系建设,服务中国创造战略规划,加强中高职协调,系统培养高端技能型、技术应用型人才。

——学术学位型研究生教育重视结构调整和创新能力的提升。

近十年来,我国研究生教育取得了巨大成就,在学位授权体系总体布局基本完成、研究生培养规模不断增长、培养机制改革不断深化,研究生教育的结构、布局进一步优化，学位制度不断丰富和完善，服务国家和区域经济社会发展的能力进一步增强。在国家宏观调控和分类指导下，省级人民政府负责统筹本地区学术学位授权体系建设工作，更好地发挥了省级人民政府在优化学位授予单位布局、促进学位授权审核工作与国家经济建设及社会发展相协调等方面的指导、规划作用，改善了学位授予单位布局结构，推动了各级各类教育协调发展。放权部分办学质量较好、管理水平较高的学位授予单位自行审核硕士、博士学位授权点，增强学位授予单位适应经济社会需求和科技发展需要调整学科结构、创建自身办学特色和优势等方面的主动性，并促使学位授予单位把主要精力和工作重点转到提高研究生培养质量上来。全部实行按一级学科审核硕士、博士学位授权点，一级学科授权点下招收培养研究生的二级学科由学校自主确定，学位授予单位根据经济社会发展需要和学校学科发展建设情况调整人才培养学科领域的调整空间进一步扩大。积极开展服务国家特殊需求人才培养项目改革试点，探索建立行业部门论证确定特殊需求、针对需求遴选确定人才培养项目、只在限定期限内招收培养研究生并授予学位、根据需求满足和变化情况对项目进行动态调整的学位授权新机制，进一步增强人才培养服务国家需求的能力和水平。

——专业学位研究生教育培养高层次应用型人才的能力大幅提升。

我国学位制度不断丰富和完善，专业学位研究生教育快速发展，改变了学位类型单一的局面，专业学位与学术学位并行的研究生教育体系初步形成。一是专业学位类别不断增加。2002 年，仅有法律、教育、工程等 12 个硕士专业学位类别，临床医学等 3 个博士专业学位类别。截至 2011 年年底，我国已设置硕士专业学位类别 39 个，博士专业学位类别 5 个，覆盖了经济社会发展的主干领域。二是专业学位授权单位和授权点快速发展。2002 年，具有硕士专业学位授权单位 283 个，博士专业学位授权单位 36 个。截至 2011 年年底，具有硕士专业学位授权单位563个，博士专业学位授权单位79个，分别比2002年增长99%、119%。2002年，具有硕士专业学位授权点485个，博士专业学位授权点42个。截至2011年年底，具有硕士专业学位授权点2778个，博士专业学位授权点108个，分别是2002年的5.7倍和2.6倍。三是专业学位毕业生数量逐年增长。2002年，授予硕士专业学位12939人，博士专业学位88人。2011年，授予硕士专业学位156510人，博士专业学位2331人，分别是2002年的12倍和26倍。2002—2011十年间，我国累计授予70余万人硕士专业学位，授予1万余人博士专业学位，改变了我国高层次人才培养结构单一的局面，为各行各业输送了一大批高层次应用型专门人才。

（三）人才培养模式改革积极推进

——深入实施基础学科拔尖学生培养试验计划，探索拔尖创新人才培养模式。

为探索拔尖创新人才培养途径，建立基础学科领域国家青年英才培养基地，教育部、中组部、财政部等共同实施基础学科拔尖学生培养试验计划。该计划先行在数学、物理学、化学、生物科学和计算机科学等领域，选择了19所高校实施。教育部成立了由国内外著名科学家组成的专家组，负责审定实施方案、选拔入选学校、指导各校的实施工作。19所试点高校根据各自办学特色和优势，采取切实有力措施，在选拔优秀学生、配备一流教师、创新培养模式、营造学术氛围、改革教学管理、加强条件保障、开展国际合作等方面取得了初步成效。特别是聚集了一批国际学术大师参与本科教学，建立了由拔尖创新人才来培养未来拔尖创新人才的新机制。仅清华大学参与该计划的著名学者就有诺贝尔奖获得者杨振宁、菲尔兹奖获得者丘成桐、图灵奖获得者姚期智等世界级科学家。通过实施该计划，也带动了相关高校各学科专业创新人才的培养。目前，19所试点高校已选拔进入国家级试验班的学生共计2500人。

——实施系列卓越计划,探索建立高校与有关部门、科研院所、行业企业联合培养人才的新机制。

实施卓越工程师教育培养计划。该计划旨在建立高校与行业企业联合培养人才的新机制,参与高校与企业联合制定人才培养标准,共同建设课程体系和教学内容,共同实施培养过程,共同评价培养质量。各高校聘请具有丰富工程实践经验的企业工程技术人员到校任教或担任兼职教师,同时部分学校派教师到企业挂职或锻炼。教育部联合中国工程院成立了卓越工程师教育培养计划专家委员会,联合住房和城乡建设部、国家测绘总局、国家安全生产监督管理总局、国土资源部、国家地震局、中国民航局成立了工作组和专家组。制定印发了《教育部关于实施“卓越工程师教育培养计划”的若干意见》等 5 个文件。目前已确定 194 所高校为试点高校,共涉及 824 个本科专业点,已经加入卓越计划的在校生人数达 6 万余名。参与高校还联合各行业的领先企业或大型企业,共建了 970 多个校级工程实践教育中心。

实施卓越医生教育培养计划。该计划重点是推进五年制本科、临床医学(全科医学领域)专业学位研究生、长学制、面向农村医学教育等四类人才培养模式改革,逐步建立以“5+3”(五年医学院校教育加上三年住院医师规范化培训)为主体的院校教育、毕业后教育和继续教育有效衔接的临床医学人才培养体系。教育部联合卫生部成立了卓越医生教育培养计划工作委员会和专家委员会。制定印发《关于实施临床医学教育综合改革的若干意见》和《关于实施卓越医生教育培养计划的若干意见》。2011 年 11 月中旬,教育部会同卫生部召开了医学教育改革工作会议,大力推动临床医学教育综合改革。

实施卓越法律人才教育培养计划。该计划重点推进应用型、复合型职业法律人才,涉外法律事务高端人才以及面向中西部地区的基层法律人才等三类人才培养;探索建立高校与法律实务部门、国内与海外高校联合培养法律人才的新模式;建设法学师资队伍,建立高校与实际部门互派人员到对方单位挂职工作制度;建设法律教育教学实践平台等。教育部联合中央政法委、外交部、公安部、司法部、交通部、最高人民法院、最高人民检察院等有关部门负责同志成立了卓越法律人才教育培养计划专家咨询组和专家工作组。2011年12月,印发了《教育部、中央政法委关于实施卓越法律人才教育培养计划的若干意见》。以教育部、中央政法委名义联合召开了卓越法律人才教育培养计划启动会议,正式启动实施卓越法律人才教育培养计划。

建立农科教合作培养人才基地。与农业部合作,依托农业部现代农业产业技术体系和综合试验站,在教育部与农业部共建的直属高校、独立设置的地方高等农业本科院校建设首批100个农科教合作培养人才基地,深化高等农业教育教学改革,强化实践教学环节,培养一大批卓越农林人才。

——探索高端技能型人才系统培养模式,提升高职学校服务产业发展能力。

高等职业教育不断完善政府主导、依靠企业、充分发挥行业作用、社会力量积极参与、公办与民办共同发展的多元办学格局。实施了国家示范性高等职业院校建设计划,引导学校创新办学体制机制,以专业建设为核心加强内涵建设,提高人才培养质量。积极推行与生产劳动和社会实践相结合的学习模式,带动专业调整与建设,引导课程设置、教学内容和教学方法改革,形成了以学校为主体、校企合作共同育人的基本培养模式。

——深入探索专业学位研究生教育模式,积极推进专业学位与职业资格有效衔接。

专业学位研究生教育始终坚持面向职业领域办学、开放办学,充分发挥行业主管部门以及用人单位在专业学位研究生培养中的积极作用,强调实践技能培养,推动实践基地建设,促进高校与行业企业间在人才培养和科学研究等方面的深度合作,逐步形成了以产学结合为中心,实践创新能力为核心的培养新模式。进一步加强与部委、行业及企业的紧密联系,推进专业学位与职业资格的紧密衔接。在有关部委的支持下，临床医学硕士（全科）专业学位与全科医生资格实现完全对接，翻译、建筑学等专业学位已经与职业资格进行了很好衔接，会计硕士等专业学位已尝试与国际职业资格考试进行对接，部分 MBA、EMBA 培养高校已通过国际认证。

——以科学研究为主导改革博士生教育培养机制。

在教育部、财政部的推动和支持下，部分高校自 2006 年开始改革博士研究生培养机制，从进一步统筹培养单位教学、科研等方面的资源着手，以建立科学研究为主导的导师负责制和导师资助制为核心，改革研究生选拔机制，优化研究生培养过程，加强指导教师队伍建设，完善研究生奖助制度，实现博士研究生教育规模、结构协调发展，全面提高博士研究生培养质量。到 2009 年，改革已推广到全部中央部委属院校，部分省（自治区、直辖市）选择所属高校开展改革试点。

（四）人才培养质量保障体系进一步完善

——研究制定人才培养质量分类标准。

全面实施素质教育，把促进人的全面发展和适应社会需要作为衡量人才培养水平的根本标准。落实文化知识学习和思想品德修养、创新思维和社会实践、全面发展和个性发展紧密结合的人才培养要求，建立健全符合国情的人才培养质量标准体系。分三个层面制定标准：一是组织专家研究制定本科和高职各专业类教学质量国家标准，制订一级学科博士、硕士学位和专业学位基本要求等；二是鼓励行业部门依据国家标准制定相关专业人才培养评价标准；三是各高校根据经济社会发展需要和本校实际制定各专业人才培养标准、修订人才培养方案。“十一五”期间“质量工程”推进了专业规范的制订工作；“十二五”期间“本科教学工程”项目中将研究制定覆盖所有本科专业类的教学质量国家标准作为重要内容。同时，印发了《硕士、博士专业学位设置与授权审核办法》，成立了 35 个专业学位研究生教育指导委员会，制订了指导性培养方案和学位授予标准。

——实施“质量工程”和“本科教学工程”。

完成“十一五”期间“质量工程”建设项目。2007年，经国务院批准，教育部、财政部全面启动实施了高等学校本科教学质量与教学改革工程（以下简称“质量工程”），中央财政共计投入专项经费25.9亿元支持以下项目的建设：一是在专业和课程建设方面，共批准建设3376个本科特色专业建设点、3862门国家级精品课程和503门双语教学示范课程。启动实施了高等学校本科专业设置预测系统项目建设。二是在人才培养模式改革和实践教学方面，建设501个人才培养模式创新实验区、502个国家级实验教学示范中心，批准120所高校实施了大学生创新性实验计划，累计资助了38项大学生竞赛活动。三是在教师队伍建设方面，评选表彰教学名师，推进教授上讲台；建设教学团队，形成教学工作传、帮、带和老中青相结合的新机制；建设教师培训网，大规模培训高校中青年教师。四是在对口支援工作方面，批准资助了2360人次受援高校教师到支援高校进行半年以上的进修提高；资助了495人次受援高校教学管理干部到支援高校学习锻炼，完成了对口支援受援高校的120个数字化教室建设。五是在公共系统建设方面，启动实施了网络教育资源共享平台项目建设、立体化教材数字资源系统建设、全国高校教学基本状态数据库系统建设，全面推进了大学英语教学改革工作。

启动实施“十二五”期间“本科教学工程”。2011年，教育部、财政部联合实施“本科教学工程”，中央财政将投入35亿元支持项目建设：一是组织进行质量标准建设。制订本科专业类教学质量国家标准。二是专业综合改革。重点建设1500个专业点，引导高校主动适应国家战略需求和地方经济社会发展需求，优化专业结构，加强内涵建设，改革人才培养模式。在工程、医学等领域开展560个专业认证试点，建立与国际实质等效的工程、医学等专业认证体系。三是国家精品开放课程建设与共享。集中全国高校优势，充分利用信息化手段，建设1000门精品视频公开课和5000门精品资源共享课，并实现网络共享，为高校师生和社会学习者提供教学服务，推动高等教育开放。四是实践创新能力培养。整合各类实验实践教学资源，建设100个实验教学示范中心、1000个国家大学生校外实践教育基地、46300个大学生创新创业训练项目，推动教学与科研紧密结合、学校与社会密切合作，促进大学生在科学研究中学习、在社会实践中学习。五是教师教学能力提升。重点建设30个高等学校教师教学发展示范中心，引导和帮助全国高等学校建立起适合本校特色的教师教学发展中心，提升高校中青年教师和公共基础课骨干教师教学能力。目前，已完成2011年、2012年度建设项目立项工作，立项建设了180个专业综合改革示范点、16300个大学生创新创业训练计划项目、215个校外实践教育基地、450门精品视频公开课、1800门精品资源共享课等。各地各高校正在研究制定相应项目实施方案，初步形成了国家、地方、高校三级联动推进本科教育教学改革的良好局面。

——制定出台本科教学评估新方案。

2003年，教育部开始实施本科教学评估工作，对健全高等教育质量保障体系，对高校建设、改革、发展和提高质量起到了重要的推动作用。在总结第一轮本科教学评估工作经验的基础上，2011年，教育部印发《关于普通高等学校本科教学评估工作的意见》，出台高校本科教学评估新方案，提出加强分类评估、分类指导，坚持管办评分离的原则，建立以高校自我评估为基础，以教学基本状态数据常态监测、院校评估、专业认证及评估、国际评估为主要内容，政府、学校、专门机构和社会多元化评价相结合的教学评估制度。一是加强高校自我评估，健全校内质量保障体系。各省（自治区、直辖市）全面负责所属本科高校的自评工作。启动建立起本科教学质量年度报告发布制度，2011年39所高水平大学率先公布了2010年《本科教学质量报告》。二是建立教学基本状态数据库。自2009年10月以来，完成了173所已经有毕业生的新建本科院校的数据采集。并根据数据采集的情况修改完善数据库，对数据采集和数据库功能进行优化。三是实行分类的院校评估。

院校评估包括合格评估和审核评估。合格评估的对象是2000年以来未参加院校评估的新建本科高校；审核评估的对象是参加过院校评估并获得通过的普通本科高校。自2009年年底至2010年年底，教育部对常熟理工学院等20所新建本科院校进行了合格评估方案的试点工作；2011年下半年正式启动了合格评估工作，对唐山学院等17所本科院校进行了合格评估。四是有序开展专业认证。成立了全国工程教育专业认证专家委员会；在机械类、化工类、电气信息类等10类专业领域完成了102个专业点的认证试点工作；启动了加入华盛顿协议的工作。此外，稳步推进医学专业认证工作，在7所高校开展了国际化临床医学专业认证。五是积极开展国际评估与国际交流。在部分高校开展了学科专业的国际评估。同时，建立了“中日韩大学交流合作促进委员会”，开展三方关于教学质量保障体系建设的深度交流与合作。与国际高等教育质量保证联盟及亚太地区国家评估机构建立了联系，进行了多次交流。

——进一步完善高职人才培养质量保障体系。

一是教育部印发了《关于推进中等和高等职业教育协调发展的指导意见》、《关于推进高等职业教育改革创新　引领职业教育科学发展的若干意见》和《关于充分发挥职业教育行业指导作用的意见》三个重要文件，引导高等职业学校全面提高人才培养质量。二是中央财政投入专项资金，实施全国高等职业学校提升专业服务能力项目，普遍提高专业的社会服务能力，提升高等职业教育人才培养质量。三是加强高等职业教育实训基地建设，高等职业学校办学条件进一步改善，实践教学水平显著提高。四是制定和完善高职人才培养评估方案，推进高等职业教育质量评估工作，建立和完善学校、行业、企业、研究机构和其他社会组织共同参与的质量评价机制。五是各地和各高等职业学校都建立了人才培养质量年度报告发布制度，不断完善人才培养质量监测体系。

三、科学研究、社会服务、文化传承创新成果丰硕

（一）大力增强科学研究能力

——加强科技创新条件建设，提升基础研究水平和科技创新能力。

高校科技人员队伍和项目经费成倍增长。从2000年到2010年，在全国理工农医类高校中，从事科技活动的科学家与工程师人数从22.32万人增加到32.29万人，增长44.67%；高校科技经费内部支出从113.5亿元增加到733.95亿元，年均增长20.63%。高校从事科技活动的研究与发展机构从1866（个）增加到5010（个），增长168.49%；从事研究与发展人员从33180（人/年）增加到80166（人/年），增长141.61%；研究项目也从27243（个）增加到125513（个），增长360.72%。截至2010年，高校基础研究人员总计11.27万人，占全国的68%；高校拥有的中科院和工程院院士总数占全国的40%以上；拥有的国家创新研究群体占总数的54%以上；国家杰出青年科学基金获得者占总数的65%以上；“长江学者奖励计划”共组织11批次设岗和聘任，累计聘任1808人，其中特聘教授1197人，讲座教授611人；共遴选支持创新团队580个，“新世纪优秀人才支持计划”资助7724名。引进的1143位海外高层次人才中，有573人进入96所高校工作，占总数的65%。

高校科技创新条件建设取得重大进展。截至2011年，依托高校筹建的国家实验室5个；依托高校建立的国家重点实验室166个，教育部重点实验室（包括省部共建教育部重点实验室）633个；依托高校建立的国家工程（技术）研究中心112个，国家工程实验室29个，教育部工程研究中心共373个，依托高校建设的国家技术转移中心7个，国家大学科技园85家。

高校承担重大科技项目能力显著增强。2000—2010年，高校累计承担的973计划项目和重大科学研究计划项目超过半数，国家自然科

学基金面上项目占到 80%，重点项目占到 64%。从 2000 年到 2010 年，我国高校研究与发展项目由 92575 项增加到 321491 项，增长 247.28%；其中，基础研究由 26568 项增加到 117496 项，增长 342.25%；应用研究由 52037（项）增加到 166655 项，增长 220.26%；试验发展也由 13970 项增加到 37340 项，增长 167.29%。北京科技大学牵头承担"重大工程材料服役"、华中科技大学牵头承担"脉冲强磁场"等一批国家重大科技基础设施建设项目落户高校，实现了高校牵头承担国家大科学工程项目零的突破。

高校科技成果丰硕。在我国政府设立的科技奖励和国家最高科学技术奖中，高校获奖数量逐年递增。2010 年，高校获得国家自然科学奖 21 项，占全国授奖总数的 70.0%；国家技术发明奖通用项目 25 项，占全国授奖总数的 75.8%；国家科学技术进步奖通用项目 152 项，占全国通用项目授奖总数的 71.0%。北京大学王选院士、北京大学徐光宪院士和首都医科大学王忠诚院士、复旦大学谷超豪院士和上海交通大学王振义院士分别获得了 2001 年度、2008 年度、2009 年度和 2010 年度国家最高科学技术奖。西北大学舒德干教授参与的科研项目和南京大学闵乃本教授带领的科研团队完成的科研项目，分别获得了 2003 年度和 2006 年度国家自然科学一等奖。中南大学黄伯云教授、大连理工大学郭东明教授和北京航空航天大学张广军教授、中国海洋大学管华诗教授和北京航空航天大学张军教授所属的科研团队完成的科研项目，分别获得 2004 年度、2008 年度和 2009 年度国家技术发明一等奖。高校作为基础研究主力军、高新技术研究重要力量的地位日益凸显。

——繁荣发展哲学社会科学，建设具有中国特色的高校哲学社会科学创新体系。

2004 年，为贯彻落实《中共中央关于进一步繁荣发展哲学社会科学的意见》，教育部党组制定下发《关于大力提高高等学校哲学社会科学研究质量的意见》，启动实施"高校哲学社会科学繁荣计划"。2011 年，党的十七届六中全会把繁荣发展哲学社会科学作为推动社会主义文化大发展大繁荣、建设社会主义文化强国的重要内容。为贯彻落实会议精神,2011 年 9 月,中共中央办公厅、国务院办公厅转发《教育部关于深入推进高等学校哲学社会科学繁荣发展的意见》,教育部、财政部下发《高等学校哲学社会科学繁荣计划(2011—2020 年)》,教育部下发《高等学校哲学社会科学"走出去"计划》、《高等学校人文社会科学重点研究基地建设计划(2011—2015 年)》、《关于进一步改进高等学校哲学社会科学研究评价的意见》、《关于加强和改进新形势下高等学校哲学社会科学课堂教学、报告会、研讨会、讲座、论坛、网络和接受境外基金资助等管理的意见》等配套文件,召开全国高校和地方高校社科工作会议;各地各高校相继出台政策和规划。

十年来,高校哲学社会科学的创新能力和服务水平显著提升,主力军作用日益明显,为实施国家哲学社会科学创新工程,推进哲学社会科学创新体系建设提供了强有力的支撑。

积极参与马克思主义理论研究和建设工程,哲学社会科学学科体系和教材体系日臻完善。全国高校设立马克思主义理论一级学科博士点 33 个、硕士点 152 个,二级学科博士点 103 个、硕士点 453 个;高校哲学社会科学共有 28 个一级学科、400 多个二级学科,初步形成具有时代特点、门类齐全、布局合理的学科体系。中宣部负责的四批 43 种和教育部负责的 96 种工程重点教材陆续投入使用,逐步形成以工程重点教材为核心,各种类自编教材为支撑,全面体现马克思主义中国化最新成果的哲学社会科学教材体系。

哲学社会科学育人功能进一步提升。坚持育人为本、德育为先,以马克思主义中国化最新成果武装大学生,涌现出一大批以孟二冬为代表的育人楷模和高校优秀教师群体,建设了一大批国家级优秀教学团队和精品课程,为推动中国特色社会主义理论体系进教材、进课堂、进头脑,提升学生文化素质和人文素养作出了应有的贡献。

高校哲学社会科学创新平台体系初步形成。以高校优势学科为依托,整合优质资源,推动科研组织创新,促进了社科研究从传统组织形式向现代组织形式的转变。建立教育部人文社会科学重点研究基地151个、省级研究基地500多个和一大批校级研究基地，初步形成了国家、地方、高校三级重点研究基地体系，引领和带动了全国高校哲学社会科学整体水平的提升，为高校哲学社会科学创新体系建设提供了有力支撑。

高校哲学社会科学研究成果丰硕。十年来，出版专著数从2002年的9688部增长到11592部，增长20%；发表论文数从19.6万篇增长到32.3万篇，增长65%，占全国哲学社会科学领域研究成果80%以上。推出《中华文明史》、《全唐诗补编》、《儒藏》等一大批代表各学科最高水平、推动文化传承创新的标志性成果，产生了重要的学术影响。

社会服务能力显著增强。"十一五"期间提供咨询报告、政策建议6万多份，《中国人民大学中国发展报告》每年定期发布"中国发展指数"，南开大学为我国参与APEC合作提供了大量咨询研究报告，南京大学连续13年主办"江苏发展高层论坛"；一大批研究探索现实问题的成果直接服务国家大局、大事，在举办北京奥运会、上海世博会、广州亚运会；在战胜重大自然灾害，加强社会管理和服务；在应对国际金融危机，顺利实施"十一五"规划等方面发挥了重要的咨政服务作用。

研究队伍不断壮大，结构更加合理。目前，高校哲学社会科学教师已达44.8万人，占全国社科力量的80%以上，其中具有博士学位和硕士学位的分别占总人数12.1%和38.2%，39岁以下的青年教师占总人数55%。哲学社会科学教学科研骨干教师研修扎实推进，中央六部门举办的研修班共培训骨干教师5000余人，各省市举办研修班，累计培训学员7万余人。

国际学术影响力显著增强。"十一五"期间，高校学者在国外期刊上发表论文2.53万多篇，比"十五"增加近2倍，同时有近800部以高校学者为第一作者署名的学术著作被翻译成外文。高校哲学社会科学研究人员国外考察派出3.45万人次，国外进修学习派出2.75万人次，受国外聘请派出讲学1.59万人次；国外合作研究派出1.16万人次，来华1.21万人次，参与国际合作项目2600多个。高校举办创办了“北京论坛”“上海论坛”等高层次学术论坛，建立了一批展示传播中国学术文化的重要平台。一批高校学者活跃在国际学术舞台，展现了中国学者的学术水平和风范。

——创新高校科研运行机制和管理制度，推进协同创新。

为了深化高校科研管理体制改革，教育部印发“高等学校‘十二五’科学和技术发展规划”。规划对高校科技工作总体思路、发展目标和战略重点进行全面部署，通过深入推进高校科技体制机制改革、加强科技人才队伍和创新文化建设和实施创新计划等，全面提升高校科技创新能力。

2012年，教育部、财政部共同启动实施高等学校创新能力提升计划（简称“2011计划”）。按照需求导向、全面开放、深度融合和创新引领的基本原则，充分发挥高校多学科、多功能的优势，积极联合国内外创新力量，有效整合创新资源，构建协同创新的新模式与新机制，建设一批“2011协同创新中心”。通过协同创新中心建设，集聚和培养一批拔尖创新人才，取得一批重大标志性成果的发展目标。实现知识创新、技术创新和区域创新的战略融合，从而全面支撑国家创新体系建设。

（二）大力服务经济社会发展

——为国家和区域经济社会发展提供科技服务。

高校依靠自身学科和人才资源的优势，在国家重大科技基础设施建设项目方面承担了重要任务。2006—2010年，先后由华中科技大学牵头承担了“脉冲强磁场实验装备”和北京科技大学牵头承担了“重大工程材料服役安全研究评价设施”两个国家重大科技基础设施建设项目；参与了“国家蛋白质科学基础设施”、“中国大陆构造环境监测”和“海洋综合考察船”三个国家重大科技基础设施建设项目的组织实施。在国家规划的“十二五”期间十六个国家重大科技基础设施建设项目中，有七个项目是高校提出的建议。

高校以各种方式为国家和区域经济社会发展作贡献。如,中国农业大学选育出玉米新品种“农大108”、北京林业大学选育出30余个具有自主知识产权的三倍体毛白杨新品种,很好地服务于农业现代化。清华大学在世界上率先研制出了以加速器为辐射源的车载移动式和组合移动式集装箱检查系统、华中科技大学成功地开发出具有自主知识产权的“华中I型数控系统”等成果,推进了产业技术进步和装备国产化。北京大学第一医院开展的“副肿瘤性天疱疮和遗传性皮肤病”研究,为自身免疫病的研究提出了新思路,为保障人民健康作出了新的贡献。

2010年,全国理工农医类高校共获得授权专利43153件,比2009年增长54.4%。其中发明专利授权数为19036件,占全国职务发明专利授权总数的28.8%。2010年高校签订技术输出成交合同金额196.6亿元,比2009年的134.97亿元增长了45.66%。2010年我国高校出版科技专著3172部,比2000年的5347部减少近40.68%;专著向更重质量看齐;发表学术论文由284235(篇)增加到744474(篇),增长163.92%;其中国外学术刊物上发表论文也由25747(篇)增加到175165(篇),增长580.33%。

——为科学决策和民主决策提供咨政服务。

瞄准经济社会发展重大理论与现实问题,加强与相关部门和地方政府合作,建设了一批高水平咨询研究机构。2002年以来,高校共为各级政府提供咨询报告13.3万余篇,承担各类横向项目21.9万多项,获研究经费256.2亿元。38位高校教师为中共中央政治局集体学习讲课。一大批研究成果直接服务于抗击汶川地震、北京奥运会、上海世博会等重大社会需求,产生良好效果。

——为推动学习型社会建设提供继续教育服务。

推进高校优质继续教育资源的开放共享,促进了全民学习、终身学习的学习型社会建设。目前,我国从事继续教育的高等教育机构近3000所。高校继续教育已经覆盖了哲学、经济学、法学、教育学、文学、历史学、理学、工学、农学、医学、管理学、艺术学等所有大学科门类；学历层次包括高中起点专科、高中起点本科、专科起点本科等；学历教育包括普通高校开展成人高等教育（包括脱产班、夜大学、函授教育）和网络教育、成人高校开展的成人高等教育，电大教育的远程开放教育、高等自学考试等，学习方式包括远程学习、业余学习、面授。2010 年，成人高等教育本专科共招生 208 万人，高等教育自学考试学历教育报考 965 万人次，非学历教育报考 1103 万人次。

高校继续教育办学和服务的体制机制进一步完善。在办学模式上，目前已由上千所普通高校与其他学校和教育机构合作，在全国各地设立了数万个函授站和现代远程教育学习中心或教学站。在资源开发模式上，越来越多的高校通过卫星、电视、互联网及移动通信网向社会开放数字化学习资源，其中 69 所现代远程教育试点高校已向社会开放了上万门网络教育课程和资源。在入学模式上，中央电大（中国开放大学）远程开放教育探索建立了注册入学制度，高等教育自学考试证书课程考试面向社会成员开考。

（三）大力推进文化传承创新

——加强大学文化建设，充分发挥大学文化育人作用。

贯彻党的十七届六中全会精神，把社会主义核心价值体系融入国民教育全过程，建设体现社会主义特点、时代特征和学校特色的大学文化。推动高校秉承办学传统，凝练办学理念，确定校训、校歌，形成优良校风、教风和学风，培育大学精神。2006 年以来评选出高校校园文化建设优秀成果 500 项，同时加强图书馆、校史馆、博物馆等场馆建设。高校面向社会开设各种形式的名师名家大讲堂，开展高校理论名家社会行等活动。

——加强对中华优秀传统文化的研究，推动社会主义先进文化建设。

加大对文史哲等学科支持力度，深入开展优秀传统文化的整理研究。高校教师主持和参与“夏商周断代工程”、“清史工程”、“中华文明探源工程”、“《儒藏》编纂与研究”等多项重大文化工程，推出了《中华文明史》、《中国道教思想史》、《全唐诗补编》、《全宋文》、《全元文》等一大批优秀成果，为传承中华文明、弘扬民族精神，推动社会主义先进文化建设作出了突出贡献。

——积极开展对外文化交流，有力提升我国文化软实力和国际影响力。

推进海外中国学研究，鼓励高校合作建立海外中国学术研究中心。十年来，高校哲学社会科学研究人员参加各类国际交流活动约53.9万人次，参加国际合作项目9273个，在国外期刊上发表论文46120篇。稳步推进孔子学院建设，在96个国家和地区开设了322所孔子学院和369个孔子课堂，促进国际汉语教育科学发展。实施当代中国学术精品译丛、中华文化经典外文汇释汇校项目，有3902部以中国学者为第一署名作者的著作被译成外文。建设了一批国际知名的外文学术期刊、国际性研究数据库和外文学术网站。

四、高水平大学和重点学科建设明显加强

十多年来，通过“211工程”和“985工程”等重点建设项目的实施，我国高水平大学迅速崛起，重点学科建设加速实现新的突破，从根本上提高了我国高等学校的整体水平和国际竞争力，缩小了与世界一流大学的差距。在中央专项经费持续增长的支持下，“985工程”、“211工程”等重点建设项目建设成效显著，引领了高水平大学和重点学科建设。

——培养了一批高质量、高层次的人才，汇聚了一批国际水准的大师和学者。

重点建设学校，作为我国高等教育体系中最高水平的大学群体，高层次拔尖人才的培养规模和质量不断提高，为中国特色社会主义建设

注入了源源不断的鲜活动力,为促进经济和社会可持续发展提供了充足的人力资源保证。2002—2011年,重点建设学校授予博士学位数占全国博士学位授予总数的65%以上,获得全国优秀博士论文数占全国75%以上。重点建设学校教师获得的“国家杰出青年科学基金”占全国总数的50%以上,聘任的“长江学者奖励计划”特聘教授和讲座教授占全国的比例都在80%以上。仅39所“985工程”高校拥有的两院院士占全国的30%以上。北京大学、清华大学等10所高校被批准为海外高层次人才创新创业基地。

——学科建设实现新的突破,形成了一批学术影响力进入世界百强的学科。

根据美国反映学术影响力的“基本科学指标(ESI)”数据库统计,2002年,重点建设学校仅有47个学科的论文被引次数位居各领域世界前1%,2010年,这个数量增加了近5倍,达到270个。一批学科按被引次数统计已经进入世界百强。这些学科体现出了强劲的发展势头,已经具备了冲击世界一流学科的实力。

——自主创新能力快速提升,产生了一批代表国家水平的重大科研成果。

重点建设学校产出了一批代表国家最高水平的重大科研成果,获得国家级科技奖励的数量和层次都显著增加和提升。2004年,中南大学和西北工业大学分别摘取了2004年度国家技术发明一等奖,打破了该奖项连续六年空缺的局面。2002—2011年颁发的全部9项国家技术发明一等奖均由重点建设学校获得。2006年,南京大学获得国家自然科学一等奖。2002—2011年授予的国家科学技术进步一等奖中,由重点建设学校为完成单位的占总数的20%以上。“十一五”期间,浙江大学、清华大学、北京大学、上海交通大学等重点建设高校的SCIE和SSCI论文数已经超出了美国大学协会、英国罗素集团、澳大利亚“八校联盟”三组研究型大学群体的校均水平。

——“共建”为高水平大学和重点学科建设提供强大助力。

与地方政府、行业（部门）共建有关高校是我国高等教育管理体制改革的一项重要内容和举措。以共建教育部直属高校为例，党的十六大以来，教育部在“985 工程”二期建设中，与 12 个省（直辖市）重点共建了 16 所高校，落实配套资金 67.78 亿元；在“985 工程”三期建设中，与 14 个省（直辖市）重点共建了 26 所高校，落实配套资金 182.33 亿元；还与 34 个部门、大型企业共建了 55 所高校，与 5 个省（直辖市）共建了 7 所“211 工程”高校。共建为相关高校争取了资金、政策支持，为推动高水平大学建设创造了良好条件，为加强重点学科建设提供了强大助力。

第十章　继续教育迈开新步伐

继续教育是面向学校教育之后所有社会成员的教育活动，是终身教育体系的重要组成部分。党的十六大、十七大都对发展继续教育，建设全民学习、终身学习的学习型社会提出了明确要求。《教育规划纲要》突出了终身学习的理念，强调指出继续教育是建设终身学习体系和学习型社会的重要组成部分，并从加强制度建设和创新入手，提出了推进我国继续教育的发展目标和一系列重大战略政策措施。为落实《教育规划纲要》关于继续教育的战略部署，2011 年召开全国继续教育工作会议，明确了新时期继续教育工作的指导思想、总体原则、重点任务、实施措施。

新世纪以来，我国继续教育发展迅速，主动适应了国家发展战略与时代要求。继续教育办学与服务体系不断健全，从事继续教育的各类办学服务机构超过 20 万个。其中，高等教育机构近 3000 所，中等学历教育机构近 700 所，各类社会培训机构突破 15 万个，基本形成了多层次、多类型的继续教育网络，呈现出学校办学为主体、企业办学为骨干、社会力量共同参与继续教育的良好局面。继续教育在新世纪迈开了新的步伐。

一、大力开展非学历职业培训

随着知识经济时代的到来和经济全球化进程的不断加速，产业结构和工作组织结构正在发生着变化。为了适应不断变化的产业结构和工作组织结构,促进经济可持续增长,我国正在加快推进针对各领域各层次人才的非学历培训,并将其作为人力资源投资的战略重点。

表 10-1 2004—2011 年全国各级各类非学历教育学生注册生数 (万人)

年份	2004	2005	2006	2007	2008	2009	2010	2011
总 计	6441.1	5523.7	5816.8	5816.8	5807.7	5700.7	5624.8	5838.2
高等教育	242.7	239.9	249.6	249.6	252.9	289.5	332.9	405.1
中等职业教育	6198.3	5283.8	5567.3	5567.3	5554.8	5411.2	5291.9	5433.1

注:2004—2010 年数据来源为人民教育出版社:历年《中国教育统计年鉴》,2011 年数据来源为教育部发展规划司(2012)教育统计报告(快讯汇编)。

十年来,各行各业广泛开展非学历职工教育和岗位培训,每年培训规模约 9000 万人次。为提高劳动者素质、增强国民科学文化素养、推进国家现代化建设作出了重要贡献。

(一)大力实施面向中高级专业技术人才的培训

中高级专业技术人才继续教育以提高岗位适应能力和创新能力为核心,主要包括面向党政管理、专业技术、高技能、社会工作等各类人才的继续教育培训活动,特别是重点领域急需紧缺专门人才和高层次创新人才的培训。据《2011 年度人力资源和社会保障事业发展统计公报》数据,全年全国专业技术人员参加继续教育达 3000 多万人次,举办 269 期高级研修班,培训近 14000 名中高级专业技术人才,新疆、西藏专业技术人才特殊培养工程共培养 520 名少数民族专业技术人才,青海三江源人才培养工程共培养专业技术人才 6300 多人次。“653”工程圆满结束。6 年来,在现代农业、现代制造、信息技术、能源技术、现代管理五大领域,共培训 300 万名中高级专业技术人才。

公务员培训得到高度重视,建立了公务员培训的法规体系和类别体系。从 2001 年至今,已有数万名公务员参加了公共管理硕士专业学位的学习，每年参加各类脱产培训的党政干部达到500万人次以上，全国80%以上的县（处）级以上领导干部都接受了5年累计3个月以上的脱产培训，全国处级干部实现了5年轮训一遍的目标。

中小学教师实行了每五年一个周期的全员培训制度。《教育规划纲要》颁布后，中央财政安排了专项资金5.5亿元，实施“国培计划”（中小学教师国家培训计划）。该计划坚持“示范引领、雪中送炭、促进改革”的原则，2010年，项目培训教师达115万人，其中农村教师占95.6%，参训教师总体满意率达到了85%。该计划为农村培养了一大批“种子”教师，有力推动了师范院校教师培养和培训一体化，带动了各地中小学教师特别是农村教师培训的全面开展。在“国培计划”的引领下，各省还开展了省培计划，受到普遍欢迎。

（二）大力推进企事业单位全员培训

目前我国行业（企业）培训机构主要有三类：行业企业内部培训机构、各类社会培训机构、为企业提供培训服务的各类院校。行业企业继续教育以职工的岗位培训为主，以提升员工岗位能力、职业道德和文化素质为重点，主要由岗位技能培训、适应性培训、资格培训、技术等级培训、安全技术培训和为获取学历而进行的继续教育等多种类型构成。近年来，全国企业职工年培训规模都在9000万人次以上，全员培训率达到了45%以上。以机械行业为例，据统计，每年开展的专业管理人员培训都在16万人以上，针对车间主任开展的专项教育培训年均10人。为进一步提高企业技术工人技能水平，机械行业还启动了涉及149个工种的“149工程”。

据统计，2010年全国职业技术培训机构共12.94万所。在众多培训机构中，我国民办培训机构发展迅速，培训内容和方式不断多样化。2010年教育部门审批的民办社会培训机构约1.8万所，接受培训达930万人次；人力资源和社会保障部审批的民办职业培训机构2万所，就业训练中心3192所，全年共组织职业培训达1820万人。

(三)深入开展农村从业人员培训

为服务国家社会主义新农村建设战略,深入开展了以农村劳动力实用技术培训为重点的农村从业人员培训。重点是开展了农村发展带头人、农村技能服务型人才、农村生产经营型人才和新型职业农民的实用技术和专业技能培训。以2009年为例,我国接受农村实用技术培训的人员共4130.67万人,占全国农村就业人员总数47640万人的8.67%。

为普及农村信息化,上海市2008年起在9个郊区县启动实施了"千村万户"工程。到2010年,该工程已经基本覆盖了全市9个区县1800多个行政村,完成了6万人的培训和60万人的宣传普及工作。仅2009年一年就培训了36373名农民和农村信息员,共出动"信息大篷车、小篷车"1532次,创作多媒体科普滑稽戏《橘树下的婚礼》进村、进厂巡演,开展活动2200场,向316057人进行了信息化宣传普及,受到农民的普遍欢迎。

为适应我国产业发展对大批农村劳动力的转移需求,我国还持续开展了以农村劳动力转移培训为重点的,面向进城务工人员、待业人员、失业人员的职业教育培训。2009年,我国教育系统共开展农村劳动力转移培训4249.31万人次,其中引导性培训1885.61万人次,占培训总人数的44.37%;技能性培训1564.46万人次,占培训总人数的36.82%,转移后(进城农民工)培训791.62万人次,占培训总人数的18.81%。共有16.44万所职业、农村成人学校参与了农村劳动力转移培训工作。其中,职业院校共培训农村转移劳动力1045.32万人次,农村成人学校共培训2600.65万人次,其他教育培训机构共培训603.34万人次。

二、稳步发展高等学历继续教育

为适应经济社会发展及学历提升的需求,我国积极推动了各层次学历继续教育的稳步发展。

表 10-2 2004—2011 年全国各级各类学历教育中成人在校生数 （万人）

		2004	2005	2006	2007	2008	2009	2010	2011
高等教育	成人本专科	419.8	436.1	524.9	524.2	548.3	541.4	536.0	547.5
	在职人员攻读研究生学位	20.1	25.5	29.9	34.6	39.4	39.4	42.0	46.2
	网络本专科生	236.6	265.3	279.3	310.5	355.9	417.3	453.1	492.5
中等教育	成人高中	19.4	21.8	17.5	18.1	12.7	11.5	11.5	26.5
	成人中专	103.4	112.5	107.6	113.0	120.6	161.0	212.4	238.8
	成人初中	48.8	51.3	50.4	57.9	43.3	48.8	63.0	54.4
初等教育	成人小学	384.2	307.8	265.2	225.9	235.1	210.8	194.7	167.9
	其中:扫盲班	242.5	192.4	167.5	103.8	124.9	114.9	108.1	748.9

注:2004—2010 年数据来源为人民教育出版社:历年《中国教育统计年鉴》,2011 年数据来源为教育部发展规划司(2012)教育统计报告(快讯汇编)。

尤其是高等学历继续教育发展成效显著,在提高成人高等学历水平方面取得较大进展。10 年来,共有近 2000 万人接受了各类高等学历继续教育。不仅办学机构向多元化方向发展,而且普通高等学校通过不断改革创新,大大提升了服务高等学历继续教育的能力。

(一)高等学历继续教育办学模式趋向多元化

高等学历继续教育主要包括普通高等学校、广播电视大学、独立设置成人高校等开展的学历继续教育,以及高等教育自学考试等。我国开展成人学历继续教育的普通高校共有 1200 多所,主要形式包括:函授教育、夜大学教育和网络教育。2010 年,普通高校函授招生 107 万人,其中本科招生 49 万人,专科招生 58 万人;夜大学教育在读生 83 万人,其中本科招生 34 万人,专科招生 48 万人;网络教育本专科招生 166 万人,在校生 453 万,毕业生 111 万,新建了 1109 个学习中心,其中西部317个。普通高校成人脱产班从2008年停招。

我国广播电视大学系统包括中央广播电视大学和44所省级广播电视大学、933所地市级广播电视大学分校、1829所县级广播电视大学以及3000多个教学点。目前，电大的教学形式已由以广播、电视为载体的广播电视教育，转变为以互联网、卫星为载体的远程开放教育。2010年，电大累计本、专科注册学生1000多万人，在校生约320万，占全国网络教育的61%左右。2012年8月，在原广播电视大学基础上成立了国家开放大学、北京开放大学、上海开放大学，为社会成员提供更加灵活便捷公平开放的学习方式和多层次多样化的教育服务。

我国高等教育自学考试制度是对广大自学者进行以学历认定为主的高等教育国家考试，是以个人自学、社会助学、国家考试相结合的新型教育形式。中国自学考试的专业体系涵盖12个一级学科、796个专业点。2010年全国注册登记并经教育行政管理部门批准的社会助学组织共1602个，承担学科建设的主考学校793个。自1981年自学考试制度建立以来，现累计报考人数已达到2.17亿人次，本、专科毕业生近982万余人，中专毕业生40多万。

独立设置的成人高校在1999年后逐步改组改制，一部分改组为普通院校，一部分与其他普通高校合并，数量大为减少。2010年，独立设置的成人高校仅有365所，地方非教育部门逐渐成为成人高校的办学主体。

（二）普通高等学校服务继续教育的能力不断提高

近年来，围绕终身教育体系和学习型社会建设的要求，高等学校在继续教育办学体制机制、人才培养模式等领域进行了一系列创新实践探索，有力提升了高校服务经济社会和人的全面发展的能力，为高等学历继续教育的发展作出了重要贡献。

一是坚持开放办学理念，逐步完善了高校继续教育办学和服务的体制机制。

目前,我国上千所普通高校与其他学校或教育机构合作,在全国各地设立了数万个函授站和现代远程教育校外学习中心或教学站,建立了覆盖面广,延伸到乡镇、企业、街道的继续教育服务体系,探索了主要面向在职人员的继续教育服务体制机制。在入学模式上,中央电大远程开放教育探索建立了开放性的注册入学制度;高等教育自学考试证书课程考试面向社会成员开考,探索建立了成人高等教育宽进严出的制度。

高校通过校校合作、校企合作,积极与地方、部门、行业、企业、部队、其他社会教育机构合作开放办学,共同设计培训项目,课程及内容,探索建立了高层次非学历教育培训模式。为推动高等学校探索开放、灵活的继续教育办学体制与机制,增强高校服务经济社会发展能力,2011年,教育部启动"高等学校继续教育示范基地"项目。当年,包括清华大学在内的50所普通高校与科研机构、企业开展合作项目达328个,并筹建了大学与企业继续教育联盟,引导推进了高校学历与非学历继续教育改革及为社会服务。

二是逐步深化教学改革,初步建立了继续教育人才培养和培训的模式。

为了不断提高成人学习的适应性和实效性,高等学校不断深化改革,积极探索建立了适应成人特别是在职人员学习特点的教学和支持服务模式和教学管理制度。许多高校已经开始针对成人的特点和教育需求,重新确定培养目标、专业、培养方案、教学计划和教学大纲,改革课程设置、教学内容和教学方法及教学管理制度;有些高校还增加教学投入、加强特色专业和课程建设,编写专门教材和课件,加强教学支持服务;中央电大开展的远程开放教育,形成了天地人网结合,三级平台互动的教学管理系统,建立了教学计划、教学大纲、教材、考试、评分标准"五统一"的教学管理制度,以及重点加强多种媒体教学资源建设,教学过程监控、支持服务、教学管理、系统运作"五要素"的教学质量保证体系;高等教育自学考试工作也积极探索面向成人开展考试服务,与

23 个部门、行业合作，探索了在职培训同自学考试学历教育相结合、证书课程和专业课程互相沟通，学分互认的机制，同时积极发展非学历证书教育考试业务，与部门、行业、企业、高校、有关机构合作考试项目，适应社会成人继续教育多样化需求。

经过探索与改革，目前高校继续教育已逐步打破了以知识传授、系统理论、课堂教学为中心的传统模式，倡导并逐步形成了以学习者为中心，以社会需求为导向，知识和能力并重、理论与实践相结合的应用型人才培养模式，逐步建立和完善了符合成人特点及继续教育规律的弹性学习年限制、学分制和"双证书"制等。

三、积极发展现代远程教育

现代远程教育是相对函授教育、广播电视教育等传统远程教育形态而言的一种综合运用现代通信技术、多媒体计算机技术和网络技术，实现交互式学习的新型教育模式。作为继续教育的重要形式，现代远程教育为社会各类学习者提供了方便、灵活、快捷、广泛的教育服务，是构筑知识经济时代灵活开放终身教育体系的主要手段。

中国现代远程教育萌芽于 20 世纪 90 年代后期。1999 年，国务院批转了教育部制定的《面向 21 世纪教育振兴行动计划》，提出"实施现代远程教育工程，形成开放教育网络，构建终身学习体系"的重要任务。同年，教育部启动实施"现代远程教育工程"，迄今共批准了 68 所普通高校和中央广播电视大学开展现代远程教育试点工作。十余年来，在试点高校的共同努力下，中国现代远程教育经历了快速发展（1999—2002 年）、规范管理（2002—2005 年）、内涵发展（2005 年至今）三个阶段，取得了可喜成果和宝贵经验，并已成为构建终身教育体系、建设学习型社会，促进教育公平和教育均衡发展的有效途径之一。

（一）拓展远程教育服务面向

现代远程教育发展迅速，通过学历教育与非学历教育的迅速发展，一方面初步满足了社会广大成员多样化的继续教育需求；另一方面丰富了终身学习体系建设的有效途径。

现代远程学历教育稳步发展，推进了我国高等教育的大众化。试点工作开展以来，教育部相继批准的 68 所试点普通高等学校和中央广播电视大学共开设了 396 个专业，2292 个专业点，覆盖 11 个学科门类；建设校外学习中心和教学点 9000 多个，累计注册学生 1000 多万人（其中普通高校注册学生 558 万人）；已毕业 600 万人（其中普通高校 283 万人）；在校生 485 万人（其中普通高校 205 万人）。我国高等教育毛入学率也由 1999 年的 10.5% 提高到了 2010 年的 26.5%。网络教育为推进高等教育大众化作出了重要贡献，特别是为农村、西部地区培养了一大批留得住、用得上的急需专业人才。网络学历教育就读学生中，在职人员占 86.51%，西部地区所在学生占 16%，少数民族学生占 4.5%。试点高校在西部设立了 2000 多个学习中心或教学站，占总数 27% 以上；上海交大等 5 所大学及西部 23 所高校，开展“名校实时课堂”共建共享了 100 多门课程，共享选课逾 4 万门次。优质教育资源在传播与交互上突破时空限制，使得优质教育资源在更广阔的范围内得以共享，从而为教育的公平，进而为社会的公平奠定了基础。

远程非学历教育蓬勃发展，满足了社会大众多样化的终身学习需求。随着现代远程教育试点工作的深入和发展定位的逐渐明确，试点高校网络非学历教育也得到了蓬勃发展，开展了面向农村、西部、社区、行业、企业和部队的网络远程培训，满足了多样化的终身学习需求。远程非学历培训的受教育对象从教师到学生，从各类职业从业人员到农民，分布极为广泛，涉及农林、IT、医药、教师、能源、金融、交通、电力、财会、司法、贸易、建筑、建材、机械、冶金、传媒等二十多个行业系统。培训方式包括课件教学、依托互联网教学、依托远程视频会议系统教学、依托卫星通信系统教学、远程和面授混合教学等。培训类型有岗位培训、专业证书培训、职业资格证书培训、实用技术培训、单科进修、考前培训等。

面向行业、企业、部队、民族地区、城乡社区办学，丰富了促进学习型社会建设的有效途径。一是积极参与了学习型城市建设。试点高校注重发挥学科和师资优势，整合各类教育资源，积极参与了当地学习型社区、学习型城市建设，探索了将优质教育资源引向社区的有效途径。为发挥广播电视大学在搭建终身学习公共服务平台方面的优势，教育部于2011年启动了由中央广播电视大学牵头，15所不同层级广播电视大学参与的“终身学习公共服务平台模式研究及示范应用”项目。项目单位结合地方和行业需求，搭建了15个终身学习服务平台，研究并实践了面向学习型城市的终身学习公共服务平台的建设模式和运行机制、数字化学习资源整合与共享机制，为各类学习者提供了方便、灵活、个性化的学习条件。二是面向行业、企业开展了学历和非学历网络教育。经过10多年的发展，试点高校已与20多个行业系统合作，利用现代远程教育方式，开展了形式多样的专业技术人才学历教育和非学历培训。如中央电大与14个部委、行业系统密切合作开展专业技术人才培养和继续教育；8所试点高师院校组建教师教育网络联盟，开展了大规模的中小学教师远程培训；清华大学建立了远程企业学堂、经理人网络课堂、中央企业班组长网络课堂等，每年培训150多万人次；北京邮电大学为网通、移动和电信系统企业培养在职员工上万人，为10多个省级运营公司提供了企业远程教学管理平台；中国石油大学（华东）立足石油石化企业，建设了“中国能源培训网”和“中石油远程培训网”，累计培养网络高等学历教育在职员工10万多人，培训管理干部和技术人员数十万人次等。北京交通大学面向铁路、公路交通、电力等行业企业开展非学历培训每年万余人次，协助铁道部制定了全铁路系统的远程培训方案并制作了数字化学习资源。等等。三是面向部队、民族地区和弱势社会群体开展了网络教育。中央电大成立了八一学院、总参学院和空军学院，面向军队士官招收学员数万人；中央电大与西藏大学合作成立中央电大西藏学院，新疆、内蒙古电大结合地区实际，开设民族语言教学课程和汉语教学培训等；中央电大成立中央电大残疾人教育学院，累计招收残疾人学生2600余名；东北财经大学、重庆大学等实施了“爱心”远教助残工程。

（二）数字化资源建设数量与质量大幅提升

数字化资源建设水平正在大幅提升，初步实现了继续教育优质资源的开放与共享。加强继续教育资源载体建设。建立了北京大学牵头的103所高校继续教育数字化学习资源开放项目联盟、清华大学牵头的50个高校继续教育示范基地、中央电大牵头的15个终身学习公共服务平台建设示范基地。试点以来，各高校投入大量资金用于资源建设，网络资源建设水平逐年提升。截至目前，中国现代远程教育试点高校共开发网络课程24117门，资源库225个，远程教育特色教材857本。其中，“新世纪网络课程建设工程”建设了320门优秀网络课程及资源库；高等教育“质量工程”已评审出了209门国家级网络教育精品课程。参与校内共享课程8200门，参与校际共享课程5928门，参与校内学分互认课程2942门，参与校际学分互认课程1860门。

为加强数字化学习资源的建设与应用，实施了“网络教育数字化学习资源中心建设”项目，制定了课程学习资源的标准，建立了学习资源标准体系，完成了学科课程资源分类标准等专题研究，并重点研究了资源共享的机制、标准，完成了1476门学历教育课程资源、895门非学历教育课程资源、2000余门国家级精品课程的资源整合，建设了资源公共服务平台和覆盖全国的资源整合及服务网络，面向社会开展了优质网络教育资源的网上开放和共享应用服务。优质教育资源的广泛共享为教育公平，进而为社会公平奠定了基础。

为促进普通高校数字化学习资源建设、开放与共享，满足各类社会成员对优质教育资源的多样化学习需求，教育部于2011年组织实施了103所普通高校参与的“普通高等学校继续教育数字化学习资源开放服务模式的研究及应用”项目,组建了“普通高等学校继续教育数字化学习资源开放联盟”。截至目前,联盟高校建设了标准化门户网站,编制了资源开放目录,并面向社会免费开放了1000门网络教育精品课程和1000门视频讲座,受到社会广泛关注。开放资源覆盖了人文科学、社会科学、自然科学和工程技术科学,涉及哲学、文学、艺术、经济、法律、教育、心理、管理、理学、工学、医学、农学等多学科领域。其中,既有与社会大众生活紧密联系的各专题类资源,也有系统讲授的专业课程类资源,满足了社会多层次、多类型、多样化学习需求。项目还结合广东省新生代农民工“圆梦计划”,为农民工群体专门建设、遴选了一批优质开放资源,并建设专门学习网站。网站开通第一个月,注册访问量就超过了10万人,为广大新生代农民工圆了学习梦。

此外,为进一步推进网络教育资源的共享与应用示范,教育部还启动实施了“网络教育资源共享平台”、“数字化学习示范中心”、“网络教育数字化学习资源中心”等系列项目,探索构建了资源共享机制,整合了网络教育精品课程及相关学习资源,建设了资源公共服务平台和覆盖全国的资源整合及服务网络,面向社会开展了优质网络教育资源的网上开放和共享应用服务,完善了终身学习的支持服务体系,有效推动了优质教育资源在更大范围共享。

(三)网络教育教学、服务、管理模式不断创新

网络教育教学、服务、管理模式不断创新,初步建立了信息化的继续教育办学、服务与监管体系。

发挥信息技术优势,积极探索了基于网络的多样化教学模式。在信息技术优势开发方面,许多高校致力于整合多种网络技术手段开展现代远程教育,利用互联网、卫星、广播电视、数字卫星系统、ISDN系统,有线电视网、光盘播放、计算机教室等多种媒体技术和媒体形式,形成了天网技术和地网技术相结合、实时技术和非实时技术相补充,单向传播媒体和双向传播媒体共存的多种技术解决方案,构建了基于现代

信息技术的以学生为中心、灵活多样的网络教学模式(如以个性化学习为主的参与式教学、案例教学、探究教学、反思式教学、引领教学模式,以小组学习为主的讨论型、协作型教学模式,等等),完善了适应在职人员学习的"多样化、个性化"教学内容、课程体系和学习支持服务系统,构建了有利于学生素质教育和实践创新能力培养的现代远程教育人才培养模式。近年来,越来越多的试点高校将优质网络教育资源应用于校内本科教学和校外非学历培训,网络教育试点取得的成果和经验从而被校内本科教育、研究生教育、其他类型继续教育以及校外不同类型层次高校分享,进而推动了我国整个高等教育的人才培养模式改革。

强化支持服务理念,逐步完善了覆盖全国、便捷开放的网络教育公共服务体系。各试点高校在实践中积极探索,不断强化教学过程的支持服务,形成网上和网下相结合的混合式学习的学习支持服务模式。支持服务内容不仅涉及学科知识的答疑解惑等学术性支持,还包括大量非学术性的支持服务。试点高校采用多种渠道,如电话、手机短信、论坛、邮件、实时答疑系统等,为学生及时推送招生、入学、作业、考试、缴费、毕业等各个环节的信息,使学生及时了解最新的教学动态,及时调整学习计划。针对远程学习者学习过程的孤独感,试点高校开展丰富多彩的网上校园文化活动,给远程学习者提供情感上的关怀和支持。

公共服务体系逐渐完善,推进了优质数字化学习资源的整合与共享。教育部2005年正式批准建立中央电大公共服务体系,2007年又批准开展"现代远程教育公共服务体系建设试点"项目。目前,前者已设立学习中心1400多个,建设了公共服务支撑平台和Call—Center,为31所试点普通高校网院的125个专业的24万网络教育学生提供支持服务,后者在部分地区建设了10多个数字化学习中心,初步形成了一个覆盖全国的网络教育公共服务平台和体系。公共服务体系的引入,有利于规范校外学习中心的设置,有利于整合和共享资源,减少重复建设和投入,实现了基于网络的、以学习者为中心的一站式服务,引入了网络远程教育公共服务的市场化竞争和连锁运营机制，实现了学习资源提供和学习支持服务的专业化分工，对我国网络教育的发展起到了极大的推动作用。

为构建数字化学习支持服务创新体系，探索并实践终身化、网络化和开放式的继续教育发展新模式，教育部于2006年启动实施"数字化学习港与终身学习社会的建设与示范"教改项目，开展相关理论与实践研究，共在乡镇、社区、行业、企业，建设示范性数字化学习港百余个，开展了典型应用示范，初步构建了数字化学习港的学习模式、服务模式、管理模式、运行机制和技术平台，探索了利用数字化手段和社会化的第三方服务方式，建设了全民学习、终身学习的学习型社会的新途径。

管理创新不断推进，构建了信息化的网络教育监管系统。试点以来，教育部相继出台网络教育方针、政策、制度、措施等文件一百余个，形成了较为完善的政策法规体系，从网络教育试点的办学资质、招生录取、学籍管理、办学质量、资源建设、毕业资格、学位授予，以及从业人员规范、校外学习中心管理等方面进行了规范，形成了高水平、高效率的现代远程教育质量监管体系。该体系主要包括以下几个信息化管理系统：

为加强规范办学与质量监管，建设了年报年检与教学评估信息系统。我国从2001年开始研究实行现代远程教育年报年检制度，开展网络教育专项检查工作，并会同省级教育行政部门加强了对校外学习中心的检查评估。制度依托的年报年检系统和教学评估系统在网络教育质量监管体系建设及信息管理中起着极其重要的基础作用，达到了及时获取信息，实现有力监管，专家网上评估的目的，并为网络教育基本要素分析、网络教育质量管理分析、网络教育质量监管系统项目研究内容分析提供了标准化的基础数据，为教育部科学决策提供了依据和有力支持。其中，年报年检系统支持了2002—2011年所有试点普通高校和电大系统的年报年检工作，数据记录达数百万条。教学评估系统在

11 所试点高校和北京、广东的数十个校外学习中心信息化评估中试点应用,并向所有试点高校和多个省份推广使用。

为确保现代远程教育人才培养质量,建设了网络教育全国统考信息系统。2006 年开始,全国统一实施网络教育部分公共基础课全国统考,迄今成功组织考试 16 次,统考考生总规模达到 7106078 人次,涉及考点 770 多个,基本覆盖了全国包括西藏阿里在内的地级市和少量学生较多的县级市。统考题库建设成绩显著,共包括 4 门课程 8 个科目,其中《大学英语》20000 题、《计算机应用基础》10200 题、《高等数学》3000 题、《大学语文》3080 题。统考实施以来,统考组织程序规范、管理制度严密、操作流程标准、措施落实到位、考场秩序较好、进展有序平稳,并稳步探索和实践了在现代信息技术条件下适合于成人继续教育的信息化统考组织管理与技术模式,实现了全国范围的网上报考信息采集、确认、查询和自动编排考场、统计数据及实时打印准考证等信息化管理;实现了全国范围、跨省市、大规模的网上报名、网上预约考试、网上交费、网上机考,并支持混编考场多科目考试;实现了机考现场自动组卷、自动交卷、自动评分、成绩实时上传、考试数据加密备份、实施考场考试全程网络监控等多种功能的全程信息化。

为规范试点的招生与宣传,建立了网络教育阳光招生平台信息系统。2009 年,"全国高校网络教育阳光招生服务平台"正式开通,实现了对外加强招生服务,对内规范数据管理的功能;公开了各类招生信息,建立了试点高校直接面向学生服务的机制,严格了新生学籍注册制度与机制;清理核对了 2008—2009 年数百万条学生注册数据,完善了高等教育学生学籍数据库数据及管理机制,实现了新生电子注册数据、网络统考数据和学生毕业电子注册数据的对接,解决了多年来困扰网络教育试点高校的多头管理,多头报送数据的难题;并通过信息化手段完善了远程学历教育从招生到毕业的一条龙式的规范管理,保障并推动了我国现代远程教育事业的健康和可持续发展。

为强化资源的管理与服务,建立了网络资源管理信息系统。该系统从2003年开始建设，目录注册和标准化处理了2万多门网络教育课程，支持了704门网络精品课程的申报和评审工作，有效推进了网络教育资源的标准化，构建了学科门类齐全的分布式数字化资源信息库，推进了优质教育资源的共建共享，为全国高校、教育机构、教师提供了资源建设示范，并为社会大众提供了数字化资源的检索信息服务，为数字化资源开放计划奠定了基础，也为教育部指导数字化资源建设，以及资源开放提供了决策的基础和支撑。

四、广泛开展社区教育

社区是社会发展的基本单位，社区教育是运用本社区教育、文化等资源以促进本社区人的发展及经济社会发展为目标的一项社会工作，是构建终身教育体系的理想途径。我国社区教育起步于20世纪80年代，是在国家实行改革开放后，总结原有学校教育、家庭教育、社会教育相结合经验的基础上，借鉴国外社区教育的经验，从国内不同地域的实际出发，通过试点逐步发展起来的。进入新的世纪，尤其是党的十六大之后，在党委政府领导下，在民政、文化、文明办等部门的大力支持下，在各级教育行政部门的推动下，我国社区教育出现了蓬勃发展的良好势头。2010年召开了全国社区教育工作座谈会，明确社区教育发展思路、重点任务和政策举措，推动社区教育的广泛开展。

新世纪以来，社区教育呈现快速发展的势头，学习型组织、学习型社区建设掀起热潮。中国城乡社区教育以建设社区教育实验区、示范区为突破口迅速展开，开展了内容丰富、形式多样的道德规范、科技文化、文明生活、休闲文化和健康教育，不仅满足了社区成员多样化、个性化的终身学习需求，而且为服务国家建设全民学习、终身学习的学习型社会战略作出了应有贡献。目前我国确定的国家社区教育实验区共61个，省、市级社区教育实验区300多个。仅2010年全国社区教育实验区的社区培训规模就超过4508万人次，居民参与率超过50%，为满足广大社区居民多样化的教育需求作出了积极贡献。

（一）社区教育不断满足各类人群多样化学习需求

自2001年教育部确定首批28个全国社区教育实验区以来，社区教育从中心城市向全国城乡广泛发展，先后确定了68个全国社区教育实验区和68个全国社区教育示范区，与此同时，各省（自治区、直辖市）也相继确定了400余个省级社区教育实验区、示范区，覆盖了全国绝大多数的省（自治区、直辖市）。目前，社区教育在我国东部沿海地区的城乡已经初步得到普及，在中西部地区中心城市的多数城区也都已得到不同程度地开展，其中武汉、太原、成都、西安以及克拉玛依等城市的社区教育取得的成绩尤为显著，成为中西部地区开展社区教育工作的突出典型。

社区教育的培训活动内容丰富多彩，既有面向青少年的校外素质教育，又有面向老人的老年教育；既有面向农村新农民的实用技术培训，又有面向城乡居民的社会文化生活教育，以及进城务工人员培训等。

以快乐成长为主题，面向青少年开展了丰富多彩的校外素质教育。各地依托社区教育开展了形式多样的青少年校外教育活动。如，天津市河西区，搭建未成年人教育载体——“快乐营地”，不断优化学校、家庭、社会三位一体的育人功能。自2006年创建首个“快乐营地”以来，通过“建、合、转”等多种形式，数量已经达到100个，整合硬件资源5000余平方米。营地通过开展“寻找美丽天津”、“做一个有道德的人”、“社区少先队大队直选”、“我的营地我做主”、“儿童论坛”等主题实践活动，为社区未成年人营造健康成长环境。

以促进就业为目的，面向进城务工人员开展了针对性的职业技能培训。随着我国工业化、城镇化进程的加快，大批进城务工人员涌入城市，他们普遍存在着文化程度偏低、缺少职业技能，不能适应城市生活，文明行为意识薄弱等问题。面对大批的进城务工人员，各全国社区教育实验区、示范区通过举办新市民学校、开办社区大课堂、政府买单发放教育培训券等形式，不断提高进城务工人员的学历层次和技能水平。如，深圳市宝安区实施“造就百万技能人才”工程和“普及全民12年教育”工程，并在中青年中开展了以“学业、就业、创业”为目标的“三业”工程，每年培训进城务工人员60万人次以上，占辖区进城务工人员总数的30%。他们还开展了丰富多彩的文化活动，丰富了进城务工人员的精神生活。2010年春晚上，进城务工人员演唱的《咱们工人有力量》和街舞表演，表现出了他们的精神风貌，在全国产生了极大的影响。

以满足三农需求为导向，面向农村开展了有针对性的新农民实用技术培训。在广大的农村地区，以学文化、懂技术、能就业、会创业为切入点，广泛开展了农村社区教育。如，江苏省宝应县，2009年提出了“五项行动”计划，即百名农民上大学、千名农民出国门、万名农民进工厂、十万农民学技术、百万农民受教育。2010年参加出国培训的952人中有817人，分赴14个国家就业，就业率达85%。通过“五项行动”的实施，农村从业人员培训率52.99%，农民受教育水平明显提高，而且有力促进了教育致富农民的教育宗旨，实现了教育帮扶，致富农民。山东省诸城市是以农业经济为主体的县级市，在开展社区教育中采取有效措施培育社会主义新农民。他们的具体做法是：第一，开展农民培训需求调研，制定“培训菜单”，采取集中授课、分散自学、送教上门、网上学习等方式安排教与学；第二，开展各种实用技术培训活动，通过集中办班讲课、专家当面指导、印发科技小报、开办远程教育、开通咨询热线等形式，培训农民5万人次；第三，开展农村剩余劳动力转移培训，全市年转移培训农民5000余人；第四，搞好镇村企业管理人员培训，对480名农村干部分批进行了专业培训，举办8期企业管理干部培训班，200多人接受培训；第五，强化农民乡风文明教育。有针对性地对农民进行家庭教育、计划生育、法制教育、科普教育、社会公德、养生保健、心理咨询、文明礼仪、安全消防和教育惠民政策宣传等；第六，组织开展农民文体健身活动，成立庄户剧团、体协、老教协等社团，开展各种文化体育活动；第七，积极搭建农民网络学习平台，建立市、乡、社区沟通的农民教育信息服务平台，及时提供农业科技信息、农产品销售市场信息，开设远程教育培训项目，让农民网上学习，编写系列乡土特色读本。

以提高生活品质为目的，面向社区居民开展了内容多样的社会文化生活教育。围绕扩大教育参与面，提高参与率，各地组织开展了层次多样、形式灵活的教育培训活动，教育对象从婴幼儿到老年人，教育内容包括道德、法制、科普、文化艺术、卫生健康、家政培训、职业技能等。各地还举办了社区教育节、终身教育节、终身学习节、社区教育活动周、群众文化活动月、市民学习周等，把社区教育和群众性活动融为一体，展现出活动的包容性、开放性和教育性，有效地满足了不同层次群众多样化精神文化生活的需求。

社区里的老人集聚，随着物质生活水平的提高，激发出老年人对文化生活的渴求，对提高生活质量的欲望，社区教育适应老年人的需求，关心与重视老年教育，建立了老年教育基地，开展了符合老年人实际的教育培训活动。如，宁波市海曙区开展的“老来乐、夕阳红”社区老年人系列培训，苏州市沧浪区举办的“银龄求知学堂”等等。值得一提的是，老年教育是中国社区教育的重要内容。2001 年，中共中央组织部等六部委下发了《关于做好老年教育工作的通知》，老年大学创建工作随即在全国普遍开展，涌现了一大批规范化、示范性的老年大学。到 2010 年，我国 65 岁及以上老年人口超过 1 亿，老年大学 4. 2 万所，在校学员 430 万人，初步形成了多层次、多形式、多学制、多学科的老年教育体系。

（二）初步形成共建共享的社区教育运行机制

社区教育管理体制与运行机制不断改革创新，初步形成了共建共享的社区教育网络体系。

初步形成了社区教育管理体制和运行机制，为社区教育的发展提供了组织保障。我国在开展社区教育工作中，各地逐步形成了“党政统筹领导，教育部门主管，有关部门配合，社会积极支持，社区自主活动，群众广泛参与”的管理体制和运行机制，普遍建立了社区教育委员会成员单位联席会议制度，定期召开会议，制订工作方案，落实目标责任制，充分发挥各成员单位的职能优势，共同关心支持社区教育，为社区教育的发展提供了组织保障。

在发挥政府主导作用的基础上，各地还重视培育和发挥社会团体的作用。在宏观层面上，相继成立了中国成人教育协会社区教育专业委员会、长三角社区教育论坛、环渤海社区教育协作组织、中西部社区教育协作组织、社区教育青年协作组织等一批社会团体，围绕国家发展的总体目标和主要任务，针对社区教育发展的重点和难点问题进行广泛的研讨交流，成为推进社区教育发展的重要力量。同时，各种群众性组织也在逐步发展壮大，这些组织通过自我管理、自我服务、自我教育，在凝聚民众、化解矛盾、维护稳定、促进和谐等方面发挥了教育行政部门不可替代的作用，成为推进社区教育发展的一支十分活跃的力量。

初步形成了共建共享的社区教育网络体系，为社区教育的发展提供了重要支撑。

——通过开放学校教育资源，服务社区全民学习与终身学习。2002 年成都市教育局下发《关于全市教育资源向社区开放的通知》，正式启动了全市学校教育资源向社区开放工作。2003 年，成都市委、市政府将“中小学校体育场所及设施向社会开放率达 90%”列为为民办实事目标之一，有力推动了此项工作的开展。经过几年工作的推进，学校的资源开放意识不断提高，资源开放程度不断深入，资源开放范围不断拓宽，资源开放管理不断完善，实现了资源共享，充分满足了市民的终身学习愿望。

——通过建立社区教育培训网络，提高市民学习的便利性和个性化。各地经过资源整合，建立了以区（县）社区教育中心（社区学院）为龙头、以街道（乡镇）社区学校为骨干、以居委会（行政村）社区教育教学点为基础的社区教育三级培训网络。如，北京市西城区，自 2005 年起，在全区7个街道各建立了1所社区学校，总建筑面积达16000平方米，政府前期投入3200万元，社区学校纳入区教育行政管理的公办学校序列，由政府出资，接受教委和街道办事处双重管理，在人事编制、财务预算、教师建设、装备和经费投入等方面予以倾斜。江苏省南京市玄武区，组织实施社区教育“1878工程”，即：1所区级社区进修学院，8个街道社区学校，7大类教育学习基地，8大类创建活动，搭建起社区教育实体平台，形成了“社区教育进修学院—街道社区学校—社区学习点”三级社区教育培训网络，先后建立了100多个社区教育基地和60多个社区学习中心（基地），做到一校多点、一校多地，为社区居民就近开展个性化学习提供了极大的方便。

——通过拓展各类社区教育基地，改善社区教育的活动与学习条件。各地积极建设社区教育基地，如科技教育基地、国防教育基地、青少年校外德育教育基地、少年军校等，同时开放社区内的图书馆、博物馆、展览馆、科技馆、文化中心、体育中心等设施，充分发挥了社区教育资源的社会效益和公益效益，有效改善了社区教育的活动条件和学习条件。如，青岛市市南区与驻区名人故居、天文台、美术馆、博物馆等25家特色单位签订社区教育基地开放协议，编印《市南区社区教育基地手册》，组织学生和居民走进社区教育基地开展教育活动。

——通过开发新的教育资源，增强社区教育的针对性和实效性。2009年4月，上海市杨浦区开通了“杨浦区家庭学习课堂”网站，先后下发了6000张网上学习卡，截至2009年12月底，全区上网学习人数达到19056人，创上海市最高纪录，课程报名总数41020门次，点击数达519784次，在线学习时间全区为81000分钟，网上学习开局取得了较好的效果；2010年，福建省正式启动了农村实用技术远程培训工作。这项工作首创国内省、市、县、乡、村五级农村远程视频培训，利用福建省在国内建成的规模最大、覆盖范围最广、功能最强、网络结构最为完善的省应急视频会商指挥系统进行授课咨询。通过远程培训设施实现专家、农民面对面地传授实用技术知识、实时解答技术难题、及时提供技术指导，以提高农村应用新技术、新品种、新肥料、新农药、新机具等技术成果的能力。

——通过加强社区教育队伍建设，增强社区教育实力与魅力。“十一五”期间，上海市徐汇区社区教育队伍经历了“兼职为主—专兼职共事—以专职为主”的过程，专职教师整体人数从10多人扩展到了67人。与此同时，他们还借助上海高校中社会学、教育人类学、职业教育与成人教育等相关领域专家学者的力量，组建区专家咨询团，区教育局倡导各中小幼的老师担任社区志愿者，区科协、文化、体育、卫生等领域的专业工作者成立工作室，传播科学知识、传承技艺、培育团队，社区里的民间人才以个人的才艺和魅力吸引居民参加各类学习活动。

——通过加大社区教育经费投入，提升社区教育规模和质量。各地按照“政府拨一点、社会筹一点、单位出一点、个人拿一点”的原则，努力落实社区教育经费。一些地方的党委政府建立了社区教育支出与财政收入同步适度增长的长效机制。各辖区单位则采取“共驻共建”投入和社会捐助的办法，促成社区教育经费来源的多元化。部分地方还积极尝试用市场化的运作方式筹集社区教育经费。如，浙江省杭州市下城区的群众社团主动与商家联系产品代理，或以其他恰当的方式提供商业服务。舞蹈队为商家做展台宣传活动，计算机协会在社区内以优惠的价格进行电脑维修等，就是很好的例子。社区教育是改善社区老百姓生活质量、提升老百姓生活品质的重要内容，也是完善基本公共服务体系的重要内容，政府要在这方面加强投入。这也是改善民生的一个重要方面。

（三）学习型组织建设不断推进

学习型组织建设是社区教育的重要抓手。各地不仅通过各种途径积极推进各种类型的学习型组织建设，而且正在探索面向市民的终身学习激励机制从而推进学习型组织的制度建设。

近年来，各地都把学习型组织创建活动作为推进社区教育工作的重要抓手，根据社区内不同类型组织的实际情况，制定学习型组织的评估标准、考核指标和管理手册，积极创建学习型企业、学习型街道、学习型居委会、学习型楼组、学习型家庭等各类学习型组织，以点带面逐步形成规模。如宁波市江东区，制定了五类学习型组织考评指标体系和《江东区学习型社区评估标准》，开设了江东区人文论坛，吸引了广大社区成员的积极参与。

为落实《教育规划纲要》提出的搭建终身学习"立交桥"任务，各地积极探索终身学习认证制度，并开展试点工作。如，北京市西城区，率先试行市民终身学习积分卡制度，建立鼓励市民参与终身学习的激励机制；杭州市上城区，结合自身特点，由培训部门设计菜单，政府及各行业部门买单，通过发放终身教育券，鼓励和引导社区成员参与到教育学习活动中来；宁波市鄞州区积极探索网上学习，实行学分银行和实名注册管理，发放居民学习卡，开展居民网上行活动，并将其和评选学习型组织、先进个人相结合，实行学分积累、奖励；江苏南京市鼓楼区制定了《南京市鼓楼区社区居民终身学习制度(试行)》，提出让老百姓"有其学、优其学、乐其学、终身学"，积极探索建立"鼓楼区社区居民终身学习绿色通行证"制度。持证居民可在鼓楼区社区培训学院、街道社区学校、各居民学习点以及区域内各培训教育基地享有优惠学习待遇，并将此证作为社区居民接受各类培训情况的记录卡，调动社区居民的学习积极性，实现社区居民学习的统筹管理和规范管理。

五、深入开展扫盲和扫盲后继续教育

2000 年我国如期实现了"全国基本扫除青壮年文盲，使青壮年中的文盲率降到 5% 以下"的战略目标，此后调整扫盲教育的工作重点，加大剩余文盲、特别是妇女、少数民族文盲等重点人群的扫盲工作力度；巩固提高扫盲教育成果，加强扫盲后的继续教育，防止复盲现象；充实扫盲教育的内涵,加强功能性扫盲,提高扫盲教育的针对性、质量和效益。2002 年,党的十六大提出到 2020 年全面建设小康社会的国家发展目标,并把扫除文盲,形成全民学习、终身学习的学习型社会,促进人的全面发展作为全面建设小康社会的重要目标之一。十年来,出台一系列政策巩固加强以往的扫盲成果,在实践中深化扫盲教育改革,在扫除青壮年文盲、提高劳动者素质方面取得重要进展,成效显著。

(一)巩固和扩大扫盲成果

2002 年,教育部等 12 个部门联合签发《关于"十五"期间扫除文盲工作的意见》,提出坚持杜绝新生文盲、扫除现有文盲与使脱盲人员接受继续教育相结合的方针,巩固和扩大扫盲成果,重点推进贫困地区、少数民族和妇女的扫盲教育。大力开展扫盲课程和教学改革,建立以满足扫盲对象基本学习需求为导向的扫盲教育机制,提高扫盲工作的质量和效益。该《意见》要求省级政府要结合本地区实际制定和实施扫盲和扫盲后继续教育规划,并明确提出了分地区的扫盲教育目标,要求西部地区的内蒙古、贵州、云南、甘肃、宁夏、青海等省(自治区)要将青壮年非文盲率提高到 90% 以上。已经实现基本扫除青壮年文盲的地区要把巩固扫盲成果,控制复盲现象,使青壮年脱盲人员普遍接受继续教育等作为主要任务。城市和经济发达地区在巩固提高扫盲成果的同时,要积极探索功能性扫盲教育和多种形式的继续教育的途径和方法,把扫盲教育与建立学习型社区工作结合起来。

2003 年年底,我国政府颁布了《中国全民教育行动计划》。作为全民教育的六大目标之一,提出中国到 2015 年前分阶段的扫盲教育目标和任务。此后多次举办全民教育论坛,促进了政府各部门以及民间团体等在全民教育上的协调与合作。

2004 年,国务院决定实施《国家西部地区"两基"攻坚计划》,提出"到 2007 年,在我国西部地区基本普及九年义务教育和基本扫除青壮年文盲”的目标。

2006年,教育部制定《国家教育事业发展“十一五”规划纲要(2006—2010)》,提出到2010年把青壮年文盲率降到2%左右,使欠发达地区的青壮年文盲率降到4%以下的目标。

2007年年底,教育部等12部门联合颁发了《关于进一步加强扫盲工作的指导意见》,确定到2010年,成人文盲率下降到8%。其中成人妇女文盲率下降到12%以下;15—50周岁青壮年文盲率降到2%左右,青壮年妇女文盲率下降到3%左右。到2015年,成人文盲率降低到6%以下,青壮年文盲率控制在1%左右。并提出了一系列加强扫盲教育和推进改革的政策措施。

(二)深化扫盲教育改革

2002年,教育部发布了《扫盲教育课程与教学改革指导意见(试行)》。这不仅是中国政府首次颁布扫盲教育课程与教学的指导性文件,而且提出了重新定位扫盲教育的新理念,体现了新形势下扫盲教育的一种新思路,即扫盲教育开始从单纯的“识字教育”转向注重扫除功能性扫盲,从“扫文字盲”向“扫文化盲”转变,目的是帮助成年人在学习文化知识的同时,掌握生活和工作所需的基本技能,从而获得更多的工作机会和收入,改善其生活、健康,促进其社会参与。《意见》要求各地要认真调查、研究不同地区不同人群的扫盲学习需求,建议地方建立扫盲课程与教学改革试点,同时加强扫盲教师培训。

《意见》颁布以来,各级政府在探索扫盲教育方面作出了不懈努力,大大深化了扫盲教育改革。从2007年到2010年间,中央财政每年投入的扫盲工作经费从原来的800万元增加到5000万元,用于表彰和奖励在中西部地区开展扫盲工作中作出突出成绩的先进地区,重点推进中西部贫困地区、少数民族和妇女扫盲工作。鼓励和支持教育科研机构加强扫盲教育理论与实践的研究工作,对新形势下扫盲工作的组织动员方法、以满足扫盲对象基本学习需求为导向的扫盲教育机制、扫盲教材编写模式及贫困地区、少数民族和妇女扫盲工作的有效途径等方面进行研究与探索。通过教学改革，不断加强扫盲教育的针对性和时效性，逐渐从原来单纯强调识字、识数的学习，转向注重读、写、算在学习者生活和生产实际中的运用能力培养。通过实施扫盲教学改革项目，积极探索以学习者需求为导向的扫盲教学新机制、新方法。加强扫盲教材建设，在坚持统一的扫盲标准前提下，注重扫盲教材的多样性和地方特色，十余年来各地编写扫盲教材达一百多种，扫盲后继续教育教材、读物近 1000 种，许多地方的教育部门还组织编写了适合当地扫盲需要的乡土教材、妇女扫盲教材和读物。积极探索新的扫盲教学手段，越来越多的地方利用广播电视和计算机网络等远程、多媒体教育手段开展扫盲教育。

为适应新时期扫盲教育改革和发展的需要，进一步深化扫盲课程与教学改革，2011 年，教育部印发了《扫盲教育课程设置及教学材料编写指导纲要》。规定了扫盲教育的基本课程设置和主要内容，强调了扫盲教育的课程设置应以文盲学员需求为导向，以解决文盲学员迫切的实际问题为中心。并根据《指导纲要》要求，组织编写了《生活中的数与算》、《生活中的读与写》、《生活中的知与能》三本全国扫盲教育基本课程教材，供各地开展扫盲教育工作使用。

（三）大力推进扫盲后继续教育

过去十年里，随着基本扫除青壮年文盲目标的实现和其后的巩固提高，我国成人特别是青壮年文盲率继续下降。国家统计局全国人口普查数据显示，从 2000 年到 2010 年，我国 15 岁以上成人文盲从 8507 万人减少到 5466 万人，文盲率从 9.1% 下降到 4.9%，成人文盲率首次下降到低于 5% 的水平。其中 15—50 岁青壮年文盲率从 4.8% 下降到 1.08%。成人识字率的持续提升，不仅对提高我国人口素质、为实现经济社会的可持续发展提供了支撑，而且为世界全民教育事业的发展作出了巨大贡献。

随着基本扫除青壮年文盲目标的实现,近年来,全国很多地方把扫盲工作的重点逐渐转向扫盲后继续教育。通过加强扫盲后继续教育进一步巩固和扩大扫盲成果,提高脱盲人员的综合素质,包括学习能力、生产与生活能力和参与社会的能力,促进农村社会经济发展和新农村建设。有的地方制订了扫盲和扫盲后继续教育行动计划,有的地方实施了扫盲后继续教育工程,有的地方开展了专项督导检查,大力开展农村劳动力转移培训、农村实用技术培训、农业科技培训、绿色证书培训等多种形式的扫盲后继续教育。有些地方根据实际需要,组织编写扫盲后继续教育的地方教材,教材内容紧密结合当地脱盲人员生产、生活实际,反映他们脱贫致富的迫切需要,突出地方特色,讲求实效,学以致用。

一些农村地区实施了扫盲后继续教育过程,帮助脱盲人员提高科学文化综合素质,掌握生产、生活基本技能,使他们增加收入,改善生活,为建设社会主义新农村服务,这些扫盲后继续教育主要包括以下内容:一是围绕农村产业结构调整,适应当地农村社会经济发展需要,组织脱盲人员开展各类实用技术培训。通过培训,使他们掌握1—2项农村生产实用技术,促进农业增产,农民增收;二是组织脱盲人员参加提高性的文化学习,进而巩固和扩大生活技能,能够熟练阅读并理解日常生产、生活所需要的通俗易懂的报纸、科普读物;能够书写家信、做简短笔记、签订条据,开展家庭理财等,具备公民所需要的基本文化知识和基本能力;三是根据不同脱盲群体的学习需求,有针对性地进行法律常识、公民意识、人口知识、卫生保健、环境保护、家庭生活等实用知识方面的培训,提高他们的科学素养,培养文明、健康、科学的生活方式。甘肃省岷县实施了"扫盲革新计划"和"WFP 文化培训"项目。2005 年至 2007 年的三年间,举办农民文化技术培训 423 期,近 1.8 万人参加了农村实用技术培训,有两千多名脱盲学员参加了以技术培训为主的巩固提高学习。

全国各地扫盲后继续教育的深入开展,对于巩固扫盲成果,防止复盲现象,提高农民素质发挥了重要作用。扫盲后继续教育使大量青壮年文盲成为有文化的劳动者,成为科技能手和致富带头人,在农村经济社会发展中发挥了示范作用。

第十一章　民族教育快速发展

民族教育是中国特色社会主义现代教育体系的重要组成部分，是民族工作的重要内容，在党和国家工作全局中处于特殊的、重要的地位。新中国成立以来特别是改革开放以来，在党中央、国务院的亲切关怀和高度重视下，在各级党委政府和各族群众的艰苦努力下，我国民族教育事业取得了举世瞩目的历史性成就，为保障少数民族群众受教育权利、提高少数民族和民族地区各族群众素质、传承弘扬各民族优秀文化、实施西部大开发战略、改善民族地区和少数民族民生、维护边疆和谐稳定作出了重大的贡献。

一、民族教育政策支持力度显著增强

党的十六大以来，党和政府将民族教育放在优先发展、重点发展的战略地位予以保障，民族教育政策支持力度显著增强。

（一）党和国家高度重视民族教育发展

2002 年，国务院颁布《关于深化改革加快发展民族教育的决定》，提出要根据“因地制宜，分区规划，分类指导，突出重点”的原则，确定民族教育改革发展的目标和政策措施，要把中央财政扶持教育的重点向民族工作的重点地区、边远农牧区、高寒山区、边境地区以及发展落后的人口较少民族聚居地区倾斜。根据该《决定》的有关规定和精神，教育部会同国家民委联合召开了第五次全国民族教育工作会议，进一步明确了民族教育的重要地位、作用和加快民族教育改革发展的方针、政策。2005 年中央民族工作会议以后，印发了《教育部关于贯彻落实〈中共中央国务院关于进一步加强民族工作加快少数民族和民族地区经济社会发展的决定〉做好民族教育工作的通知》、《教育部关于贯彻落实〈国务院实施中华人民共和国民族区域自治法若干规定〉的通知》，从基础教育、职业教育、高等教育以及师资培养、双语教学和民族团结教育等方面促进民族教育的全面、健康、协调发展。2007 年《国家教育发展“十一五”规划纲要》明确提出，坚持分区规划、分类指导的原则，公共教育资源向农村、中西部、贫困地区、边疆地区、民族地区倾斜。国家实施的贫困地区义务教育工程、农村中小学危房改造工程、西部地区“两基”攻坚计划、中西部农村中小学现代远程教育工程、全国中小学校舍安全工程等一系列重大项目，对民族地区给予了重点倾斜，并率先对民族地区义务教育阶段学生实行了“两免一补”政策。《教育规划纲要》对民族教育单列一章予以专门规划，提出重视和支持民族教育事业，全面提高少数民族和民族地区教育发展水平，明确要求公共教育资源要向民族地区倾斜，中央和地方要进一步加大对民族教育支持力度。

（二）国家大力支持少数民族人才培养

改革开放以来，在党的正确路线和方针政策指引下，通过民族地区积极努力、国家大力支持、内地大力支援和社会力量的积极参与，我国少数民族人才培养工作体系不断完善，已经初步形成了包括幼儿教育、基础教育、职业技术教育、高等教育和成人教育在内的比较完整、具有中国特色的民族教育体系，少数民族各级各类人才培养工作实现了历史性的跨越式发展。国家通过在高校招生和培养方面对少数民族考生加分录取、实行预科制度、内地培养等一系列特殊措施为少数民族和民族地区培养人才。其中，内地办学成为民族地区人才培养的重要平台。

目前,内地办学规模不断扩大,2011 年内地西藏班、新疆班、高校民族预科班、少数民族高层次骨干人才计划等各类内地民族班年招生达到 7.2 万人。其中,全国有 21 个省(市)举办内地西藏班和中职班,在校生达 2.3 万人,已累计招收西藏学生近 8 万人;全国 16 个省市举办内地新疆高中班和中职班,在校生规模达到 2.5 万人,已累计招收 4.6 万人。内地西藏班和新疆班已成为宣传党的民族政策的重要窗口,成为增强民族团结、维护祖国统一的坚强阵地。同时,全国 300 多所普通高校举办少数民族预科班和民族班,累计招收培养少数民族学生 30 万余人,从 2006 年起,启动实施了"少数民族高层次骨干人才培养计划",110 多所内地高校每年招收 5000 名硕士和博士研究生。近年来,中国人民大学等 8 所高校通过单独考试的方式,为西藏培养研究生 461 人;2003—2011 年,中国农业大学等 13 所内地高校招收非西藏生源定向西藏就业学生,累计招生 2600 余人。2010 年起实施"新疆文化艺术人才定向就业培养和定向培训计划",中央音乐学院等 24 所高校每年为新疆定向培养和培训文化艺术人才 400 余名。通过内地办学,我国 55 个少数民族都有了自己民族的本科生和研究生。此外,国家实施公派留学"西部地区人才培养特别项目",共录取各类留学人员 4000 余人。

(三)民族地区教师队伍保障水平不断提高

在各级各类教育事业中,少数民族专任教师占全国专任教师的比重逐步增加。2011 年全国各级各类学校中少数民族专任教师数已达 118 万人,比 2002 年增长了 20.40%。一是完善教师补充机制。实施了"农村学校教育硕士师资培养计划"、教育部直属师范大学师范生免费教育和"农村义务教育阶段学校教师特设岗位计划",2006—2010 年为民族地区输送农村教师近 9 万人。二是加强教师培训。"十一五"期间,通过实施"农村中小学教师新课程网络培训项目"、"西部农村教师远程培训计划"、"援助西藏教师培训计划"、"援助新疆教师培训计划"、"中西部农村义务教育学校教师远程培训计划"、"援助边境民族地区中小学骨干教师培训项目”和“中小学教师国家级培训计划”，为民族地区培训教师70.8万人。三是实施中职教师素质提高计划。“十一五”期间，教育部会同有关部门向五个自治区和新疆生产建设兵团投入4329万元，培训中职骨干教师3047人，特聘紧缺专业兼职教师850人次。教师队伍建设的加强，为民族地区学校不断提高教育质量发挥了关键作用。

（四）民族地区学生资助政策进一步完善

“十一五”期间，我国建立并逐步完善了中央和地方分项目、按比例分担的农村义务教育经费保障机制，全面免除农村义务教育阶段学生学杂费、住宿费，免费提供教科书，为家庭经济困难寄宿生提供生活费补助，实行高中阶段教育国家助学金、对中等职业学校家庭经济困难学生和涉农专业学生免除学费政策。建立健全了高校家庭经济困难学生资助体系，资助力度不断增强。中央财政下达资助经费向少数民族聚居的中西部地区给予倾斜，中央财政与西部地区地方财政分担比例为8∶2。高校国家助学金名额重点向民族地区高校和民族院校倾斜，享受国家助学金学生占在校生的比例，西部省份为28%，国家民委所属6所高校为27%，均高于全国20%的平均水平。据初步统计，“十一五”期间，中央财政投入五个自治区的保障机制经费278.18亿元，中职助学金30.3亿元，中职免学费资金10.18亿元，普通高中国家助学金3.5亿元，高校奖助学金经费61.25亿元。此外，中央对人口较少民族的农村义务教育阶段寄宿生按每人每年250元的标准予以生活费补助，“十一五”期间累计投入1.1亿元。对西藏农牧民子女实行义务教育“三包”政策，从2011年起，西藏“三包”政策覆盖面扩大到高中阶段教育，补助标准提高到2200元，对学前教育农牧民子女和城镇困难家庭子女实行生活补助和助学金政策，覆盖面达到95%以上。同时中央财政每年安排2000万元义务教育助学金，专项用于补助西藏自治区寄宿制贫困学生生活费。

国家在政策、规划、投入上对民族教育给予重点倾斜，少数民族在校生占全国在校生总数比重持续增长，近年来均高于人口自然增长比例，一些少数民族成人文盲率下降幅度较快，10 多个少数民族人口平均受教育程度高于全国平均水平。2011 年，全国各级各类学校中少数民族在校学生总数为 2372.12 万人，比 2002 年增长 19.17%。民族自治地方普及九年义务教育的人口覆盖率达到 100%。少数民族在校学生占全国在校学生总数的比重呈明显增长趋势，从 2002 年到 2011 年，普通小学少数民族在校生比例由 9.46% 上升到 10.52%，普通中学由 7.40% 上升到 8.83%，普通高校由 5.99% 上升到 6.67%。第六次全国人口普查数据显示，我国 15 岁以上少数民族人口受教育程度增幅与全国平均水平相当，其中朝鲜族、蒙古族、满族等 13 个少数民族 15 岁以上人均受教育程度高于全国水平。

二、民族教育发展水平不断提高

党的十六大以来，民族地区各级各类教育快速发展，少数民族受教育机会大幅增加，教育普及水平持续提高，办学条件不断改善，教育质量逐步提高，教育公平迈出重大步伐。

（一）民族地区各级各类教育协调发展

第一，学前教育发展加快。2011 年，少数民族在园幼儿数达到 251 万人，占全国在园幼儿总数的 7.32%，比 2002 年增长了 130%。国家组织实施了“学前教育三年行动计划”等一系列学前教育工程和项目，重点向民族地区倾斜，以加强学前双语教育为重点，科学规划、合理布局少数民族和民族地区学前教育机构，加大中央财政对民族地区学前教育的支持力度，优先安排农村学前教育项目，新建、改扩建了一批安全、适用的幼儿园。中小学布局调整后的富余教育资源和其他富余公共资源，优先改建成幼儿园。并切实加强学前教育管理，规范办园行为,强化安全监管。幼儿园教师国家级培训计划优先向民族地区幼儿园园长、骨干教师倾斜。民族地区幼儿在良好的教育环境中健康快乐成长。

第二,义务教育全面普及。一是民族地区建立健全了农村义务教育经费保障新机制。全面实施了"两免一补"政策,逐步提高了学校公用经费保障水平,建立并完善了校舍维修改造长效机制和教师工资保障机制。二是实施西部"两基"攻坚计划,重点支持西部民族地区加快实现"两基"。2004—2007 年,中央投入 100 亿,支持西部 410 个县实现"两基"攻坚任务,其中,少数民族县 309 个,占 75%。2008 年中央继续安排 13.4 亿元专项资金,支持尚未实现"两基"的 42 个西部地区少数民族自治县实施寄宿制学校建设。2011 年,全国 698 个民族自治地方县级行政区划全面普及九年义务教育,实现了扫除青壮年文盲的工作目标。三是实施一系列专项工程。"十一五"期间,实施了"农村寄宿制学校建设工程"、"现代远程教育工程"、"新农村卫生新校园建设工程"、"中西部农村初中校舍改造工程"、"中小学校舍安全工程"、"中小学薄弱学校改造工程"、"中小学教师国培计划"等一系列义务教育专项工程,中央财政累计投入 550 多亿元。从 2011 年秋季学期起,启动实施农村义务教育学生营养改善计划,试点范围以贫困地区、民族和边疆地区、革命老区为重点,包括连片扶贫地区的 680 个县、约 2600 万在校生。

第三,普通高中教育稳步发展。2002 年以来,民族地区普通高中教育的改革与发展进一步推进,多种形式发展普通高中,扩大规模,提高质量,引导示范性高中建设,加快建设基础薄弱校,扩大优质高中教育资源供给能力。到 2011 年,全国普通高中少数民族在校生数达到 191.45 万人,占全国普通高中在校生总数的 7.8%。按照推进素质教育和普通高中课程改革要求,2011 年所有民族地区普通高中都参加了新课程实验,高中起始年级全部进入新课程。民族地区利用中小学布局调整契机,整合高中资源,集中力量办好地区级和县级普通高中,办好民族高中。如宁夏在银川市创办宁夏六盘山高级中学和宁夏育才中学，面向西海固地区及移民地区每年招收初中毕业生5000多人，所有学生均免收学费和住宿费，政府为每个学生每年提供1000元生活补助费和部分生活设施，还设立特困生救助金、奖学金制度，相当于给西海固地区每个县办了一所优质普通高中，基本缓解了西海固地区普通高中就学压力，从根本上满足了该地区群众对优质教育的强烈渴求，拓宽了教育扶贫的新思路。

第四，职业教育大力发展。民族地区以中等职业教育为重点，加大教育结构调整力度，普职比逐渐趋于合理。2011年，全国中等职业学校少数民族在校生数达126.64万，占全国7.39%，比2002年增长了105.78%，民族地区高中阶段毛入学率大幅度上升。教育部会同有关部门实施了职业教育基础能力建设工程，“十一五”期间，中央财政安排5个民族自治区和新疆生产建设兵团21亿元，支持了576所职业学校建设，其中，安排3.95亿元，支持了171个中职实训基地和67个高职实训基地；安排2.8亿元，支持了28所中等职业教育改革发展示范学校建设；安排12.2亿元，支持296所县级职教中心和示范性中等职业学校建设；安排2.1亿元，支持了10所示范性高职学校建设。积极推进民族地区职业教育改革创新。“十一五”期间，民族地区承担了4项国家教育体制改革中等职业教育重大试点项目和16项中等职业教育改革创新试点项目，根据民族地区经济和产业结构特点，支持发展一批面向民族优秀传统文化、民族传统工艺、民族非物质文化遗产、现代农牧业等特色专业。2009年率先在四川省藏区实施了“9+3”免费职业教育计划，2010年在内地12个省市举办了内地西藏中职班，年招生3000人，已有上万名藏区学生在省内外重点中职学校学习，满足了藏区农牧民子女接受优质职业教育的迫切愿望。同时，在集中连片民族贫困地区推广“9+X”中职教育。民族地区具有一技之长的新增劳动力明显增多。2009年在广西建立“国家民族地区职业教育综合改革试验区”，使广西走在民族地区职业教育改革发展前列，带动民族地区职业教育的改革和发展。

第五，高等教育服务能力不断提高。少数民族和民族地区高等教育规模不断扩大。2011 年，全国各类高等教育少数民族学生数达到 237 万人，占全国高校学生总数的 6.67%，比 2002 年增长了 338.08%。民族地区高等教育毛入学率稳步提高，进入大众化阶段。民族地区高校和民族院校不断推进学科专业调整和课程改革，加强应用型学科、特色学科建设，以适应国家主体功能区战略、区域主导产业和特色产业发展的需要。开展省部共建地方高校工作。教育部先后与 5 个自治区、3 个民族省份以及吉林省共建了 10 所地方高校。加强重点学科及专业建设。"十一五"时期，立项建设了 7 个国家民委—教育部共建重点实验室。设立了民族问题研究专项课题，加强民族问题研究重点基地建设。

（二）民族团结教育成果丰硕

我国是统一的多民族的社会主义国家。党和国家历来十分重视巩固和发展"平等、团结、互助、和谐"的社会主义民族关系，维护各民族的紧密团结和国家的统一。为增强各民族学生维护国家统一的自觉性，引导广大师生正确认识我国多民族的基本国情和各民族对祖国历史文化的贡献，牢固树立各民族一律平等，汉族离不开少数民族，少数民族离不开汉族，少数民族之间也相互离不开的思想观念，增强对伟大祖国的认同、对中华民族的认同、对中华文化的认同和对中国特色社会主义道路的认同，在全社会特别是在全国各级各类学校广泛深入地开展以马克思主义民族观、宗教观和党的民族、宗教政策为重点内容的爱国主义和民族团结教育。

一是把握正确方向。深入开展社会主义核心价值体系宣传教育，用中国特色社会主义共同理想凝聚力量，用以爱国主义为核心的民族精神和以改革创新为核心的时代精神鼓舞斗志，用社会主义荣辱观引领风尚，巩固各族人民团结奋斗的共同思想基础。广泛开展"热爱伟大祖国,共建美好家园”的主题教育活动,增强各族人民对伟大祖国的自豪感、对中华民族的归属感、对中华文化的认同感,增强中华民族凝聚力。

二是注重育人过程。把民族团结教育贯穿于校内外教育全过程。推动党的民族理论和民族政策、国家法律法规进教材、进课堂、进头脑。按照中央要求,把爱国主义和民族团结教育纳入思想政治课程体系。组织编写了民族团结教育专题读本,供全国小学高年级、初中和高中学生使用,在《中等职业学校德育课程教学大纲》中,将民族问题和民族政策列为重要的教学内容,在高校思想政治理论课中,开设了马克思主义民族理论与政策方面课程。把学校民族团结教育的课堂教学、社会实践、校园文化等重要环节有机结合起来,在全国各级各类学校中深入开展形式多样的民族团结教育主题活动。将民族团结教育作为教师培养培训的重要内容,全面提高教师开展民族团结教育的意识和能力。推进爱国主义教育和民族团结教育进社区、进农村、进寺庙,推动各民族和睦相处、和衷共济、和谐发展,增进各民族同呼吸、共命运、手拉手、心连心。

三是讲究教育实效。通过创新民族团结教育形式、丰富教育内容,提高吸引力和感染力,增强针对性和实效性。各地坚持每年组织开展“民族团结教育月”,利用寒暑假和节假日,组织学生到革命传统教育基地、博物馆、企业、农村参观学习,邀请老红军、老八路作革命传统报告,对学生进行革命传统教育、国情教育;利用班会、团队活动、升旗仪式、专题讲座等形式,开展丰富多彩的民族团结教育活动,取得了很好效果。民族团结教育对促进各民族优秀文化传承交流,不断夯实各民族大团结的基础,增强中华民族自豪感和凝聚力发挥了重要作用。

(三)双语教育稳步推进

依据《宪法》和有关法律规定,民族自治地方中小学实行双语教育。经过多年努力,我国初步形成了以培养民汉双语兼通为基本目标,以提高适应社会发展能力为导向,在民族地区少数民族学生中实施使用国家通用语言文字和少数民族语言文字接受教育的双语教育。蒙古、藏、维吾尔、哈萨克、柯尔克孜、锡伯、朝鲜、苗、壮、布依、侗、哈尼、白、彝、纳西、景颇、傈僳、拉祜、佤、傣、乌孜别克等21个民族使用自己的29种文字进行双语教学。据初步统计,目前全国开展双语教学的学校共有1万多所,在校学生500余万人,形成了四种双语教学模式:一是全部课程用民族语言授课,单科加授国家通用语言文字;二是全部课程用国家通用语言文字授课,单科加授民族语文;三是部分课程使用民族语授课、部分课程使用国家通用语言文字授课;四是实施国家通用语言文字授课,用民族语辅助教学(主要在小学低年段)。按照"坚持方向、因地制宜、遵循规律、稳步推进"的原则要求,以加强学前教育、教师队伍建设、中小学双语教材为重点,以双语兼通为基本目标,以帮助民族地区人民群众改善民生,提高适应社会发展能力和就业创业能力为导向,科学有序地开展双语教育。

一是加强双语教材和教学资源建设。为保障各民族学生更好地享有使用和发展本民族语言文字的权利,加强双语教材的编译和出版,建立了民族教材出版机构和民族语文教材协作组织,目前,全国有蒙文、藏文、朝鲜文等教材编译审查机构和跨省区民文教材协作组织,并设有相应的民文教材出版单位,每年出版21个民族29种文字的中小学教材3500多种1亿多册,基本满足了双语教学的需要。同时还出台了对少数民族文字教材出版发行产生的亏损给予补贴的特殊政策,中央财政设立了民文教材编译审查专项补助经费。加强民族语言文字应用研究、规范标准建设和资源库建设,"十一五"以来,国家先后投入了5200万元资金支持少数民族双语教学资源开发。除了学习国家通用语言文字和本民族语言文字外,部分省区根据实际情况,在少数民族中小学开设了外语课程。

二是加强民族地区双语教师队伍建设。继续扩大双语师资来源渠道,通过特岗计划、城镇教师支教计划、大学生实习支教计划等项目补充农村双语师资,重点加强学前和小学阶段双语教师的培养。通过加强培养培训,确保学前、中小学双语教师的有效衔接。2007 年开始,中央民族教育专项补助资金调整了使用方向,明确主要用于少数民族双语骨干教师培训,并从 2011 年开始将资金规模从原来每年的 1000 万元增加到 1 亿元。教育部办公厅印发了《关于做好少数民族双语教师培训工作的意见》,要求有关省区要将双语教师培训纳入教师培训总体规划,力争在"十二五"期间,将本地区双语教师轮训一遍,使双语教师整体素质和教学能力显著提高。同时,不断改善教师工作条件,2010 年,国家启动实施农村贫困边远地区教师周转宿舍试点项目,共安排 5 个自治区中央专项资金 2.5 亿元。

三是加强双语教学管理。根据民族地区双语教育特点设置课程体系,增强实用性和针对性。鼓励和支持汉族师生学习少数民族语言文字和各少数民族师生之间相互学习语言文字,促进各民族交流交往交融。建立双语教育督导评估和质量监测机制,严格执行双语教育课程设置方案和各学科课程标准,改进双语教学方法,提升教学质量。2011 年新疆自治区双语教学质量监测评价中心对所属七地州 308 所学校 4 万名小学生进行了首次汉语教学质量监测,监测结果显示双语教育推进工作成效显著。组织实施了不同层次、不同范围、多种模式的双语教育实验。以培养一大批支撑民族地区支柱产业、特色产业发展的双语兼通的少数民族人才为目标,不断创新双语教育模式,拓展少数民族学生的语言文化交流能力,使他们能适应经济社会的发展,拥有更多的职业选择和自我发展机会。

三、教育对口支援得到切实加强

教育对口支援民族地区是贯彻中央决策部署,发挥社会主义制度优越性,实现各民族共同团结奋斗、共同繁荣发展的重要举措。加强教育对口支援工作,对于落实教育优先发展战略地位,促进民族地区与其他地区的教育交流合作,增强民族地区教育自我发展能力,提高民族教育质量和发展水平,加快缩小民族地区与发达地区的差距,造就一大批服务区域经济和产业发展的人才,增进各民族交流交往交融,促进民族团结进步事业具有重要意义。党的十六大以来,教育对口支援坚持突出重点与整体推进相结合,坚持宏观政策指导与项目推进相结合,坚持政府主导与社会广泛参与相结合,成效显著。

(一)对口支援范围不断扩大

在我国5个省级自治区中,西藏全区面积120万平方公里,约占全国总面积的八分之一,陆地边境线4000多公里,是中国西南边陲的重要门户。新疆位于中国西北边陲,面积166万平方公里,占国土总面积的六分之一,陆地边境线5600多公里,周边与八个国家接壤。西藏、新疆在维护国家统一、民族团结和边疆稳定方面具有十分重要的战略地位,因其独特的地理位置和历史文化背景,一直以来是我国对口支援的重点地区。党和国家历来十分重视西藏、新疆的稳定和发展,从国家发展战略全局和实施西部大开发战略的实际出发,不断加大支援西藏、新疆教育事业的力度,组织实施各项教育对口支援工程,切实解决西藏、新疆教育发展的突出问题和特殊困难,推动西藏和新疆教育事业较快发展。

从1985年开始,内地逐渐开展了大规模的教育援藏工作,举办内地西藏班,加强人才培养。1987年、1993年、2002年和2007年教育部先后召开了四次全国教育援藏工作会议,根据西藏经济社会发展对人才的需求,明确教育援藏的指导思想、基本原则、目标任务和政策措施,先后制定了"重点加强基础教育、优先发展师范教育、积极发展职业教育和成人教育、巩固提高高等教育"和"长期坚持,努力搞好,不断完善"以及实行"对口、定点、包干责任制"的方针政策。第五次中央西藏工作座谈会以来,教育部会同有关部门狠抓贯彻落实,印发了推进西藏和四省藏区教育跨越式发展的两个《意见》,召开了西藏和四省藏区教育工作座谈会，全面部署教育援藏工作。各项工作取得明显进展。2010年中央召开新疆工作座谈会，启动了新一轮对口援疆工作。会后，教育部会同有关部门印发了《关于推进新疆教育实现跨越式发展的意见》等文件，召开了推进新疆教育实现跨越发展工作会议，以双语教育和中等职业教育为重点，对加快发展新疆教育事业进行了全面部署，并加强了政策指导，确保各项政策措施全部启动并逐项落实。

除了重点对西藏、新疆实施对口支援外，2002年以来，国家进一步加大了民族地区教育对口支援工作力度，不断扩大对口支援民族地区的范围，实施"东部地区学校对口支援西部贫困地区学校工程"和"西部大中城市学校对口支援本省（自治区、直辖市）贫困地区学校工程"，通过东部地区经济较发达的市县与西部民族地区"两基"攻坚县"县对县"教育对口支援、西部民族地区各省市经济较发达的市县与本地"两基"攻坚县"县对县"教育对口支援、有关省级党政机关和中央国家机关对西部民族地区"两基"攻坚县的教育支援和教育界社会团体组织的东部学校与西部学校结对帮扶等活动，促进了"两基"攻坚县普及九年义务教育、巩固提高普及义务教育的成果和水平。继续实施"对口支援西部地区高校计划"。目前受援高校已达47所，覆盖了18省（区、市）和新疆建设兵团。2006—2010年，支援高校派出了1000名教师支教，接受了3000多名教师进修学习，互派800人次干部挂职，合作承担省部级以上科研项目200多项。教育对口支援工作长期、稳定、协调、健康发展，促进了民族地区办学条件的改善和教育质量的提高。

（二）对口支援力量不断充实

中央部门和对口支援省市政府是对口支援的主体，此外，高校在对口支援中扮演了日益重要的角色。根据《关于对口支援西藏自治区高等学校工作的通知》精神，由内地27所高校组成团队对口支援西藏6所高校，重点支持学科专业、实验室和师资队伍建设，实现了高校对口支援西藏地区高校全覆盖。继2010年组织实施清华大学、北京大学等

22所教育部直属高校组团对口支援新疆大学、石河子大学、塔里木大学之后，2011年，增加中国人民大学、首都师范大学等49所高校对口支援新疆农业大学、新疆师范大学、和田师范专科学校等27所本专科院校，重点支持学科专业、教师队伍和实验室建设。新疆所有高校均与内地高校建立了对口支援关系。教育部已实施了5期内地高校支援新疆培养少数民族人才协作计划。100多所高校定向招收新疆学生，累计招生2.5万余人。2010年，启动实施第六次内地高校支援新疆培养少数民族人才协作计划，确定由教育部等8部委所属的93所高校和北京市等24个省、自治区、直辖市所属的200余所高校，“十二五”期间招收培养新疆少数民族本专科生2.8万人。2011年援疆省市145所高校接收1.21万名新疆未就业大学毕业生接受再就业培训。

教育对口支援青海藏区工作部署会后，教育部协调北京等6省市和13家中央企业通过援建学校、培养培训教师等多种方式对口支援青海藏区，目前6省市已落实教育援助资金4000万元，接收1300名骨干双语教师进行培训。实施的“东部地区学校对口支援西部贫困地区学校工程”确定了山东、北京、广东等14个省市和15家国有大中型企业与新疆各地州建立了对口支援关系，共选派近2000余名中小学教师赴新疆支教，投入援建资金4.67亿元，新建、改扩建中小学404所。2010年中央启动新一轮对口援疆工作后，北京、天津等19个省市2011—2015年教育援疆资金达97.61亿元。在对口支援中，援疆省市除加大自身财政投入外，积极协调疆外企业支持新疆教育发展。如浙江省教育厅牵线浙江荣盛控股集团在阿克苏设立2000万元专项基金，支持阿克苏教育发展。为解决塔县新学年教师紧缺问题，深圳市关爱办牵头深圳中航集团等企业在全市招募了13名志愿者组成深圳募师支教队，赴塔县开展为期1年的支教工作，并成为深圳教育援疆支教队的补充力量。除发动本省市企业教育援疆外，各省市积极组织社会力量以多种形式支持新疆教育。如深圳市充分发挥老年专家志愿者余热，先后组织了27位平均年龄在60岁左右、具有高级以上职称的退休教师志愿者,赴新疆喀什市,开展为期一个半月的“银龄”支教活动。

随着越来越多的高校、中央企业和对口支援省市企业以及共青团中央、全国妇联等社会团体和社会人士参与到对口支援工作中来,以提高人才培养质量为目标,政府主导、社会参与、多层次、全方位、多形式的对口支援工作格局已经形成,对口支援的力量不断增强,对口支援的参与面和受益面不断扩大。

(三)对口支援工作成效明显提高

通过中央有关部门、对口支援省市和受援地区的共同努力,受援地方办学条件有了显著改善,对口支援工作成效明显提高。

一是学前教育基本建设步伐加快。2011 年中央和地方财政投入西藏和四省藏区 4. 32 亿元,建成幼儿园 353 所。国家支持新疆的 2350 所双语幼儿园基本完工,公开招聘 1. 3 万名“双语特岗”和双语幼儿园教师,落实农村学前教育推进工程试点项目中央专项资金 2 亿元。

二是高中阶段教育实现较快发展。职业教育实训基地、国家中职改革发展示范校建设等项目均向民族地区倾斜,安排西藏和四省藏区 7. 76 亿元,建设学校 48 所。西藏对中职生实行免除学杂费、住宿费和教科书费政策。安排新疆中等职业教育建设项目资金共 2. 65 亿元,落实中等职业学校招生计划 16. 45 万人。并在东中部省市举办内地新疆中职班,年招生 3300 人。

三是高等教育服务能力进一步增强。2011 年共投入 6. 83 亿元加强西藏高等教育基础设施建设,安排西藏和四省藏区高校 37 个重点学科项目,其中 7 个面向藏区服务的特色学科列入国家重点学科建设项目。教育部组织实施的“对口支援西部地区高等学校计划”和“援疆学科建设计划”,显著提升了新疆高校学科建设、科研能力和管理水平。支持新疆大学、石河子大学调整学科专业结构,加强应用型学科专业建设。新疆普通高校录取率达 77. 2%,比全国平均升学率高 5 个百分点。

四是人才培养结构显著改善。2011 年内地高校面向西藏招生和西藏高校面向内地招生规模分别增长了 20% 和 17%。继续实施特殊政策面向西藏和四省藏区招收培养本、专科及硕士、博士等高层次人才。从 2002 年起，国家实施支援新疆汉语教师工作方案，重点扶持新疆汉语教师培训工作。到 2007 年，共培养培训 8800 名汉语教师，选派教师 600 余名。2008 年启动了第二期国家支援新疆汉语教师工作方案，到 2012 年为新疆共培训 3300 名汉语教师。

第十二章　特殊教育取得显著进展

特殊教育是中国特色社会主义教育事业的重要组成部分。党的十六大以来,随着党和国家保障和改善民生各项政策的实施,特殊教育受到前所未有的关注,国家对特殊教育的投入力度不断加大,特殊教育保障水平不断提高,特殊教育体系不断完善,特殊教育的发展水平达到了前所未有的高度。特殊教育在新的历史阶段迎来了又一个发展的黄金期,前景无比辉煌灿烂。

一、特殊教育得到广泛关注

(一)特殊教育得到党和国家高度重视

中国是世界上残疾人数量最多的国家。根据 2006 年第二次全国残疾人抽样调查数据推算,全国各类残疾人的总数已经达到 8500 万人,残疾人占全国总人口的比例为 6. 34%。全国残疾人口中,0—14 岁的残疾人口为 387 万人,6—14 岁学龄残疾儿童为 246 万人,占全部残疾人口的 2. 96%。因此,特殊教育(即从残疾人的学前教育、义务教育、高中教育、高等教育到职业教育、成人教育),不仅关乎残疾人自身的解放和发展,而且关系到数千万家庭的民生和整个社会的稳定与和谐。

2007 年,党的十七大报告强调要"关心特殊教育"。2008 年 3 月,胡锦涛总书记主持召开中共中央政治局会议,专题研究残疾人事业发展问题。同年中共中央、国务院颁布《关于促进残疾人事业发展的意见》，将“发展残疾人教育”作为“促进残疾人全面发展”的首要途径和措施，要求：“鼓励从事特殊教育，加强师资队伍建设，提高特殊教育质量。完善残疾学生的助学政策，保障残疾学生和残疾人家庭子女免费接受义务教育。发展残疾儿童学前康复教育，加快发展高中阶段特殊教育，鼓励和支持普通高等学校开办特殊教育专业。逐步解决重度肢体残疾、重度智力残疾、失明、失聪、脑瘫、孤独症等残疾儿童少年的教育问题”，为我国特殊教育的科学发展指出了方向。

回顾八年来，胡锦涛总书记每年都要过问特殊教育问题，多次亲临特殊教育机构，表达了对特殊教育的殷殷关怀，浓浓深情。2004 年，他在中山公园参加庆祝新中国成立 55 周年的游园活动时，专门来到北京东城区特殊教育学校师生身边，鼓励残疾学生“要一直坚持下去，好好学习，长大后更好地建设祖国”。

2006 年六一儿童节前夕，胡锦涛总书记到北京市儿童福利院看望生活在那里的孤残儿童和他们的老师。胡总书记教孩子们认图片，扶着脑瘫儿学走路，手把手地教残疾儿童包粽子。他深情地对老师们说：“孤残儿童是社会上最弱小、最困难的群体，他们最需要呵护、最需要关爱。各级党委和政府都要把孤残儿童放在心上，健全救助制度，完善福利设施，推进特殊教育，动员社会力量为孤残儿童奉献爱心，使他们和其他小朋友一样，在祖国的同一片蓝天下健康幸福成长。”

2007 年 11 月，胡总书记在给湖北省宜昌市特殊教育学校失聪孩子刘丹阳复信中说：“我相信，随着国家各项事业的发展，在社会各界的关爱和帮助下，你们的生活会越来越好！”并且告诉刘丹阳“我同你的爷爷、奶奶一样爱你”。

2008 年 9 月第 24 个教师节来临之际，胡总书记专程来到郑州市盲聋哑学校看望师生。总书记鼓励学校老师们说：“长期以来，你们以自己的真挚爱心勤勉工作，付出了常人难以想象的辛劳，为残疾孩子带来了光明、带来了希望。我向老师们表示节日的问候和崇高的敬意！”

总书记接着说，特教事业是一项神圣的事业，从事特教工作的老师应该受到全社会尊敬。希望各位老师进一步增强光荣感和责任感，在这个特殊岗位上作出更大成绩，让残疾孩子得到更多的关爱、受到更好的教育，让他们和其他孩子一样，在祖国大家庭里健康快乐成长。总书记还勉励残疾孩子们，北京正在举办举世瞩目的残奥会，残奥会倡导的"超越、融合、共享"理念，就是鼓励残疾人自强不息，积极面对人生，全面融入社会。在全社会的热情帮助下，在老师们的精心培育下，加上同学们自己的努力，你们一定能够成为生活的强者，一定会有美好的未来。

2009 年 5 月，教育部、民政部、中国残联召开了第四次全国特殊教育工作会议，国务院办公厅会前转发了教育部等八部门《关于进一步加快特殊教育事业发展的意见》，对当前和今后一个时期特殊教育工作作出了全面部署，强调要以科学发展观为指导，不断完善特殊教育体系，大力提高特殊教育水平，切实保障残疾人受教育权，使广大残疾人共享教育改革发展成果，体现党中央、国务院对特殊教育工作的高度重视，对残疾青少年的亲切关怀。各地积极采取措施贯彻落实会议精神，大力推进本地区特殊教育事业的发展，特殊教育改革发展呈现良好局面。

（二）特殊教育法律法规和政策体系建设进一步加强

近十年来，我国加快了在特殊教育法律法规和政策体系的建设。已经修订颁布和正在修订之中的涉及残疾人教育的法律法规近 10 个，这为保障残疾人受教育权，促进特殊教育的跨越式发展提供了有力的保障。

2006 年修订的《义务教育法》关于残疾儿童教育的条款由原法一个条款增加到 4 条 8 款。涉及特殊儿童、少年就学的政府责任、受教育形式、经费保障、教师待遇、法律责任等五个方面，特别是明确了中央政府和县级以上人民政府保障适龄残疾儿童少年接受义务教育的责任，明确了特殊教育学校和普通学校都是残疾儿童少年义务教育的实施主体,除了地方人民政府根据需要设置相应的实施特殊教育的学校(班),普通学校也应当接收具有接受普通教育能力的残疾适龄儿童少年随班就读,并为其学习、康复提供帮助,改进了1986年原《义务教育法》中只有特殊教育学校(班)的单一形式,适应了世界全纳教育发展的趋势。2008年修订的《中华人民共和国残疾人保障法》,在残疾人教育权保障上,专门增加了"国家举办的各类升学考试、职业资格考试和任职考试,有盲人参加的,应当为盲人提供盲文试卷、电子试卷或者由专门的工作人员予以协助"的条款。

2009年国务院办公厅转发教育部等部门《关于进一步加快特殊教育事业发展的意见》。意见对当前和今后一个时期我国特殊教育事业的发展提出了具体要求。指出要继续提高残疾儿童少年义务教育普及水平,加快发展以职业教育为主的残疾人高中阶段教育,为残疾学生就业和继续深造创造条件,加快推进残疾人高等教育发展,因地制宜发展残疾儿童学前教育,大力开展面向成年残疾人的职业教育培训,采取多种措施,扫除残疾青壮年文盲。意见要求,全面实施残疾学生免费义务教育,加强特殊教育学校建设,做好中等教育和高等教育阶段残疾学生资助工作,并加大投入,确保特殊教育学校(院)正常运转。为加强特殊教育的针对性,提高残疾学生的综合素质,意见提出,要根据残疾学生的身心特点和特殊需求,加强教育的针对性。注重学生的潜能开发和缺陷补偿,培养残疾学生乐观面对人生,全面融入社会的意识和自尊、自信、自立、自强精神。在课程改革中,要充分考虑残疾学生特点,注重提高其生活自理、与人交往、融入社会、劳动和就业等能力的培养。意见还强调,要全面推进随班就读工作,不断提高教育质量。

在科学发展观的指导下,党和政府在统筹规划全国各级各类特殊教育的全面和均衡发展方面,特教特办,提出了许多新的政策要点。《教育规划纲要》单列专章对特殊教育的发展作出部署,这在国家教育发展规划中是史无前例的。《教育规划纲要》要求"各级政府要加快发展特殊教育,把特殊教育事业纳入当地经济社会发展规划,列入议事日程。全社会要关心支持特殊教育”。另外,要不断“完善特殊教育体系。到2020年,基本实现市(地)和30万人口以上、残疾儿童少年较多的县(市)都有一所特殊教育学校。各级各类学校要积极创造条件接收残疾人入学,不断扩大随班就读和普通学校特教班规模。全面提高残疾儿童少年义务教育普及水平,加快发展残疾人高中阶段教育,大力推进残疾人职业教育,重视发展残疾人高等教育。因地制宜发展残疾儿童学前教育”。把保障残疾人受教育权利作为惠及全民的公平教育不可缺少的组成部分,健全特殊教育保障机制。国家制定特殊教育学校基本办学标准,地方政府制定学生人均公用经费标准。加大财政投入,实施发展特殊教育的重大项目。这些政策,一方面充分体现了国家对残疾学生的特殊关爱,另一方面进一步加强了特殊教育自身的体系建设。

针对残疾儿童的学前教育,国务院《关于当前发展学前教育的若干意见》还特别提出“建立学前教育资助制度,资助家庭经济困难儿童、孤儿和残疾儿童接受普惠性学前教育。发展残疾儿童学前康复教育”。要求“妇联、残联等单位要积极开展对家庭教育、残疾儿童早期教育的宣传指导”。这让全社会感到,特殊教育从学前开始,已成为国家教育发展中重要的一个组成部分。

近些年来,党和国家颁布实施有关特殊教育的政策,充分体现了党和政府“以人为本”的执政理念和对特殊教育的高度重视。通过让每一位残疾人公平获得受教育的机会,而达到实现教育公平、社会正义的目的。如温家宝总理所讲:希望所有的残疾儿童都能得到全社会的关爱,让他们有一个活泼的童年,增强他们对生活的信心和勇气。办好特殊教育学校,保障残疾儿童平等接受教育。

(三)全社会关心和支持特殊教育发展的氛围基本形成

随着我国政治文明、精神文明、物质文明、社会文明的建设不断深入,关爱、支持特殊教育的社会氛围已经越来越浓厚。在这方面,最能凸显中华民族扶残济困传统美德的典型事例，就是2008年举国上下对汶川特大地震造成的伤残儿童特殊教育的慷慨捐助。汶川特大地震导致大量儿童受伤致残，仅四川领取残疾人证的受伤儿童少年就有500余名。尽快灾后重建、抚平这些孩子心灵的创伤，让他们重新回到课堂，享有幸福的未来成为全社会共同的心愿。上海证大集团、震旦集团、永大电梯设备有限公司等一批企业向中国残疾人福利基金会捐赠款物2000万元，参与建设国内第一所无障碍的九年义务教育学校——都江堰友爱学校。该校占地约80亩，建筑面积约20000平方米，所有建筑设施均为无障碍。2009年9月1日学校开学，按照残健融合的理念，1440名学生中，20%左右为地震中伤残的适龄中小学生。伤残学生与健全学生同班上课。

有着百年历史的交通银行自2007年起的10年内，向中国残联捐赠人民币1亿元，设立“通向明天——交通银行残疾青少年助学计划”。资金主要用于资助家庭经济困难残疾学生完成学业，为特殊教育学校（院）和接受随班就读学生的普通学校添置教育教学设备，资助西部地区新建特殊教育学校，残疾人中等职业学校建设实习实训基地和残疾人职业教育师资培训。2010年，交通银行与中国残联、教育部协商又决定设立了“交通银行特教园丁奖”分项目，已连续三年每年表彰奖励200名优秀特教教师。

2012年4月，中央电视台《新闻联播》连续播出河北省滦南县洼里村一个普通的农家小院里生活着一个特殊的“大家庭”：39个患有脑瘫、智障或肢体残疾的孩子在这里免费读书、免费吃住、快乐生活。孩子们的“家长”是当地一名叫高淑珍的普通农村妇女。从1998年收留第一个残疾孩子算起，14年她先后收教了近百名残疾孩子，但从未向这些孩子收过一分钱。课本是从村里已升入二年级的学生家里借来的，教师就是刚从电大毕业的女儿王国光。高淑珍家承包了20多亩水田，稻谷就是孩子们口粮。歉收的时候，为了让每个残疾孩子吃饱，她每天天不亮就骑着自行车，驮着批发来的一些日用品去赶集，挣了钱给孩子们买吃的。天地之间有大爱。高淑珍的善举如一石击水感动了整个中国，四面八方的关爱汇聚而来，一批批志愿者纷纷来到这里义务教授孩子们知识和提供康复训练。当地政府也在为这些残疾学生更好地接受特殊教育作出安排。

在党的十七大，在全国和地方各级人民代表大会、政协委员会中都有来自特殊教育学校、残疾儿童学前教育康复机构的先进模范代表。在国家优秀教师表彰中也都有特殊教育教师。特殊教育工作者的社会地位和待遇在不断提高，日益受到全社会的尊重。

二、特殊教育体系不断完善

（一）各级各类特殊教育学校稳步增长

完善特殊教育体系，是《教育规划纲要》确定的特殊教育工作的一项重点任务。按照全面提高残疾儿童少年义务教育普及水平，因地制宜发展残疾儿童学前教育，加快发展残疾人高中阶段教育，重视发展残疾人高等教育的工作思路，国家在大力完善从学前教育到高等教育的特殊教育体系，使残疾人能接受不同层次的特殊教育，满足他们的发展需求。

在普及残疾儿童少年义务教育方面，国家将解决中西部残疾儿童少年义务教育问题摆在优先的位置。据2006年的数据，除北京、上海、天津3个直辖市和西藏外，全国326个地级市（州、盟），尚有74个未建立特殊教育学校，占地级市总数的22.7%，其中中西部65个，占未建特殊教育学校地级市总数的88%。全国县（市、旗）1934个（不含市辖区），人口在30万以上的1246个，尚有493个未建立特殊教育学校，占县总数的39.56%。其中中西部405个，占30万人口以上未建特殊教育学校县总数的82%。中西部省份70%左右的特殊教育学校需要进行校舍建设和配置必备教学、康复训练设施，为此，2007年，教育部、国家发展改革委编制实施《“十一五”期间中西部地区特殊教育学校建设规划(2008—2010年)》。由中央和地方政府共同投入,在中西部地区新建改扩建1182所左右特殊教育学校,基本实现在中西部地区的地(市、州、盟)级和30万人口以上或残疾儿童少年较多的县(市、旗)有1所独立设置的综合性(盲、聋哑、弱智三类校中两类及以上组合建制学校)或单一性特殊教育学校;现有特殊教育学校办学条件得到明显改善。所有项目学校达到或基本达到国家颁布的特殊教育学校建设标准和设施配备要求,基本满足残疾儿童少年接受九年义务教育的需求。近10年来,我国义务特殊教育学校发展的状况如表12-1所示。

表12-1　2002—2011年全国特殊义务教育发展情况

年　份	盲　校	聋　校	培智学校	综合性特教学校	学校合计(所)	在校学生数(万人)
2002	37	654	478	371	1540	37.44
2003	37	669	375	470	1551	36.47
2004	33	668	369	490	1560	37.18
2005	35	644	391	523	1593	36.44
2006	35	629	382	559	1605	36.29
2007	33	579	380	626	1618	41.93
2008	36	564	388	652	1640	41.74
2009	35	541	401	695	1672	42.81
2010	33	478	396	799	1706	42.56
2011	32	452	391	892	1767	39.87

资料来源:www.cdpf.org.cn

同时,作为残疾儿童少年接受特殊教育的另一种形式,义务教育普通学校附设的特教班也有上千个之多。据统计:2006年为2547个,2007年为2803个,2008年为2844个,2009年为2801个,2010年为2775个。

在残疾儿童学前教育方面,其不同于普通儿童学前教育的一个突出特色,是保育与康复训练相结合。残疾儿童学前教育需要针对不同类型的残疾儿童开展有目的、有计划、有组织的康复训练。当前,我国残疾儿童学前和康复教育的主要对象是聋儿、孤独症儿童、脑瘫和肢体残疾儿童、智力残疾儿童的早期康复训练。“十一五”期间,国家对8万名聋儿进行听力语言康复训练;为1.2万名贫困聋儿免费配戴助听器并补贴康复训练经费;实施人工耳蜗植入手术,对贫困家庭给予训练救助,对8万名聋儿家长进行培训。到2010年,实际已经对9.8万聋儿进行听力语言康复训练,完成计划的122.6%。2010年一年,就对18809名聋儿进行了听力语言康复训练,培训聋儿家长22924名;培养各类专业人员6203人;人工耳蜗项目资助贫困聋儿730名,助听器项目资助贫困聋儿3000名;此外,还建立了34个省级孤独症儿童康复训练机构,对5620名孤独症儿童进行了康复训练;肢体残疾康复训练机构达到4915个,对2050名贫困肢体残疾儿童进行了术后康复训练;对2.1万名肢体残疾儿童进行了机构康复训练;智力残疾康复训练机构达到1870个;对2.7万名0—14岁的智力残疾儿童进行了康复训练;培育了10个智力残疾儿童康复养护试点机构,开展智力残疾儿童早期康复训练与服务。

残疾人高中教育和高等教育发展势头也较好,数据显示残疾人接受高中以上教育的需求不断得到满足,残疾人群体的文化素质在逐步提高(见表12-2)。

表12-2　2003—2011年接受高中和高等教育的残疾学生数量

年份	特殊教育普通高中(所)	高中在校生数(人)	被普通高等院校录取(人)	被特殊教育学院录取(人)
2003	31	1698	3072	827
2004	53	2416	4104	842
2005	66	3891	4335	904
2006	69	4192	4148	986
2007	83	4978	5234	1086
2008	95	5464	6273	1032
2009	104	6339	6586	1196
2010	99	6067	7674	1057
2011	179	7207	7150	877

资料来源:www.cdpf.org.cn

在残疾人职业教育方面，一个覆盖省（自治区、直辖市）、地（市、州）、县（区）的三级残疾人职业教育培训体系已初现规模。它由专为残疾人设立的职业教育机构与接受残疾人职业培训的普通机构构成。接受职业教育和职业培训的残疾人越来越多，这为他们发挥自身的特长，更好地融入社会奠定了良好的基础。（表 12-3）

表 12-3　残疾人职业教育机构的类型和数量

年份	残疾人职业培训机构（个）	接受残疾人职业培训的普通机构（个）	接受职业教育培训的残疾人数（万人）	具有中等学历职业教育机构	中等学历职业教育机构在校生数（万人）
2003	987	3156	49	190	1.13
2004	1078	2257	57	145	1.12
2005	1044	2206	59	158	1.19
2006	4457	2044	65	116	0.87
2007	4032	2114	73	148	0.90
2008	1757	1974	77	162	0.99
2009	1852	2132	78	174	1.14
2010				147	1.15
2011				131	1.15

资料来源：www.cdpf.org.cn

（二）随班就读支持保障体系正在形成

随班就读在我国特殊教育体系中占据主体地位，体现国际全纳教育的先进理念，并且日益成为残疾学生受教育的主要形式。仅以 2010 年义务教育阶段为例，当年在校特殊学生为 42.56 万人，其中，在普通中小学校随班就读的就有 25.17 万人，占总数的 60%。（表 12-4）

表 12-4　2002—2011 年我国义务教育阶段随班就读学生数

年　份	小学随班就读学生数（人）	初中随班就读学生数（人）
2002	202992	47081
2003	190324	46087

续表

年份	小学随班就读学生数(人)	初中随班就读学生数(人)
2004	190486	47459
2005	182072	43418
2006	172139	44980
2007	200430	66594
2008	188831	70474
2009	187650	76856
2010	180538	75124
2011	154846	70387

为使义务教育阶段残疾儿童少年随班就读更加科学化、规范化、制度化，让随班的特殊学生真正能“进得来、留得住、学得好、用得上”，2003 年 2 月，教育部在全国范围选择 100 个县(区)组织实施“随班就读工作支持保障体系实验工作”，依托地方探索建立随班就读工作支持保障体系，建构以区县为基础、以学区为重点、依托中心校或特殊教育学校和特殊教育资源中心的随班就读行政管理、教研教学指导、经费投入保障的体制和工作机制，辐射带动学区内的普通学校开展随班就读。在实验的过程当中，涌现出江苏海安、甘肃张掖等先进地区，并基本形成了一个适合我国基本国情、教情的随班就读工作支持保障体系的基本框架：

一是建立健全组织领导机构，省、地(市)县成立随班就读工作领导小组，成员应有政府、教育、医疗、民政、残联等部门。教育行政部门要对本地的随班就读工作作出明确部署和提出具体要求。医疗、民政、残联部门配合进行残疾儿童的检测、筛查、鉴定、动员入学。

二是有专职或兼职人员负责，在各级教育行政部门和教研部门配备专职或兼职的特教行政管理人员和教研员。

三是形成省、地(市)县的管理与指导网络，特别是建立以县为单位的网络。即县教育局→乡镇中心学校→随班就读学校连接的管理网络和县教研(或特教学校、特教中心)→乡骨干校教师(中心校/特教校)→随班就读点教师的教研和指导网络。

四是发挥特殊教育学校对随班就读工作的支撑作用,配合教研室承担起对本地各随班就读点的巡回指导、检查、培训、咨询等任务。

五是发挥乡中心校的作用,尽可能将残疾学生集中在乡中心校,或分类别指定在几所学校随班就读。中心校要有一名校长或教导主任负责,选择有爱心、责任心、业务能力强的教师作随读学生的指导教师。在中心校建立资源教室,对本校随班就读学生和教师提供支持。同时对周边随班就读学校起辐射作用。

(三)特殊教育教师培养培训体系初步建立

按照国家调整师范学校的层次和布局的整体要求,我国原有特殊师范教育体系由三级向两级的调整已经完成,形成以专科和本科特殊教育学院(系)为主体的特殊教育教师专业化培养培训体系。

十年来,我国特殊师范教育体系建设上呈现出以下几个特点:一是培养院校增多。过去,特殊教育系(专业)主要在部属师范大学和少数省属师范大学,现在则以省属师范院校为主。特别是像黑龙江、河北、河南、湖南、新疆、贵州、四川、重庆、广西等边远和中西部地区的师范院校也建立了特殊教育系(专业)。二是非师范类高等学校参与到特殊教育师资的培养,出现了学科交叉。例如,天津体育学院、山东体育学院、广州体育学院、西安音乐学院也建立了特殊教育系(专业),培养具有体育或音乐学科特色的特殊教育师资。三是特殊教育专业学生纳入免费师范生教育。自 2007 年起,国务院决定在部属师范院校开展免费师范生教育,北京师范大学率先将特殊教育专业学生纳入,这些学生在校学习期间免除学费,免缴住宿费,并补助生活费。所需经费由中央财政安排,毕业时由省级教育行政部门负责落实教师岗位,保证到基础教育学校任教的每一位免费师范生都有编有岗。享受国家免费培养待遇的师范生也相应承诺在基础教育学校工作 10 年以上。四是积极鼓励和支持将特殊教育课程纳入师范教育课程体系，在职前培养阶段就让师范生了解特殊教育的基础知识。北京、上海等地也将特殊教育知识的学习计入所有普通幼儿园、普通学校教师在职继续教育学分，保证一定的课时，以适应随班就读教育教学的需要。

三、特殊教育保障机制不断健全

近年来，国家采取了大量卓有成效的措施，改善特殊教育办学条件，提高特殊教育质量，促进残疾学生全面发展。

（一）特殊教育学校基本办学标准体系正在形成

制定特殊教育学校基本办学标准，是规范特殊教育学校建设、保证教育教学活动正常运行的重要举措。它涉及诸多方面，十年来，国家重点完成了几项办学标准的制定工作。

一是研究制定颁布盲校、聋校、培智学校《义务教育课程设置实验方案》。它标志着特殊教育学校课程改革进入到一个新阶段。新课程方案本着落实科学发展观，坚持以残疾学生为本，体现义务教育的基本性质，遵循残疾学生身心发展的特点和规律来整体设置课程，更加注重学生的个体发展，潜能开发，更加贴近社会、经济和科学技术的发展，更加注重创新精神和动手能力的培养。因而，在课程设置的指导思想、课程结构、内容、要求等方面都作了很大的改革，是保证和提升特殊教育学校教育教学质量，提高残疾学生全面发展和综合素质的最基础标准。

二是修订《特殊教育学校的建设标准》。2003 年 12 月原建设部、教育部曾发布《特殊教育学校建筑设计规范》。在特殊教育学校义务教育课程设置实验方案实施后，2011 年教育部组织编制，住房和城乡建设部与国家发展改革委员会共同发布《特殊教育学校的建设标准》，该《标准》具体规定了聋校、盲校、培智学校校园建设用地面积与校舍建筑面积指标和建筑标准。它成为我国特殊教育学校建设项目决策服务和合理评价特殊教育学校建设水平的统一标准，编制、评估和审批特殊教育学校建设项目建议书、可行性研究报告、校园规划设计和建设规划用地的依据，审查特殊教育学校建设项目设计和监督检查工程项目建设全过程的标尺。因此，它是保证特殊教育学校校舍科学设计、高质量施工和合理使用的重要标准。

三是制定颁布义务教育阶段盲校、聋校、培智学校的《教学与医疗康复仪器设备配备标准》。根据三类特殊教育学校的课程设置，该《标准》分别提出了在一般的公用教室、学科教学、康复训练、教学资源中心和劳动职业技术教育应该配备的教学与医疗康复仪器设备。较之近20年前的配置标准，不论是在数量上还是在质量上，都发生了巨大的变化，反映出我国社会、经济和科技的发展给特殊教育教学和残疾学生康复训练所带来的积极影响。

（二）各级政府对特殊教育的资金投入前所未有

中央和地方人民政府这些年加大了对特殊教育的资金投入，其力度是空前的。

中央财政设立并不断提高特殊教育补助专款，从2001年的1500万提高到2012年的5000万，重点支持中西部地区特殊教育学校购置教学仪器设备、康复训练设施和图书资料等，各省（市、区）也普遍设立了特殊教育补助专款，支持特殊教育师资培训和改善特殊教育学校办学条件。2001年以来，在国家层面相继开展了“中西部盲童入学项目”、“扶残助学项目”、“彩票公益金助学项目”等，累计投入近2.5亿元，共资助贫困残疾学生近5万余人次。2008年起，国家为“中西部地区特殊教育学校建设工程”投入47亿元。

“十二五”规划开局不久，国家发改委会同教育部、中国残联又谋划实施特殊教育建设二期项目。通过中央和地方共同努力，计划在“十二五”期间支持23所地方特殊师范教育院校、9所残疾人高等院校和10所残疾人职业学校新建或改建1—2个急需的特殊教育基础设施项目，购置专业教学康复试验仪器设备，改善其办学条件、扩大办学规模、提升办学水平。中央资金投入超过10个亿。其中，对特殊师范教育院校或残疾人高等院校，中央资金补助最高可达5000万元；对残疾人职业学校最高可达3000万元；对同时办有特殊师范教育专业和残疾人高等教育专业的院校适当加大补助力度。同时，地方资金要安排20%，其中，省市财政承担的配套资金不低于50%。

在如此短的时间，投入如此多的经费，惠及如此广的特殊教育学校，是新中国以来前所未有的。它充分反映出党和国家加快发展特殊教育的决心。

（三）生均公用经费标准和对贫困残疾学生的资助大幅提高

在2009年第四次全国特殊教育工作会议之后，地方各级人民政府纷纷根据特殊教育的实际需要，大幅提高特殊教育生均公用经费标准和对贫困残疾学生的资助力度，进一步完善特殊教育办学条件，为贫困残疾学生家庭排忧解难。

例如，北京市将特殊教育全面纳入财政保障范围。根据特殊教育发展需求逐步提高投入规模。按照特教学校实际需求调整生均公用经费标准，满足特殊教育学校正常运转、专项设备、教师培训、课题研究等需求。学前特殊教育机构公用经费标准参照特教学校标准拨付。随班就读学生的生均公用经费标准按照特殊教育学校生均标准执行。

上海市特殊教育学校生均公用经费提高到不低于7800元/年；重庆市特殊教育学校生均公用经费为普通学校的5倍，特教班和随班就读学生为4倍；新疆特殊教育学校生均公用经费为5—8倍；青海省、湖南省特殊教育生均公用经费为6倍；广东省特殊教育学校生均公用经费为8—10倍，特教班为5倍；河北省特殊教育学校生均公用经费为10—15倍；浙江省特殊教育学校生均公用经费为10倍以上，高中及以上为5倍以上拨付，随班就读学生按同级特殊教育学校生均公用经费标准执行。

在提高特殊教育生均经费的同时,各地普遍对在校残疾学生实行"两免一补"(免学杂费、免教科书费、补助寄宿生生活费),并随着条件的改善,加大补助力度,提高补助水平。例如,福建省从2010年起,将特教学校义务教育阶段残疾学生享有的"两免一补"政策延伸至特教学校中高中教育阶段三类残疾学生,并逐步延伸至学前教育阶段,2012年对特殊教育学校所有在校学生实行免费教育。同时,生活补助费标准提高到每生每年1500元;已经高于省定补助标准的,按原有标准执行,有条件的地区要进一步提高补助标准。

普通高校全日制本专科在校生中家庭经济困难的残疾学生和中等职业学校一、二年级在校生中残疾学生全部享受国家助学金。在特殊教育学校职业高中班(部)就读的残疾学生也享受国家助学金。

(四)特殊教育教师队伍建设得到加强

国务院办公厅转发的教育部等部门《关于进一步加快特殊教育事业发展意见》要求"省级有关部门要根据特殊教育学校学生少、班额小、寄宿生多、教师需求量大的特点,合理确定特殊教育学校教职工编制并保障落实"。非常可喜的是,长期困扰特殊教育学校的教职工编制不足问题已经在一些省市得到解决。例如,广东省2008年起即按盲校师生比1∶3,聋校师生比1∶3.5,培智学校师生比1∶2.5,自闭症、脑瘫、多重残疾儿童学校师生比1∶2,特教班师生比1∶3.5,随班就读中小学师生比1∶5,教育严重不良行为学生的学校按师生比1∶4的标准配备特殊教育专业教师。上海市2012年开始实施新的特殊教育教师配备标准,聋校、智力残疾学生辅读学校教职工与学生比为1∶2.4,学生人数在200人以下的学校按200人核编,市盲童学校、聋哑青年技术学校按原教职工编制标准执行。专任教师占教职工总数的比例原则上不低于80%。有随班就读学生的普通学校配备1名专职特教教师,随班就读学生在5名以上的,适当增加专职特教教师配备人数。特教幼儿园教职工编制参照特殊教育学校执行,学前特教班班额为

6—8 人，每班配备 3 名专任教师。保育员的配备，参照普通幼儿园有关规定执行。各区县特殊教育指导中心配备专职巡回指导教师，一般不少于 3 名，郊区的区县和大型区适当增加专职巡回指导教师配备人数。

特殊教育教师待遇不断提高。对从事特殊教育工作的教职工给予特殊教育津贴以示鼓励，是我国实行了近 60 年的一项政策，并且写入《义务教育法》《残疾人保障法》《残疾人教育条例》等法律法规之中。不少地方在近年工资体系改革之后，仍然以高于国家的标准发放特殊教育津贴，以表示对特殊教育教师的尊重和关爱。例如，上海市规定：根据义务教育阶段学校实施绩效工资的有关规定，对特殊教育学校优化分配方案。对从事特殊教育的人员，在绩效工资分配上予以倾斜。调整绩效工资总量时，增量部分向特殊教育倾斜。广东省规定：特殊教育教师享受特殊教育津贴，特殊教育津贴标准为岗位工资和薪级工资之和的 30%。有条件的地方可适当提高津贴标准；各地在实行教师绩效工资时，特殊教育津贴不纳入绩效工资总量；从事特殊教育工作满 15 年并在特殊教育岗位退休的教职工，退休后继续按本人退休前标准享受特殊教育津贴。北京、上海、重庆、浙江、四川、新疆、海南等地方人大规定，对从事特殊教育工作满十年以上的教师，颁发特殊教育荣誉证书；从事特殊教育工作满十五年以上，并在特殊教育岗位退休的，特殊教育津贴计入退休金；对从事特殊教育作出突出贡献的人员在职称评聘和晋级等方面应当给予优先。有的地方人大还规定：普通中、小学校接受盲、聋哑和弱智残疾及其他残疾学生随班就读的，其有关教师可以按规定享受特殊教育津贴。

下　　篇

第十三章　教师队伍建设不断加强

十年来，国家采取了一系列措施来加强教师队伍建设，在师德建设、教师培养培训、教师管理制度改革和高层次人才队伍建设等方面取得了很大进展，教师队伍素质得到了很大提升。

一、师德建设得到加强

教师素质，师德为魂。党的十六大报告提出："加强教师队伍建设，提高教师的师德和业务水平"。胡锦涛总书记在全国优秀教师代表座谈会上的重要讲话中指出："高尚的师德，是对学生最生动、最具体、最深远的教育"。《教育规划纲要》提出："努力造就一支师德高尚、业务精湛、结构合理、充满活力的高素质专业化教师队伍"。适应我国教育事业改革和发展的需要，把师德建设摆在教师队伍建设的首位，成为新的历史时期全面提高教师队伍质量和水平的战略措施。2005 年，教育部印发了《关于进一步加强和改进师德建设的意见》，提出师德建设的思路、任务和措施。近些年来，师德建设工作以科学发展观为指导，以提高教师思想政治素养和职业道德素养为重点，以解决师德存在的突出问题为突破口，加强师德教育，优化制度环境，健全有效机制，弘扬高尚师德，营造良好氛围，师德建设不断迈向新台阶。

(一)加强和改进师德教育

师德教育是师德建设的基础。教育部一直高度重视，采取多种措施，不断创新师德教育内容、形式、方法和手段，增强师德教育的针对性、实效性，提高师德教育的质量和水平。

第一，师德教育制度环境不断优化。十年来，先后建立了在中小学教师培养和职后培训中开展师德教育的制度。各级各类师范院校和举办教师教育的综合大学，都将师德教育作为教师培养和职后培训的首要任务和重点内容；建立德育工作者培训制度；对学校班主任、辅导员等德育工作者进行师德教育专题培训；建立各级各类学校新教师岗前师德教育制度。

第二，结合教学实际对教师进行师德教育。教育部组织拍摄了大型师德教育教学片《师德启思录》，将教师职业道德要求与教育教学实际紧密结合，针对师德存在的突出问题、热点和难点问题，以形象、生动、真实的案例，深刻阐述"师德修养"的要义，教师应坚守的职业理想与信念，应具备的先进教育理念，在教育教学实践中磨炼、提升师德修养的方式方法，具有很强的针对性和可视性，受到广大教师和师范生的欢迎，取得了较好的教育效果。教育部还积极推动高等院校、教师进修院校、中小学等专家学者根据各级各类教育教师师德教育的不同要求，开发各种形式的师德教育课程资源，经全国教师教育课程资源专家委员会评审，推荐给全国广大教师选用。

第三，举办师德论坛，丰富师德教育形式。根据不同阶段师德建设形势与任务，教育部先后于2001年、2004年、2008年、2009年，分别以"以人为本、敬业奉献"、"光荣的人民教师"、"学习规范、铸时代师魂"、"爱国敬业，教书育人"为主题，举办了四届全国师德论坛，设政策举措、理论探索、热点难点破解、师德实践等议题，由政府与教育行政部门领导、中小学校长、专家学者、优秀教师等不同方面的人士参加，交流借鉴经验，开阔视野，更新教育观念，探索师德教育和建设新思路、新举措，极大地推动了师德理论建设和实践工作。

十年来，师德教育不断推进。在师德教育的对象上，由中小学教师扩大到全体教师，在师范院校师德教育"两代师表"一起抓；在师德教育的内容上，针对不同层次、不同类型教育教师，确定具体的师德教育重点，使师德教育的内容更贴近教师的需要和实际，强调教师思想政治教育、职业理想教育、职业道德教育，重视法制教育和心理健康教育，加强学风和学术规范教育；在师德教育的方式上，采取开设课程、集中专题培训、组织学习典型、开展交流研讨等多种教师喜闻乐见的形式。

（二）优秀教师典型不断涌现

十年来，在党中央、国务院高度重视和关怀下，在全国广大教师努力下，师德建设工作取得了显著成绩，涌现出了以孟二冬、霍懋征、张丽莉为代表的一大批优秀教师典型。孟二冬教育学生追求真知、树立正确的人生理想，霍懋征以“爱学生”为“老师的天职”，张丽莉被誉为“最美女教师”。国家通过大力表彰和宣传优秀教师典型，不仅为广大教师树立了榜样，还形成了良性的激励机制，引导教师学习典型，努力向榜样看齐。

第一，大力表彰先进优秀教师。新世纪以来，教育部、人力资源和社会保障部于2001 年、2004 年、2007 年、2009 年先后 4 次开展大规模表彰活动，共表彰全国模范教师 2909 人，全国优秀教师 7200 人。教育部于 2007 年、2009 年，表彰“全国中小学优秀班主任”399 人，“全国优秀中小学德育课教师”200 人，“全国中小学德育先进工作者”200 人。在教育部支持下，中国教科文卫体工会全国委员会在 1993—2011 年，先后 6 次表彰“全国师德标兵”330 多人，表彰“全国师德先进个人”432 人。在四川汶川和青海玉树抗震救灾的伟大斗争中，灾区广大教师用生命和鲜血诠释了当代师德精神内涵，铸就了人民教师伟大师魂。2008 年，人力资源和社会保障部、教育部授予周汝兰等 15 位教师“教育系统抗震救灾英雄”荣誉称号；追授谭千秋等 15 位教师“教育系统抗震救灾英雄”荣誉称号。2010 年，教育部授予卓玛才吉等 78 名同志“教育系统抗震救灾先进个人”荣誉称号；追授旦卓玛等 2 名同志“教育系统抗震救灾先进个人”荣誉称号。

第二，深入宣传全国优秀教师重大典型。新世纪以来，在中宣部的大力支持和指导下，教育部先后11次组织全国优秀教师重大典型先进事迹报告团活动。2000年，组织宣传孙维刚、杨瑞清等6位老师先进事迹的"全国中小学优秀教师师德报告团"活动；2004年，组织宣传霍懋征、邹有云等5位老师先进事迹的"全国优秀教师师德报告团"活动；2005年，先后组织宣传"重庆开县优秀教师群体先进事迹、郑琦同志先进事迹报告团"活动；2006年，先后组织"孟二冬同志先进事迹报告团"活动，"王选同志先进事迹报告团"活动；2008年，组织抗震救灾英雄教师刘亚春、王敏、周汝兰、董雪峰参加由中央宣传部、中央组织部等举办的"抗震救灾英模事迹报告团"活动；2011年，组织"叶志平同志先进事迹报告团"活动；2012年，组织"张丽莉同志先进事迹、全国教书育人楷模先进事迹报告团"活动。

中央媒体以每年教师节为契机，集中大规模宣传优秀教师典型事迹。2006年、2007年教师节期间，中央电视台新闻联播"劳动者之歌"连续播出21位优秀教师重大典型先进事迹。教育部与中央电视台联合，先后于2004年、2005年、2006年、2007年在教师节当晚举办大型专题晚会"奠基中国"，每次集中对10多位模范教师进行采访宣传。2011年，教育部与中央电视台联合举办大型教师节晚会"美丽心灵——献给老师的歌"。从2010年开始，教育部联合中央媒体在教师节期间开展推选"教书育人楷模"活动，对获选楷模荣誉的优秀教师进行持续深入学习宣传。此外，中央媒体先后集中宣传了张丽莉、冯志远、郭力华等30多位优秀教师重大典型的先进事迹。在教育部、广电总局支持下，宁夏电影制片厂拍摄了感人至深的影片《冯志远》。

这些表彰和宣传活动对于增强广大教师的光荣感、责任感和使命感，充分激发和调动广大教师的积极性、创造性起到了良好的作用，教师队伍师德整体水平稳步提高，在社会各行业中教师职业声望始终高居榜首。

(三)师德建设长效机制初步建立

第一,明确教师道德规范。2008 年,教育部和中国教科文卫体工会全国委员会联合修订颁布《中小学教师职业道德规范》,提出“爱国守法、爱岗敬业、关爱学生、教书育人、为人师表、终身学习”六个方面的规范要求和“不得有违背党和国家方针政策的言行;对工作不得敷衍塞责;不讽刺、挖苦、歧视学生,不体罚或变相体罚学生;不以分数作为评价学生的唯一标准;自觉抵制有偿家教,不利用职务之便谋取私利”的禁行性规定。2011 年,教育部和中国教科文卫体工会全国委员会联合颁布了《高等学校教师职业道德规范》,提出了“爱国守法,敬业爱生,教书育人,严谨治学,服务社会,为人师表”六个方面的规范要求和“不得有损害国家利益和不利于学生健康成长的言行;不得损害学生和学校的合法权益;不得从事影响教育教学工作的兼职;坚决抵制学术失范和学术不端行为;坚决反对滥用学术资源和学术影响;自觉抵制有损教师职业声誉的行为”禁行性规定。制定颁布教师职业道德规范,为广大教师履行教师职责提供了行为准则,也为师德建设各方面的工作提供了依据。

第二,不断健全师德建设督导评估机制。将师德建设纳入各级教育督导和高等教育评估体系,作为考核各级教育行政部门和各级各类学校工作的一项重要内容,师德建设逐步走向经常化、规范化、制度化轨道。师德考核(评价)机制不断完善。将师德表现与教师的成长与专业发展紧密联系起来,作为教师资格定期注册、新教师招聘、教师绩效考核、教师职务(职称)聘任和晋升等的首要内容。逐步建立完善学生、家长和社区参与师德监督机制。师德建设奖惩机制不断完善。将师德建设和师德表现与各级教育行政部门、各级各类学校与教师的评优表彰挂钩;对具有严重失德行为、影响恶劣者,予以解聘并撤销教师资格。实施师德“一票否决制”。在建立教师师德档案制度、师德考核制度、各级各类学校师德建设督导和评估制度等方面作了大量有益的探索,积累了很多宝贵的典型经验。

二、教师培养培训显著增强

中央和各地积极采取一系列重大政策举措,大力加强教师培养培训,着力提高教师队伍业务素质。

(一)中国特色现代教师教育体系初步形成

自20世纪末开展师范院校布局结构调整,建设开放的教师教育体系以来,我国师范教育进行了战略性调整,教师教育开始进入以走向开放、提升层次、优化结构、提高质量为主要特征的改革发展新时期。

第一,教师教育办学层次显著提高。教师教育的办学层次相应地从中师、大专和本科的"旧三级"向专科、本科和研究生"新三级"转变。特别是自1999年开始师范院校布局结构调整以来,教师培养体系日益呈现出"大学化"的新趋势。从1999年到2012年,本科师范院校由87所增加到108所,专科师范院校140所减少到36所,中等师范学校由815所减少到132所。师范毕业生学历层次显著提高。高师毕业生和中师毕业生之比从2002年的52.5∶47.5提高到2011年的68.5∶31.5。

第二,教师教育体系趋向开放。初步形成了以师范院校为主体,高水平综合性大学积极参与的现代教师教育体系。截至2011年,举办教师教育的非师范院校383所,其中综合大学55所、地方综合性学院142所、高职高专128所、独立学院41所、其他院校17所。非师范院校本科师范毕业生占本科师范生总数的43.2%,非师范院校专科师范毕业生占专科师范生总数的53.5%。

第三,教师培训体系更加完善。高等师范院校以多种方式积极参与中小学教师的在职培训工作,有效改善了过去教师培养与培训分离的低水平、低层次和低质量的状况。并逐步构建起以师范院校和其他举办教师教育的高校为主体、区域教师学习与资源中心为支撑、中小学校本研修为基础的教师培训体系。同时,积极推动教师进修学校与教研、电教等机构进行资源整合,形成上挂高师院校,下联中小学校,具有"多功能、广覆盖、大服务"特点的县区级教师学习与资源中心,成为教师培训组织管理中心、教师远程培训的节点,成为联系高师院校与中小学的桥梁,成为理论与实践联系、转化与相互促进的纽带。

(二)教师教育教学改革逐步深入

第一,教师教育课程改革深入推进。2011 年,教育部总结多年来教师教育课程改革经验,结合推进素质教育的需要,出台《关于大力推进教师教育课程改革的意见》和《教师教育课程标准(试行)》,充分体现"提高质量、解决问题、规范要求、促进改革、突出实招"的政策导向。各有关高校积极贯彻教师教育课程标准,围绕优秀教师培养目标,优化教师教育课程结构,科学设置师范类专业公共基础课程、学科专业课程和教师教育课程。加强教师职业道德教育和养成教育,着力培养师范生的社会责任感、创新精神和实践能力;改进教学方法与手段,采取模拟课堂、现场教学、情境教学、案例分析等多种方式,增强师范生学习兴趣,提高教学效果。如六所部属师范大学普遍优化教师教育课程结构,加强课程建设,努力推进教学内容与基础教育课程改革紧密结合,与实践教学紧密结合,与学科最新成果紧密结合。西北师范大学构建新型本科课程体系,普通教育课程由学校统一组织,学科基础课程由各学院承担,教师教育课程由教育学院、教育技术与传播学院承担。上海师范大学出台《关于进一步推进教师教育改革与发展的决定》,探索建立模块化教师教育课程体系,强化教师技能训练和素质拓展。

第二,创新教师培养模式,强化教师能力培养。以提高师范生创新能力和实践能力为核心,不断探索教师培养模式创新。一是探索学制改革,实施学科教育与教师专业教育的有机结合,探索教师培养多元模式。如,实施"4+2"模式、"3 年主修专业课程+1 年教师教育课程"等。山东省推进教师教育综合改革,实施教师教育基地建设工程,中学教师培养实行"大类招生、二次选拔、分段培养"模式,小学和幼儿园教师实行全科综合培养。二是探索高校、政府与中小学合作培养模式。如,六所部属师范大学积极推进教师教育创新实验区建设,调整教师培养方案,推进人才培养模式改革,建设了一大批稳定的师范生教育实习基地,构建起了师范院校、地方政府和中小学共同培养师范生的新模式。三是积极发展和探索本科后教师教育模式。全日制教育硕士、在职攻读教育硕士等不同模式的教育硕士培养全面展开,教育博士试点工作开始实施。

第三,教育实践环节得到加强。2007 年,教育部印发《关于大力推进师范生实习支教工作的意见》,推动师范生到中小学和幼儿园教育实践不少于一个学期制度,加强师范生教育教学实践能力的培养。比如,几年来六所部属师范大学在周边省份及中西部地区建立了 80 多个教师教育创新实验区,组织首届免费师范生到 908 所中小学校进行一学期教育实习。河北师范大学 2006 年以来,先后组织 13500 余名师范生到全省 80 多个县(市、区)300 余所农村中学进行一学期的实习支教,并对 5600 多名农村教师进行了置换培训。

(三)教师在职培训得到加强

教育部高度重视教师培训,根据不同时期教师队伍建设的需要,确定教师培训工作重点,采取项目引领方式,先后组织指导实施了三轮全国中小学教师全员培训,极大促进了中小学教师队伍特别是农村教师队伍素质的提高。

第一,教师培训制度得到完善。1999 年,教育部颁布《中小学教师继续教育规定》(以下简称《规定》),明确提出参加培训是中小学教师的权利和义务,教师培训实行每五年为一个周期的管理制度,一个周期内原则上每位教师应参加不少于 240 学时的培训。同时,还对教师培训的内容与类别、组织管理、条件保障、考核与奖惩等方面做出规定。2011 年,教育部印发《关于大力加强中小学教师培训工作的意见》,将教师每五年参加培训的时间提高到不少于 360 学时。《规定》的颁布与实施将教师培训推向了制度化轨道。

第二,教师培训经费保障机制不断健全。按照中小学教师管理体制,各地(市)、县(市)逐步将教师培训经费纳入财政预算。2006 年,财政部、教育部联合印发《关于农村中小学公用经费支出管理暂行办法的通知》,规定学校年度公用经费预算总额的 5% 用于教师参加培训所需的差旅费、伙食补助费、资料费和住宿费等开支,保障农村中小学教师的培训经费。2007 年,人事部、教育部、科学技术部、财政部印发《关于加强专业技术人员继续教育工作的意见》,规定一般企业按照职工工资总额的 1.5% 足额提取职工教育经费,从业人员技术素质要求高、培训任务重、经济效益较好的企业可按 2.5% 提取。事业单位可参照企业相关规定,不断加大对专业技术人员的继续教育经费投入。各地人民政府根据相关规定,不断加大教师培训经费的投入。比如,浙江省教师培训经费按办学体制和责任,由市、县政府为主负责筹集。各地财政按每年不少于当地教职工工资总额 3% 的比例安排专项资金,用于中小学教师培训;中小学校按照不少于学校年度日常公用经费总额 10% 的比例,提取教师培训经费。

中央和省级财政设立专项经费,不断加大教师培训投入力度。中央财政坚持“示范引领、雪中送炭、促进改革”的原则,在教师培训第一周期投入专项经费 1 亿元,第二周期投入 9000 万元,第三周期截至 2011 年年底已投入 13 亿元。各省(自治区、直辖市)财政积极跟进,投入专项经费支持教师培训。据统计,2011 年省级财政性中小学教师培训经费达到近 10 亿元,比 2010 年增加 3.3 个亿。

第三,实施一系列重大教师培训项目。2003—2007 年,教育部实施了以“新理念、新课程、新技术和师德教育”为主要内容,以农村教师为重点的新一轮中小学教师全员培训计划。教育部相继启动实施了“基础教育新课程培训计划”、“全国中小学教师教育技术能力建设计划”、“全国中小学班主任培训计划”、“西部农村教师远程培训计划”、“援藏教师培训计划”、“援疆教师培训计划”等重要项目。通过现代远程教育和集中培训、送培下省等方式直接培训了近30万名中小学教师,全国各地近100万农村教师受益。2008年,教育部组织实施中小学教师国家级培训计划以及教育部援助四川地震灾区教师培训计划,直接培训全国中小学教师共计36.9万余名。2009年,教育部组织实施"中西部中小学骨干教师国家级培训"等8大项目,覆盖全国31个省(自治区、直辖市)、600多个县,10万多中小学校,全国50多万名中小学教师参训,其中县及县以下农村中小学教师约40万余名,占81.6%。

为贯彻落实《教育规划纲要》精神,2010年,教育部、财政部启动实施中小学教师国家级培训计划(以下简称"国培计划"),当年,中央财政安排专项资金5.5亿元,采取置换脱产研修、短期集中培训、远程培训等方式,培训中小学教师115万人,农村教师占到95.6%。2011年,中央财政安排专项资金7.5亿元,加大置换脱产研修力度,培训中小学教师100万人,农村教师占到98%。同年,教育部将幼儿园教师纳入"国培计划"。2012年,中央财政计划安排资金14亿,计划培训130多万幼儿园、中小学教师。"国培计划"培养了一大批"种子教师",提高了广大教师的教育教学能力和整体素质,提升了各地教师培训的专业化水平,有力推动了全国中小学教师全员培训的开展,充分发挥了示范引领、雪中送炭和促进改革的作用。

(四)创新农村教师培养补充机制

第一,实施"农村义务教育学校教师特设岗位计划"。2006年,教育部等四部门启动实施"农村义务教育学校教师特设岗位计划"(以下简称"特岗计划"),由中央财政专项资金支持,公开招募高校毕业生到中西部农村学校任教。六年来,"特岗计划"已招收23.5万名大学毕业生到中西部1000多个县,2.7万多所农村义务教育学校任教,给农村教育带来了新的活力。三年服务期满的特岗教师连续三年留任比例均达到87%。"特岗计划"改革了教师招聘方式,加强省级统筹,由县级教育行政部门招聘改为省级教育行政部门统一公开招聘，严把入口关。“特岗计划”有力调动了地方补充教师的积极性，探索形成了引导大学生到中西部农村艰苦边远地区长期任教的新机制，为农村学校补充了大量高水平骨干教师。同时，“特岗计划”产生了较强的示范引领作用，各地纷纷采取跟进措施实施地方特岗计划。河南省按中央计划与地方计划 1∶1 比例配套招聘地方特岗教师，省财政保障地方计划和中央计划教师享受同等待遇。重庆市设立农村教师特设岗位计划，重点补充农村学校音体美等紧缺学科教师。甘肃省实施“幼儿园教师特岗计划”，缓解幼儿园教师的短缺。

第二，实施师范生免费教育试点。2007 年，国务院决定在六所教育部直属师范大学试行师范生免费教育试点。实施师范生免费教育是吸引优秀学生攻读师范、鼓励优秀人才长期从教的战略举措。五年来，六所部属师范大学共招收免费师范生 5.5 万人。2009 年，教育部在六所部属师大启动实施“教师教育创新平台项目”建设，集中最好的教师教育资源用于师范生的培养和中小学教师培训。支持免费师范毕业生在职攻读教育硕士，建设免费师范毕业生在职攻读教育硕士远程教育公共服务平台，努力提高师范生培养质量。2011 年 5 月，温家宝总理出席北京师范大学首届免费师范生毕业典礼时强调指出，实践证明，国家实行师范生免费教育的决策是完全正确的。首届 10597 名免费毕业生全部落实到中小学任教，90% 以上到中西部任教，39% 到农村学校任教。

国家实施师范生免费教育的政策导向和示范作用逐步显现。目前，有 18 个省份采取公费培养、学费返还和国家助学贷款代偿等多种方式，实行师范生免费教育。北京、河北、西藏、新疆、湖北等省（自治区、直辖市）采取免除师范生学费、住宿费并补助生活费的优惠措施。北京、新疆、西藏等地师范专业学生全部实行免费教育，上海、江苏、湖北、四川、云南等地在部分师范院校开展师范生免费教育试点，江西、湖南等地开展免费定向培养农村教师工作，广东、甘肃等地实行高校毕业生到农村从教上岗退费政策,海南省与天津职业技术师范大学合作免费培养中等职业学校教师。

第三,实施“农村教育硕士师资培养计划”。2004 年,教育部启动实施“农村学校教育硕士师资培养计划”(以下简称“硕师计划”),采取推荐免试攻读教育硕士专业学位的方式,吸引优秀应届本科毕业生到贫困地区农村学校任教,为农村地区培养一批高学历高素质教师。2011 年,“硕师计划”实施范围已拓展至全国 31 个省(自治区、直辖市),70 多所大学参加推荐,40 多所大学承担培养任务,八年来累计招收 6945 人。“硕师计划”的实施,为贫困地区学校输送了一批优秀本科毕业生,提高了农村教师学历层次。

(五)强化职业教育“双师型”教师培养培训

第一,创新职教师资培养培训体系。1999—2010 年,教育部依托高等学校、职业院校和企业建立了 60 个全国重点建设职教师资培养培训基地、6 个全国职教师资专业技能培训示范单位、10 个全国职教教师企业实践单位,各地建立了 300 个省级职教师资培训基地,形成了国家级基地为引领、省级基地为主体的职教师资培养培训体系。师资基地积极开展职教师资培养培训活动,据不完全统计,2002 年以来仅国家级基地就完成培养培训 50 万人次。国家开辟职业学校教师在职攻读硕士学位的专门渠道,已招生 1 万余人,为中等职业学校培养了一批骨干教师和专业带头人。

第二,实施一系列职教师资培训项目。一是深入实施职教师资提高计划。“十一五”期间,教育部、财政部实施中等职业学校教师素质提高计划,全国中等职业学校“双师型”教师比 2005 年增加了 80%,全国中等职业学校兼职教师数量比 2005 年增加了 21%。“十二五”期间,教育部、财政部启动实施职业院校教师素质提高计划,中央财政将投入支持经费 26 亿元。包括组织 45 万名职业院校专业骨干教师参加培训,其中国家级培训 10 万名,省级培训 35 万名;支持 2 万名中等职业学校青年教师到企业实践；引导和支持地方设立一批职业院校兼职教师岗位；支持国家级职业教育师资基地，重点建设300个职教师资培养培训专业点，开发100个职教师资本科培养专业标准、培养方案、核心课程和特色教材。二是启动中等职业学校校长能力提升计划。2009年启动实施，目前共举办22期职业学校校长改革创新战略专题研究班，近5000名国家级重点职业学校正、副校长参加培训，有力地提升了职业学校校长的办学能力。三是大力开展国际合作交流培训。近年来，教育部通过与德国、澳大利亚、奥地利、美国、香港等国家和地区开展合作，实施“中德职教师资进修项目（P300项目）”、“中德职业教育人员联合培训项目”、“中澳职教师资进修项目”、“中奥职教师资进修项目”等项目，选派了1400名中职校长、2300名中职教师、450名高职校长、1800名高职教师、100名职教师资基地教师到国（境）外进修，造就了一大批在学校办学和教学中发挥引领示范作用、在国内具有影响力的名校长、名教师。通过积极借鉴国外经验，并结合国情进行本土化改造，对我国职教师资队伍建设、职业学校教学改革产生了十分积极的影响。

（六）推进高校青年教师培训

青年教师是高等学校教学、科研的生力军，国家一直切实关注和加强高校青年教师培养培训工作。

第一，以质量工程为契机切实加强中青年教师的培养培训。2007年，经国务院批准，教育部、财政部全面启动实施了高等学校本科教学质量与教学改革工程（以下简称“质量工程”），中央投入专项经费加强高校教师队伍建设，评选表彰教学名师，推动教授上讲台；建设教学团队，形成教学工作传、帮、带和老中青相结合的新机制；建设教师培训网，大规模培训高校青年教师；进行对口支援，批准资助了1680人次受援高校教师到支援高校进行半年以上的进修提高；资助了336人次受援高校教学管理干部到支援高校学习锻炼，完成了对口支援受援高校的90个数字化教室建设。

“十二五”期间,在“本科教学工程”中,中央财政还将继续投入专项资金用于教师教学能力提升,重点建设30个高等学校教师教学发展示范中心,引导和帮助全国高等学校建立起适合本校特色的教师教学发展中心,提升高校青年教师和公共基础课骨干教师教学能力。根据《教育规划纲要》的部署和要求,将更加关注中青年教师的培养培训。一是引导高等学校建立适合本校特色的教师教学发展中心,提高本校青年教师教学能力,重点建设30个高等学校教师教学发展示范中心,发挥示范带动作用,同时承担区域内高校教师教学发展中心管理人员培训。二是开展公共基础课教学研究和骨干教师培训工作。支持5000名西部受援高校教师和管理干部到支援高校研修。

第二,加强高校优秀青年教师到海外研修学习。充分利用海外优质教育科技资源,加大开放式培养高层次人才的力度,继续实施国家建设高水平大学公派研究生项目和高校领导赴海外培训项目,进一步选派高校优秀青年教师到海外高水平大学、重点科研机构研修学习。

第三,继续实施高等学校青年骨干教师国内访问学者项目。按照中组部要求,做好博士服务团、西部之光访问学者等有关工作。

近年来,一大批优秀的中青年教师成长为教学、科研工作的骨干,若干教学和科研创新团队也凝聚了一批优秀的教师创新群体,推动了教学科研工作的传帮带以及老中青教师的结合,带动了教师队伍整体水平的提升。

三、教师管理制度不断完善

各级党委政府及有关部门不断深化教师管理制度改革,在教师编制管理、资格准入、聘用聘任、职务评聘等方面采取了一系列重大改革举措,激发了广大教师投身教育改革创新、推动教育事业发展的积极性、主动性和创造性。

（一）加强教师编制管理

编制管理是教师管理的重要组成部分，对于合理配置教师资源、提高教育教学质量和办学效益具有重要作用。2001 年，国务院办公厅转发中央编办、教育部、财政部《关于制定中小学教职工编制标准的意见》，这是新中国成立以来颁布的第一个权威性的中小学编制标准，对规范中小学教职工编制管理，深化中小学人事制度改革，加强教师队伍建设，推进基础教育改革和发展起到积极促进作用。2002 年，教育部颁发《关于贯彻〈国务院办公厅转发中央编办、教育部、财政部关于制定中小学教职工编制标准的意见〉的实施意见》，要求各地抓紧做好中小学编制核定工作。各地按照要求，结合当地实际，出台了本地区中小学教职工编制实施办法，认真开展中小学教职工编制核定工作。

2009 年，中央编办、教育部、财政部印发了《关于进一步落实〈国务院办公厅转发中央编办、教育部、财政部关于制定中小学教职工编制标准意见的通知〉有关问题的通知》，要求各地切实加强中小学教职工编制的总量调控与统筹使用，针对城镇学校大量接收进城务工人员子女和不同学段学生规模变化等情况，调整和使用本地区中小学教职工编制；进一步改进农村中小学教职工编制核定工作，各省（自治区、直辖市）可根据实际需要，在县域范围内和总量控制的基础上，按照有增有减的原则，参照县镇标准核定农村中小学教职工编制。该文件的下发，对加强农村教师队伍建设，推进城乡义务教育均衡发展，促进教育公平具有重大意义。

目前，北京、福建、云南、山东、山西等地已实行城乡统一的中小学教职工编制标准，重庆、浙江、四川等地参照县镇标准核定农村中小学教职工编制。各地在核定编制过程中积极探索对农村实行倾斜政策，如福建省设立规模较小学校的教师编制最低保障数，江西省对农村教学点实行按班额配备编制，确保每个班有 1.5 名教师编制等，保障了编制紧张学校特别是农村寄宿制学校、教学点分散地区的办学需求。

（二）颁布教师专业标准

制定教师专业标准和质量评估标准，对保障教师质量、推进教师管理工作规范化科学化具有重要意义。2012 年，教育部颁布《幼儿园教师专业标准（试行）》、《小学教师专业标准（试行）》和《中学教师专业标准（试行）》（以下简称《教师专业标准》）。这是新中国成立以来第一次颁布教师专业标准，实现了从无到有的突破。《教师专业标准》是国家对幼儿园、小学和中学合格教师专业素质的基本要求，是教师实施教育教学行为的基本规范，是引领教师专业发展的基本准则，是教师培养、准入、培训、考核等工作的重要依据。

《教师专业标准》的研制工作经历了课题研究、文本研究、专家审议、面向社会公开征求意见等阶段，以研究为引领，充分体现了先进的教育理念，指明了教师专业发展的方向，对于规范教师的教育教学行为，促进幼儿园和中小学教师专业发展，提高教师队伍整体素质具有至关重要的意义和作用。一是凸显师德重要性。“师德为先”体现了教师专业的特殊要求，体现了没有爱就没有教育的理念。把师德作为教师专业标准的首要条件，有利于引导广大教师树立崇高的理想与信念，激发强烈的道德责任感和工作事业心。二是充分信任和尊重学生。提出学生为本，尊重学生人格，维护学生合法权益，平等对待每一个学生等规定，体现了教育的本质，教师工作就是促进每一位学生快乐健康全面成长。三是强调培养学生好奇心。提出要保护学生的求知欲和好奇心，培养学生学习兴趣和爱好，营造自由探索、勇于创新的氛围等规定，符合时代要求。培养创新人才，教师首先要有创新意识和创新精神，才能使学生在未来具备创新能力。四是直面教师现实问题。针对目前教师队伍存在的突出问题，有针对性地提出硬性要求，如不讽刺、挖苦、歧视学生，不体罚或变相体罚学生；尊重教育规律和学生身心发展规律，为每一位学生提供适合的教育。《教师专业标准》的出台，受到社会各界广泛关注和好评。

(三)严格教师资格和准入制度

教师资格制度是建设高素质专业化教师队伍的重要管理制度,对于教师培养培训、招聘录用、考核晋升、调配交流等具有基础性作用。1995 年,国务院颁布了《教师资格条例》,正式启动实施教师资格制度。自教师资格制度实施以来,目前全国共有 2500 万人取得教师资格。

《教育规划纲要》提出,国家制定教师资格标准,提高教师任职学历标准和品行要求。建立教师资格定期登记制度。为落实《教育规划纲要》,国家教育体制改革领导小组将实施教师资格考试改革和定期注册试点列入教育体制改革十大专项改革试点项目。经过专题研究、广泛征求意见,教育部于 2011 年印发了《关于开展中小学和幼儿园教师资格考试改革试点的指导意见》和《中小学教师资格定期注册试行办法》,制定了《中小学和幼儿园教师资格考试标准》及 32 个笔试科目考试大纲、3 类面试考试大纲。考试坚持专业导向、能力导向和实践导向,突出考试内容创新、考试科目创新、考试形式创新和考试评价创新。当年,率先在浙江、湖北两省开展教师资格考试改革和定期注册制度试点,两省共有 2. 9 万人参加教师资格考试,考试秩序井然,为扩大试点奠定了坚实基础。同时,两省分别选择在嘉兴市和宜昌市开展中小学教师资格定期注册制度试点工作,得以顺利推进。2012 年,试点工作扩大到河北、上海、海南、广西。在试点的基础上,教师资格考试与定期注册制度将争取在"十二五"期间推广到全国范围,初步形成"国标、省考、县聘、校用"的教师准入和管理制度。

实行新任教师公开招聘制度,是深化教师人事制度改革的一项重要举措,也是把好教师入口的重要一关。2002 年,国务院办公厅转发的《人事部关于在事业单位试行人员聘用制度的意见》规定,事业单位凡有空缺岗位,除涉密岗位确需使用其他方法选拔人员的以外,都要试行公开招聘。2003 年以来,各省(自治区、直辖市)按照"公开、公平、公正"的原则,采用考试考核相结合的办法,逐步对新进教师实行了公开招聘,进一步严把了教师入口关。一是统筹制定新任教师公开招聘的计划。在编制限额内，本着从严控制的原则有计划地进行公开招聘，切实提高了用人效益，防止了用人上的盲目性。二是坚持“凡进必考”原则。改变过去“考非所学、考非所教”的情况，通过公开招聘，使那些真正适合教师岗位的优秀人才进入教师队伍。三是拓宽选人视野。努力吸引优秀人才到中小学任教，特别是注意吸引符合条件的高学历人才到中小学任教。四是加强组织领导，严格操作程序。各地依法全面实施教师资格制度，坚决调整不具备教师资格的人员。2009 年，教育部印发了《关于进一步做好中小学教师补充工作的通知》，明确要求从当年开始，各地中小学新任教师补充应全部采取公开招聘的办法，不得再以其他方式和途径自行聘用教师。

（四）推进教师聘用制度改革

聘任制是事业单位的基本用人制度，实行聘任制改革是人事制度改革的核心内容。2000 年，中组部、人事部、教育部印发《关于深化高等学校人事制度改革的实施意见》。2003 年，人事部、教育部印发了《关于深化中小学人事制度改革的实施意见》，提出全面推行教职工聘用（聘任）制度，并根据按需设岗、公开招聘、平等竞争、择优聘用的原则，在平等自愿、协商一致的基础上，由学校与教职工签订聘用（聘任）合同，明确聘期内的岗位职责、工作目标、任务以及相应待遇。近年来，各地在严格定编、定岗、定责的基础上，陆续推行了教职工全员聘任制改革。绝大部分省份根据国家有关文件精神，结合本地实际，制定出台了深化高校、中小学人事制度改革或者聘任制改革的政策性文件。

按照国家关于事业单位岗位设置管理工作的总体部署，从 2006 年开始，教育部会同人事部研究制订了教育系统岗位设置管理行业指导意见、教育部直属高校岗位设置管理暂行办法。2007 年，教育系统全面部署了岗位设置管理工作。至 2008 年年底，教育部直属高校全部完成岗位设置与聘任工作。同时，教育部指导各地教育行政部门做好其他高校和中小学校的岗位设置管理工作。教育系统岗位设置管理工作得到了平稳顺利推进。通过岗位设置管理,完善了学校教师、职员、教辅人员、工勤技能人员的聘用与考核办法,以及相关基层学术组织定编、定岗等办法,推进了人员分类管理,完善了岗位等级体系,促进了教职员工由身份管理向岗位管理,由固定用人向合同用人的转变。同时,岗位设置管理的实施,对建立与学校分配制度改革相衔接、相配套的政策体系,实施岗位绩效工资制度奠定了重要基础。

深化中小学教师职称制度改革是国家教育体制改革试点项目,是加强中小学教师队伍建设的重大战略举措。2008 年,在广泛调研、深入研究的基础上,经国务院常务会议审议,分别选择山东潍坊、吉林松原、陕西宝鸡三个地市开展中小学教师职称制度改革试点,建立统一的中小学教师职务体系,并将最高职务等级设置到正高级。经过两年多的改革试点,取得了重要成效,积累了宝贵经验。2011 年,经国务院常务会议审议,决定将中小学教师职称改革试点扩大到全国 31 个省区市近百个地级市。通过试点,进一步拓宽了中小学教师的职业发展通道,对吸引优秀人才长期从教、终身从教,培养造就中小学领域的教育教学专家,提高教育质量,产生极其深远的影响。教育部会同人力资源社会保障部召开了工作部署会议,印发了扩大试点工作的指导意见和工作方案,全面启动扩大改革试点工作。各省区市成立了领导机构,遴选试点地市,制订试点方案,各项工作平稳推进。

(五)提高教师地位待遇

十年来,国家采取了义务教育学校实施绩效工资、农村边远艰苦地区学校教师周转宿舍建设等一系列措施来改善教师的工作、学习和生活条件,以确保他们安心工作,激发了教师的工作积极性。我国《教师法》《义务教育法》对保障教师工资水平做出了明确规定。2006 年,按照事业单位收入分配制度改革的总体部署,各级各类学校建立了岗位绩效工资制度。2008 年 12 月,国务院办公厅转发人力资源和社会保障部、财政部、教育部《关于义务教育阶段学校实施绩效工资的指导意见》(以下简称《指导意见》),要求按国家规定执行事业单位岗位绩效工资制度的义务教育阶段学校正式工作人员,从2009年1月1日起实施绩效工资,确保义务教育教师平均工资水平不低于当地公务员平均工资水平。2011年,全国义务教育学校绩效工资已兑现到位,共覆盖在职人员1051万人,同时退休人员382万人增加生活补贴。据抽样调查,实施绩效工资后,城镇教师工资增长19%,农村教师工资增长34%,城乡教师工资差距大幅度缩小。

义务教育学校实施绩效工资是党中央、国务院作出的重大决策,是我国中小学教师工资制度的一次重大改革。一是建立了义务教育学校绩效工资总量与当地公务员津贴补贴同步同幅度调整的长效联动机制,有利于依法保障教师工资水平。二是建立了义务教育学校的分配激励机制,重点向一线教师、骨干教师和做出突出贡献的其他工作人员倾斜。三是进一步健全了教师工资的经费保障机制。四是以县(区)为基础统筹义务教育学校绩效工资水平,在县(区)域内义务教育学校之间绩效工资水平大体平衡,并适当向农村倾斜,有利于促进教师资源合理配置、推动义务教育均衡发展。五是有利于加强绩效考核,促进学校进一步强化内部管理,提高管理水平和效益。目前,按照"分类指导、分步实施、因地制宜、稳慎推进"的方针,各地人力资源社会保障、财政部门正部署实施非义务教育学校绩效工资工作。福建、陕西、海南、河北、青海、江西、吉林、辽宁、重庆、江苏、北京等超过三分之二的省份已陆续开展该项工作。

2010年,教育部、国家发展改革委启动实施了农村边远艰苦地区学校教师周转宿舍建设,到2012年中央财政已投入56亿元,拟在"十二五"期间共投入200亿元,着力改善农村边远艰苦地区教师特别是特岗教师、支教交流教师和寄宿制学校管理教师的工作生活条件。一些地方政府结合实际采取了多种措施解决农村教师住房问题,努力让农村教师安居乐教。如,新疆将全区各级各类学校中青年教师住房纳入各级地方政府保障性住房解决范围;海南省把农村中小学教师住房纳入当地保障性住房建设体系;湖北省在土地划拨、税费减免、资金引导等方面给予支持和政策倾斜,实行“以奖代补”的政策,对措施得力、成效显著的县(市)给予奖励;湖南泸溪县按照“政府统筹、个人垫付、产权公有、以息抵租、周转使用”的原则,统一开发面向农村教师的住宅小区,由教师按成本购买。

四、高校高层次人才队伍建设取得新的进展

高校是教育系统高层次人才队伍的主要载体。党的十六大以来,教育系统认真贯彻全国人才工作会议和全国教育工作会议精神,切实落实国家人才发展规划和教育规划纲要,遵循教育规律和教育人才成长规律,坚持人才优先发展,以重大人才工程为抓手,深入推进人才强校战略,高校高层次人才队伍建设取得新进展,高校学科领军人才、拔尖创新人才和优秀科研群体不断涌现,为建设人才强国、人力资源强国和创新型国家提供强有力的人才保证和智力支持。

(一)加强教育人才队伍建设组织领导和统筹协调

2003 年全国人才工作会议以后,在中央人才工作协调小组的指导下,教育部认真贯彻落实党管人才原则,切实加强对人才工作的领导,成立了以部主要负责同志为组长、有关部领导为副组长,相关司局和部门负责人为成员的部人才工作协调小组,负责研究制定教育系统人才队伍建设的发展战略、规划、政策,以及重大人才计划的实施方案,做好有关统筹协调工作。为深入贯彻落实国家人才规划和教育规划纲要,2011 年,教育部制定印发《全国教育人才发展中长期规划(2010—2020 年)》,提出教育人才发展的总体要求、战略目标、主要任务、重大项目和政策措施。同年召开全国教育人才工作会议,对未来十年教育人才队伍特别是高层次人才队伍建设进行整体部署。

高校牢固树立人才资源是第一资源的观念,坚持办学以人才为本,

以教师为主体,把高层次人才队伍建设放在更加突出的位置,进一步加强对人才工作的领导,健全完善统分结合、协调高效、优势互补、整体联动的人才工作运行机制,依托国家重大人才工程、重点学科和研究基地等,加强高层次人才队伍建设。

(二)着力建设高层次人才队伍

2004年6月,为培养造就一支高素质、高水平的高等学校人才队伍,大力推进人才强校战略,教育部在统筹规划、集成整合、继承创新的基础上,启动实施了高等学校"高层次创造性人才计划",构建定位明确、层次清晰、衔接紧密、促进优秀人才可持续发展的培养和支持体系;培养和汇聚一批具有国际领先水平的学科带头人、一大批具有创新能力和发展潜力的青年学术带头人和学术骨干;积极探索以重点学科、创新平台、重点科研基地为依托,以学科带头人为核心,围绕重大项目凝聚学术队伍的人才组织模式,形成一批优秀创新团队;支持优秀人才在关键领域取得重大标志性成果,提高高等学校的人才培养质量、创新能力和核心竞争力。目前,第一层次的"长江学者奖励计划",坚持育引并举,同条件、同平台、同标准,吸引、遴选和造就一批具有国际领先水平的学科带头人,面向海内外遴选聘任长江学者特聘教授、讲座教授1801人;"创新团队发展计划"以重点学科、创新平台、重点科研基地为依托,以学科带头人为核心,围绕重大项目凝聚学术队伍的人才组织模式,共资助培育高水平创新团队580个;第二层次的"新世纪优秀人才支持计划",着眼于培养支持学术基础扎实、具有突出创新能力和发展潜力的优秀学术带头人,共培养支持新世纪优秀人才7724名;第三层次的"高校青年骨干教师培养计划"培养10万余名青年骨干教师,带动教师队伍整体素质的提升。

高层次创造性人才计划实施以来,以造就领军人物带动高校教师队伍建设,以支持科学研究带动学科发展、科技创新和学术繁荣,促进了人才理念和制度创新。特别是"长江学者奖励计划"自1998年实施以来,始终传递着党和国家对于吸引海内外高层次人才投身高等教育事业的殷切期望,取得了丰硕成果,成为海内外知名的人才计划品牌。吸引和汇聚了一批海内外有影响的学科领军人才,激励和支持高层次人才取得了一批重要科研成果,有力地推动了高校重点学科的发展,培养了一大批高素质青年创新人才,带动了高校人事分配制度改革,推进各地和高校形成优秀人才培养支持体系。经过面向海内外公开招聘和严格遴选,截至2011年,全国高校共聘任长江学者特聘教授1190人、讲座教授611人,26名华人学者荣获"长江学者成就奖"。先后有85名长江学者当选中国科学院、中国工程院院士,170余人成为"973"首席科学家,300余项由长江学者主持或作为主要完成人参加的科研成果获得了国家三大科技奖励。

2010年,国家相继颁布实施了人才、教育两个规划纲要,提出"高端引领、整体开发"的指导方针,以高层次人才队伍为重点,整体推进各类人才队伍开发。面对新形势新任务,在总结经验、改革完善的基础上,教育部于2011年启动实施了新的"长江学者奖励计划"。新的"长江学者奖励计划"进一步发挥品牌优势,更加凸显高端人才的定位,更加体现高校发展的特点,更加衔接国家重大人才工程,更加发挥示范引领和辐射带动作用,推动高校高层次人才队伍整体素质的提升;进一步体现导向,优化结构,注重发挥国家项目的政策导向,按照西部大开发的战略部署和十七届六中全会提出建设文化强国的总体要求,向中西部高校和人文社科领域倾斜;进一步推进改革,以用为本,以项目实施带动高校用人制度和分配制度改革,激发高校人才队伍活力、充分调动高校教师的积极性和创造性,把优秀人才放在关键岗位上,大胆使用,发挥最大效能,为进一步深化高校人事分配制度和考核评价制度改革提供实践范例,积累有益经验。

通过多方面的共同努力,教育系统高层次人才队伍得到进一步壮大,已成为全国人才队伍特别是高层次人才队伍的重要组成部分。截至2011年,全国高校有中科院院士322人、工程院院士298人,分别占全国总数的44.5%和38.5%;“973”计划首席科学家416人,占全国总数的55.8%;重大科学研究计划首席科学家153人,占全国总数的52.8%;“国家杰出青年科学基金”获得者1683人,占全国总数的64.3%;全国80%的哲学社会科学人才集聚在高校,马克思主义理论研究和建设工程首席专家450人,占全国总数的56.3%。

(三)大力引进海外高层次人才

引进海外优秀人才是壮大高校高层次人才队伍的一条现实、快捷、有效的途径。2008年年底,为更好地实施人才强国战略、建设创新型国家,国家启动实施“海外高层次人才引进计划”,其中中央层面实施“千人计划”。教育部高度重视,把引进海外高层次人才工作摆在突出位置,成立了由部领导任组长的海外高层次人才引进工作小组,两次召开部长专题办公会,对参与实施“千人计划”、推动高校做好引才工作进行认真研究;制定了《教育部贯彻落实海外高层次人才引进计划工作方案》,提出了“突出高端、分层引进、全面参与、强化支持”的工作方针、引才目标任务以及相关措施,全力支持高等学校抓住机遇引进海外高层次人才。

高等学校普遍建立了一把手抓人才工作的目标责任制,落实专门机构和强有力的工作班子,构建协调有力、运转高效、优质服务的引才工作体系。驻外教育处组充分发挥长期联系海外留学人才的独特优势,努力成为联系和举荐海外高层次人才的纽带,成为推动实施“千人计划”的“桥头堡”和不流动的海外人才“招聘团”。

在高校“千人计划”人选评审推荐工作中,教育部认真履行重点学科平台引才的牵头责任,制定了重点学科平台引才评审办法和指标体系,认真遴选两院院士、“千人计划”入选者担任评审专家,建立评审回避制度,严格评审程序,坚持分类评价,严把质量、宁缺毋滥,认真负责地推荐“千人计划”人选。

截至2011年,经海外高层次人才引进工作小组批准,全国高校共引进“千人计划”创新人才1171人，占全国总数的64.4%。北京大学、清华大学等16所高校被批准为海外高层次人才创新创业基地。高校的“千人计划”引进人才回国后，能够较快适应国内工作生活环境，迅速投入工作，各方面呈现出良好发展态势，一批人已经在科学研究、人才培养、学科建设等方面取得了重要进展。

第十四章　教育信息化进程提速

教育信息化是在教育领域广泛利用信息技术、开发信息资源，促进教育现代化的过程，是国家信息化的重要组成部分。教育信息化不仅带来教育的信息基础设施水平提高，更会带来教育理念、内容、方式的变革，是实现教育观念、管理体制适应时代变化的一个重要的推动因素。20世纪90年代初，伴随着中国国家信息化规划与推动，教育信息化开始启动。世纪之交，国家做出了以教育信息化带动教育现代化发展的战略选择，教育信息化进程不断加快。

一、教育信息基础设施建设加快

（一）中国教育和科研计算机网服务能力不断提高

中国教育和科研计算机网（CERNET，以下简称教育网）为我国教育信息化提供了坚实基础。教育网始建于1994年，是由国家投资建设、教育部负责管理、清华大学等近40所高等学校承担建设和运行的全国性学术计算机互联网络，是全国最大的公益性计算机互联网，也是世界上最大的国家学术互联网。十几年来，特别是近十年来，在国家一系列重大工程项目的支持下，实施了主干网升级工程，有力地支持了教育信息化重大应用，建成了中国下一代互联网示范工程CNGI示范网络核心网CNGI—CERNET2/6IX，为高校协同创新提供了试验平台，推动了我国下一代互联网发展。

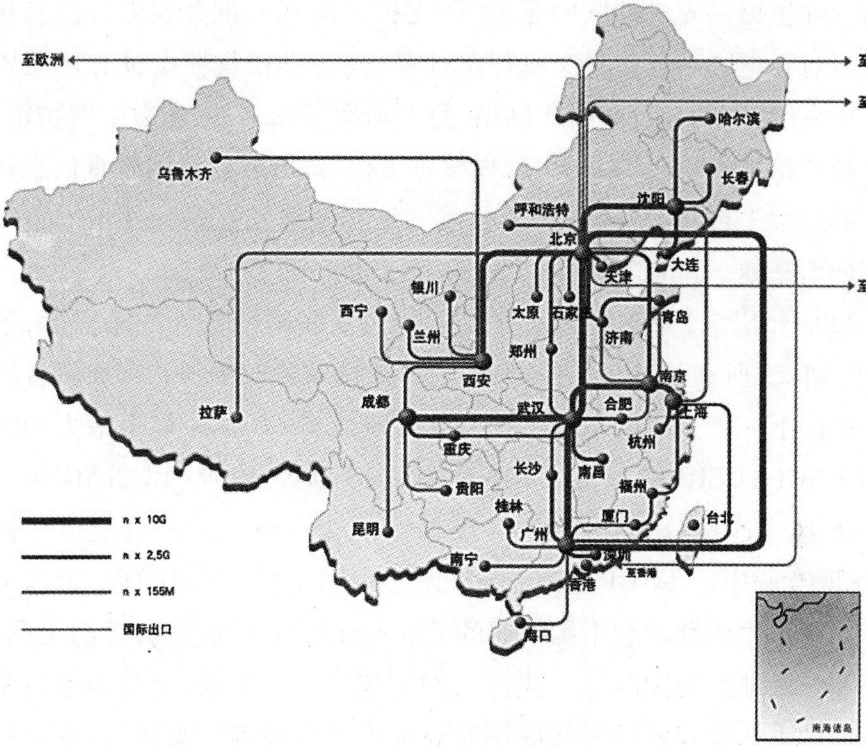

图 14-1 CERNET 主干网

教育网在传输网扩容、主干网升级、高速接入服务能力提高和国际国内互联互通改善等方面取得了突出的建设成效。图 14-1 显示,教育网主干网连接全国 36 座城市的 38 个核心节点,并与国内外学术网和商业网互联。十年前,教科研网主干网传输速率为 155M—2.5G,联网单位 900 个,用户数量大约 1000 万人,拥有的 IP 地址数量 500 万个。截至 2011 年 12 月,教育网光纤传输网总长达到 18000 公里,传输容量达到 800Gbps;教育网主干网传输速率达到 2.5—20Gbps,具有 G 比特交换能力的核心节点达到 20 个以上;国内互联带宽超过 50Gbps,国际出口带宽达到 11Gbps;联网单位超过 2000 个,用户达到 2000 多万人,IPv4 地址数约为 1700 万个,已经发展成为高等教育公共服务体系的重要组成部分。

随着教育网的快速发展,不仅培养了中国第一批互联网用户,为我国高校师生提供先进的联网服务，还支持了国家一批大型教育信息化工程，包括：中国高等教育文献保障体系、高等学校仪器设备和优质资源共享系统、中国教育和科研网格、百万册数字图书、大学数字博物馆、网上高考招生远程录取、现代远程教育工程等，已成为我国教育信息化的重要基础平台、信息网络人才的重要培养基地和互联网技术的重要研究创新基地。

2003 年以来，为满足国家发展下一代互联网的重大战略需求，清华大学等 25 所高校参加了由国务院批准、国家发改委等八部委联合组织的中国下一代互联网示范工程 CNGI，建成了 CNGI 中规模最大的核心网 CNGI—CERNET2 主干网，全面支持 IPv6 协议，以 2.5Gbps—10Gbps 速率连接分布在全国 20 座城市的 25 个核心节点；建成了国内/国际互联中心 CNGI—6IX，高速连接中国电信、中国联通、中国网通/中科院、中国移动和中国铁通的 CNGI 示范网络核心网，并与美国、欧洲和亚太地区的国际下一代互联网实现了高速互联，为我国参与全球范围的下一代互联网及其应用研究提供了开放性试验环境，成为我国研究下一代互联网技术、开发重大应用、推动下一代互联网产业发展的关键性基础设施。CNGI—CERNET2/6IX 见图 14-2。

CNGI—CERNET2 主干网自 2004 年开通运行以来，连接了 300 多个大学、科研单位和企业研发机构的 IPv6 用户网，支持了上百所高校承担国家一系列下一代互联网研究项目，取得了一系列重要创新成果。CNGI—CERNET2 主干网是目前世界上规模最大的纯 IPv6 大型互联网，总体上达到世界领先水平；在真实源地址验证和 IPv6 过渡等关键技术领域取得重大突破，形成系列化下一代互联网核心技术国际标准，已被网络设备制造企业试制成产品，并在 100 所高校校园网和运营商的试验网投入试用，带动了我国下一代互联网产业的发展；取得了下一代互联网示范应用成果，包括开通 2008 北京奥运 IPv6 奥运官方网站，为汶川地震灾区遥感图片实时传送提供中欧高速互联，以及开通教育科研重大应用系统 IPv6 服务等；锻炼和培养了创新人才，为我国下一

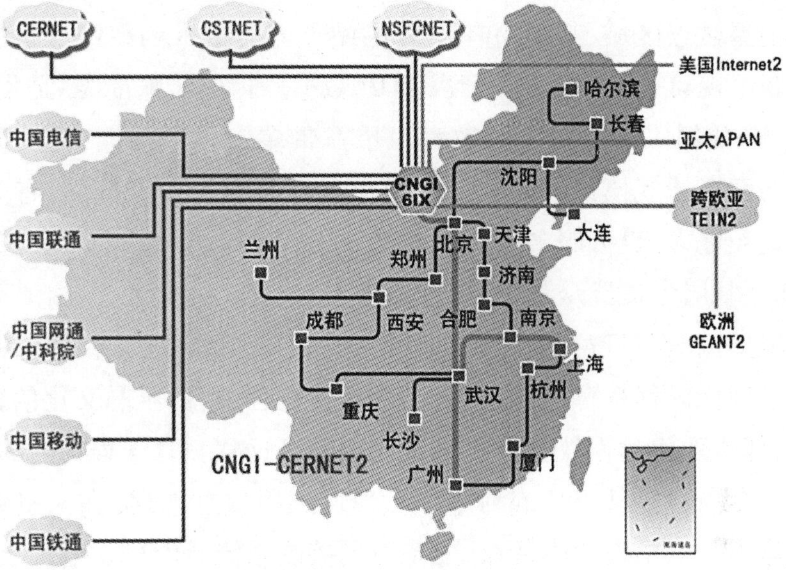

图 14-2　CNGI—CERNET2/6IX

代互联网发展奠定了良好的人才基础。我国高校在下一代互联网领域的协同创新已经走在世界前列，为提高我国在国际下一代互联网技术竞争中的地位作出了重要贡献。

（二）中国教育卫星宽带传输网应用广泛

我国幅员辽阔，地形复杂，很多地方地网络难以铺设，中国教育卫星宽带传输网（CEBSat，以下简称卫星网）利用卫星技术覆盖全国，并与教育网（CERNET）高速互联，形成了“天地合一”的现代远程教育传输网络，对中国加速计算机和互联网的应用发挥了不可替代的作用，对于实现全国范围内的教育信息化全覆盖具有重大意义，是国家构建终身学习体系的重要基础设施。

中国教育卫星宽带传输网（CEBSat）是《面向 21 世纪教育振兴行动计划》支持建设的国家重大工程，由中国教育电视台承建，2000 年 10 月正式建成播出。卫星网通过鑫诺 1 号卫星覆盖全国，包括广大西部、偏远农村和边疆海岛地区,拥有70多万个集体接收终端站点和300个双向卫星试点区域,其中约有23%的站点同时接入因特网。卫星网具备8套电视、8套广播和25套以上IP数据广播的传输能力,是集电视、语音、IP数据广播于一体的教育卫星宽带多媒体广播网,已发展成为我国乃至全球规模最大的公益性卫星远程教育专业服务网,有效覆盖人群达4亿人,直接服务于近1亿农村中小学师生、2千万农村党员、数10万基层党员群众和数10万部队士官。

卫星网应用日益广泛且不断深入。目前,卫星网承载着包括农村中小学现代远程教育、农村党员干部现代远程教育、全国文化信息资源共享、部队现代远程教育等我国四大国家级远程教育工程在内的16个卫星教育项目。其中,“农村中小学现代远程教育工程”在大量农村中小学建立了卫星教学收视点,配备卫星接收系统、计算机、电视机、DVD和1—6年级所需的教学光盘,初步建成了惠及全国农村中小学的远程教育网络;同时,教育部基础教育资源中心开发了义务教育阶段所有学科和年级的优秀课程资源库,正通过卫星网免费向农村中小学滚动发送,使1亿多农村中小学生得以共享优质资源。“农村党员干部现代远程教育工程”开办了多个党员信息频道,方便了广大农村党员和群众从大量农情信息中按政策法规、市场信息、农业气象等类别分类整理,拓展了农民群众阅读渠道,保证了信息的专业性、及时性和可靠性。“文化信息共享工程”基本建成资源丰富、技术先进、服务便捷、覆盖城乡的数字文化服务体系,实现了“村村通”,在构建社会主义和谐社会、保障基层群众的基本文化权益、缩小城乡数字鸿沟等方面发挥了重要作用。同时,“文化信息共享工程”的资源通过中国教育卫星宽带传输网的卫星网络普遍进入中小学校,使农村学校优质教育资源严重匮乏的局面得到了有效缓解。“部队现代远程教育工程”先后实现了“绿网工程”、“蓝网工程”、“八一学院远程教育”等多个子工程,为部队培养了大量人才。此外,卫星网还承担了中央广播电视大学、北京大学医学网络教育学院、北京农林院等单位远程教育的传输工作。

教育新媒体云计算平台初步建立。2007 年以来,卫星网开始探索以双向交互卫星及互联网应用为基础,由单向点播向实时交互转变,并开始建设多网融合、多终端应用的云教育平台——教育新媒体云计算平台。2010 年 9 月教育新媒体云计算平台上线试运营,截至目前,平台有效注册人数 280 万余人,资源总量 100 万余个,平均月页面浏览量(PV 值)超过 1000 万人次,并已实现 100 万人并发,完全建成后可实现 500 万人并发。教育新媒体云计算平台先后为教师网联、国培计划、工信部银河培训工程、农村两委"启璞计划"等项目提供了基础支撑服务;其中"国培计划"已经承担了十个省市共计百万人次的培训任务,"教师网联"项目有将近 1500 万教师在岗接受培训。

为进一步扩大远程教育覆盖面,为广大偏远地区提供教育信息化的基础网络环境,中国教育电视台正在谋划实施卫星网升级换代,一方面对原平台进行升级改造,另一方面,积极准备发射基于 Ka 波段的教育宽带双向卫星,完整覆盖我国所有领土和领海。

(三)数字化校园建设蓬勃发展

高校数字化校园建设深入开展。20 世纪 90 年代中后期我国一批著名高校提出实施数字化校园建设以来,我国高校数字化校园建设取得明显进展,中国高校信息化网络接入、网络覆盖以及多媒体学习环境已经基本建成,基本满足师生的教学、学习和科研需求。目前,绝大多数高校建成校园网,多数校园网已连接到校内主要办公楼、教学楼、实验楼、图书馆、教师住宅和学生宿舍,校园网络通达建筑楼宇的比例平均达到了 85.32%。普遍建立了网络中心和多媒体教室,平均 44.4% 的教室已配置多媒体教学设备。各校陆续开展了教务、办公、财务、图书、后勤、保卫、科研等信息化综合应用,数字化校园网络服务体系初步形成规模。部分高校开始提供无纸化办公、网上教学、短信平台、校园一卡通、招生就业数据库、知识库、评估系统等增值服务,并逐渐渗透到教学、科研、管理公共服务、生活服务等各个方面。部分高校借助信息化系统，实现了学生注册、选课、学习、考试、答疑、作业以及教学过程的一体化管理，提高了管理效率，降低了管理成本，满足了学生自主化、个性化的学习需求。信息技术在高校的日常教学过程中，得到日益广泛应用，推进了高等教育教学改革。如：大学英语教学改革充分利用信息技术改革传统教学模式，将单纯依靠“课本、粉笔、黑板，老师讲、学生听”的模式改变为“计算机（网络）、教学软件、课堂教学三位一体、综合运用的个性化、主动式”学习模式上来，解决了规模和质量之间的矛盾，开展该项教学改革的高校已达到600所左右，学生人数达300余万人。在实验和实训方面，高校也大量采用了网络、多媒体等手段，实现了虚拟实验，远程操作，大型仪器共享及其实验室的管理。

注重缩小高等教育数字鸿沟。2002年至2006年，投入9亿元实施了西部大学校园计算机网络建设工程，在我国西部12个省（自治区、直辖市）及湖南、湖北、吉林的民族地区的143所高校建成了技术先进、性能稳定的校园网，全部接入CERNET，并在西安、成都等11个省会城市建成了高速教育城域网，大大缩小了东西部教育数字鸿沟，为西部高等教育发展、乃至西部经济腾飞和社会进步奠定了坚实基础。

中小学校网络教学环境全面启动。新世纪以来，我国相继出台了一系列推进基础教育教育信息化的政策和措施，启动实施了包括农村中小学现代远程教育工程、中小学“校校通”工程、农村义务教育薄弱学校改造计划等在内的一批教育信息化重点建设项目，初步形成了卫星宽带传输网和互联网相互补充、基本覆盖全国中小学的网络教学环境，成为优质教育资源的重要传输渠道。其中，2003年至2007年，教育部、国家发改委、财政部共同实施的农村中小学现代远程教育工程，为中西部地区的23个省、自治区、直辖市以及新疆生产建设兵团配备了40.2万套教学光盘播放设备、27.9万套卫星教学收视系统、4.5万间计算机教室和多媒体设备，覆盖中西部地区36万所农村中小学，初步构建了一个惠及全国农村中小学的远程教育网络，1亿多农村中小学生得以共享优质资源。2010年，教育部、财政部开始实施农村义务教育薄弱学校改造计划，计划为农村义务教育薄弱学校每个班级配备多媒体远程教学设备。

目前，全国约16%的小学、46%的初中、77%的高中建成不同程度的校园网，25%的中小学以多种方式接入互联网，其中，以100M以上带宽接入互联网的中小学达到2万所。中小学计算机配备水平不断提高。截至2011年年底，校园内每百名学生平均拥有的计算机数量小学达到5.12台、初中达到7.78台、高中达到13.45台，初步满足了学校开设信息技术必修课、开展信息技术与学科教学课程整合的需要。近年来，平板电脑、智能手机等终端设备开始进入中小学，为创新教育教学模式、开展自主学习、合作学习等提供了新的条件和手段。

中等职业学校数字化校园开始建设。多年来，尤其是2001年以来，教育部采取一系列政策举措，有力促进了中等职业学校数字化校园建设。2003年起，教育部将职业教育信息化建设情况列入"国家级重点中等职业学校评估指标体系"，作为衡量学校办学水平的重要指标。2009年，教育部、财政部等部门启动实施"国家中等职业改革发展示范学校建设计划"，明确把职业教育"数字校园"作为项目学校遴选、评审和验收的重要指标。2010年，教育部印发《中等职业教育改革创新行动计划》，将加快提升职业教育信息化能力计划作为十大行动计划之一，明确提出实施中等职业教育网络学习平台建设。据不完全统计，目前全国中等职业学校已装备教育、教学、科研和管理用计算机230多万台，每百名学生拥有计算机数量达到11台，已有70%以上的学校建有计算机教室、多媒体教室、电子阅览室、教学资源开发实验室或计算机专业实训室等专业教学和实习场所。中等职业学校与相关机构网络基础设施迅速发展，中等职业学校建成了不同技术方案的校园网，占全国中等职业学校总数的60%。越来越多的职业院校逐步接入CERNET和共享中国教育卫星宽带传输网资源，建立了一大批信息技术实训基地，为职业教育机构开展远程教育、共享教育资源奠定了坚持基础。

二、数字化教育资源开发与应用水平不断提升

数字化教育资源建设与应用是推进教育信息化的基础工作和关键环节。在近十年加速教育信息化的进程中,党和政府始终把各级各类优质教育资源的数字开发与应用放在一个非常重要的位置,先后通过一系列政策措施和工程项目实现了优质教育资源数字化从无到有、从有到优、从优到普及应用的升级转变,取得了令人瞩目的成绩。

(一)数字化优质教育资源建设全面开展

基础教育资源体系初步形成。基础教育资源建设以"面向学生、进入课堂、用于教学"为核心,建设了一批符合新课程标准的精品资源,以招标、投资等多种形式,鼓励企事业单位开发教育资源,初步形成了国家基础教育资源库。国家基础教育资源库,涵盖课程教学、教学素材、自主学习、学习指导、教师培训、专题教育等6个主题、36个学科,共4129学时学科知识点教学资源,2869小时学习辅导、专题教育和教师培训视频资源,12507条多媒体教学素材资源,覆盖1—9年级多种版本教材的教育教学内容,并通过卫星传输系统播出。这些优质资源的开发和应用,极大地改变了农村学校优质资源严重匮乏的状况,大大缩小了优质教育资源的城乡差异,初步实现了优质教育资源共享的目标。中央和地方各级政府高度重视,通过政策保障、积极投入、全社会参与的资源建设机制及时根据学校的需求提供优质教育教学资源,极大地推动了数字化资源的开发与建设。在基础教育阶段,71%的学校拥有不同数量、不同形式的数字教学资源,校均视频数字资源达197小时,校均非视频数字资源达79GB,校均多媒体光盘资源159片,校均电子图书资源11159册,58%的学校拥有自主开发的数字资源。数字化教学资源已经成为大多数学校不可或缺的重要教学资源。

职业教育优质数字资源开发不断强化。2001—2003年,按照统一

部署,实施了“教育部远程职业教育资源建设项目”,开发了一批优质数字化远程职业教育课程资源和素材库,初步形成“国家职业教育数字化信息资源库”框架。2010年,教育部印发《中等职业教育改革创新行动计划》,明确提出实施中等职业教育网络学习平台和中国职业教育数字化信息资源公共服务体系两个建设项目,把国家关于职业教育信息化建设的战略部署进一步细化。通过教育部现代远程职业教育资源建设项目建设,已集中开发18个专业门类的132门职业教育网络课程和教学用素材库;开发了100多个与国家职业教育规划教材相配套的多媒体课件;采取政府主导、行业指导、企业参与的方式实施职业教育仿真实训软件专项建设,形成了包括加工制造、电子信息等门类的30门左右的仿真实训软件;各级教育行政部门鼓励学校、企业、研究机构等多元主体开发建设职业教育教学课件,在全国范围内评审征集了优质职业教育课件1300多个。职业学校自主开发了大量的多媒体教学资源,一些企业积极开发和引进了一批国外优质职业教育资源。政府、学校、社会和企业等多渠道建设职业教育资源的工作机制已初步形成。在高等职业教育方面,加强示范性高职院校资源建设,分四批启动了18个专业或课程的课程开发与教学资源建设工作,采集资源7177条,已建和在建课程130门;2003—2010年全国共支持建设了1000门高职精品共享课程,极大地丰富了高职教学资源。同时,2011年启动了国家示范性职业学校数字化资源共建共享计划,建立全国职业教育数字化资源共建共享联盟,确定了87个专业协作组,目前正扎实推进专业教学资源库和管理信息系统建设。2011年,教育部开展了中等职业教育优秀多媒体教学课件评选,各地报送多媒体课件3237个,评出各类获奖作品1131项。职业教育优质数字资源成效明显。

高等教育数字化资源建设成果丰硕。国家精品课程建设于2003年启动,截止到2010年,国家级精品课程已建设3910门,其中本科国家级精品课程2516门,高职高专课程1000门,其他类课程394门。36位院士、374位国家级教学名师奖获得者参与课程建设,课程反映了我国高等教育课程教学的最高水平。在国家级精品课程建设的带动下，省级、校级精品课程建设也已达数万门。现国家精品课程资源网已收录的国家级、省级、校级课程达2万余门，提供信息发布、课程展示、课程检索、课程评价等功能，为广大教师和学生进行网络教学提供了有力的支持。项目启动以来参与学校数量、发布课程数量、覆盖学科领域逐年增多，并逐渐为社会大众所了解和应用，推动高校以点带面进行整体课程规划与建设，产生了良好的教学效益和社会效益，体现了资源共享与课程建设综合实施的整合特色。

国家开放课程建设于2011年启动，包括精品资源共享课与精品视频公开课，建设项目已纳入“十二五”期间实施的教育部、财政部“高等学校本科教学质量与教学改革工程”。其中，精品资源共享课以量大面广的公共基础课、专业基础课和专业核心课为重点，以课程资源系统、丰富和适合网络传播为基本要求，经国家、省、校三级建设，对原精品课程升级改造，形成普通本科教育、高等职业教育、网络教育多层次、多类型的优质课程教学资源共建共享体系，为高校师生和社会学习者提供优质课程教学资源。“十二五”期间教育部计划建成5000门国家级精品资源共享课；精品视频公开课是以高校学生为服务主体，同时面向社会公众免费开放的科学、文化素质教育网络视频课程与学术讲座。精品视频公开课着力推动高等教育开放，弘扬社会主义核心价值体系，弘扬主流文化、宣传科学理论，广泛传播人类文明优秀成果和现代科学技术前沿知识，提升高校学生及社会大众的科学文化素养，服务社会主义先进文化建设，增强我国文化软实力和中华文化国际影响力。截至2012年7月，在项目支持建设的“爱课程”网及合作网站中国网络电视台、网易同步推出了75门视频公开课，课程点击率2333万次，网民评价1.86万条。“十二五”期间，教育部计划建成1000门精品视频公开课。

高等教育数字化图书馆基本建成。高等教育文献保障体系建设是高等教育公共服务体系建设的重要内容，“211工程”支持建设的高等教育文献保障体系项目，包括“中国高等教育文献保障系统”（China Academic Library & Information System，以下简称“CALIS”）和“大学数字图书馆国际合作计划”（China Academic Digital Associative Library，以下简称“CADAL”）两个专项，国家共投入建设资金5.72亿元。CALIS专项充分利用先进的服务理念，整合国内外各类信息服务机构、教学科研机构、各类信息网站丰富的信息资源（包括纸本资源和数字化资源）和应用服务，并以中心集成系统与云计算平台等技术手段全面支持各高校数字图书馆的主要业务流程，持续打造国内服务能力最强、可获取文献最全、面向各级高等学校教学科研的具有世界先进水平的分布式中国高等教育数字图书馆。目前CALIS的服务已覆盖了全国各级各类高等学校近2000所，注册读者近1500万人，累计培训了32000多人次的高校图书馆馆员，提供了资源查找、全文获取、馆际互借、联合咨询等服务，为高等学校的教学科研提供了有力的支撑。CADAL专项已完成250余万册（件）文献资源的数字化制作，同时通过与公益性数字图书馆的联合共建，以及整合商业数据资源，实现可检索资源总量近亿条（篇），构建拥有多学科、多类型、多语种海量数字资源的具有高技术水平的学术资源中心，总量保持公益性数字图书馆的领先地位，构建覆盖全国的服务体系，资源门户开放以来日均图书阅读量达到50万页，与CALIS共同构成高等教育数字图书馆，成为国家创新体系信息基础设施的重要组成部分。

基本形成了地球科学、生命科学、人文艺术以及科学技术四大领域的数字博物馆群。“大学数字博物馆”建设工程，已将18所高校富有特色的博物馆资源数字化，数字化藏品资源总量超过10万件，并在中国教育科研网发布，对促进中国数字博物馆的建设及相关技术进步起到了很好的推动作用。

面向成人的远程教育资源建设逐步开展。近年来，电视大学利用中国教育卫星宽带多媒体传输平台、中国教育和科研计算机网以及公网，发展了数字化、多媒体、交互式的教学资源传输方式，构建了天网和地网结合，中央、省、地县三级平台互动的网络教学环境。2003 年，教育部批准电大承担“国家现代远程教育资源库”建设，建设面向各类教育机构和个体学习者的“多种媒体课程资源”超市，整合、开发优质教育资源，优化教育资源配置，促进优质教育资源的利用和共享。目前，国家现代远程教育资源库共收录 77 个专业、1930 门课程、60.2 万条媒体资源，总容量超过 7TB；涵盖了普通高校、电大系统、职业教育、国外高校及公共素材等多个领域和方向。近年来，教育部依托全国电大系统还开展网络教育数字化学习资源中心、数字化学习港的研究与实践，使广播电视大学从理念到实践，从硬件到软件，从经验到模式，为构建公共服务平台奠定了较好基础。一些省市还为市民的终身学习搭建公共服务平台，整合各类资源为市民终身学习提供各种优质的教育资源。例如，上海自 2004 年起，在上海市委市政府带领下，由上海市教委主管、上海远程教育集团承建上海教育资源库项目，致力于为上海市民提供优质丰富的教育资源。截止到 2009 年年中，已建成基础教育、高等教育、职业教育、党员干部教育、继续教育和老年教育等 8 大类数字化学习资源，资源数量达 29.2 万个，资源容量 4000G。该库还提供了多种创新教学工具和大量教学资源包。上海教育资源库通过互联网、双向卫星、IPTV、数字电视、移动等五种通道将教学资源传送给市民。上海教育资源库成为目前全国最大的省级教育资源库。

（二）数字化教育资源共建共享取得进展

基础教育资源共建共享机制初步建立。为加强基础教育资源建设，教育部于 2004 年年底成立了基础教育资源中心，整合建设了国家基础教育资源网，按照“面向学生、走进课堂、用于教学”的要求，通过征集、整合、开发等共建共享方式，集成优质教育教学资源，在资源建设、共享、服务等方面的工作都取得了较大进展。优质教育资源通过互联网和卫星两种方式源源不断地发送到农村地区中小学，实现了所有农村中小学利用远程接收系统方便地获得每周更新的、由教育部通过卫星播放的教育资源，丰富了教师备课、上课和学生学习、课外活动的内容。各省、地区级基础教育资源中心通过购进、合作运营等多种方式引进国内外优秀基础教育资源，整合市、县、学校、社会等各资源单位和个人提供的教育信息资源内容，建立区域基础教育资源库，向上连通国家基础教育资源库，向下通过教育城域网，辐射所辖区域广大师生，对增加学校广大师生应用资源的选择性和针对性，促进地区教育均衡发展起到了重要作用，为构建基础教育资源共建共享机制提供了组织保障。

职业教育数字化资源的资源开发机制不断完善。一是“政府工程项目”机制。通过设立“政府工程项目”，统筹推进职业教育资源开发。二是“建设资源基地”机制。2000 年以来，教育部依托职业院校、出版社、有条件的企业、本科高等学校的人才、技术、市场等方面优势，设立了一批全国职业教育资源开发基地，形成了集中持续开发资源的经常性机制。三是推进“协作共建”机制。组织成立全国职业教育数字化优质资源共建共享联盟，推动资源协同开发、合作共享。四是“社会征集评审”机制。通过建立资源认证标准，向社会广泛征集资源，认证纳入“国家职业教育数字化信息资源库”，发布入库资源目录，供职业学校、社会教育机构和学习者选用。

资源共享模式不断完善。一是教育部设立“国家职业教育数字化信息资源库”信息发布平台。开通“中国职业教育信息资源网”，将按标准认证入库的资源目录集中在一个平台上发布，供各级各类学习者选用，并提供资源在线体验。目前，已有 210 多所职业学校通过在线体验，选用了 70 多门职业教育网络课程。二是教育部设立分专业的产教合作教育网，动态汇聚、发布和共享产业发展、企业用人和技术进步信息资源。正在策划依托示范性职业学校分专业设立“全国职业院校专业群落产教合作教育网”。三是教育部开通“全国职业教育网络学习平台”，提供在线订购职业教育资源服务。用户访问量不断增大。四是探索开展远程学历职业教育。中央电大及其附属的中央广播电视中等专业学校以及各级电大，面向社会开展开放教育。五是教育部通过审核同意支持有条件的企业开展基于互联网的非学历职业培训，为社会各年龄层次人员、企业各类岗位职工及社会学习者提供教育服务。目前，已有20多家企业开展这项业务，每年在线学员达到800万人次。

探索建立具有中国特色的高等教育资源开放共享机制。我国高校精品课程建设由政府主导并组织管理，高校作为参与主体，共享大学“名师名课”的教学资源。2008年教育部批准设立国家精品课程资源中心，建设国家精品课程资源网，整合优化精品课程资源并形成国内最大规模的课程资源库，推动以国家精品课程为代表的高等教育优质资源的传播和共享。

（三）数字化教育资源应用途径日趋多样

基础教育优质教育资源在教学中的应用不断深化。随着农村中小学现代远程教育工程应用的日益深入，“三种模式”教学应用走进农村中小学课堂，有效缓解农村学校师资力量不足和师资力量薄弱的问题，提高了教育质量。在农村小学和教学点利用教学光盘播放设备开出了过去没有条件开设的英语、音乐、美术等课程。进入农村教学点、完全小学和初中学校的教育教学资源中，面向学生、进入课堂的资源约占资源总量的70%，丰富的优质教育资源受到教师的欢迎，尤其是示范课、同步的课程资源和新课程改革的培训资料。教师们通过观看优秀教师讲课和对课程改革新理念的学习，反思自己的教学，得到启发，有效地运用所接受的资源组织教学过程。

充分调动了教师应用优质教育资源开展教育教学的积极性。自1998年开始举办的全国多媒体教育软件大奖赛在推进教育信息化、重视和加强教育资源建设的过程中，吸引了大量教师参与到信息化教育教学的实践中。“电脑活动”坚持“探索与创新”的主题，跟踪新技术、新媒体发展，紧密结合中小学信息技术课程教学活动、资源建设和创新精神培养的需要，在内容、组织形式和技术应用等方面不断创新，吸引了广大中小学师生的踊跃参与。2012 年 9 月，首届“全国中小学信息技术教学应用展演”活动将于深圳举行，此次展演将设立不同展区分别展示各地开展信息化教学方面有创造性、成效显著、具有示范意义的优秀典型案例，充分反映各地信息技术应用在改变教学方式、提高教学质量和促进教育公平方面取得的进展和成果；有关高校、科研、出版等机构为教育信息化提供的优秀产品和解决方案，展示其信息技术及教学应用的新理念、新技术、新成果，体验信息技术为教育带来的变革；同时还将举办展演交流论坛，邀请国内外专家学者、一线教师、学校校长、政府代表等相关人员，围绕中小学教学信息化现实需求、技术应用、发展方向和未来趋势等主题组织一系列交流活动，共同推进中小学信息技术与教育思想和观念、教学内容和方法深度融合，实现中小学教学方式的创新与变革。

为教师培训提供了丰富的数字化教育资源。2007 年 6 月，教育部启动了“全国高校教师网络培训系统”建设，设立了“教育部全国高校教师网络培训中心”，印发了《关于实施精品课程师资培训项目的指导意见》和《精品课程师资培训项目管理办法》等文件，利用数字化和网络化技术，通过全国高校教师在线学习平台和遍布全国各省市的 56 个网络培训分中心，开展教师培训工作。五年来，网培中心共开设 494 门培训课程，500 余位教学名师登上网培讲堂，13 万名高校教师参加培训。“全国高校教师网络培训系统”在提高高校教师教学水平，促进高校教师专业发展，提高高等教育教学质量方面发挥了重要作用。

三、国家教育管理信息系统初步建立

（一）教育管理基础数据库和信息系统初步建成

教育管理信息化建设逐步启动。2008 年“教育服务与监管体系信息化建设”项目立项实施，主要建设教育部（中央级）教育服务与监管体系的信息化支撑平台，实现教育基本信息数据的互通共享，提高教育管理决策和公共服务水平。一是建设教育部数据中心,实现基础运行环境、技术架构规范和系统运维服务的统一建设管理。二是建设集成的教育管理信息门户系统,实现信息系统和数据的互通共享,提高教育公共服务水平。三是建立集中的教育基础信息数据库。四是建设集成整合的教育管理业务信息系统。围绕学生管理、教师管理和学校财务、基建、教学、科研、涉外等核心业务管理工作,逐步建设起集成整合的教育管理支撑平台和公共服务平台,提升教育管理现代化水平和公共服务水平。

数据中心建设全面开展。教育部数据中心建设是"教育服务与监管体系信息化建设"中立项建设的重要内容,将为同期建设的业务应用系统提供运行环境保障,全面满足各业务应用系统运行对数据中心基础设施功能、性能、容量等方面的需求。教育部数据中心主要包括网络系统、集中存储系统、服务器系统、公用数据库服务等支撑平台,并同步建设运维服务体系。目前,教育部数据中心(一期)工程建设已经完成,可同时支撑 10 个左右业务信息系统运行。二期建设正在实施。建成后,可同时支撑 30 个左右业务信息系统运行。按照国家教育管理信息系统建设部省两级数据中心的总体框架,为配合国家教育管理信息系统在省级的部署运行,各省教育部门正在规划建设数据中心。省级教育数据中心不仅为省级管理信息系统提供运行支撑环境,同时可为地市教育部门和学校提供运程服务。部分有条件的省市已初步建成数据中心,配套运行维护体系不断完善。

国家教育管理基础数据库建设已经取得初步成果。国家级教育基础数据库重点建设覆盖学前教育、中小学教育、中职教育、高等教育四个层次的学校及资产、教师、学生 12 个教育基础信息主数据库,统一运行在教育部数据中心。自 2011 年 7 月启动以来,部分国家教育基础数据库初步建成。

全国中小学校舍信息管理系统建成并取得明显成效。为保障全国中小学校舍安全工程的顺利实施,全国校安办启动了全国中小学校舍信息管理系统（简称校舍系统）的研发建设工作。在各省市的积极配合下，校舍系统建设的各项工作稳步推进。截至2011年6月，完成了中央级和全国32个省级单位校舍系统数据中心建设和系统部署工作，构建了全国联网的校舍系统。目前已完成41万所学校（含教学点）、212万栋单体建筑物基本信息和1495万张图片、视频信息的录入审核工作，多次受到中央、省部级领导的充分肯定。校舍系统在为校安工程管理提供保障的同时，也在教育整体布局规划、建设规划、应急服务、校舍安全预警及薄弱学校改造方面发挥了重要的支撑作用。

全国学前教育管理信息系统建设取得阶段性成果。为贯彻落实《国务院关于当前发展学前教育的若干意见》，加强学前教育管理，监测国家学前教育重大项目和各地学前教育三年行动计划的实施情况，教育部组织开发了全国学前教育管理信息系统。系统架构为“五级应用系统”，即中央级、省级、地（市）级、区（县）级和学前教育机构级。系统一期在中央级物理部署，系统二期完善中央级运行环境，建设省级运行环境，在省级进行物理部署。目前已基本完成一期建设，并完成在湖南全省试点数据采集工作。

中等职业学校学生信息管理系统建设取得初步成果。为做好中等职业学校学籍、学生资助等管理工作，教育部于2007年组织开发了中等职业学校学生信息管理系统，在全国范围内投入使用。截至2011年年底，已相继进行5次升级，不断满足中等职业学校资助管理等工作的新需求。2012年，为进一步提高中等职业学校学生管理信息化水平，使中等职业学校学生管理工作更具系统性、规范性、时效性和准确性，在中等职业学校学生信息管理系统基础上，教育部启动了全国中等职业学校学生管理信息系统研发工作，计划在2013年上半年完成。全国中等职业学校学生管理信息系统将为全国中等职业学校招生管理、学生学籍管理等提供信息化支撑，有助于教育部对中等职业学校学生进行宏观管理，有助于各级教育行政部门对中等职业学校学生的动态监管。

开发了全国高校实验室信息统计系统和信息管理系统。为适应新形势下高校实验室管理工作的需要,更好地反映全国高等学校实验室建设、仪器设备、实验队伍和实验教学等方面的状况,2004 年开始,教育部结合高校现行的实验室管理规章制度及教育部相关文件,开发研制了全国高等学校实验室信息统计系统,实现了实验室信息数据的全面、真实、连续呈现,建成了学校、省市教育主管部门交流的平台,成为政府决策的重要信息渠道。同时,许多高校自行研制了涵盖排课、选课、预约、门禁、上课、评分、统计以及仪器设备管理和实验室开放等诸多功能的高校实验室综合信息管理系统,规范了实验室管理,提高了管理效率,更好地支持实验室开放,方便师生更好地开展实验教学活动。既满足学生自主学习、自主管理的愿望,也实现了实验室管理所需的基本数据的收集,学生实验成绩的管理,实验设备使用记录的自动生成,设备利用率的自动统计,实验室运行情况的即时查看。高校实验室管理信息系统的建立使学校实验教学中心的统一规范化管理成为可能,也成为实验室开放和学生自主管理的基础。

(二)教育系统电子政务应用水平不断提高

教育电子政务应用不断深入。教育部历来高度重视教育管理中运用电子政务等信息化手段。自 2000 年来,教育部围绕国家教育管理和服务的需要,建立了一批电子政务应用服务,包括门户网站、电子公文与信息交换、视频会议等典型应用,为教育管理和服务提供了有力支撑,大大提高了行政办公效率和公共服务能力。

丰富完善了教育部门户网站功能。近年来,教育部门户网站根据《国务院办公厅关于加强政府网站建设和管理工作的意见》对政府门户网站"政务信息公开、在线办事服务、公众互动参与"的三大功能定位,将政府信息公开作为网站建设的主体,做好教育新闻宣传,逐步完善各项服务功能。网站先后开通信息公开、办事公开、查询向导等栏目功能,公开政务信息。开设"问部长、问政策、问专家"等咨询窗口,回应公众诉求。通过直播新闻发布会、播发新闻通稿、开设专题专栏等形式,向社会和公众全面介绍我国教育事业发展的新政策、新举措。

电子公文与信息交换系统基本建成。2001年年底教育部开始启动电子公文与信息交换系统建设。2002年在教育部与各省教育部门、直属高校范围建立起电子公文与信息交换系统。2006年起,开始在全国有条件的省市建设省内电子公文与信息交换系统,并向市县级教育管理部门和学校推广。截至2011年,教育部及直属单位、各级教育部门、高等学校以及全国大部分省(自治区、直辖市)共1200余家单位完成了电子公文与信息交换系统建设,初步形成了覆盖全国的全国教育电子公文与信息交换体系,基本涵盖了文件起草、审批、签章、发送、接收、管理等整套公文传输流程,实现了各级单位之间公文和信息的安全电子化交换与传输,对于提高文件信息交换效率、节约办公资源发挥了重要作用。

全国教育视频会议系统成效显著。全国教育视频会议系统始建于2002年年底,覆盖全国省级教育部门、教育部直属高校共计112个接入单位的115个分会场,在提高办公效率、推进政务信息化工作、加强应急指挥保障等方面发挥了重要作用。随着视频会议应用的不断深入,大部分省级教育部门建立了覆盖全省地市教育部门和高等学校的省级视频会议系统,部分有条件的地区已延伸至地市、区县教育部门和中小学校。

各地教育部门管理信息系统发展迅速。大部分省(自治区、直辖市)已经建立了学生学籍管理、资助管理、考试、招生录取、涉外监管、校舍安全等教育业务监管信息系统,建立了教育信息服务、毕业生就业信息服务等教育服务信息系统,为科学决策提供高质量的基础数据支撑,为社会公众提供了公共教育信息服务。各地不断涌现教育管理信息化创新举措。江苏省将学籍系统与公安部门数据对接与共享,发挥了学籍系统在学生数据方面更为详实准确的优势;云南省将学籍系统与免费教科书发放工作结合起来,使后者的工作开展有了更为可靠的依据;山东省依托学籍系统,将学生成长档案进行了真实的记录和有效的管理,对于引导、鼓励和促进学生的发展,发挥了积极作用;江苏学生资助系统实现了与银行信息系统的数据共享,及时掌握学生资助资金的发放情况;山东省淄博市建设的家庭经济困难学生信息管理系统使得学生贫困认定工作规范化、科学化,提高了高校家庭经济困难学生认定工作的可操作性,降低了资助资金的重复资助现象,提高了本地学生资助工作的效率。部分有条件的地市和区县教育部门也开展了管理信息系统建设并取得了一定的成效。

各级各类学校的管理信息化水平逐步提高。大部分高校已建立了教学管理系统、教务管理系统、科研系统、校园一卡通系统、远程教育系统、学生工作管理系统、人事系统、办公自动化系统、财务管理系统、设备管理系统等管理信息系统,建立了门户网站、论坛社区、数字图书馆等公共服务信息系统,为学校教育管理工作提供了支撑,为学生、教师提供了更为人性化的服务。中职学校、中小学也正在积极开展管理信息系统建设。

(三)教育管理信息标准体系初步形成

为实现教育管理信息系统的数据互通、信息资源共享,教育部于2002年着手研究制定教育管理信息化相关标准,并于当年发布了《教育管理信息化标准(第一部分:学校管理信息标准)》。2012年,教育部组织完成了教育管理信息(系列)标准部分标准的编制工作,发布了《教育管理信息 教育管理基础代码》、《教育管理信息 教育管理基础信息》、《教育管理信息 教育行政管理信息》、《教育管理信息 普通中小学校管理信息》、《教育管理信息 中职学校管理信息》、《教育管理信息 高等学校管理信息》、《教育管理信息 教育统计信息》7个相关标准。目前全国中小学生学籍信息管理系统、全国中等职业学校学生管理信息系统等信息系统正在按照相关标准进行设计开发。

（四）网络与信息安全保障体系初步建立

随着教育信息化应用不断深入，特别是国家教育管理信息系统建设的不断推进，随之而来的网络与信息安全问题日益显现，给正常的教育教学和教育管理带来了极大的隐患。教育部一直高度重视网络与信息安全工作，将其作为教育信息化工作的重要内容和基本前提。在国家信息安全等级保护制度体系确立后，教育部按照国家有关要求，2009年开始在各地教育部门和学校全面开展信息系统安全定级、备案、测评、整改等工作。目前，大部分省、地市级教育部门和高等学校已初步完成信息系统安全定级和备案工作，部分单位先行开展了建设整改和等级测评工作，积极探索教育网络与信息安全工作开展的有效模式。在系统地开展安全建设和整改后，初步建立起了覆盖各级教育部门和各级各类学校的教育网络与信息安全保障体系，信息安全防护能力明显提高，信息安全事件明显减少，有效地保障了教育改革和发展的成果。

教育部注重与信息系统建设同步落实安全建设，中央级教育管理信息系统在立项阶段就进行安全等级保护定级，在设计和实施阶段，按照等级保护基本要求和其他相关安全标准规范进行设计实施，系统上线前须经过安全风险评估和等级测评。通过在系统建设过程中同步落实安全建设，有效地保证了已建的中央级教育管理信息系统运行和相关数据的安全。

为努力打造教育网络与信息安全建设新局面，教育部制定了《教育信息系统安全等级保护定级工作指南》（报批稿），正在筹备组织《教育信息系统安全等级保护基本要求》等相关标准规范的编写工作，以形成教育行业信息系统安全等级保护标准体系，系统性地指导各地各校开展教育网络与信息安全工作。

第十五章　教育投入大幅增长

教育投入是支撑国家长远发展的基础性、战略性投资，是教育事业的物质基础，是公共财政的重要职能。财政性教育投入是促进教育科学发展、确保教育公益性、促进教育公平的根本保障。党的十六大以来，以胡锦涛同志为总书记的党中央，坚持科教兴国战略，把建设人力资源强国作为全面建设和谐社会、加快推进社会主义现代化建设的重要举措，将教育放在优先发展的战略地位上，采取了一系列加大教育投入的政策措施，大幅度增加了财政教育投入，有力地促进了我国教育事业的改革发展。

一、增加财政性教育经费投入，努力实现占国内生产总值4%目标

实现国家财政性教育经费占国民生产总值达到4%目标是党中央、国务院的重要决策。1993年中共中央、国务院印发的《中国教育改革和发展纲要》提出了“逐步提高国家财政性教育经费支出占国民生产总值的比例，本世纪末达到百分之四”的目标要求。由于多种原因，这个目标未能如期实现。党的十六大以来，随着教育优先发展战略地位的逐步落实，党和国家为实现这个目标付出了不懈的努力，使我国财政性教育经费占国内生产总值的比例持续提高。

（一）坚持4%目标不动摇

2006年，全国人大十届四次会议审议通过的《国民经济和社会发展第十一个五年规划纲要》明确要求："保证财政性教育经费增长幅度明显高于财政经常性收入增长幅度，逐步使财政性教育经费占国内生产总值的比例达到4%。"党的十六届六中全会通过的《中共中央关于构建社会主义和谐社会若干重大问题的决定》也强调要"逐步使财政性教育经费占国内生产总值的比例达到4%"，这是十六届六中全会报告中出现的唯一数字性指标。

2007年8月，胡锦涛总书记在全国优秀教师代表座谈会上指出，要以更大的决心、更多的财力支持教育事业，经济社会发展规划要优先安排教育发展，财政资金要优先保障教育投入，公共资源要优先满足教育和人力资源开发需要（以下简称"三个优先"）。在2010年党中央、国务院召开的新世纪第一次全国教育工作会议上，胡锦涛总书记重申了"三个优先"的要求，并提出要"尽快形成科学规范的制度"。温家宝总理也多次指出教育投入上要强调政府的责任，并庄严承诺在本届政府任期之内一定要实现财政性教育经费占国内生产总值4%的目标。

《教育规划纲要》明确提出"提高国家财政性教育经费支出占国内生产总值的比例，2012年达到4%"（以下简称4%目标）。中央领导的讲话以及党和政府重大政策文献中的表述充分表明了党和国家实现4%目标的坚定决心。

（二）加大财政教育投入，财政性教育投入比例持续提升

为了确保4%目标的实现，温家宝总理多次主持召开国务院常务会议，研究出台了一系列加大财政教育投入、拓宽教育经费来源渠道的政策措施，出台了《国务院关于进一步加大财政教育投入的意见》，提出了增加教育财政投入的具体要求：

一是切实提高财政教育支出占公共财政支出比重。

严格落实教育经费法定增长要求。要求各级人民政府严格按照

《中华人民共和国教育法》等法律法规的规定，在年初安排公共财政支出预算时，积极采取措施，调整支出结构，努力增加教育经费预算，保证财政教育支出增长幅度明显高于财政经常性收入增长幅度。对预算执行中超收部分，也要优先安排教育拨款，确保全年预算执行结果达到法定增长的要求。

提高财政教育支出占公共财政支出的比重。要求各级人民政府进一步优化财政支出结构，压缩一般性支出，把新增财力着力向教育倾斜，优先保障教育支出。要求各地区切实做到2011年、2012年财政教育支出占公共财政支出的比重都有明显提高。2012年中央财政按全国财政性教育经费支出占国内生产总值4%的比例编制了预算，各地按照财政部要求，落实了财政教育支出占公共财政总支出的比例。这是我国教育投入政策的一系列重大突破，对确保如期实现4%目标具有决定性作用，也为重大项目的顺利实施提供了资金保障。

提高预算内基建投资用于教育的比重。要求把支持教育事业发展作为公共投资的重点。在编制基建投资计划、实施基建投资项目时，充分考虑教育实际需求，确保用于教育的预算内基建投资明显增加，不断健全促进教育事业发展的长效保障机制。

二是拓宽财政性经费来源渠道。

统一内外资企业和个人教育费附加制度。国务院决定，从2010年12月1日起统一内外资企业和个人城市维护建设税和教育费附加制度，教育费附加统一按增值税、消费税、营业税实际缴纳税额的3%征收。

全面开征地方教育附加。各省（自治区、直辖市）人民政府应根据《中华人民共和国教育法》的相关规定和《财政部关于统一地方教育附加政策有关问题的通知》的要求，全面开征地方教育附加。地方教育附加统一按增值税、消费税、营业税实际缴纳税额的2%征收。

从土地出让收益中按比例计提教育资金。进一步调整土地出让收益的使用方向。从2011年1月1日起，各地区要从当年以招标、拍卖、挂牌或者协议方式出让国家土地使用权取得的土地出让收入中,按照扣除征地和拆迁补偿、土地开发等支出后余额10%的比例,计提教育资金。财政部会同教育部印发了《关于从土地出让收益中计提教育资金有关事项的通知》,对计提教育资金口径、增设科目单独核算等作了明确规定,并要求从土地出让收益中计提的教育资金,实行专款专用,重点用于农村学前教育、义务教育和高中阶段学校的校舍建设和维修改造、教学设备购置等项目支出。

三是对各地落实教育投入情况进行监测评价。

为督促各地全面落实国务院关于加大财政教育投入的各项措施,中央有关部门加强了对各地的监测评价,采取了必要的奖惩措施。财政部印发了《关于加强对各地2011—2012年财政教育投入状况分析评价的通知》,将从财政教育支出增幅(权重30%)、财政教育支出比例(权重50%)、教育附加征收率(权重10%)和土地出让收益教育资金计提率(权重10%)四个方面对各地投入情况进行评价,并将各地投入情况及时报告国务院。中央财政设立财政教育投入综合奖励资金,对综合评价结果为优异的省份给予奖励。教育部对没有全面落实国务院加大财政性教育投入政策的地方,将会同有关部门采取必要的行政措施,在院校设置、学位点建设和办学规模等方面予以严格调控。

在党中央、国务院的高度重视和关心下,在各级政府的共同努力下,我国确保教育优先发展的、科学规范的教育投入体制机制逐步形成,教育投入持续以较大幅度增长。

从教育投入总量看,2002至2010年间,全国教育经费总投入从5480亿元增加到1.96万亿元,增长了2.6倍,年均增幅约17%,大大高于同期我国国内生产总值的增长幅度。国家财政性教育经费从3491亿元增加到1.47万亿元,增长了3.2倍,年均增幅约20%,高于同期全国教育经费增长的幅度。国家财政性教育经费占国内生产总值的比例,自2005年起逐年稳步提升,从2002年的2.9%提高到了2010年的3.65%,逐步接近4%的目标。(表15-1、表15-2、图15-1)

表 15-1 2002—2010 年全国教育经费总投入情况

年 份	教育经费总投入	
	数额(亿元)	增幅(%)
2002	5480	18.16
2003	6208	13.29
2004	7243	16.66
2005	8419	16.24
2006	9815	16.59
2007	12148	23.77
2008	14501	19.37
2009	16503	13.81
2010	19562	18.54
年平均增幅%	—	17.24

表 15-2 2002—2010 年国家财政性教育经费及占 GDP 比例情况

年 份	财政性教育经费		财政性教育经费占 GDP 比例(%)
	数额(亿元)	增幅(%)	
2002	3491	14.21	2.90
2003	3851	10.29	2.84
2004	4466	15.98	2.79
2005	5161	15.57	2.79
2006	6348	23.00	2.93
2007	8280	30.43	3.12
2008	10450	26.20	3.33
2009	12231	17.05	3.59
2010	14670	19.94	3.65
年平均增幅(%)	—	19.65	—

随着财政教育投入的快速增长，教育经费总投入中财政性教育经费所占比重逐年提高，预算内教育经费占财政支出比例逐年提高，以政府投入为主的多渠道筹措教育经费体制进一步完善。2002 年到 2010

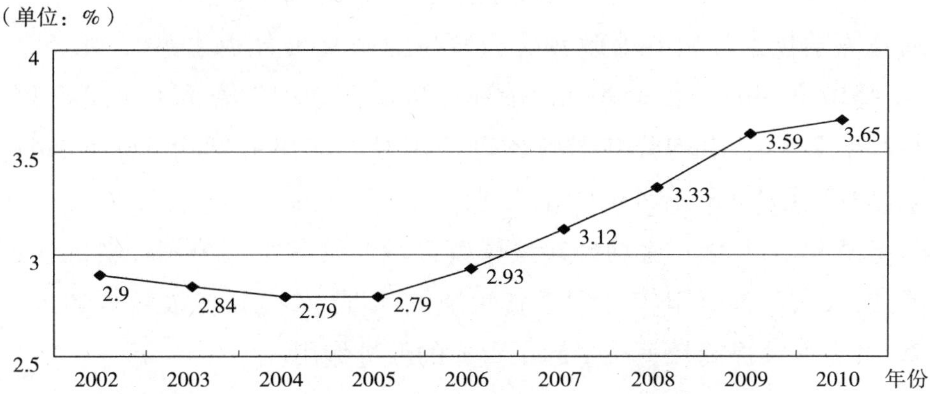

图 15-1　2002—2010 年国家财政性教育经费占 GDP 比例

年，财政性教育经费占教育总投入的比重由 64% 提高到 75%。预算内教育经费占财政总支出的比例由 14.76% 提高到 15.76%。（表 15-3）

表 15-3　2002—2010 年财政性教育经费和预算内教育经费

年 份	财政性教育经费占总投入比例（%）	预算内教育经费占财政总支出比例（%）
2002	63.71	14.76
2003	62.02	14.68
2004	61.66	14.90
2005	61.30	14.58
2006	64.68	15.18
2007	68.16	16.26
2008	72.06	16.32
2009	74.12	15.69
2010	74.99	15.76

二、提高生均经费标准，完善经费保障机制

随着政府教育经费投入的逐步增大，我国各级教育生均公共财政预算教育事业费支出和生均公共财政预算公用经费支出也实现了快速

增长。2010 年,全国普通小学、普通初中、普通高中、中等职业学校、普通高等学校生均公共财政预算教育事业费支出分别为 4013 元、5214 元、4510 元、4842 元、9590 元,分别是 2002 年的 4.9 倍、5.4 倍、2.9 倍、2.2 倍、1.6 倍;生均公共财政预算公用经费支出分别为 930 元、1414 元、1072 元、1468 元、4363 元,分别是 2002 年的 15.4 倍、13.6 倍、4.6 倍、3.5 倍、1.8 倍。生均公共预算教育事业费和生均公用经费的快速增加,大大改善了学校办学经费短缺的状况,对提高各级教育的入学率、各类学校提高教育质量起了重要的促进作用。

(一)义务教育经费保障机制逐步完善

党的十六大以来,我国不仅全面实现了城乡免费义务教育,在建立健全义务教育经费保障机制方面也取得可喜成效,其中标志性的成就是农村义务教育经费保障体制的逐步完善。

长期以来,农村义务教育经费保障一直是个薄弱环节,农村学校经费短缺,公共教育经费的保障水平较低,与城市地区比存在较大差距。统计表明,2000 年全国超过三分之一的县(市)农村义务教育学校预算内公用经费为“零拨付”,农村中小学办学条件普遍较差,“保工资、保运转、保安全”(简称“三保”)的机制也没有完全落实。

为加快农村教育发展、缩小城乡差距,2003 年,新一届政府召开了新中国成立以来第一次农村教育工作会议,出台了《国务院关于进一步加强农村教育工作的决定》,明确提出把农村教育作为教育工作的重中之重。2006 年,国务院部署实施了农村义务教育经费保障机制改革,进一步明确各级政府对农村义务教育的职责,强化政府投入责任,将农村义务教育全面纳入公共财政的保障范围。几年来,经过不断的调整和完善,农村中小学保障水平逐步提高。2009 年,提前一年落实了农村中小学公用经费基准定额,即小学每生每年 300 元、初中每年每生 500 元。2010 年和 2011 年,按照《教育规划纲要》关于加大教育投入、完善投入机制的要求,大幅度提高了生均公用经费拨款基准定额,达到中西部小学每生每年500元、初中每年每生700元。不少农村学校校长说,现在他们再也不用为“筹钱办学”发愁了,到2010年,全国农村义务教育学校生均公用经费支出水平达到小学862元,初中平均1348元。实施保障机制改革以来,中央财政安排改革资金3300多亿元。

继农村实现免费义务教育政策后,2008年国务院决定在城市实施免学杂费政策,免费标准是各省执行的城市义务教育“一费制”中的杂费标准,免除学杂费所需资金由地方财政预算足额安排,中央财政给予奖励性补助。2008—2012年,中央财政安排158亿元奖励资金。

(二)加大对学前教育和高中阶段教育财政投入

相对于义务教育来说,学前教育和高中阶段教育投入中财政性投入的比例较低。为了改变幼儿园和高中阶段学校财政投入不足、经费短缺的状况,党的十六大以来,党和国家逐步加大了财政投入力度。2002至2010年间,中等职业教育总投入从434.2亿元增加到1357.3亿元,增长了213%,财政性经费从244.1亿元增长到968.3亿元,增长了297%;同期,普通高中教育经费投入从633.7亿元增加到2003.3亿元,增长了216%,其中,财政性教育投入从297亿元增长到1321.8亿元,增长了311%;学前教育投入从67.6亿元增加到728亿元,增加了近10倍,其中财政性教育经费从41.6亿元增加到244.4亿元,增加了近5倍。同期,财政性教育投入占教育总投入的比例逐步提高,中等职业教育从56.2%提高到71.3%,普通高中从50.8%提高到66%。

《教育规划纲要》颁布以后,国家决定进一步加大对学前教育和高中阶段教育的财政投入力度。2010年年底,国务院印发了《关于当前发展学前教育的若干意见》,提出把发展学前教育摆在更加突出的位置,强调多渠道加大学前教育投入,尤其是加大政府投入,特别是对农村学前教育的投入。要求各级政府将学前教育经费列入财政预算,新增教育经费要向学前教育倾斜。财政性学前教育经费在同级财政性教育经费中要占合理比例,未来三年要有明显提高。根据上述《意见》的要求,一些地区已经开始增加对学前教育的投入,有的地方已着手提供免费的学前一年教育。

为贯彻落实《教育规划纲要》精神,推动地方制定学前教育和高中阶段学校生均经费基本标准,2011 年,教育部、财政部专门成立了“学前教育经费保障机制的政策研究”和“高中阶段教育经费保障机制的政策研究”课题研究组,通过深入的实证性调查、研究,全面客观地了解了我国学前教育和高中阶段教育经费保障的现状、问题。同时,湖南省、重庆市承担了“制定普通高中生均经费基本标准”教育投入保障机制改革试点工作。目前,两个省份试点工作开展顺利,都取得了阶段性成果。

(三)努力增加高等教育财政投入

为解决中央高校财政补贴水平偏低的问题,2008 年,财政部、教育部联合印发了《财政部、教育部关于完善中央高校预算拨款制度的通知》,启动了中央高校预算拨款制度改革。改革的重要内容之一是细化提高生均拨款标准。2008 年以来,中央财政先后四次上调中央高校生均定额拨款标准。2012 年,中央高校本科生平均定额标准达 15000 元,比 2008 年翻了一番。生均定额拨款标准的提高从根本上改变了中央高校财务运行紧张的状况,更好地满足了学校办学需求,有利于促进中央高校提高办学质量、实现可持续发展。

为促进区域之间高等教育协调发展,引导和鼓励各地切实加大地方高等教育财政投入,2010 年,财政部、教育部联合下发了《财政部教育部关于进一步提高地方普通本科高校生均拨款水平的意见》,要求各地政府制定本地区地方高校生均拨款基本标准,逐步提高生均拨款水平,原则上,2012 年各地地方高校生均拨款水平不低于 12000 元。中央财政建立“以奖代补”机制,从 2010 年起,对于生均拨款水平已经达到 12000 元的省份,在生均拨款水平没有下降的情况下,中央财政每年给予定额奖励。对于生均拨款水平尚未达到12000元的省份，中央财政对各省份提高生均拨款水平所需经费按一定比例进行奖补。

三、着力推进重大项目，推动教育改革发展

根据《教育规划纲要》的战略部署，2010—2012年，围绕教育改革发展战略目标，着眼于促进教育公平，提高教育质量，增强可持续发展能力，以加强关键领域和薄弱环节为重点，国家组织实施十个重大教育项目。围绕十个重大教育项目的实施，近年来，教育部会同有关部门在项目的细化整合、制度的顶层设计、工作的推进实施等方面做了大量工作，取得了良好成效，促进了教育改革和发展。

（一）瞄准重点领域和薄弱环节实施重大项目

按照《教育规划纲要》部署，瞄准教育发展的薄弱领域和关键环节，设计了十个重大发展项目：

——义务教育学校标准化建设。有3个子项目，分别是巩固完善农村义务教育经费保障机制、全国中小学校舍安全工程、农村义务教育薄弱学校改造计划。

——义务教育教师队伍建设。有3个子项目，分别是农村义务教育学校教师特设岗位计划、中小学教师国家级培训计划、农村义务教育艰苦边远地区学校教师周转宿舍建设项目。

——推进农村学前教育。有1个子项目，农村学前教育推进计划。

——职业教育基础能力建设。有5个子项目，分别是中央财政支持的职业教育实训基地建设计划二期、职业学校教师素质提高计划二期、中等职业教育改革发展示范学校建设计划、国家示范性高等职业院校建设计划二期、中等职业教育优质特色学校建设。

——提升高等教育质量。有10个子项目，分别是“985工程”、“211工程”、优势学科创新平台建设计划、高等学校本科教学质量与教

学改革工程二期、研究生教育创新计划、高等学校哲学社会科学繁荣计划、高等学校高层次创新人才计划、中西部高等教育振兴计划、高等学校基础学科拔尖学生培养试验计划、高等学校特色重点学科建设计划。

——发展民族教育。有 2 个子项目,分别是民族地区高中阶段教育发展、民族高等院校建设计划。

——发展特殊教育。有 1 个子项目,特殊教育学校建设计划。

——家庭经济困难学生资助。有 5 个子项目,分别是免除中等职业教育家庭经济困难学生和涉农专业学生学费,实施农村义务教育学生营养改善计划,建立普通高中家庭经济困难学生国家资助制度,建立健全研究生奖助政策体系,建立学前教育资助制度。

——教育信息化建设。有 2 个子项目,分别是农村中小学多媒体远程教学设备配备项目、国家教育信息化建设工程。

——教育国际交流合作。有 5 个子项目,分别是大学校长和骨干教师海外研修培训计划、出国留学资助计划、留学中国计划、孔子学院发展计划、国际合作联合实验室建设计划。

十个重大项目,涉及面广,资金量大,任务艰巨,影响深远。为确保可操作、可监测、可评估,必须进行项目的细化和整合,明确建设重点和要求。教育部于 2010 年 7 月专题召开了重大项目研究会,14 个有关司局按照《教育规划纲要》的文本逐一梳理,提交了 58 个子项目的实施方案;后经与财政部、国家发展改革委反复协商,经过两轮整合,由 58 个子项目整合为 37 个子项目。2011 年 3 月,教育部与国家发展改革委、财政部联合印发了《关于落实教育规划纲要组织实施重大项目的指导意见》,从组织领导、机制建设、经费投入、项目监管等方面提出工作要求。教育部与财政部、国家发展改革委专门成立了十个重大项目工作组,采取项目管理、团队式的工作模式,建立部委之间沟通协商机制,落实重大项目的资金预算,组织有关司局分项目编制实施方案,出台配套文件,明确责任单位和责任人,提出进度要求和考核指标,对各项目进行了科学的顶层设计。比如,为推进学前教育项目,贯彻国务院《关于当前发展学前教育的若干意见》，教育部、财政部出台了支持中西部地区利用农村闲置校舍改扩建幼儿园、支持中西部地区农村小学增设附属幼儿园、支持中西部农村偏远地区开展学前教育巡回支教试点等7个配套文件；为推进义务教育均衡发展项目，教育部与27个省（自治区、直辖市）和新疆生产建设兵团分别签署备忘录，以"一省一案"方式，明确义务教育均衡发展的时间表和路线图；为推动高等教育项目，教育部、财政部制定了《关于进一步提高地方普通本科高校生均拨款水平的意见》、《关于减轻地方高校债务负担化解高校债务风险的意见》等文件，大幅度增加了中央和地方财政对地方高校的投入。

据统计，2006—2011年，中央财政安排农村义务教育经费保障机制改革、校舍安全工程、农村义务教育薄弱学校改造计划、学前教育发展、农村义务教育阶段学生营养改善计划、职业教育基础能力建设等重大项目资金达6700多亿元。其中2010年，中央财政安排重大项目经费1347亿元，比2009年增加近500亿元；2011年，中央财政安排重大项目经费1828亿元，比2010年增加481亿元，增幅达36%。同时，为加强对重大项目资金的监管，教育部会同财政部等部委研究制定了《教育规划纲要重大项目资金使用监督检查办法》、《农村义务教育学生营养改善计划中央专项资金管理办法》等规章制度，综合运用网络监控、财务报告、监事督察、巡视检查、专项审计、评估评审、受理举报等方式方法，对重大项目资金的使用进行综合监管，切实提高资金的使用效益。

（二）实施重大项目初见成效

目前，从中央到地方，重大项目稳步实施，进展顺利，成效显著，充分发挥了中央资金和重大项目工程的引领带动作用，促进了教育公平，提升了教育质量。

——学前教育方面。中央财政计划"十二五"期间投入500亿元，启动实施了四大类7个重点项目；各省以县为单位实施三年行动计划，对学前教育投入的数量之大、增幅之快,也是教育史上前所未有的。据统计,全国学前教育经费总投入从2006年的125亿元增加到2010年的728亿元,年均增长47%,在各类教育中增速最快。学前教育资源快速扩大,2010—2011年全国新建、改扩建幼儿园4万多所,新增在园幼儿560多万人。同时,初步建立起学前教育资助体系,从2011年秋季学期起,按照“地方先行,中央补助”的原则,对家庭经济困难儿童、孤儿和残疾儿童予以资助。

——义务教育方面。2010年、2011年,两次提高农村义务教育阶段学校生均公用经费基准定额,达到中西部地区小学生均500元/年、初中生均700元/年,东部地区小学生均550元/年、初中生均750元/年;两次提高家庭经济困难学生生活费补助标准,达到小学生均1000元/年、初中生均1250元/年。继续实施中小学校舍安全工程,2010—2012年中央投入280亿元,地方各级政府投入2000多亿元,对3亿多平方米存在安全隐患的校舍进行加固改造。继续实施“农村义务教育阶段学校教师特设岗位计划”,2011年共聘用特岗教师49870人,覆盖21个省份的16536所农村学校。启动实施第二期中西部农村初中校舍改造工程,2010—2011年中央投入50亿元,重点改善学校食宿条件,提高农村初中巩固率。启动农村义务教育薄弱学校改造计划,2010—2011年中央投入168亿元,主要用于农村学校图书、教学仪器设备以及寄宿条件建设。启动实施边远艰苦地区农村学校教师周转宿舍建设试点,2010—2011年中央安排资金20亿元,吸引优秀人才到农村学校任教。启动实施农村义务教育学生营养改善计划,从2011年秋季学期起,按照每生每天3元的标准,对集中连片特殊困难地区学生补助伙食费,2012年中央财政预算安排330亿元,对680个试点县进行营养膳食补助、家庭经济困难寄宿生生活费补助、食堂建设补助,受益学生约2600万人。认真落实“以输入地政府管理为主、以全日制公办中小学为主”的政策,2010—2011年,中央财政共安排79.6亿元,奖补解决随迁子女接受义务教育较好的地区,2011年全国进城务工人员随迁子女在公办学校就读约79.2%，比2010年增长了12.7%。这些都较好地巩固了“普九”成果，推进了义务教育均衡发展。

——高中教育方面。实施普通高中改造计划，中央财政2011年投入10亿元、2012年计划投入20亿元，重点支持集中连片特困地区普通高中改善办学条件。一些地方在化解普通高中债务、扩大普通高中资助范围等方面做了积极探索，公共财政对普通高中的投入不断增长。从2010年秋季学期起，建立起以国家助学金为主体、学校减免学费等为补充、社会力量积极参与的普通高中学生资助政策体系。2011年，中央财政安排普通高中国家助学金44.9亿元，资助普通高中学生479万人。

——职业教育方面。围绕提高办学水平、增强吸引力，2010年以来，中央共投入资金140亿元，支持建设1340个国家职业教育实训基地、653所中等职业教育示范学校、558所优质特色中职学校、200所国家示范性高等职业院校；组建了近600个职教集团，有1万多家企业参与，涉及43个行业，覆盖50%的中职、90%的高职院校。2011年，中央财政投入职业教育基础能力建设资金104亿元，接近“十一五”时期5年投入的总和。有效提高了职业院校基础能力，带动了全国职业教育的总体发展。建立起以国家助学金和国家免学费为主，顶岗实习、学校奖学金和减免学费等为辅的资助政策体系，逐步扩大中等职业教育免学费范围。从2010年秋季学期开始，中等职业教育免学费覆盖范围从农村家庭经济困难学生和涉农专业学生进一步扩大到城市家庭经济困难学生，受助学生440万人，占在校生的22%。

——高等教育方面。把提高质量作为高等教育的生命线，在继续实施“985工程”、“211工程”等重大项目工程的基础上，启动实施了中西部高等教育振兴计划、中央支持地方建设高水平大学计划、基础学科拔尖学生培养试验计划、卓越人才教育培养计划。按照胡锦涛总书记2011年在清华大学百年校庆重要讲话精神，启动了以“国家急需、世界一流”为目标、以推进协同创新为主题的高等学校创新能力提升计划

（简称“2011计划”）。2010—2012年，中央财政投入600多亿元，支持地方高校提高生均拨款水平和化解债务；将普通高校国家助学金标准由年生均2000元提高到3000元，促进高等学校特色发展、内涵发展。

——特殊教育和民族教育方面。健全特殊教育保障机制，仅2011年中央安排41亿元，支持中西部地区新建、改扩建特殊教育学校1001所。安排近210亿元，改善民族教育办学条件、资助困难学生，稳步推进“双语”教育；投入6亿元，实施了民族地区教育基础薄弱县普通高中建设专项。

重大项目实施过程，也是教育项目投入和管理机制不断完善的过程。在项目设计上，统筹已有项目与新增项目，重大项目尽可能利用现有机制平台及资金渠道，必须增加的新项目尽可能避免与现有项目交叉重复；统筹项目建设内容，对各子项目共性的建设内容，整体谋划，系统设计，避免重复建设和脱离实际需求的建设，既体现教育改革发展的全局性、战略性要求，又有很强的针对性和可操作性。坚持政策先行、机制创新，使政府的政策和财政支持可持续，为从根本上解决教育改革发展中的重大问题、深层问题提供保证。在工作布局上，把发展项目和改革试点统筹考虑、整体谋划，使之相互促进、良性互动，形成有利于教育事业科学发展的长效机制。在项目推进过程中，通过实施项目来推进改革，通过改革更有效地实施项目，逐步建立起依靠制度、依靠标准推动工作的有效机制，增强教育可持续发展的能力。

四、进一步完善多渠道筹措教育经费机制

改革开放以来，党中央、国务院立足社会主义初级阶段基本国情，立足穷国办大教育的现实，提出了调动政府和群众办教育的积极性，通过政府和社会两方面投入发展教育的“两条腿走路”方针，逐步探索出了“财、税、费、产、社、基”多渠道筹措教育经费格局，扭转了单一政府投入模式下教育经费严重短缺的局面，使各级教育办学条件得到了巨

大改善，推进了各级教育快速发展。党的十六大以来，各级政府和有关部门在坚持教育优先发展、努力增加财政教育投入的同时，采取切实措施，不断增加社会教育投入，进一步完善了多渠道筹措教育经费机制，为教育事业改革发展提供了有力保障。

（一）完善非义务教育成本分担机制

20世纪80年代以来，按照“谁受益谁负担”的教育成本分担原则，我国积极稳妥地推进了非义务教育学校收费制度改革，逐步建立了比较合理的非义务教育成本分担机制。党的十六大以来，这一机制得到了进一步完善。一是稳定高校收费标准。随着1999年全国高校扩招，高校收费标准提高较快。为规范高校收费管理，从2001年起，国家对高校收费标准实行了基本稳定的政策。二是建立教育收费公示和听证制度。要求学校通过各种方式将收费项目、标准等政策公示，增强学校收费工作的透明度；要求政府在调整收费政策之前要召开听证会，广泛听取社会各方意见，增强教育收费决策过程的民主化。三是规范中小学服务性收费和代收费。将中小学服务性收费和代收费项目及标准的审批权上收到省级人民政府，同时强调要坚持学生自愿和非营利原则。四是制定幼儿园收费管理暂行办法，规范了幼儿园收费行为，完善了学前教育成本分担机制。据统计，2010年，全国学杂费收入3016亿元，占总投入的比例约为15%。普通高等学校学杂费收入1676亿元，占普通高校总投入的比例约为30%。在规范学校收费管理的同时，国家加大了对家庭经济困难学生的资助力度，建立起了从学前教育到高等教育的比较完备的资助体系，保证了家庭经济困难学生顺利完成学业，推进了教育公平。

（二）鼓励和引导社会力量办学

党的十六大以来，各级人民政府按照《中华人民共和国民办教育促进法》和《民办教育促进法实施条例》的要求，采取积极措施，进一步加大了对民办教育的扶持力度。各地通过设立专项资金、出租转让闲置的国有资产、对新扩建民办学校在用地和建设方面给予优惠等方式，奖励和资助民办学校的发展。民办学校按照国家规定享受税收优惠政策。国家在民办高校设置和招生计划安排、民办中职实训基地建设和县级职教中心建设等方面给予了政策倾斜。农村义务教育经费保障机制改革涵盖了民办学校学生。民办学校学生纳入了国家家庭经济困难学生资助体系。《教育规划纲要》进一步指出，社会投入是教育投入的重要组成部分。要完善财政、税收、金融和土地等优惠政策，鼓励和引导社会力量捐资、出资办学。《教育规划纲要》颁布以来，教育部会同有关部门，加强了民办教育制度建设，开展营利性和非营利性民办学校分类管理试点工作，研究制定促进民办教育发展的税收、财政、土地、金融及其他配套优惠政策，清理并纠正对民办学校的各类歧视政策，落实对民办学校的人才鼓励政策和公共财政资助政策。在各级政府的努力下，我国民办教育投入不断增加。2010 年我国民办教育总投入为 1483. 34 亿元，占教育总投入的比例为 11. 03% 。

（三）推进企业支持职业教育发展

近些年来，我国职业教育形成了“政府主导、依靠企业、充分发挥行业作用、社会力量积极参与，公办与民办共同发展”的多元办学和投入格局。除各级政府增加投入外，国家还鼓励企事业单位、社会团体和公民个人捐资助学，多渠道筹措职业教育经费。2002 年，国务院印发了《关于大力推进职业教育改革与发展的决定》规定，各类企业要按规定实施职业教育和职工培训，承担相应的费用。一般企业按照职工工资总额的 1. 5% 足额提取教育培训经费，从业人员技术素质要求高、培训任务重、经济效益较好的企业可按 2. 5% 提取，列入成本开支。为鼓励企业接收学生实习实训和教师实践，2006 年，财政部、国家税务总局印发了《关于企业支付学生实习报酬有关所得税政策问题的通知》，规定凡与中等职业学校和高等院校签订三年以上期限合作协议的企业，支付给学生实习期间的报酬，准予在计算缴纳企业所得税税前扣除。教育部会同财政部、保监会等部门在职业学校推行学生实习责任保险，以有效化解企业和学校安排学校实习的风险。同时，鼓励社会各界及公民个人对职业教育提供资助和捐赠。《教育规划纲要》颁布以来，教育部会同有关部门大力推进校企合作、工学结合，成立了43个行业职业教育教学指导委员会，组建职教集团600多个，建立健全政府主导、行业指导、企业参与的办学机制，研究制定促进校企合作办学法规，推进校企合作制度化，依法加强行业企业对职业学校教育教学各环节的参与。目前，企业举办的中职学校占10%，高职学校占4%。

（四）鼓励社会捐赠教育

国家对社会捐赠教育实行税收优惠。财政部、国家税务总局、民政部印发的《关于公益性捐赠税前扣除有关问题的通知》规定，企业用于教育等公益事业的捐赠支出，在年度利润总额12%以内的部分，准予在计算应纳税所得额时扣除；个人向教育等公益事业的捐赠支出，按照现行税收法律、行政法规及相关政策规定准予在所得税税前扣除。据统计，2002—2010年，社会捐赠教育经费总计937亿元，有力地促进了教育事业的健康发展。

为引导和鼓励社会各界向高校捐赠，拓宽高校筹资渠道，进一步促进高等教育事业发展，2009年，财政部、教育部联衔印发了《中央及普通高校捐赠收入财政配比资金管理暂行办法》，决定从2009年起，设立捐赠收入财政配比专项资金，对中央高校的合格捐赠收入实行奖励补助。捐赠收入财政配比资金全部纳入学校预算，由学校统筹安排用于资助家庭经济困难学生、支持毕业生就业、开展教学科研活动等方面。

捐赠收入财政配比工作的实施提高了高校争取社会资源、多渠道筹集办学资金的主动性和积极性，高校捐赠收入逐年增加。截至2011年年底，中央财政累计安排中央高校捐赠收入财政配比资金42.6亿元。其中，2009—2011年配比资金分别为10亿元、10亿元、22.6亿元，年平均增长率为63%。中央财政资金累计带动中央高校接受符合配比要求的社会捐赠资金收入63.04亿元。其中，2009—2011年符合配比条件的捐赠收入分别为15.68亿元、17.63亿元、29.73亿元，年均增长率为45%。项目实施有效缓解了高校的办学资金压力，有力地推动了学校各项事业发展。

据统计，2010年，我国社会教育投入（非财政性经费）约为4892亿元，比2002年增加2903亿元，年均增幅12%；占教育总投入的比例约为25%。表15-4显示了我国财政性和非财政性教育经费的比例格局。

表15-4 2010年全国教育经费来源情况

	金额（亿元）	构成%
合 计	19562	100
一、财政性教育经费	**14670**	**75**
1. 预算内教育经费	13490	68.96
2. 各级政府征收用于教育的税费	930	4.75
3. 企业办学中的企业拨款	52	0.27
4. 校办产业和社会服务收入用于教育的经费	23	0.12
5. 其他属于国家财政性教育经费	175	0.90
二、非财政性教育经费	**4892**	**25**
1. 民办学校中举办者投入	105	0.54
2. 社会捐赠经费	108	0.55
3. 学杂费等事业收入	4106	20.99
4. 其他收入	572	2.93

第十六章　教育开放迈入新阶段

随着经济全球化的不断发展，各国政府都认识到人力资源开发的重要性，纷纷把教育放到优先发展的战略地位。教育国际交流合作是中外人文交流、公共外交的重要领域，在国家总体外交中具有重要战略作用。中央一直高度重视教育对外开放工作。党的十六大报告指出，要"坚持'引进来'和'走出去'相结合，积极参与国际经济技术合作和竞争，不断提高对外开放水平"，明确指出了我国教育对外开放的方向。自2001年加入世界贸易组织以来，我国政府陆续制定和修订了相关的法规文件，大力推进双边和多边教育合作与交流机制建设，不断改善教育开放的制度环境。2004年，国家启动实施《2003—2007年教育振兴行动计划》，提出加强全方位、高层次的教育国际合作与交流，确定了五年内教育对外开放的思路、策略以及行动举措。全国教育工作会议和《教育规划纲要》把扩大教育开放作为推动我国教育改革和发展的战略举措，明确提出坚持以开放促改革、促发展，始终面向世界，进一步加强国际交流与合作，引进优质教育资源，提高我国教育发展水平和国际化水平，提升我国教育的国际地位、影响力和竞争力，培养大批具有国际视野、通晓国际规则、能够参与国际事务和国际竞争的国际化人才。教育开放围绕"大国是关键，周边是首要，发展中国家是基础，多边是重要舞台"的战略部署，深入推进全方位、多层次、宽领域的教育交流合作，在出国留学、来华留学、中外合作办学、人文交流等领域取得一系列令人瞩目的成就，教育国际化水平逐步提高。

一、出国留学与来华留学快速发展

（一）出国留学工作实现新突破

党的十六大以来，出国留学工作坚持以科学发展观为引领，创新和完善出国留学工作机制，加强对公派和自费出国留学工作的统筹，切实作好在外留学人员的服务和管理，鼓励在外留学人员回国工作或以多种形式为国服务，留学规模逐步扩大，为国家"科教兴国"战略和"人才强国"战略的实施提供了有力支撑，为我国社会主义现代化建设提供了人才保障。

2002 年，全国出国留学总人数为 12.5 万，自费出国留学总人数 11.7 万。经过近 10 年发展，2011 年出国留学总人数达 34.0 万，自费出国留学总人数达 31.5 万，均为 2002 年的 2.7 倍。总体上看，基本形成以公派出国留学为主导，自费出国留学为主体的工作格局。

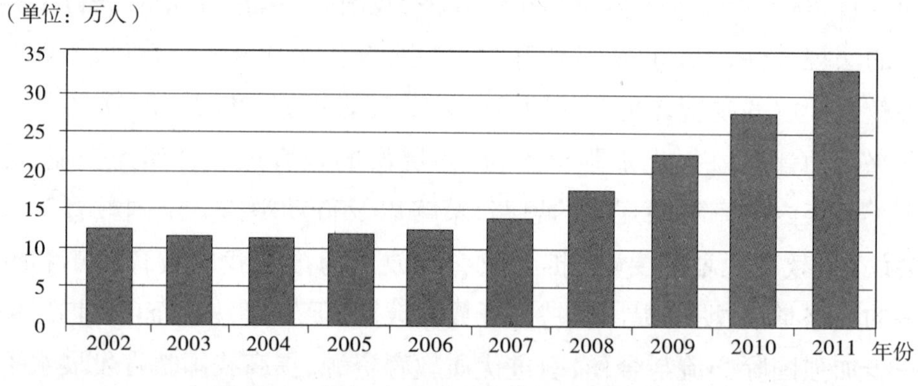

图 16-1　近 10 年出国留学人员规模变化情况

国家公派出国留学示范引领作用日益凸显。十年来，国家公派出国留学紧密围绕经济建设和社会发展需求，按照"扩大规模、提高层次、保证重点、增强效益"的工作思路，选派规模不断扩大，重点日益突出，留学效益持续提高。2012 年，国家公派出国留学年度选派规模达到 1.6 万人。

国家建设高水平大学公派研究生项目成效显著。2007年，国务院批准实施“国家建设高水平大学公派研究生项目”，按照“派一流的学生，到国外一流的院校和专业，师从一流的导师”的标准，开展派出工作。截至2011年年底，项目共录取24624人，在世界排名前200名高校就读的占66%。项目在短时期内培养了一批具有国际视野的高素质人才，根据前三年的执行情况，73%的学成回国学生选择到高校和科研院所从事教学或科研工作，为高水平大学建设培养、储备了大批优秀师资和科研人员。在国家建设高水平大学公派研究生项目带动下，国内高校与国外院校签署了400多个涉及学生互派的合作协议，80%的国内导师与国外导师建立起合作关系，200多名外籍导师受聘于国内高校。项目促进了研究生培养模式的创新，提高了研究生培养质量。清华大学博士生姚立杰通过国家建设高水平大学公派研究生项目赴美国加州大学深造，摘得2010年度美国会计学会“国际会计最佳博士学位论文奖”，成为该奖项设立27年来首次夺得这一殊荣的中国人。据不完全统计，国家建设高水平大学公派研究生项目学生发表论文数量超过19000篇，其中三大科技文献检索系统（SCI、EI、ISTP）收录5154篇，在《科学》、《自然》等世界顶级学术刊物上发表论文40余篇。2012年，国家建设高水平大学公派研究生项目第二期正式启动实施，选派规模扩大至每年6000人。

青年骨干教师出国研修项目成效获得高度认可。2005年，为配合《高等学校“高层次创造性人才计划”》，启动实施青年骨干教师出国研修项目。截至2011年年底，青年骨干教师出国研修项目共录取16806人，68.49%的入选者年龄在30到40岁之间，90%具有博士学位，80%具有高级专业技术职务，选派专业领域集中在国家重点建设学科及各校重点发展学科。从2012年起，青年骨干教师出国研修项目选派规模从每年1500人增至3000人。

实施优秀本科生国际交流项目。2012年试点选派1000名本科生出国交流学习，项目重点支持中外高校学分互认和学生实习，推动国内高校与世界知名大学和科研机构合作，培养学生跨文化交流能力，提高学生的国际竞争力，促进高素质国际化人才培养。

设立支持西部地区和重点行业发展人才培养系列项目。陆续实施“西部地区人才培养特别项目”和“地方合作项目”、“国际区域问题研究及外语高层次人才培养项目”、“艺术类人才培养特别项目”，与中国地震局、国家海洋局、中国社科院、中国航空工业集团公司等单位和部门设立系列人才培养项目，为中西部地区、重点行业和部门培养了大批急需人才。

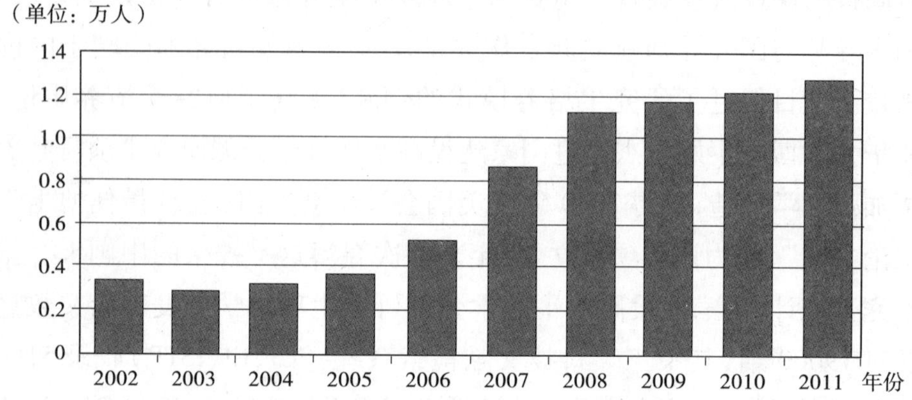

图 16-2　近 10 年国家公派出国留学人员规模变化情况

支持公民自费出国留学。2003 年，不再实行自费出国留学的资格审核及收取培养费制度，自费出国留学规模进一步扩大。同时，在自费留学人员比较集中的 5 个国家实施国家优秀自费留学生奖学金试点，2004 年试点国家增至 28 个。优秀自费留学生奖学金项目的设立，体现了党和国家对优秀自费留学人员的重视和关怀，激发了自费留学人员的爱国热情，增强了他们回国工作和为国服务的意识。为加强对自费出国留学中介市场的监管，教育部先后出台《自费出国留学中介服务管理规定》，成立教育涉外监管机构，开设教育涉外监管信息网，公布国外教育信息，发布自费出国留学预警，加大对公民自费出国留学的服务和引导。截至目前，共发布了 33 个国家办学比较可靠的 1 万多所学校名单,就国外留学中出现的突出问题发布 50 期留学预警;依法审批了 419 家自费出国留学中介机构。

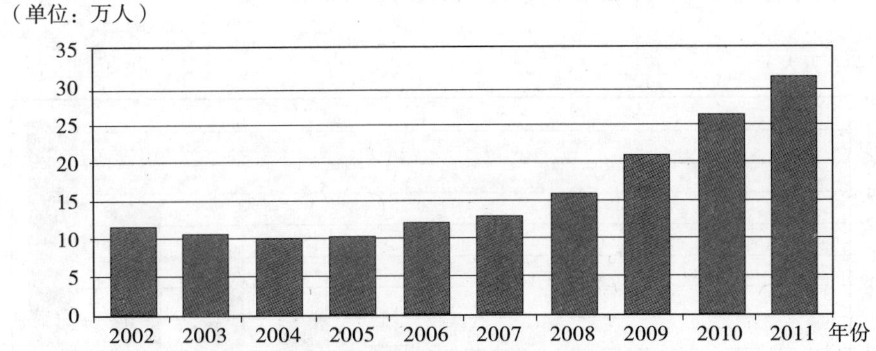

图 16-3　近 10 年自费出国留学人员规模变化情况

（二）留学回国工作取得新成果

近十年来,留学回国工作作为出国留学工作的重要组成部分,以吸引海外高层次留学人才为重点,稳步推进"春晖计划"、"长江学者奖励计划"、"留学回国人员科研启动基金"等引才项目,并会同有关部门共同举办"中国留学人员广州科技交流会"、"中国海外学子创业周",为在外留学人员回国发展牵线搭桥。

2002 年,教育部正式成立"留学回国工作办公室",并支持在外留学人员到西部工作或参加西部服务项目,以"集团式"的服务模式对口支援西部建设。

2004 年,扩大"长江学者奖励计划"范围,每年聘任特聘教授和讲座教授各 100 名;2011 年,启动实施新的"长江学者奖励计划",每年支持高校聘任 150 名特聘教授、50 名讲座教授,增设支撑服务专项,进一步发挥长江学者在创新团队建设、人才培养、协同创新等方面的辐射带动作用。

2006 年,教育部会同科技部共同举办首届"春晖杯"中国留学人员创新创业大赛,为在外留学人员回国创业搭建平台。同时,发布《关于进一步加强引进海外优秀人才工作的若干意见》,推动建设高校海外留学人才工作平台。

十年来,共有68万留学人员学成回国发展,回国人数从2002年的1.8万人增至2011年的18.6万人,增长9.3倍。

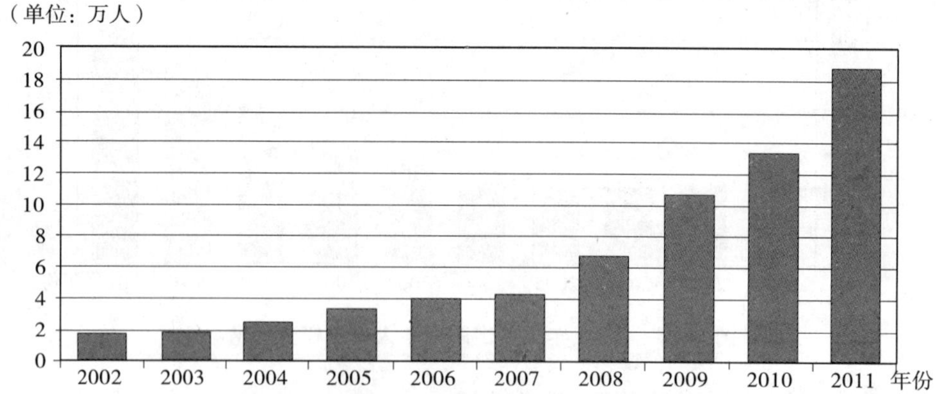

图16-4 近10年留学回国人员规模变化情况

(三)来华留学规模不断扩大

党的十六大以来,我国来华留学工作以科学发展观为指导,按照“扩大规模、优化结构、规范管理、保证质量”的工作方针,深入贯彻《教育规划纲要》精神,实施《留学中国计划》,取得稳步发展。来华留学工作对促进中外交流合作,扩大我国对外开放,增进世界对我国的了解,增进中外人民的友谊发挥了重要作用。

据统计,2011年共有来自194个国家和地区的292611名各类外国留学人员在华学习,是2002年来华留学人数的3.4倍。其中,中国政府奖学金生共计25687名,是2002年的4.2倍;自费生共计266924名,是2002年的3.3倍。与2002年相比,外国留学生的生源国(地区)增加了19个,我国接收外国留学生的院校增加了265所。

来华留学生结构不断优化。2002年以来,来华留学学历生比例持续增长。2011年来华留学学历生共计118837名,是2002年的5.6倍,占来华留学生总数的比例从2002年的24.53%上升至40.61%。2011年新录取的中国政府奖学金生中,学历留学生达85.27%,研究生比例达53.12%。

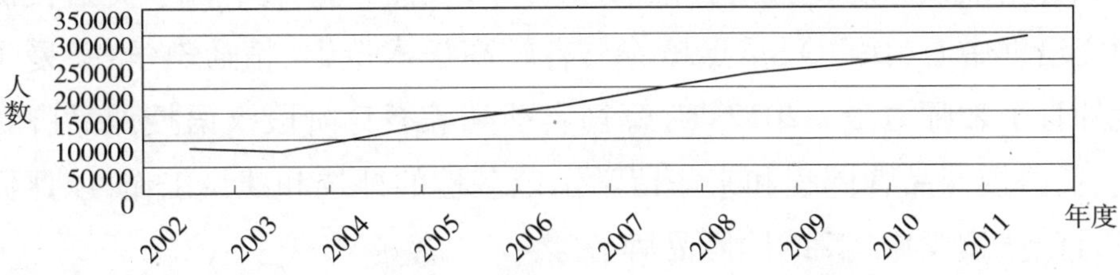

图16-5　来华留学生增长情况

表16-1　来华留学生情况

年份	留学生总数	奖学金生		自费生		学历生		非学历生		生源国或地区	接收院校
		人数	比例(%)	人数	比例(%)	人数	比例(%)	人数	比例(%)		
2002	85829	6074	7.08	79755	92.92	21055	24.53	64774	75.47	175	395
2011	292611	25687	8.78	266924	91.22	118837	40.61	173774	59.39	194	660

来华留学管理服务日益规范。为适应我国国际学生规模大幅增长的新形势,进一步加强对来华留学生的规范管理和政策保障,教育部已启动《中小学接受外国学生管理暂行办法》和《高等学校接受外国留学生管理规定》的修订工作,新的《国际学生招收和管理规定》将很快正式颁布实施。

为加强各相关部门之间的协作沟通,进一步完善来华留学管理服务的体制和机制,2011年11月,教育部、外交部、国家发展和改革委员会、公安部、财政部、人力资源和社会保障部等部委正式成立来华留学工作部际协调机制,中央、地方、学校分工明确、通力合作的来华留学三级管理体制进一步完善。

来华留学生培养质量显著提高。2002年以来,教育部出台了一系列措施和政策,推动各高校提升来华留学生培养质量,努力打造中国高等教育的国际品牌。2005年,启动中国政府奖学金本科来华留学新生预科教育试点,2010年起预科教育全面实施。预科教育对提高来华留学生教育质量发挥了重要作用。2007 年,教育部制定来华留学医学本科教育英语授课质量控制标准。2010 年,设立首个来华留学英语授课师资培训中心(医学),重点培养具有较高学术造诣、精通教学、关爱学生的骨干教师力量。2012 年,筹划启动高等教育阶段汉语授课品牌专业、英语授课品牌课程和来华留学示范基地的评选和建设工作,以评促建,打造“留学中国”的国际品牌。

今后一个时期,继续按照“扩大规模、优化结构、规范管理、保证质量”的方针,推动“留学中国计划”的全面实施,实现 2020 年来华留学人员达到 50 万,使我国成为亚洲最大的留学目的地国家的战略目标。

二、中外合作办学稳步发展

(一)中外合作办学水平逐步提高

2002 年以来,尤其《教育规划纲要》颁布实施以来,高水平中外合作办学工作取得积极进展,示范性中外合作办学不断涌现。2011 年,教育部批准筹建上海纽约大学和温州肯恩大学两所具有独立法人资格的中外合作办学机构;2012 年,批准筹建昆山杜克大学,批准设立中国人民大学中法学院、东南大学蒙纳士大学苏州联合研究生院、华中科技大学中欧能源学院三家非独立法人资格的高水平中外合作办学机构。在覆盖面更大的中外合作办学项目方面,一批高水平中外合作办学项目集中涌现。2012 年 6 月批准 86 个中外合作办学项目,占同期申报项目总数的 42%,项目中方合作办学者中出现了北京大学、清华大学、浙江大学等 22 所“985”和“211”高校。

经过十余年发展,中外合作办学规模逐渐扩大,层次逐步提高,模式趋于多样。全国中外合作办学机构和项目从 2002 年年底的 712 个增加到目前的 1594 个。其中实施本科及以上高等学历教育的中外合作办学机构和项目达 701 个,占全部机构和项目总数的 43.98%。部分中外合作办学项目引进外教达 60% 以上,引进境外课程 80% 以上,招生吸引力比较大,受到欢迎和认可。

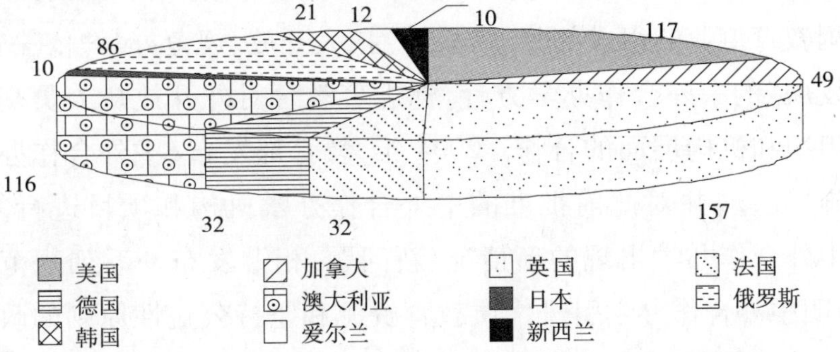

图 16-6　本科以上中外合作办学机构与项目国别分布情况

2010 年以来,围绕落实《教育规划纲要》,重点推进新时期中外合作办学管理体制机制创新,促进中外合作办学科学发展。一是加强对中外合作办学的分类支持和指导。对独立设置的中外合作办学机构,强调和鼓励中外大学强强联合,创办示范性中外合作大学,发挥对我国高水平大学建设的推动作用。对高校内设的中外合作办学机构,着重突出双方办学特色,鼓励发挥双方综合学科优势,支持在学科专业和管理方面多做探索。对中外合作办学项目,重点突出专业优势和课程设置。适当考虑各个层次学校的需求,对发展相对滞后的学校和地区适当倾斜。二是加强示范性中外合作办学的宣传和推广。选择办学质量高、合作效果好的机构和项目做好总结和宣传,发现、树立一批示范性中外合作办学机构或项目。三是加大对中外合作办学支持力度。积极争取专项经费等,对优秀中外合作办学予以支持,为中外合作办学可持续发展提供支撑和保障。四是发挥专家团队咨询和指导作用。发挥专家在审批工作中的一线咨询和指导作用,同时依托专家开展合作办学政策研究和宣传引导。

(二)中外合作办学进一步规范

党的十六大以来,中外合作办学步入快速发展的新阶段。2003

年,国务院颁布《中外合作办学条例》,对中外合作办学准入、办学范围、管理体制、运行机制、文凭颁发等作出规定,并把中外合作办学定位为我国教育事业的组成部分,确立了“扩大开放、规范办学、依法管理、促进发展”的中外合作办学方针,标志着教育对外开放从人员交往扩展到组织和机构层面的合作。2004 年,教育部发布《中外合作办学条例实施办法》,并对此前批准的中外合作办学机构和项目进行复核。针对中外合作办学出现的新情况、新问题,相继发布一系列规范性文件,申明中外合作办学引进优质教育资源和坚持公益性原则的政策导向,进一步明确了准入标准和监管措施。2005 年,教育部批准正式设立宁波诺丁汉大学、北京师范大学—香港浸会大学联合国际学院两所具有独立法人资格的中外合作办学机构,批准设立东北大学中荷生物医学与信息工程学院、同济大学中德工程学院两家非独立法人资格的中外合作办学机构,批准筹备设立西交利物浦大学。这三家具有独立法人资格的中外合作办学机构的设立,成为这一时期中外合作办学标志性的成就。

2006 年,教育部专题研究中外合作办学发展中面临的问题,发布《关于当前中外合作办学若干问题的意见》,着手建立中外合作办学监管工作信息平台、中外合作办学证书认证平台和中外合作办学质量评估机制、中外合作办学执法和处罚机制,加强中外合作办学规范管理。2007 年,教育部发布《关于进一步规范中外合作办学秩序的通知》,加强信息公开工作,对如何进一步规范管理提出意见。2009 年,教育部相继对辽宁、天津、江苏、河南四个省市中外合作办学进行试点评估。2011 年 12 月,教育部中外合作办学学历学位认证注册系统建成启用,对提高办学质量,维护学生利益,加强对中外合作办学的规范管理起到了重要作用,受到社会各界普遍好评。

通过中外合作办学,一方面推动了办学体制改革,丰富了我国教育供给,增加了我国教育的多样性,一定程度上满足了社会日益增长的多样化教育需求;另一方面,中外合作办学引进国外较为先进的教育理念、教育内容、教学方法、人才培养模式和管理经验，促进了国内学校的教育教学改革，推动了学科专业建设和教师培养，带动了教学和科研交流，增强了办学活力，对教育改革与发展起到了积极作用。

三、中国教育"走出去"战略取得突破

（一）汉语国际推广规模持续扩大

党的十六大以来，随着我国经济社会快速发展、国际地位大幅提升，世界各国更加重视与中国开展全方位交流与合作，汉语在国际经济贸易、文化交流过程中作用空前凸显，全球"汉语热"持续升温。从2002年起，我国借鉴英、法、德、西等国经验，在海外开办孔子学院。胡锦涛总书记等中央领导同志多次作出重要批示，为汉语国际推广和中华文化"走出去"战略指明了方向。2004年，全球第一所孔子学院在乌兹别克斯坦成立，胡锦涛总书记亲自出席签字仪式。2005年，胡锦涛总书记作出重要批示"汉语加快走向世界是件大好事"。孔子学院从语言入手，用文化交融，中外合作，创造了世界各国欢迎的语言文化交流新模式，实现了前所未有的跨越式发展。

党中央、国务院高度重视，各部门各地方积极参与，以孔子学院的建设为载体，大大推进了汉语国际推广工作。孔子学院坚持服务于国家对外发展战略需要，主动适应各国人民汉语学习和了解中国文化的需求，紧紧抓住世界"汉语热"的机遇，加快发展步伐，用不到10年时间，初步实现了全球布局。孔子学院坚持政府主导、民间运作、平等相待、不强加于人、创新模式、注重实效。如今，世界各地的孔子学院已经成为我国外交活动中的重要资源，公共外交影响效应越来越大。近年来，党和国家领导人利用出访机会，上百次出席孔子学院活动，与师生亲切互动，树立了良好的公众形象。各国国家领导人上百次出席孔子学院活动。目前已有42个国家和地区颁布政令，将汉语教学纳入本国国民教育体系。华人华侨把孔子学院作为学习祖国语言文化的重要场

所和维系民族情感的纽带。很多国家政府授予勋章或证书,表彰我汉语教师和志愿者。国际舆论广泛称赞,孔子学院在促进世界对中国文化的了解方面很成功,是迄今为止中国出口的一个最好最妙的产品。孔子学院仅用短短几年时间,走完了英法德西等国语言推广机构几十年甚至上百年的路,坚持这样办下去30年不动摇,世界将会大变样。在孔子学院的带动下,全球学习汉语的人数快速攀升,达到5000万人,发展规模稳步扩大。截至2011年年底,已在105个国家建立了358所孔子学院和500个中小学孔子课堂,注册学员50万人,开设各类汉语课程2.4万班次,举办各类文化活动1.3万场,参加人数722万人。专兼职教师1万余人,专用教学场地13.5万平方米,教学设备总值2119万美元,图书150万册。网络孔子学院开通46个语种,注册用户覆盖125个国家。

孔子学院办学质量不断提高。全国各级各类学校共选派2万名教师及志愿者。通过走出去、请进来等多种方式,共为80多个国家培训汉语教师10万人次。设立"孔子学院奖学金",大力培养本土师资,招收110多个国家万余人来华攻读学位。努力提高教材全球覆盖面,出齐45个语种对照的核心教材,向136个国家配送和销售教材图书1200多万册,支持各国孔子学院编写本土教材。同时,积极开展文化传播活动,组织"汉语桥"大中学生中文比赛、文艺巡演、教材巡展、名家巡讲等活动上万场次,受众500多万人;邀请2万多名各国教育官员及大中小学师生访华,亲身体验中华文化。实践证明,孔子学院的建设和发展,有助于加强人文交流,扩大中华文化在国际上的影响力和感召力;有助于展示我国文明、民主、开放、进步的形象,增强我在国际社会的话语权;有助于广交朋友,深交朋友,巩固中外合作的民意基础和社会基础;有助于我国更积极主动地参与国际分工合作,为实现我和平发展的国家利益服务;有助于增强中华文化的自觉自信,保持旺盛生命力,是中华文化走出去、服务公共外交和人文交流的知名品牌,我国对外教育文化交流的成功典范。

（二）高水平教育机构境外办学取得积极进展

截至目前，我国和其他国家签订了39个《高等教育等值协定》、《相互承认高等教育学位证书的协议》等双边合作交流协议。这些政策法规的出台和政府间协议的签订，为我国的教育开放提供了基本的合法性框架，为有效实施政府教育涉外监管提供了法律依据。2002年，教育部颁布《高等学校境外办学暂行管理办法》，对高等学校境外办学应遵循的方针、审批程序、证书颁发、监督和管理等做了明确规定。《高等学校境外办学暂行管理办法》颁布以来，高等学校赴境外办学逐渐呈增多趋势。截至目前，经教育部审批的境外办学机构和项目65个，分别由我国12个省（直辖市）的26所高校，与境外12个国家和地区的34所高校或教育机构联合举办，开设专业包括中国语言文学、中医药、中国传统武术等。高水平教育机构走出去取得积极进展。

针对高等学校境外办学中存在的规模不大、学科和专业相对单一等发展不足的问题，目前正按照《教育规划纲要》提出的“推动我国高水平教育机构海外办学，加强教育国际交流”和党的十七届六中全会提出的支持中华文化“走出去”的要求，积极研究推动我国高水平教育机构境外办学的政策措施，加大对高等学校境外办学的支持力度，促进我国高等学校境外办学健康发展。

四、双边与多边合作交流日益深化

（一）构建中外国家层面的人文交流机制

一是推动中美人文交流。2009年，中共中央政治局委员、国务委员刘延东访问美国期间，倡议开辟中美关系新领域，深化中美人文交流，美国国务卿希拉里·克林顿予以积极回应。美国总统奥巴马访华期间，两国元首就建立新的双边机制，促进两国人文交流达成高度共识，并将其写入《中美联合声明》。2010年，中美人文交流高层磋商机制在北京成立，覆盖了教育、科技、文化、体育、妇女和青年等六个领域。

机制中方主席刘延东国务委员和美方主席希拉里·克林顿国务卿出席成立仪式并共同主持第一次会议，会议签署了谅解备忘录。教育部副部长郝平担任机制中方协调人，美国副国务卿塔拉·索南夏恩女士担任机制美方协调人。教育部履行机制中方秘书处的工作职能。中方成员单位包括国务院办公厅、外交部、教育部、科技部、文化部、国家体育总局、全国妇联、共青团中央和国务院研究室。截至2012年，中美人文交流高层磋商机制共举行三轮磋商。中美人文交流高层磋商机制开辟了中美关系的崭新领域，是中美关系史上的创新之举，对夯实中美两国合作伙伴关系的社会基础和民意基础具有重要的现实意义和长远的战略意义。

中美人文交流高层磋商机制的建立为中美教育合作交流带来重要机遇。教育部会同相关部门与美方合作实施了一系列重大项目，有力推动了两国教育工作者、学生、课程等教育资源的交流。双方确定，2010—2014年实施公费派遣万名学生赴美攻读博士学位项目和"汉语桥"万人来华研修项目；2010—2013年，实施万名中美人文交流专项奖学金，资助美国学生来华留学；协助美方落实奥巴马总统首倡的"十万人留学中国计划"；实施2011年度500名大中小学校长、青年骨干教师赴美研修计划；设立中美教育发展论坛、启动中美省州教育厅长对话，实施中美高职院校—社区学院合作计划、中美教师交流计划等。数十项中美人文交流高层磋商机制的成果有效落实。美国"十万人留学中国计划"和中国"公派万名学生赴美攻读博士学位"、"汉语桥万人来华研修项目"、"新设1万个中美人文交流专项奖学金名额"等教育项目进展顺利，7100多名中小学校长、教师、大中小学生和2100名大学生通过专项奖学金、汉语桥培训项目的资助来华读书。美国已成为中国国际学生第二大来源国，共有4.3万学生来华留学，占来华留学生的8%。与此同时，中国也成为美国国际学生的最大来源国。2010—2011学年中国留美学生总人数达15.8万，4300多名中国学生获得"公派万名学生赴美攻读博士项目"支持。中国在全美设立了81所孔子学院，有5000多所公立大中小学开设汉语课,学习汉语的学生突破20万人。

二是深化中俄人文交流。2000年,为落实中俄两国元首达成的共识,成立中俄教文卫体合作委员会(副总理级),时任副总理李岚清担任中方主席。十余年来,两国人文合作交流对巩固中俄睦邻友好的社会民意基础,推动中俄战略协作伙伴关系发展发挥了重要作用。2007年,中俄双方签署政府间议定书,将中俄教文卫体合作委员会更名为中俄人文合作委员会,双方合作领域不断扩大。至今,中俄人文合作委员会召开了十二次会议,全面指导两国教育、文化、卫生、体育、旅游、媒体、电影、档案、青年9个领域的合作。在中俄人文合作委员会工作机制指导下,两国人文合作领域不断拓宽,合作内容日益丰富,合作水平逐渐提高,成为中俄战略协作伙伴关系的重要组成部分。双方成功举办了"青年友谊年"、"国家年"、"语言年"、"第十二届世界俄语大会"等重大活动。为巩固合作成果,双方一致同意将中俄大学校长论坛、高等教育展、大学生艺术联欢节、中小学生夏(冬)令营、学生俄(汉)语大赛、青少年运动会、文化节、电影周等活动机制化、常态化。

十余年来,中俄各领域合作取得了丰硕成果。中国有两万多人在俄留学,开设有21所孔子学院和孔子课堂;俄1.3万多人在华留学,开设了10个俄语中心。在分委会框架内,双方成立了中医药合作工作小组和新闻中心,各自电视频道在对方国家成功落地,赴对方国家旅游人数不断扩大。我国四川地震发生后,俄方邀请1500名中国地震灾区中小学生赴俄疗养。作为回应,中方邀请1000名俄罗斯中小学生来华参加夏令营活动。中俄中小学生成功互访,增进了中俄青少年间的彼此了解和友谊,在两国社会各界也产生了良好的政治效应和社会反响,成为国际青少年交流的创举和典范。为继续巩固中俄人文合作基础,两国元首确定在2012—2013年互办"旅游年",目前中国"俄罗斯旅游年"各项活动已有序开展。中俄双方还在共同制订《中俄人文合作行动计划》,深化教育、文化、卫生、体育、旅游、媒体、电影、档案、青年领域务实合作。

三是启动中欧人文交流机制。2012 年 4 月,刘延东国务委员率领代表团访问欧盟总部,启动中欧人文交流机制。在中欧人文交流机制第一次会议上,中欧双方领导人表达了在人文交流领域加强合作的意愿,以加强双方人民之间的联系,增进中欧双方的认知与理解。双方在教育和语言多样性、文化、研究人员流动和青年四个方面进行了商讨。在教育和语言多样性领域,将设立"中欧高等教育合作交流平台",加强双方对上海交通大学中欧国际工商学院、中国政法大学中欧法学院和华中科技大学中欧清洁与可再生能源学院等中欧合作办学机构的支持。为加强学生学者流动,2012—2016 年,中国政府计划提供 3 万个奖学金名额。欧盟委员会也将采取行动加强中欧学生学者交流,支持 5000 名中国学生学者到欧盟国家学习,支持 2000 名欧盟国家学生学者来华学习。双方将继续开展中欧教育政策对话,建立双方共同认可的质量标准。为加强语言合作,进一步推动语言多样性,双方将于 2012 年举办中欧多语言会议。2012—2016 年,双方将交换万名中欧青少年学生,支持青年学生交流互访。中方还将推动中欧高校建立欧洲区域与国别研究中心和中国研究中心建设。

四是建立中英人文交流机制。2012 年 4 月,刘延东国务委员率领代表团访问英国,正式启动中英人文交流机制。中英高级别人文交流机制第一次会议期间,中英双方就教育、科技、文化、媒体、体育和青年等领域的合作进行了商讨,并签署了谅解备忘录、联合公报等 15 份协议、文件。在教育方面,双方重申加强教育伙伴关系建设,支持学生双向流动;促进和增强学生相互理解,开展中英大学生实习试点项目,鼓励和继续开展体验中国和体验英国项目;鼓励和支持中英中小学合作,共同支持"中英百对优秀中学交流计划";继续加强语言教学合作;加强职业教育和技能培训合作,开展有企业参与的新学徒制试点合作、职业教育标准和课程联合开发、职业学校领导力建设等项目;重视高校与企业界合作,进一步推动高校与企业开展联合研发和知识转化合作。

通过建立和完善中俄、中美、中英、中欧四大人文交流机制,将占全球 GDP 总量 60% 以上的五个经济体和全世界三分之一的总人口联系在一起，具有重要历史意义。

（二）拓展双边与多边合作交流平台

党的十六大以来，我国积极参与双边和多边国际组织在教育文化领域的合作，主要在以下六个方面大力拓展合作交流平台。

第一，面向周边国家构建系列区域性交流平台。建立中国东盟、中国阿拉伯、中日韩教育交流平台，构建合作共赢的区域性教育合作机制。2008 年成功举办首届中国—东盟教育交流周，建立与东盟国家教育交流合作新平台。2009 年，温家宝总理宣布在东盟教育交流周期间召开"中国—东盟教育部长圆桌会议"，得到东盟各国高度评价和广泛认同。2010 年，首届中国东盟教育部长圆桌会议期间，通过《中国—东盟教育部长圆桌会议贵阳声明》，标志着中国东盟教育合作进入新的阶段。2010 年，举办中阿高教与科研合作研讨会，通过《中阿高教与科研合作研讨会最终宣言》，双方大学签署了一系列校际合作协议或意向书。2011 年，中国阿拉伯高校合作研讨会在宁夏举办，成为中国阿拉伯经贸洽谈会上的一大亮点。2010 年，召开中日韩大学交流合作促进委员会会议，就联合开展"亚洲校园"大学交流项目及设置大学交流工作组和质量保障工作组达成一致。2011 年正式启动"亚洲校园"试点项目，推动中日韩大学学分互认及人才联合培养。

第二，加强与上海合作组织多边教育合作。2006 年，上海合作组织成员国在上海召开峰会，签署《上海合作组织成员国政府间教育合作协定》。在北京举行首届上海合作组织成员国六方教育部长会议，标志着上海合作组织多边教育合作正式启动。为确保上海合作组织教育合作顺利推进，各成员国每两年举行一届教育部长会议，讨论本组织教育合作重大问题和下一步工作方向。迄今为止，已连续召开三届教育部长会议，第四届教育部长会议将于 2012 年在吉尔吉斯斯坦举行。根据《上海合作组织成员国政府间教育合作协定》，成员国各方成立常设教育合作专家工作组机制，总结协定实施情况、制定实施建议。目前，已召开21次专家工作组会议。2007年，上海合作组织比什凯克元首峰会上，应俄罗斯总统普京倡议，各成员国一致赞同成立“上海合作组织大学”。成员国共同制定并签署《上海合作组织大学章程》等一系列合作协议、文件。目前，62所项目院校在区域学、生态学、能源学、信息技术和纳米技术五个专业方向开展联合培养硕士生的合作，我国15所项目院校参与其中。为加强工作协调沟通，还搭建了黑龙江大学中俄人文合作和上海合作组织教育合作俄语翻译中心、首都师范大学上海合作组织大学中方内部协调机制秘书处、新疆大学中国中亚国家大学生交流基地三个合作平台。为鼓励和加强组织内学生和教师流动、交流，中方设立上海合作组织中国政府奖学金，举办青年学生交流营、大学生艺术联欢节、汉语培训班等活动，增进了上海合作组织成员国间的相互了解和友谊，为上海合作组织的健康稳定发展作出了积极贡献。

第三，积极参与亚太经合组织和亚欧会议工作机制。亚太经合组织是亚太地区机制最完善、层级最高的政府间经济合作组织。党的十六大以来，随着参与程度的逐步加深，我国从普通参与者成长为重要推动者。教育部原副部长章新胜率团出席第三、第四届亚太经合组织教育部长会议；教育部部长袁贵仁率团出席第五届亚太经合组织教育部长会议，并就数学与科学教育、教师质量和教育合作等提议介绍我国的经验，得到各与会部长的赞赏。通过积极努力，初步培养建立了一支熟悉国家宏观政策和亚太经合组织规则、专业研究能力突出的亚太经合组织教育专家队伍，先后申请了“职业教育能力”、“跨境教育政策”等项目，展示了较强的研究和协调能力。2008—2012年，我国牵头亚太经合组织教育合作重点领域的“生涯与技能教育”项目，并在2012—2016年牵头“职业教育和高等教育质量”重点领域研究项目。

亚欧会议是亚洲和欧洲开展政治对话、经济合作、文化交流的政府间组织。亚欧教育部长会议在搭建亚欧高层次教育对话平台方面发挥着重要作用。教育部原副部长章新胜率团出席第一届亚欧教育部长会议。教育部副部长郝平分别在第二届、第三届亚欧教育部长会议上,以会议协办国代表的身份,就优先发展教育、促进人力资源可持续发展、"平衡的人员流动"等议题发表主旨演讲。为落实第八届亚欧首脑会议成果,推动亚欧会议合作进程,2011 年,教育部、外交部和青岛市政府在青岛成功举办亚欧职业技术教育研讨会。国务委员刘延东给大会发来贺信。教育部副部长鲁昕在会上阐述了我国推进职业教育改革发展的基本经验、未来战略和行动方案。会议形成了《亚欧职业技术教育青岛宣言》。

第四,加强与联合国和世界银行合作。与联合国儿童基金会、联合国开发计划署开展援助合作项目,与世界银行开展贷款项目,涵盖了基础教育、师范教育、职业和成人教育、高等教育、广播电视教育及远程教育等各个领域。2002 年至今,联合国儿童基金会共向我国提供项目资助 5000 多万美元。2006—2010 年,项目覆盖广西、云南、四川、贵州、甘肃、青海、宁夏、内蒙古、西藏和新疆等 10 个项目省区的 57 个项目县。2008 年四川汶川特大地震和 2010 年青海玉树地震后,儿童基金会先后向国际社会筹措 1160 余万美元的资金和物资用于教育援助,并在合作方案中及时增加"应急救助"内容,为四川、青海等地震灾区提供物质援助和技术支持,开展灾区教师培训,支持各级教育部门开展抗灾能力建设,支持灾区重建工作。

第五,积极推动中外学生体育交流。近几年,中国先后在哈尔滨承办第 24 届大学生冬季运动会(2009 年),在深圳承办第 26 届世界大学生夏季运动会(2011 年),为世界大学生运动的推广和普及作出了贡献。2011 年,中国大学生体育代表团取得 79 金 35 银 31 铜的历史最好成绩,充分展示了中国大学生蓬勃发展的精神风貌和通过教体结合推动学生体育运动的成果。为促进亚洲学生体育事业发展,增进亚洲各国学生的相互了解和友谊,我国积极参与各项学生体育赛事和相关活动。2003 年,教育部原副部长章新胜当选国际大学生体育联合会副主席并成功连任。2004 年,经过亚洲大学生体联各成员单位一致推举,章新胜同志高票当选亚洲大学生体育联合会主席。积极倡导和推动成立亚洲中学生体育联合会,中国学生体协秘书长杨立国担任主席。

第六,举办大学校长论坛,加强中外大学交流。2002 年以来,教育部以“启迪领导智慧,憧憬大学未来”为主旨,先后举办四届中外大学校长论坛,邀请耶鲁大学、斯坦福大学、牛津大学、剑桥大学等国外知名大学校长 80 余人次与会交流,四届论坛分别围绕“现代大学的领导与管理”、“大学发展战略规划、科技创新与科研成果转化”、“大学的创新与服务”、“提高大学人才培养质量”展开,论坛形式开放、内容丰富,为大学校长分享智慧、凝聚共识搭建了互动的场所。2011 年,教育部和深圳市政府在深圳第 26 届世界大学生运动会期间,组织首次世界大学校长论坛,来自五大洲近 200 所大学的校长以“21 世纪大学的新使命与人才培养”为题,就高等教育国际化人才培养,提高大学生适应经济社会发展需求的能力、大学体育和创新精神的培养进行了研讨。

五、我国与教科文组织合作成果丰硕

联合国教科文组织是联合国系统内最大的专门机构,拥有 195 个会员国,负责教育、科学、文化、传播领域的国际合作与交流,在世界教育、科学、文化等领域发挥着思想实验室、信息交流中心和国际准则制定者、国际合作促进者的独特作用,具有丰富的知识资源和专家网络,在知识界有着重要影响,被称为国际智力合作组织。过去十年来,中国联合国教科文组织全国委员会认真贯彻中央对外开放总体战略和外交工作的总体部署,抢抓机遇,努力开拓,积极推进务实合作,协助各有关部委、各地、各部门和高校深度参与教科文组织各业务领域的合作,显著提升了我国与该组织的合作水平,为国内教育、科学、文化事业改革发展与对外开放作出了新贡献,扩大了我国在教育、科学、文化等领域的国际影响。

（一）党中央高度重视，双方合作提升到新水平

党中央、国务院领导对我与教科文组织的合作高度重视，亲自会见教科文组织总干事，出席教科文组织大会，直接推动了我国与该组织的合作。2011 年 8 月，胡锦涛总书记在深圳会见了教科文组织总干事博科娃，指出教科文组织对促进世界各国教育普及提高、科技发展进步、文化传承创新做了许多开创性工作，发挥了重要作用，中国高度重视与联合国教科文组织的合作，积极支持和广泛参与该组织开展的全民教育等工作。2005 年 11 月，温家宝总理出席在北京召开的教科文组织第五届世界全民教育高层会议，代表中国政府作出支持世界全民教育的五项承诺：一是扩大发展中国家校长、教师来华培训规模，由 500 名增加到 1500 名；二是向教科文组织非洲能力建设中心和女童妇女教育中心提供 100 万美元援助；三是根据发展中国家的需要，在 3 年内为发展中国家援助 100 所农村实验学校，并提供配套的教学设备；四是增加接受发展中国家留学生数量，增加政府奖学金名额；五是增加对遭受地震、海啸、飓风等严重自然灾害的发展中国家灾区教育的援助。2010 年 5 月，温家宝总理会见教科文组织总干事博科娃，表达双方进一步加强合作的美好愿景。国务委员刘延东多次出席教科文组织活动，并于 2010 年 5 月与博科娃女士签署了合作谅解备忘录，将双方在各领域的合作提升到新的水平。在中央领导的直接推动下，我与该组织的关系从改革开放之初的“学习者”成长为“全面深度参与的建设性合作伙伴关系”。

（二）借鉴国际先进理念与经验，服务我国教育改革发展

第一，积极参与教科文组织教育会议与培训。过去十年来，我国积极参与了教科文组织包括世界教育大会、亚太地区教科文组织全民教育规划与监测培训在内的各类教育专业会议和培训活动，积极争取教科文组织资助，每年都派出各级教育行政人员、专家学者在内的上百人参加了有关学术会议和培训。参加教科文组织会议的人员不仅了解了

各国教育改革发展的丰富经验，还将全民教育、终身教育、功能性扫盲、全纳教育、可持续发展教育、国际理解教育等诸多教育新理念引入我国，一些相关教育行政人员学习了教科文组织全民教育规划、监测技术，这对我国教育的改革发展起到了积极作用。

第二，举办教科文组织重要教育国际会议。过去十年，随着我国经济社会和教育事业的发展，我国还积极争取承办了数以百计的各类国际会议，宣传了我国的经验，扩大了我国的影响，同时也了解到国际教育发展的新经验和新动向。我们还与教科文组织合作举办了第三届国际职业技术教育大会、教科文组织亚太地区扫盲会议等教科文组织的重要会议，共同创办了杭州教育创新论坛和成都教育创新（都江堰）论坛，数以千计的我国教育工作者参加会议，直接与各国教育同行交流经验，学习借鉴别国经验，对我国教育改革发展产生了积极影响。以第三届国际职业技术教育大会为例，2012 年 5 月在上海召开的本次大会有 107 个国家、72 个国际组织共计约 800 余人参加了大会，其中包括 42 位部长，国内代表近 300 人。中国国务院委员刘延东和教科文组织总干事出席开幕式并致辞，会议围绕“改革职业技术教育与培训：培养工作与生活技能”的主题，从经济、公平和改革的视角进行了广泛交流和深入探讨。通过了《上海共识》。从八个方面阐述了未来职业教育发展的方向。博科娃总干事认为《上海共识》将为各国政府在制定转型政策、多样化发展和扩大职业技术教育、提高质量、加强职教吸引力及同劳动市场的相关性等方面提供路线图。这无疑有利于我国贯彻落实教育规划纲要，加快建设现代职业教育体系。

第三，实施教育实验项目，支持国内教育改革创新。过去十年来，积极结合国内教育改革发展需要，我国积极响应教科文组织的重要倡议，借助教科文组织专家力量，实施了一系列教育实验项目。如教育规划纲要颁布实施后，采用教科文组织全民教育监测技术手段，在江苏、河南、贵州、云南、甘肃、成都等省市进行了教育规划纲要实施监测试点项目，提升各地对规划纲要实施情况的监测能力和水平。又如配合落实科学发展观，推动可持续发展的需要，积极响应联合国关于实施可持续发展十年教育的倡议，积极开展了可持续发展教育项目，支持国内学校探索实施可持续发展教育，引进国际先进教材和教学方法，促进项目学校将实施该项目作为提升国际化水平的抓手，促进学校教师和学生与国外同行之间的对口交流，开拓了教师与学生的视野，展示了我国的教育改革成果和落实科学发展观的创新经验。

第四，积极在我国高校设立教科文组织教席。过去十年来，我国建立和完善国家“联合国教科文组织教席机制”，目前，教科文组织已在我国高校已设立 24 个教席，涉及环境、教育、工程、水利、海洋、生物、法律等多个学科，这对促进我高校参与教科文组织政府间重大科学计划项目，形成具有竞争力的国际合作研究团队以及扩大我国高校国际影响都产生了积极作用。为加快一流大学和一流学科建设，为培养一流人才创造条件。

第五，积极引进教科文组织教育图书与交流材料。为了让国内及时了解国际教育动态特别是教科文组织的最新教育研究成果，为我国教育改革发展所借鉴，我国积极组织引进了一系列教科文组织图书和研究报告。如：组织编印《教育—财富蕴藏其中》、《国际教育规则》、《教科文组织国际教育局的教育展望》、《教科文组织年度全民教育监测报告》等。为我国教育科研、教育行政决策提供了有益参考。

（三）多种形式并举，扩大我国教育的国际影响

第一，利用国际会议积极宣传我国教育理念与成就。十年来，我国领导人和教育部领导多次出席教科文组织会议并作主旨发言，宣传我国教育理念和改革发展成就，在世界范围引起了良好反响。如：2008 年 11 月刘延东同志出席第 48 届世界教育大会，宣传我国结合自身实际推进全纳教育的经验。2007 年 7 月，我国与联合国教科文组织共同主办的亚太地区扫盲会议在北京举行，陈至立同志代表我国政府出席并致开幕辞，在会上我国扫盲工作的经验得到世界各国的重视。2012

年5月袁贵仁同志出席第三届国际职业技术教育大会并作主旨发言，介绍我国构建现代职业教育体系的经验与措施。鲁昕和郝平同志出席大会并发言，大会上举办了中国职业教育圆桌会议和中国职业教育展览，并举行职业院校师生专场演出，使各国代表对我国职业教育有了全面而深刻的印象，一些代表认为我国职业教育发展经验值得发展中国家借鉴。近年来，我部领导杜玉波、李卫红、郝平、刘利民率团参加了联合国教科文组织举办的全民教育部长会议、九个人口大国教育部长会议、世界高等教育大会、高等教育学历互认公约会议等重要国际会议。在出席这些会议上的发言中，他们都重点介绍了我国在推进全民教育中所取得的成绩和《国家中长期教育改革和发展规划纲要（2010—2020年）》。为配合这些会议，教科文全委会秘书处组织撰写了多部国家全民教育发展报告，还将《国家中长期教育改革和发展规划纲要（2010—2020年）》翻译成英文和法文，在教科文组织会议上广泛散发，使成员国对我国教育的成就和改革新举措有了更全面的了解。

第二，设立国际教育奖扩大国际影响。2004年年末，我国政府向联合国教科文组织总干事提议设立“联合国教科文组织孔子扫盲奖”，并为此提供资金，以奖励那些在从事农村成年人、辍学青年尤其是妇女和女童的扫盲工作中表现突出的个人、政府和政府机构以及非政府组织，得到教科文组织的认同与支持。该奖自2006年开始评选并颁发，至今已经有七年，在国际上产生越来越大的影响。2009年开始，由杭州市下城区人民政府出资，我协同教科文组织亚太地区办事处共同设立了“文晖奖”，旨在表彰通过开展教育创新、改善教学质量的个人或机构，鼓励在改善教学质量方面持续的探索和创新，表彰和弘扬创新精神。这些教育国际奖项的设立有效宣传了我国教育理念，提升了我国教育的国际话语权。

第三，重点支持非洲等发展中国家教育发展。配合我国外交战略，我国积极利用教科文组织平台，支持非洲国家教育发展，在我国举办的教科文组织会议都邀请和资助非洲发展中国家代表参加。2011年，国务委员刘延东同志宣布，我国将出资在教科文组织设立中非信托基金，每年出资200万美元，连续4年，重点支持非洲教师培训。2011年10月，我国出资在巴黎教科文组织总部举行了教科文组织—非洲—中国大学校长研讨会，袁贵仁同志和教科文组织总干事博科娃出席开幕式并致辞。来自非洲16个国家的20位大学校长和中国的25位大学校长以及部分非洲国家常驻教科文组织使节等出席了会议。大学校长们就如何提高高等教育质量，提升学生就业能力进行了深入广泛的交流。教科文总干事博科娃在致辞中表示，此次会议是中国推动南南合作的有力举措，是教育领域国际合作的创新模式。

第四，积极参与国际教育规则制定。教科文组织发挥着国际教育规则与标准制定者的作用，随着我国教育事业的不断发展和与教科文组织的合作日益紧密，我国开始着手积极参与教科文组织的教育规划制定。如：2011年11月，教科文组织在日本东京召开缔约国大会，讨论修改《亚洲及太平洋地区承认高等教育学历、文凭和学位公约》，杜玉波副部长在发言中系统提出修改公约的原则和建议，得到与会各国认同，同时我国承诺承办落实新公约的技术研讨会。积极主动地参与国际规则制定，将对落实《国家中长期教育改革和发展规划纲要（2010—2020年）》，扩大教育的国际交流与合作，推动我国教育国际化产生重要影响。

（四）积极参与重大项目，服务文化繁荣与创新型国家建设

第一，积极参与科学合作机构与合作项目。过去十年来，着眼于通过国际合作，提升我国科技创新能力，积极推动国内高校和有关科研机构全面参与教科文组织的政府间科技计划和项目，如信息学、海洋学、地质学、生态学、水科学和基础科学等，一批中国科学家成为教科文组织所属科学组织的成员甚至领导人，并在我国沿海建立了若干教科文组织海洋水文观测站点，中科院李方华教授等若干女科学家获得教科文组织女科学家奖，我国与教科文组织的科学合作日益紧密，有力地促

进了我国相关学科的发展,扩大了我国科学发展在世界的影响。

第二,世界遗产保护工作取得重要进展。落实中央关于文化大发展大繁荣的总体战略,结合教科文组织遗产保护项目,积极争取将我国文化、自然、非物质文化和文献遗产列入世界遗产目录,促进我国珍贵遗产的保护和传承。截至目前,我国已有 43 项列入世界遗产目录,其中文化遗产 30 项,自然遗产 9 项,自然文化双遗产 4 项,位列世界第三。非物质文化遗产增至 36 项,位列世界第一。7 项文献遗产被列入《世界记忆名录》。

第三,通过创意城市网络项目打造国际文化名城。教科文组织创意城市网络是近十年来该组织在文化多样性公约框架下开展,并引起越来越多会员国关注的项目,旨在提升发达和发展中国家城市的社会、经济和文化发展。过去十年,充分利用高校专业优势和专家力量,支持我国有条件的城市加入国际创意城市网络。迄今,深圳、上海和北京作为"设计之都",成都作为"美食之都",杭州作为"手工艺和民间艺术之都"已经加入了该网络。不仅提升了这些城市的国际影响,也促进了这些城市相关产业的发展。

(五)加强机构建设,造就国际化领军人才,全面提升参与国际合作与竞争的能力

第一,积极争取建设教科文组织二类中心。教科文组织二类中心是该组织与会员国共同合作建立,依靠会员国提供人力、物力支持,由教科文组织参与管理、国际科研人员参与研究与培训,并从事与教科文组织的宗旨相关的活动的科研与培训机构。2007 年在北京、上海和苏州建立了亚太地区世界遗产培训与研究中心,并于此后举办了一系列较有影响的研讨和培训活动。2011 年,亚太地区非物质文化遗产培训中心和国际自然与文化遗产空间技术中心分别在京举行了启动仪式。2011 年 11 月,教科文组织第 36 届大会又审议通过了在华建立国际科技战略研究与培训中心的决议,至此,我国已经建立了 7 个教科文组织

二类中心。一系列教科文组织二类中心的建立,不仅汇聚了一批国际科学力量,为我国相关领域的科学研究提供了难得的国际化平台,也为我国以教科文组织名义开展相关培训,扩大我国国际影响发挥了重要作用。

第二,积极争取教科文组织高层岗位。通过利用国际组织来维护本国的利益是当今世界的一大特点,一个国家参与国际组织活动的能力是一个国家国际地位在国际社会最直接的表现。争取教科文组织高层岗位不仅能从国际的角度为国家的利益服务,也可为国家培养造就国际化领军人才。例如:2003 年教育部副部长章新胜同志当选世界遗产委员会主席,对我国世界遗产申报工作和遗产保护事业的发展作出了重要贡献。2005 年 10 月,在联合国教科文组织第 173 届执行局第一次会议上,章新胜同志又以 41 票(共 58 票)的绝对优势高票当选为联合国教科文组织新一届(2005—2007 年)执行局主席。这是我国迄今在该组织取得的最高职位,也是我在联合国系统取得的为数不多的领导职务之一。在其担任执行局主席的两年间,结合教科文组织的特点,积极宣传和践行中央提出的关于构建和谐世界的政治主张,稳妥处理与大国、周边国家、发展中国家关系,有效参与了有关国际规则的制定,提升了我国在教科文组织内的影响力和话语权,为促成执行局讨论的 226 项决定全部协商一致获得通过作出了历史性贡献,特别是在教科文组织开展全民教育、消除贫困、保护文化多样性、促进文明间对话等优先领域活动中,有效地发挥了中国影响。2010 年,我国推荐的候选人唐虔被正式任命为联合国教科文组织教育部门助理总干事。在该组织的 8 位助理总干事中排序第一,也是我国首次打破了由欧洲国家多年把持这一职位的局面,为进一步加强我在教育领域与教科文组织的合作交流提供了有利条件。

第三,积极利用教科文平台培养我国国际化人才。过去十年,通过政府借调和教科文组织青年专业人员计划等多种渠道向教科文组织推荐和派遣十几名工作人员以及一批实习学生。目前,我国又有两名青年专业人员应聘成功，分别到该组织曼谷办事处和金边办事处任职，另有两名国际职员分别晋升为 D1 和 P5 级中高层官员。通过多种计划项目和方式推荐各类人员进入教科文组织工作，为培养大批具有国际视野、通晓国际规则、能够参与国际事务和国际竞争的国际化人才作出了应有的贡献。

第十七章　依法治教全面推进

党的十六大以来，按照党的十六大、十七大报告关于落实依法治国方略、加强社会主义民主法制建设、完善社会主义法律体系、建设法治政府、推进依法行政的精神和要求，教育系统不断加强教育法制建设，取得了丰硕成果。

一、教育法律法规体系进一步完善

教育系统在整体加强教育法制建设的同时，重点加强教育立法工作：一是大力推进与社会主义市场经济体制相适应的办学体制改革，集中加强民办教育发展及其管理方面的立法工作；二是着力推进教育公平，大力推进《义务教育法》的修订，明确义务教育的管理体制和经费保障机制，规范义务教育的办学行为，保障所有适龄儿童、少年接受义务教育的权利；三是适应我国加入 WTO 的形势要求和全球化背景，为进一步推进教育的国际交流与合作，有针对性地加强教育国际交流与合作方面的立法工作；四是根据教育改革发展和教育管理的需要，进一步完善规章立法，为教育各项工作的开展提供法治保障。在党的十六大、十七大精神指引下，经过十年来的努力，教育立法取得了显著成绩：

（一）修订《义务教育法》

2006 年 6 月 29 日，第十届全国人大常委会第二十二次会议审议通过了修订后的《义务教育法》。此次《义务教育法》的修订，是在全面建设小康社会和构建社会主义和谐社会的新形势下，根据我国义务教育改革与发展的形势与需要，特别是党中央、国务院出台的一系列有关义务教育重大政策措施，对1986年《义务教育法》进行的全面修订。修订后的《义务教育法》，是党的十七大之前完成的重要立法任务，立法质量高、实施效果好、社会影响深远、示范效应强，在教育立法史上具有里程碑意义，对于坚持教育优先发展原则，实施素质教育，培养有理想、有道德、有文化、有纪律的社会主义建设者和接班人，保障我国义务教育在新世纪适应全面建设小康社会的需要和进一步持续健康发展，具有重要的现实意义和深远的历史意义。与1986年《义务教育法》相比，其成就和贡献主要表现在以下方面：

第一，进一步强调了义务教育的公益性、免费性与强制性原则，明确了义务教育免收杂费的原则和实施步骤。修订后的《义务教育法》第一次以法律的形式全面阐述了义务教育的特征与性质，即："义务教育是国家统一实施的所有适龄儿童、少年必须接受的教育，是国家必须予以保障的公益性事业。"同时明确："实施义务教育，不收学费、杂费。"按照1986年《义务教育法》实施细则的规定，我国城乡的义务教育学校一直收取杂费，用以补充义务教育学校公用经费的不足。考虑到全面免除杂费需要国务院的统一安排，《义务教育法》在附则中对免除杂费的时间和步骤专门做了授权性规定，明确："对接受义务教育的适龄儿童、少年不收杂费的实施步骤，由国务院规定。"在法律的保障和国家的推动下，我国义务教育已经全面做到了不收学费、杂费。

第二，确立均衡发展的原则，建立了一系列促进义务教育均衡发展的制度与机制。修订后的《义务教育法》在总则中规定："国务院和县级以上地方人民政府应当合理配置教育资源，促进义务教育均衡发展，改善薄弱学校的办学条件，并采取措施，保障农村地区、贫困地区、民族地区实施义务教育。"规定了若干专业技术标准，包括教职工编制标准、工资标准、学校建设标准、学生人均公用经费标准、教育教学标准、办学标准,有利于保障最基本的均衡发展。第二十二条规定,不得将学校分为重点学校和非重点学校,学校不得分重点班和非重点班,缩小学校办学条件的差距。

第三,落实以人为本理念,突出了适龄儿童、少年受教育权利平等的原则,完善了对流动人口子女、残疾儿童等特殊群体接受义务教育权利的保障机制。修订后的《义务教育法》将维护适龄儿童、少年平等接受义务教育的权利作为重要的法律原则和价值取向,明确规定"适龄儿童、少年免试入学","地方各级人民政府应当保障适龄儿童、少年在户籍所在地学校就近入学"。针对我国人口流动的范围越来越广的趋势,为保障流动儿童、少年平等接受义务教育的权利,《义务教育法》规定:"父母或者其他法定监护人在非户籍所在地工作或者居住的适龄儿童、少年,在其父母或者其他法定监护人工作或者居住地接受义务教育,当地人民政府应当为其提供平等接受义务教育的条件。具体办法由省、自治区、直辖市规定。"另外,法律对保障边远地区和人口居住分散地区的儿童少年、残疾学生、家庭经济困难学生、有严重不良行为的少年以及未完成义务教育的未成年犯等接受义务教育,均作出了专门的有针对性的规定。

第四,明确了义务教育的投入和管理体制。义务教育经费投入实行国务院和地方各级人民政府根据职责共同负担,省、自治区、直辖市人民政府负责统筹落实的体制,义务教育管理实行国务院领导,省、自治区、直辖市人民政府统筹规划实施,县级人民政府为主管理的体制。修订后的《义务教育法》确立了义务教育纳入国家财政保障,由国务院和地方各级人民政府分担,实行省统筹的经费保障机制。法律明确规定:"国家将义务教育全面纳入财政保障范围,义务教育经费由国务院和地方各级依照本法规定予以保障。""义务教育经费投入实行国务院和地方各级人民政府根据职责共同负担,省、自治区、直辖市人民政府负责统筹落实的体制";"农村义务教育所需经费,由各级人民政府根据国务院的规定分项目、按比例分担"。这是此次修订的重大突破,将从根本上对我国义务教育发展提供经费保障。同时,根据义务教育管理体制改革的经验,确立了“以县为主”的管理体制,规定:“义务教育实行国务院领导,省、自治区、直辖市人民政府统筹规划,县级人民政府为主管理的体制”,“县级以上人民政府教育行政部门具体负责义务教育实施工作;县级以上人民政府其他有关部门在各自的职责范围内负责义务教育实施工作。”

第五,全面贯彻素质教育要求,突出强调了对义务教育的质量要求,健全、完善了提高学校办学水平的制度规范。修订后的《义务教育法》第一次在法律中提出了素质教育的概念,在总则中规定:“义务教育必须贯彻国家的教育方针,实施素质教育,提高教育质量”;并具体规定:“教育教学工作应当符合教育规律和学生身心发展特点,面向全体学生,将德育、智育、体育、美育等有机统一在教育教学活动中,注重培养学生独立思考能力、创新能力和实践能力,促进学生全面发展”;而且在其他条款中突出了对德育的要求,明确了对教师的要求,突出了对义务教育质量的关注,重视保护学校、教师、学生的合法权益。

第六,对提高义务教育阶段教师的地位与待遇作了新的规定。修订后的《义务教育法》设立了“教师”专章,对义务教育阶段教师的职责、职务、待遇、培养培训等做了专门规定。其中特别明确“国家建立统一的义务教育教师职务制度。教师职务分为初级职务、中级职务和高级职务”。这一规定改变了目前小学教师职务系列中没有高级职务的情况,将为吸引更多高素质人才到小学任教,调动小学教师的积极性,提高教育质量产生重要的影响。

第七,针对人民群众关注的“上学难、上学贵”等热点难点问题,有针对性地建立了预防、管理与监督机制。针对“上学难、上学贵”问题,修订后的《义务教育法》根据改革实践经验作出了有针对性的规定,主要包括:禁止改变公办学校的性质;禁止学校分设重点班和非重点班;禁止违反国家规定收取费用和谋取利益,并明确了相应的法律责任。为完善对义务教育办学活动的监督,明确规定“人民政府教育督导机构对义务教育工作执行法律法规情况、教育教学质量以及义务教育均衡发展状况等进行督导,督导报告向社会公布。”该法律规定为进一步完善督导制度、制定《教育督导条例》提供了法律依据。

(二)完善民办教育法律制度

一是制定《中华人民共和国民办教育促进法》。2002 年 12 月,第九届全国人大常委会第三十一次会议审议通过《中华人民共和国民办教育促进法》(以下简称《民办教育促进法》)。《民办教育促进法》对实施科教兴国战略,促进民办教育事业的健康发展,维护民办学校和受教育者的合法权益,以及对于进一步推进办学体制改革,建立适应社会主义市场经济体制发展的教育体制,促进教育公平和激发办学活力,具有里程碑的重大意义。《民办教育促进法》主要规定了民办教育的原则,民办学校的设立,学校的组织与活动,教师与受教育者,学校资产与财务管理,对民办学校的管理与监督、扶持与奖励,民办学校的变更与终止,以及法律责任等。《民办教育促进法》明确了民办教育属于公益性事业,确立了对民办教育实行积极鼓励、大力支持、正确引导、依法管理的方针。并规定民办学校与公办学校具有同等的法律地位,同时确立了其与资产相关的权利,对民办教育发展影响深远,主要是:第一,法人财产权。规定民办学校对举办者投入民办学校的资产、国有资产、受赠的财产以及办学积累,享有法人财产权。民办学校存续期间,任何组织和个人不得侵占。第二,收费自主权。对接受学历教育的受教育者收取费用的项目和标准由学校制定,报有关部门批准并公示;对其他受教育者收取费用的项目和标准由学校制定,报有关部门备案并公示。第三,出资人获得合理回报的权利。出资人可以从民办学校的办学结余中取得合理回报。这是对民办学校最为重要的扶持政策之一。

二是制定《中华人民共和国民办教育促进法实施条例》。2004 年 3 月,国务院发布了《中华人民共和国民办教育促进法实施条例》(以下简称《民办教育促进法实施条例》)。《民办教育促进法实施条例》是

《民办教育促进法》的配套法规，属于民办教育立法的重要组成部分。它根据《民办教育促进法》的规定，对民办教育的举办者、民办学校的设立、民办学校的组织与活动、民办学校的资产与财务管理、扶持与奖励法律责任等作出进一步的详细规定，对规范民办学校办学，包括对规范公办学校办学，都提供了基本的法律依据。

三是推动制定民办高等教育的规章。民办高等教育是我国高等教育的有机组成部分。为有针对性地规范办学，更好地维护民办高等教育各有关主体的合法权益，根据《民办教育促进法》及其实施条例和国家有关规定，2007 年 2 月，教育部发布了《民办高等学校办学管理若干规定》，对民办高校的行政管理职责、民办高校的资产管理、党团组织、校长任职条件、招生简章和广告、招生和学籍、师资配备和培训、会计制度和收费、安全和稳定、督导制度和督导专员、年检等主要办学环节和管理方面进行专门的有针对性的规定。2008 年 2 月，教育部发布了《独立学院设置与管理规定》，为规范普通高等学校与社会组织或者个人合作举办独立学院活动提供依据和保障。

（三）健全教育国际交流与合作方面的法律规范

开展教育对外交流与合作是中国教育发展的必然要求。1995 年《中华人民共和国教育法》第八章专门规定了“教育对外交流与合作”，对教育对外交流与合作的基本原则、境内公民出国学习、境外个人到中国境内学习、对外学历学位证书的认证等作出了基本规定。中国加入世界贸易组织后，中国教育发展的国际环境进一步发展变化，需要根据新的形势进一步完善相关法律法规。2003 年 3 月，国务院发布了《中华人民共和国中外合作办学条例》。该条例主要针对我国加入世界贸易组织对教育开放的关于“商业存在”方面的承诺而作出的规定。条例总则对中外合作办学的主体、原则、范围和宏观管理等作出了规定，并规定了中外合作办学机构的设立、组织与管理、教育教学、资产与财务、变更与终止、法律责任等。

根据条例的规定并为实施条例的需要,2004 年 6 月,教育部发布了《中华人民共和国中外合作办学条例实施办法》。同时,为进一步实施"走出去"战略,2002 年 12 月,教育部发布了《高等学校境外办学暂行管理办法》,鼓励和规范高等学校境外办学。另外,为加大和推进对外汉语教学,加强对外汉语教师队伍建设,2004 年 8 月,教育部发布了《汉语作为外语教学能力认定办法》。

(四)制定《校车安全管理条例》,完善学校安全法律制度

2012 年 4 月,国务院制定发布了《校车安全管理条例》。该条例是针对当前我国学生上下学因校车管理职责不明确、管理缺位和不到位、校车不符合安全标准、校车超载等制度性和管理性问题而制定的现实针对性非常强的一部行政法规。该条例由总理直接要求制定,由国务院法制工作机制牵头起草、国务院其他有关部门参与并广泛征求社会各方面意见而最终形成。条例共分八章六十四条,主要规定了校车概念,与校车紧密相关的学校设置规划制定和调整原则、校车经费筹措机制、有关管理部门的职责、校车安全国家标准的制定,校车服务提供者及其责任,校车使用许可制度,校车驾驶资格和校车驾驶人条件,校车通行安全和校车乘车安全管理以及法律责任等,为规范和加强校车安全管理、保障乘坐校车学生的人身安全提供了全面的法治保障。

(五)加快教育规章体系建设

根据《中华人民共和国立法法》的规定,教育部有权在职责范围内制定规章。制定规章是我国立法活动的重要组成部分。近年来,教育部根据教育法律法规和国务院的决定、命令等,加强教育立法工作,适应教育改革和发展的需要,制定了一批教育规章,进一步补充和完善了相关立法规定。

第一,安全方面。安全保障方面,2006 年 6 月,教育部和公安部、司法部、建设部、交通部、文化部、卫生部、工商总局、质检总局、新闻总

署等10部门联合发布了《中小学幼儿园安全管理办法》，这是联合规章发布部门最多的规章之一。《办法》对人民政府有关部门的安全管理职责、对校园周边和校内安全管理、对安全教育等方面作出了全面的规定，是专门针对中小学、幼儿园作出的安全管理规定，重在加强管理预防发生安全事故。为加强高校安全管理，2009年10月，教育部、公安部联合发布了《高等学校消防安全管理规定》，对加强和规范高校的消防安全管理，预防和减少火灾危害，保障师生员工生命财产和学校财产安全，具有重大意义。

第二，考试方面。为规范对国家教育考试违规行为的认定与处理，维护国家教育考试的公平、公正，保障国家教育考试各相关主体的合法权益，2004年5月，教育部发布了《国家教育考试违规处理办法》。该办法对依法处理考试作弊、规范考试秩序起到了重要保障作用。根据国家教育考试出现的新情况新问题，2012年1月又发布了《教育部关于修改〈国家教育考试违规处理办法〉的决定》，对国家教育考试管理规定作出进一步修改完善。

第三，信息公开与民主管理方面。为推进信息公开并根据《政府信息公开条例》的规定，2010年4月，教育部发布了《高等学校信息公开办法》，对于保障公民、法人和其他组织依法获取高校信息、促进高校依法治校和民主管理具有重要意义。

2011年12月，根据教育法律法规和《教育规划纲要》，教育部经商中华全国总工会同意，发布了《学校教职工代表大会规定》，对公办学校建立健全教职工代表大会制度作出全面规定，有利于依法保障教职工参与学校民主管理与监督，完善现代学校制度。

第四，高校章程建设方面。章程是学校设立的必要条件，也是学校存在、发展、管理的重要文件。根据教育法律法规、教育规划纲要的规定和现代学校制度建设的要求，2011年11月，教育部发布了《高等学校章程制定暂行办法》，全面规范了高等学校章程制定的原则、内容、程序以及章程的核准与监督执行机制，是高等学校开展章程建设、实施依法治校，促进科学发展的行动指南和实践纲领，对于建设中国特色现代大学制度、深化高等教育管理体制改革具有重要意义。

第五，学生管理与教师队伍建设方面。2005 年 3 月，教育部发布了《普通高等学校学生管理规定》，有利于维护普通高校正常的教育教学秩序和生活秩序，保障学生身心健康，促进学生德智体美全面发展。2006 年 7 月，教育部发布了《普通高等学校辅导员队伍建设规定》，有利于加强高校辅导员队伍建设，深入贯彻落实《中共中央国务院关于进一步加强和改革大学生思想政治教育的意见》。

第六，其他教育规章。2005 年 4 月，教育部发布了《实施教育行政许可若干规定》；2008 年 8 月，教育部和国家档案局联合发布了《高等学校档案管理办法》。另外，教育部进行了相应的规章和规范性文件清理工作，2010 年 12 月发布了《教育部关于修改和废止部分规章的决定》，共废止 4 项规章；对 12 项规章中的相应条款作出了修改；2011 年分别发布了《教育部关于废止和宣布失效一批规范性文件的通知》、《教育部 国务院学位委员会关于废止和宣布失效一批规范性文件的通知》，废止文件 212 件，宣布失效 211 件，共计 423 件。

为了为教育事业科学发展提供法治保障，《教育规划纲要》勾画了新的教育立法规划蓝图，提出了未来 10 年内，要根据经济社会发展和教育改革的需要，修订教育法、职业教育法、高等教育法、学位条例、教师法、民办教育促进法，制定有关考试、学校、终身学习、学前教育、家庭教育等法律；加强教育行政法规建设。目前，《职业教育法》修订稿已经报送国务院审议；教育法、高等教育法、学位条例、教师法、民办教育促进法的修订正在统筹考虑和推进之中；学前教育立法也已经启动；教育督导条例有望今年出台。通过加强教育立法工作，完善中国特色社会主义教育法律法规，特别是重要的教育法律、行政法规和较为系统全面的规章建设，为新时期推进依法行政、保障和促进教育改革发展提供了坚实的法治保障。

二、依法行政不断取得新进展

按照国务院发布的《全面推进依法行政实施纲要》和《关于加强法治政府建设的意见》，以及国务院办公厅发布的《关于推行行政执法责任制的若干意见》的要求，教育部先后下发了《关于全面推进依法行政工作的实施意见》等指导文件，各级教育行政大力推进依法行政、依法治教，转变管理的观念、思路和方式、方法，有力促进和保障了教育事业的改革与发展。

（一）教育行政部门依法行政水平显著提高

各级教育行政部门依法行政的意识能力显著提高，为教育的改革发展提供了制度保障。过去的五年，各级教育行政部门对依法行政的重要性、必要性的认识明显提高，普遍建立了领导干部和公务员定期学法制度。2006 年新修订的《义务教育法》颁布实施后，教育部及地方教育部门开展了层层系统培训，有效普及了法律的原则与要求，形成了依法推进义务教育的良好局面。依法决策、科学民主决策的机制初步建立。教育部和省级教育行政部门普遍建立了教育法律和政策咨询专家库，在重大决策上逐步建立和推广了专家咨询论证制度、公众参与制度、决策跟踪反馈与责任追究制度。《教育规划纲要》颁布后，在国家层面设立了国家教育咨询委员会。教育行政部门进一步重视运用法律手段解决教育改革发展中重大问题，在构建学校安全管理和事故预防与处理机制、推进义务教育均衡发展、建立学生资助体系、治理教育乱收费等方面，依法落实和保障学生的平等受教育权和其他合法权益，成为决策的重要原则和政策措施的基点。各级教育行政部门建立并逐步完善了学生申诉和教师申诉制度，健全了行政复议的受理与处理机制，在行政管理体制内形成了比较完善和畅通的权利救济渠道。五年来，仅教育部就受理了近百件行政复议案件，一些重大、复杂和群体性的争议通过行政复议渠道得到了有效的化解。各省级教育部门受理了大量的高校学生的申诉案件,其中纠正了相当一批学校违反法定要求和正当程序原则作出的学生处分决定,有效维护了学生的合法权益,并促进了高校学生管理制度的改进与完善。

教育行政部门依法行政的程序与规则逐步完善。各级教育行政部门普遍按照同级人民政府的统一要求,依法健全、明确了行政权力的运行与监督机制。教育部通过规章和文件清理工作,废止了一批不符合现行法律法规规定,或者不适应教育实践要求的规章和规范性文件,全面梳理了行政执法依据,明确了执法职责,完善了行政执法责任制与执法监督机制。各级教育行政部门还健全并公开了行政许可的工作流程,接受社会和公众的监督。通过行政权力的公开、透明运行,使教育行政管理权限得到明晰,促进了管理方式和手段的转变,建设责任型、服务型教育行政机关成为管理体制改革的重要目标。教育部门制定文件政策,全面实行了合法性审查机制,要求由法制工作机构根据法律规定提出审查意见。教育行政部门法制工作机构负责人列席部门办公会议和必要的专题会议,在很多地方已经成为制度性规则,保证了行政机关的管理行为符合法律要求。按照《政府信息公开条例》的要求,各级教育行政部门健全了信息公开的渠道,通过设立新闻发言人制度,利用部门网站、新闻媒体等,形成了完善的政府信息发布网络。有关最新的教育法律法规、政策文件、行政许可决定等都能通过以上途径,为广大群众所了解。同时,重点加强了行政许可项目、教育收费、教育重大项目招投标、干部选拔任用、高等学校办学状况、招生就业等事项的信息公开。普遍建立了行政许可公示制度、教育收费公示制度、教育领域重大项目招投标公开制度、干部选拔任用公开制度、高校办学状况、招生就业信息公开等制度。政府信息公开,有效保障了公民和社会组织有效行使教育管理的知情权、参与权、监督权。

（二）教育行政审批制度改革不断深化

近年来，在国务院的统一部署下，教育部门进一步加大了行政审批制度改革力度，按照教育管理体制改革与制度创新的要求，按照适应社会主义市场经济需要、构建教育公共管理体制和依法治教的要求，逐步改革了教育行政管理的手段与方式，取消、精简了大部分行政审批项目。促使教育行政管理从主要依靠行政手段，正在向主要依靠法律手段，综合运用经济、行政手段，依靠社会监督的方向转变。自 2002 年以来，根据国务院的决定，教育领域共取消和调整审批项目 45 项，取消和调整的项目占总数的 54.9%。在新一轮行政审判制度改革中，教育部进一步加大力度，又有 13 项行政审批将被取消或者下放。

教育行政审批制度改革起到了积极的作用。首先，推动了中央与地方教育行政管理职责的合理界定，发挥了地方政府办学的积极性。如按照进一步加大地方政府对高等教育统筹权的改革思路，教育部下放了高等职业学校设置审批权等审批项目，改变了长期存在的中央承担过多的管理权的现象，大大地推动了地方政府办学积极性，对推进高等教育实现大众化产生了重要影响。第二，进一步理顺了政府与学校的关系问题。教育部取消了“具有招收艺术特长生资格的高校的确定”、“高等学校在本科专业目录内设置、调整核定的学科门类范围内的本科专业审批”、“部分特殊专业及特殊需要的人员以外高等学校应届毕业生就业计划核准”等审批项目，进一步落实了高等学校的办学自主权，对于形成政府宏观管理、学校依法自主办学，自主办学权与行政管理权的相互协调、相互制约的新体制产生重要的推动作用。第三，一定程度消除社会资金流向教育领域的障碍，促进了公办学校与民办学校共同发展。教育部取消和调整了一些审批项目，简化审批程序，如将民办学校发布招生简章和广告审批改为备案，将民办学校的登记时间减少为 5 个工作日等。各级教育行政部门根据《行政许可法》的原则和精神，逐步改变单纯的行政手段，而改为主要运用法制、规划、政策指导和信息发布等方式管理民办教育，从而吸引社会资金投入到教育事业,形成公办学校与民办学校共同发展的格局。第四,提高了教育对外开放的水平。教育行政审批制度改革注意借鉴世界上教育发达国家的经验和做法,废止和取消了一些涉外教育审批项目。为吸引外国优质教育资源进入中国,推动国内高水平大学"走出去",到境外办学,提供了有利的制度支持。

(三)教育行政执法体制机制改革取得新进展

随着教育改革的不断深入,大量传统公办学校之外的办学主体、教育活动不断出现:民办教育蓬勃发展,中外合作办学及涉外教育形式多样,非学历培训和网络教育领域不断拓展,市场化的教育服务快速增长,教育公共管理的范畴和领域不断扩大。这一新的改革发展趋势,使得建立健全教育行政执法体制机制成为教育部门依法行政的一项重要任务。按照《教育规划纲要》提出的,"探索教育行政执法体制机制改革,落实教育行政执法责任制,及时查处违反教育法律法规、侵害受教育者权益、扰乱教育秩序等行为,依法维护学校、学生、教师、校长和举办者的权益"的要求。教育部门规范了行政执法依据,明确了执法主体和职责,完善了执法程序和文书,提高了运用执法手段实施管理的水平与能力。很多地方根据自身发展的需要与实际,探索完善教育行政执法体制机制改革的路径与办法,取得了明显进展。上海市教委设立上海市教育督导事务中心(教育行政执法事务中心),以委托执法的方式,相对集中行使教育督导与行政执法权。中心作为上海市教委设立的全额拨款事业单位,受教委委托承担着组织实施教育督导、规范中小学办学行为、查处非学历培训、规范涉外教育等职能。成立以来,承办了一批在上海有较大影响的教育违法违规案件,处理各类学校违规办学案件100多件,采取明察暗访、约谈学校领导、行政告知等方式,对各级各类学校的大量办学行为实施了监管和指导。会同工商、税务、公安、物价等部门建立的联合监管机制,有效提高了执法效能。该中心的执法工作,在维护教育管理秩序,方便受教育者和家长维护合法权益,有效应对教育领域出现的新型违法违规现象等方面起到了显著的作用。浙江省义乌市教育局设立教育监察大队,推进教育执法专业化。义乌市教育局于2006年经编委批准设立了专职教育行政执法工作机构——义乌市教育监察大队。有效查处了民工子弟学校超额度招生、非法举办民办学校、培训机构等教育违法行为,还经常性开展对公办中小学不规范办学行为、教师不良师德行为的监督与检查,有力促进了教育法律的落实。

各地还通过推行相对集中行使行政执法权,建立联合执法机制等形式,重点加强对教育收费、补课行为、学校安全等方面的专项执法检查,有效维护了教育秩序,净化了校园及其周边环境。很多地方探索"柔性执法"模式,通过提供指导、服务等多种方式,实现人性化执法效果。如对义务教育阶段学生辍学打工的现象,有关教育行政部门及时总结、推广了有关柔性执法宣传口号,让"贫穷不读书贫穷一生,富贵不读书富贵不长久"、"磨刀不误砍柴工,读完初中再打工"等劝学口号在学生和学生家长中互相传颂,产生认同,收到良好的执法效果。

三、依法治校取得新成效

党的十七大提出的建设社会主义法治国家,要求各个行业、领域都要实现依法治理。学校作为具有公共管理职能的社会组织,实行依法治校是在教育领域深入落实依法治国基本方略,贯彻《教育规划纲要》的必然要求。五年来,教育部和地方各级教育行政部门大力推进依法治校工作,有关学校章程、教职工代表大会、信息公开、学生管理、教师权益保护等方面的规章、规范性文件不断健全,对转变各级各类学校的管理理念,提高学校依法决策、民主管理和监督的意识与水平,保障广大师生的合法权益等方面,产生了重要的推动作用。

(一)依法治校的理念意识全面普及

各级教育行政部门以多种形式加强对学校依法治校工作的指导，重视和加强对学校校长和主要负责人的法制培训，显著提高了各级各类学校校长、教师的法律意识和对依法治校工作的认识。很多学校特别是高等学校，将依法治校列为学校的基本办学理念，提出了依法治校的工作目标，明确了工作的领导体制和工作机制。越来越多的学校认识到按照法律至上、保障权利、制约权力的原则，推行实行依法治校的重要性。依法治校工作在转变学校管理理念、办学思想方面效果显著。依法构建政府与学校之间、学校与社会之间，以及学校内部的关系，使学校真正成为独立办学主体，实现依法自主发展和自我监督；依法完善学校内部治理结构、提高管理水平与效益，处理好学校内部的权利义务关系，实现管理的制度化、规范化和法治化；将依法治校作为学校推进人才培养模式改革、实施素质教育的重要方面，加强对青少年学生的公民意识教育，培养青少年树立社会主义法治理念，已经成为越来越多的学校的共识。

各地创建形成了一批依法治校示范学校，有力推动了依法治校的进一步深入。教育部 2005 年提出创建依法治校示范校的要求后，各地、各级各类学校予以了高度重视。很多省建立了省、地(市)及县三级的依法治校示范校创建标准和规定，对不同类型、不同层次的学校提出具体要求，引导和支持学校按照依法治校的要求不断健全制度规范，落实依法治理理念。教育部在各省工作的基础上，对一些在创建工作中取得突出成绩，符合教育部要求的学校，命名了一批依法治校示范学校，并采取多种方式，推广和宣传了这些学校的经验、做法，产生了良好的效果和深远的影响。

(二)依法治校工作机制逐步健全

教育部和各地教育部门积极推动各级各类学校逐步健全完善依法治校工作机制。

大力加强学校章程特别是高等学校章程建设。依据章程自主管理是学校的法定权利。章程是各级各类学校依法治校的直接依据。教育部根据《教育规划纲要》的要求，针对高等学校在章程制定和现代大学制度建设中的重要问题，于2011年11月发布《高等学校章程制定暂行办法》，从实体和程序两个方面，对高等学校章程制定的原则、内容、程序以及核准和监督中所涉及的主要问题、主要环节进行了全面规范。该办法得到高等学校的高度认同。高校通过章程建设，改革创新，落实办学自主权的积极性、主动性和创造性空前提高。依法制定章程，通过章程实现自主办学、自我监督、依法治校成为高校的普遍共识。很多高校在章程制定的过程中充分研究、借鉴了国内外经验，深刻领会和实践了办法的宗旨，在理念、框架、内容等方面进行创新，在坚持和完善党委领导下的校长负责制、规范学术权力与行政权力、完善内部治理结构、完善民主管理机制等方面，结合学校改革的实践作了很多有益的尝试。按照办法的要求，教育部和各省级教育部门相继建立了章程核准的机制和办法。在教育部门的推动和指导下，绝大多数高校都积极开展章程建设工作并取得明显进展，大力推进以章程为核心的制度建设，成为高等学校推进依法治校，深化内部体制改革的重要动力和有效载体。在积极推动高等学校章程建设的同时，各地还重视和加强了对中小学章程建设的指导与要求，很多地方提出"一校一章程"的目标。学校章程制定的程序不断完善，成为发扬校内民主、凝聚师生共识的过程。很多学校的章程充分反映了广大教职员工、学生的意愿，凝练了共同的理念与价值认同，体现了学校的办学特色和发展目标，成为能够解决学校办学、管理中的重大问题，具有科学性和可操作性的基本行为规则，为学校依法治校提供了基本依据。

各级各类学校依法决策的机制进一步完善，民主管理制度不断健全。依法治校的组织机构在学校内部逐步得到健全。很多学校特别是高等学校成立了由书记或者校长担任组长的依法治校领导小组，将依法治校作为学校整体性、系统性的工作任务，建立了学校党委和校长统筹,各职能部门分工负责、全方位推进的工作机制。高等学校普遍设立了法律事务办公室,明确了参与学校重要规范性文件制定和合法性审查,对学校重大建设项目、合同文本提出法律意见,协调处理学校法律纠纷等任务,特别是对学校的重大决策提出意见建议,健全完善了学校依法决策机制。很多高等学校依法进一步细化和明确了党委领导下的校长负责制的具体制度,按照"三重一大"的要求,规范了决策的程序和规则;一些地方探索建立中小学校务委员会制度,健全了家长委员会的组织与职责,进一步完善了中小学校长负责制的内涵与决策机制。为了进一步推进学校健全民主管理制度,教育部于2011年12月发布《学校教职工代表大会规定》,就依法保障教职工参与学校民主管理和监督的具体制度与程序作出了明确规定。规定使得教职工代表大会的职权得以明确,组成人员和组织规则实现了规范化、制度化,发布实施后,对促进各级各类学校健全完善教职工代表大会制度,保障广大教职工民主管理权利的实现,起到了显著的推动作用。

学校信息公开机制普遍建立。2012年,教育部发布《高等学校信息公开办法》后,对中小学信息公开的机制和办法提出了指导性意见。各地将学校信息公开作为依法治校的重要方面,加强监督、检查,显著提高了各级各类学校对信息公开工作的认识和工作水平。多数学校建立健全了信息公开的机构、制度,落实了信息公开的具体措施,将保证教职工、学生、社会公众对学校重大事项、重要制度的知情权放在了重要位置,并通过公开学校经费使用、培养目标与课程设置、教育教学质量、招生就业、收费等信息,有效回应了社会的关注。有些地方和学校还创新公开方式、不断丰富公开内容,建立了有效的信息沟通渠道,使学生、家长以及教师对学校的意见、建议能够及时反映给学校领导、管理部门,并得到相应的反馈。有些学校在面向师生提供管理或者服务的部门、机构,全面推进办事公开制度,公开办事依据、条件、要求、过程和结果,充分告知办事项目有关信息,并公开岗位职责、负责人信息、工作规范、监督渠道等内容,为师生和家长提供了优质、高效、便利的服务。

依法治校工作的深入,大大促进了教育行政管理方式和学校内部管理体制的改革。各级教育行政部门根据依法治校的要求,不断转变管理学校的方式、手段,逐步从具体的行政管理,转向依法监管,尊重学校办学自主权,切实减少了过多、过细的直接管理活动,主动为学校解决法律问题。有些地方还积极探索建立综合执法机制和依法监督机制,及时发现并依法纠正、处罚学校非法补课、非法招生、乱收费、教育教学违反法定要求等违法行为,依法维护教育活动的正常秩序。各地教育行政部门积极配合有关部门开展校园及周边环境的治理工作,依法保护学校的合法权益和校园安全,为学校教育教学活动创造良好环境。学校通过依法治校提高了依法维护自身权益的意识与能力。很多高校通过设立专门的法律事务部门,不仅避免了重大决策失误,而且依法为学校主张权利挽回经济损失。

(三)保护学校及师生权益取得显著进展

教师权利保障机制不断健全完善。教育行政部门和学校依据《教师法》和其他有关法律、规定,建立和完善教师聘任制度,形成了权利义务均衡、目标任务明确,具有可执行性的聘任合同,明确了学校与教师的权利与义务。在教师职务评聘、继续教育、奖惩考核等方面相继建立了较为完善的制度规范,实现依法聘任教师,依法保障教师享有各项法定权利。很多学校依法建立健全校内纠纷解决机制,利用信访、调解、申诉等各种渠道,并特别注重发挥基层调解组织,教职工、学生自治组织和法制工作机构在处理纠纷中的作用,完善了争议解决机制,形成依法妥善、便捷地处理学校内部各种利益纠纷的工作机制。对于校内难以解决的纠纷,很多学校积极按照法定程序,提交教育行政部门、仲裁机构、社会调解组织或者司法机关依法解决,并积极应诉,认真落实行政申诉、人事仲裁、行政复议决定或者司法判决等法律文书中要求学校履行的义务。很多地方和学校健全了教师申诉制度,对教师因职责权利、职务评聘、年度考核、岗位职责、待遇及奖惩等,与学校及有关职能部门之间发生的纠纷,或者对学校管理制度、规范性文件提出的意见,通过法定的申诉途径,及时进行调处,有效维护了教师权益。教育部根据各地的经验正在制定《教师申诉办法》,将进一步规范有关的程序与要求。

学生申诉制度进一步完善。教育部2005年颁布《普通高等学校学生管理规定》,要求建立学生申诉制度。自建立高校学生申诉制度以来,绝大多数高等学校都建立健全了学生申诉的组织和工作机制,实现了对学生作出学籍处分前,给予学生陈述与申辩的机会,有的高等学校还建立了听证制度,允许学生聘请代理人,通过听证方式主张权利。这一制度的实施和推广,对于转变高等学校学生管理理念,保障加强对学生合法权利的保护,起到了重要作用。很多地方还在中小学建立了类似的制度,按照法律规定,加强了对未成年学生合法权益的保护。

(四)学校法制教育工作卓有成效

在"五五"普法规划实施期间,各地教育部门、各级各类学校根据教育部的统一部署和要求,在教育系统领导干部、公务员、学校的广大教师员工以及青少年学生中开展了内容丰富、形式多样的法制宣传教育活动,取得了显著成效,形成了很多好的经验和做法。教育系统的法治观念和法律素质得到了整体提高:一是普法工作的组织领导体制进一步健全,普法的保障机制逐步形成,学校普遍建立了普法领导和工作机构,在对学校法制宣传教育的检查、指导和支持方面,形成了有效的制度、措施。二是发挥课堂教学主渠道作用,青少年学生的社会主义法治理念逐步形成,法律素质不断提高。很多地方将法制教育纳入学校教学计划,利用课堂教学、班队活动、社会实践等多种途径,深入开展法制教育,不断创新教育教学方法。很多地方的学校还创造性地开展普法活动,利用校园法庭、法治实践等多种方式,使法制教育与学生的切身生活实践紧密结合,通过营造法治化的校园环境、校园文化等途径,潜移默化地影响学生。三是学校领导干部、广大教师的法律意识得到普遍提高。很多地方将相关的教育法律、法规知识列入学校领导干部、教师和有关工作人员的继续教育内容,建立学校领导干部学法机制,规范明确了中小学教师职务晋升必须具备相应的教育法律、法规知识,并以开展教育法律知识水平考试等方式,有效提高了学校校长、教师依法治校的意识和能力。四是不断创新普法形式,学校法制教育的效率和效果明显提高。针对青少年学生的年龄、认知特点,各地通过开展法律知识竞赛、法制教育课件大赛、中小学师生法律故事征文等方式,积极探索各种青少年喜闻乐见的普法形式和手段,有效提高了普法的亲和力和实效性。很多地方还整合各种社会法制教育资源,采取以案释法、实地观摩法院审判、建立社会普法基地、组织法制教育参观等多种方式,让青少年学生在实践中接触和了解社会法治进程,起到了很好的教育效果。很多学校充分利用媒体、网络等现代传媒,建立教育普法的专门网站、编辑制作法制教育系列动画片、开办专门的普法栏目,丰富多样的法制教育内容与形式,有效提高了广大师生参与法制教育的积极性与主动性。

第十八章　语言文字工作不断加强

语言文字工作作为我国社会主义现代化建设的重要组成部分，得到了党和国家的高度重视。党的十六大以来，党中央提出了建设人力资源强国、推动社会主义文化大发展大繁荣等重大战略举措，为语言文字工作在提升国民素质、提高国家文化软实力等方面充分发挥作用提供了重要发展契机，语言文字工作的主要任务从20世纪末的推广普通话、推行规范汉字和《汉语拼音方案》、推进语言文字的法制化规范化标准化信息化建设，扩大到提高国民语言文字应用能力、保护语言资源、弘扬中华优秀文化等范畴。

一、语言文字工作制度建设取得新进展

（一）语言文字工作的地位和作用不断加强

《国家通用语言文字法》的颁布实施十年来，普通话和规范汉字作为国家通用语言文字的法律地位得到落实，成为公务活动、教育教学、新闻出版和广播影视、公共服务行业的主导用语用字，成为我国不同民族和地区间的主要交流工具；各级政府管理国家通用语言文字使用的职责进一步明确，工作机构、队伍、机制建设得到加强；国家通用语言文字的主导地位和使用原则得以坚持，有效促进了国家通用语言文字在党政机关、学校、媒体和公共服务行业的规范应用，维护了社会语言生活的和谐、健康，促进了语言文字的科学发展。当前，语言文字工作已

经成为国家战略的重要组成部分，不仅在提高国民素质、促进教育发展、提升国家信息化水平、促进经济发展和社会进步、维护国家统一和民族团结等方面发挥着不可替代的作用，还将在推动中华文化走向世界、增强国家软实力建设上作出积极的贡献。

（二）国家语言文字事业的发展规划基本确定

自2008年10月《国家中长期语言文字事业改革和发展规划纲要（2010—2020年）》研制工作启动以来，广泛开展了调查研究，充分听取了相关部委、高校、专家学者和地方教育行政部门意见，全面梳理了语言文字事业的地位作用、成绩经验、面临形势、存在困难等重点问题，目前研制工作已基本完成，国家语言文字事业未来十年的发展规划基本确定。

未来十年，我国语言文字事业将以“大力推广，规范使用，科学保护，和谐发展”为工作方针，健全和完善语言文字法律法规体系、大力推广和普及国家通用语言文字、推进语言文字规范化标准化信息化建设、加强语言文字社会应用监管服务、提高国民语言文字应用能力、加强语言文字标准化和信息化建设、加强社会语言生活的监管与服务、科学保护各民族语言文字、传播弘扬中华优秀文化，实施普及提高工程、基础建设工程、监管服务工程、科学保护工程、能力提升工程、文化传承工程等重点工程，通过创新理念思路、创新工作机制、创新管理服务、扩大对外开放、强化人才保障、提高科研水平、加大宣传力度、保障经费投入等手段保障我国语言文字事业的发展规划得以确切落实。

（三）语言文字的法律法规体系初步建立

1982年《宪法》明确规定“国家推广全国通用的普通话”。2000年，《国家通用语言文字法》正式颁布。在《教育法》、《义务教育法》等教育法律和广播电视、广告、地名管理等领域的法规规章中对推广普通话、推行规范汉字和《汉语拼音方案》作出了明确规定。《民族区域自治法》、《文物保护法》、《居民身份证法》等法律法规在制定或修订过程中也吸收了《国家通用语言文字法》的相关精神。

为贯彻《国家通用语言文字法》,22 个语言文字地方法规、9 个地方规章相继出台,3 个地方法规进行了修订。以国家通用语言文字法为核心的语言文字法律法规体系初步形成,国家通用语言文字的教育与普及工作走上依法行政、依法管理的轨道。

(四)语言文字的工作体制机制不断完善

语言文字工作机构总体得到加强,队伍建设初具规模。推动省、市两级建立健全语委,设立专门办事机构,配备专职工作人员,加大投入,保证运转,各级语言文字工作机构得到充实、健全。截至 2011 年年底,全国 31 个省、自治区、直辖市和新疆生产建设兵团均设有省级语言文字工作常设机构,全国三分之二地(市)、县(区)成立了由政府主管领导亲自挂帅、各有关部门共同参与的语言文字工作机构,多数大中城市的机构延伸到区(县)、街道(社区),工作队伍总体上得到充实加强。

建立健全"语委统筹、部门协同、定期协商"的议事协调机制。通过定期召开年度语言文字工作会议、语委咨询委员会、语委全体委员会议和相关工作专题研讨会等,沟通工作进展,对出现的新情况新问题及时通报协商,加强团结合作,步调一致解决问题。各级语言文字行政部门和事业单位逐步明晰分工、加强沟通、形成合力。

积极筹建"人大支持、语委牵头、部门分工"的宏观管理和联合督查机制。通过努力,初步形成了各级人大积极支持、各级政府统一领导、各级语言文字工作机构组织协调、各部门各行业相互配合的各司其职、分工负责、条块结合、齐抓共管的工作局面,初步形成了"行政推动、部门协同、专家支持、社会参与"的工作格局。

二、大力推广和规范使用国家通用语言文字

(一)国家通用语言文字的普及程度和国民语言文字的应用能力显著提升

普通话在全国范围内初步普及。据调查,20世纪末,我国普通话的普及率只有53%,经过10年左右的时间,至2010年,普通话的普及率提高到了70%。普通话在全国范围内已经达到了初步普及的程度,但地域发展情况并不均衡。边远农村地区和一些民族地区,普通话的普及程度仍然很低,今后一段时期的普及任务仍相当繁重。当前,在我国加快建设小康社会的关键时期,维护祖国统一、增进民族团结及建设人力资源强国目标的实现等,都需要继续大力推广普及国家通用语言文字,营造与国家各项事业发展相适应的和谐的语言文字环境。

全国推广普通话宣传周等语言文字宣传教育活动广泛开展。经国务院第134次总理办公会议批准,自1998年起,每年9月的第3周为全国推广普通话宣传周。目前,推普周活动由中宣部、教育部、人力资源社会保障部、文化部、国家广电总局、国家公务员局、国家语委、解放军总政治部、共青团中央等九部门组成的全国推普周领导小组联合主办,迄今已连续举办了14届。十多年来,此项宣传活动遍及全国大中城市,并逐步向农村和边远地区扩展,曾在拉萨、南宁、昆明和内蒙古鄂尔多斯伊金霍洛旗等民族地区和边远城市举办过全国推普周的开、闭幕式。在各地语言文字工作部门和有关单位的积极努力下,推普周已成为具有较高社会知晓度、广大群众积极关注、参与并获益良多的文化活动,成为宣传国家语言文字法律法规和方针政策、普及语言文字规范标准和应用知识的综合平台,产生了积极而广泛的社会影响。

城市语言文字工作评估成效显著。2001年,城市语言文字工作评估正式启动。开展城市评估的目的在于推动党政机关、学校、新闻媒体和主要公共服务行业等重点领域提高语言文字规范化、标准化水平,并

发挥城市对周边地区的辐射作用，推动全社会实现“普通话初步普及、社会用字基本规范”的工作目标。截至2011年年底，全国共有34个一类城市（直辖市、省会城市和自治区首府及计划单列市的市区部分）、237个二类城市（地级市的市区部分）、484个三类城市（县级市及县的政府所在镇）通过达标认定，分别占全国一、二、三类城市总数的94%、79%和24%。

农村地区推普力度不断加大，为农村社会发展增添动力。近年来，中央提出建设社会主义新农村，推广普通话工作也在为实现这一目标发挥积极的作用。让广大农村地区青少年提高普通话应用水平，是建设社会主义新农村和构建和谐社会进程中不能忽视和回避的内容。根据形势需要，各地语言文字工作部门加强了对农村地区推广普通话工作的宣传力度，同时，不少地区自发组织开展推普下乡活动、推普便民服务，加强了对农村中小学师生、进城务工人员的普通话培训，免费开办了各类培训班，编印了实用性、趣味性强的教材，切实把帮助广大农村劳动力提高普通话水平、增强就业竞争力作为统筹城乡经济和社会发展、优化农村语言环境、解放农村生产力的一个重要环节抓紧抓好，受到农民群众的普遍欢迎。

（二）国家通用语言文字测评体系初步建立

开展普通话水平测试（PSC）。普通话水平测试是对应试人掌握、使用普通话的规范程度和应用能力的检测。1994年普通话水平测试工作启动。为适应普通话水平测试工作健康发展的需求，近十年来，《普通话水平测试管理规定》、《普通话水平测试大纲》、《普通话水平测试工作评估指导标准》和《普通话水平测试规程》等一系列测试有关制度规定相继出台，对测试工作质量和工作管理水平的提高起到了重要的保障和促进作用。普通话水平测试主要面向教师、播音员、节目主持人、影视话剧演员、国家机关工作人员，并鼓励大中专毕业生和公共服务行业从业人员接受普通话培训和测试。随着该项测试在相关行业的深入开展及一些行业普通话持证上岗制度的实施，极大地拓展了普通话普及范围，促进了全社会普通话水平的提高。据统计，2003—2011年，全国各地累计测试2906万人次。现有测试站1440个，普通话水平测试员5.27万人。

从2005年开始，为进一步提高测试效率，保证测试质量，适应迅速增长的测试需求和提高测试工作管理水平，信息技术在测试工作中广泛应用开来。2007年1月起，计算机辅助普通话水平测试及其信息管理系统正式应用于国家普通话水平测试，其适应性、稳定性、高效性及经济性得到了普遍认可，发展迅速。到目前为止，全国已有28个省（区、市）开展了机测试点工作，其中10个省份已经全部实行了机测。五年来，全国通过机测完成普通话水平测试的人员已突破700万人次。2011年，机测人数达到220万，首次超过全年409万总测试人次的一半。

研发汉语能力测试（HNC）。汉语能力测试是作为国内首个全面考查汉语听说读写能力的语言评价系统，旨在评估以汉语作为生活、学习、工作基本用语人群的汉语应用能力。测试从低到高共设六个级别，采用计算机测试方式，利用多媒体技术，通过在计算机上再现考查汉语水平所必需的文化活动情境，有效评估考生的语言应用能力。考生完成测试后所获得的详细评价报告，可以对每个考生个人如何进一步提高汉语应用能力提出建议。

从2008年研发工作启动以来，汉语能力标准及大纲研制、题库建设以及内部试测工作已经完成。2011年12月，汉语能力测试率先在北京、内蒙古、上海、江苏、云南和南开大学等地（校）开考，包括学生、教师、公务员、军人、农民在内共2442人参加了“四级”和“五级”两个级别的测试，测试取得良好社会反响。

组织汉字应用水平测试（HZC）。为进一步提高公务活动、教育教学、新闻媒体、主要公共服务行业汉字应用水平，2007年，汉字应用水平测试开始实施。测试旨在通过考查汉字的认读、选用、辨误、书写能力来检测相关人员的汉字应用水平，提高劳动者职业素质和社会整体语文素质，并为个人职业能力评定提供重要参考。

5年多来，北京、天津、河北、辽宁、黑龙江、上海、江苏、江西、山东、河南、湖南、云南、宁夏13个省（区、市）组织开展了试点和正式测试工作，共有10.5万余人次获得成绩认证。测试工作在加强组织领导、构建完整的测评体系、推进测试科学化和规范化等方面有所突破。

（三）“中华诵”系列活动取得丰硕成果

为贯彻落实十七大精神，提高国民语言文化素质，弘扬民族优秀文化传统，从2007年开始，以“亲近经典、承续传统”为主题的“中华诵·经典诵读”系列活动在全国范围内广泛开展。五年来，“中华诵·经典诵读行动”已成为学生及社会各界参与者获取知识、提高语言文字表达能力和综合素质，弘扬民族优秀文化传统和社会主义核心价值观的有效途径，成为新时期语言文字工作的重要载体和创新品牌。

举办“中华诵·传统节日诵读晚会”，展示中华优秀传统文化魅力，增强民族的自豪感和自信心。自2008年起，紧密围绕十七大“建设中华民族共有精神家园”的战略主题，在清明、端午等六个传统节日以及教师节、国庆节等与热爱祖国、尊师重教有关的重要节日，推出以名家与师生诵读经典篇章为主要内容的“中华经典诵读”节日晚会。四年多来，举办了近40场晚会，并被纳入中央文明办“我们的节日”活动内容。2011年，为庆祝建党90周年，教育部、国家语委联合中央党史研究室举办了“中华诵·颂歌献给党”红色经典诵读晚会，围绕我党“开天辟地”“井冈山斗争”“抗日战争”“解放战争”和“建设新中国”五个历史时期，分别在上海、井冈山、延安、西柏坡、北京等地举办了大型诵读活动。

推动群众性诵读活动，打造社会参与平台，调动国民文化参与积极性。自2007年以来，连续5届中华经典诵读大赛吸引全国近3000万学生、教师、公务员和其他社会成员参与；以“书写经典、传承文明”为主题的三届规范汉字书写大赛参与的全国大中小学学生人数近3000万;2011年开始的中小学生作文大赛又成功掀起亲近经典、传承经典的文化热潮,全国各地超过34万中小学生参加,收到参赛作品73万余份;2009—2011年分别在江苏泰州、山东潍坊和江苏张家港举办的三届中小学生夏令营活动,近500名青少年参与其中,进一步感受到了经典和传统文化的独特魅力,加深了对祖国的热爱。

建设经典资源库,开展"中华诵·经典诵写讲"进校园试点工作,促进青少年人文素养提升。经典资源库建设以大中小学语文课本为基础,遴选反映中华民族优秀传统文化精髓、符合社会主义核心价值体系的经典诗词歌赋以及与传统节日有关的名篇,由名家、名师以讲解、书写、朗诵、吟诵等形式进行多媒体展示,为学校课堂经典教学及课外活动、社会诵读活动等提供辅助和指导。目前,经典资源库建设的第一阶段工作已基本完成。

"中华经典诵写讲"进校园工作加强学生中华民族优秀文化传统和革命传统教育,促进学生语言文字应用能力提升。中华民族优秀文化传统教育和革命传统教育是素质教育的重要内容,在学校开展中华经典的诵读、书写、讲解工作,既能有效传承和弘扬中华优秀传统和革命传统,培养学生的民族自豪感和爱国情怀,又能推广普及普通话和规范字,促进学生语言文字应用能力的提升。2010年,"中华诵·经典诵写讲"试点工作在部分省(区、市)和直属高校开展,全国共有11所直属高校及20个省(区、市)的近20000所学校参与其中,在课程建设、教材建设、学科建设、活动开展、人才培养等方面进行了积极探索和大胆实践。中华经典诵写讲活动有力地促进了学生语言文字应用能力的提升。为进一步推进"中华诵"进校园,先后在南开大学、复旦大学、厦门大学、北京交通大学、西南政法大学、广州大学等学校举办经典诵读活动。同时,在部分省(区、市)和直属高校开展"中华诵·经典诵写讲"试点工作,召开了"中华诵·经典诵写讲"研讨会暨中华经典教育全国校长论坛,就各级各类学校深入推进经典诵读行动的思路、举措进行研讨。

（四）监督、引导、服务社会语言生活积极有效

为转变政府职能、加强语言服务、掌握语言国情，提高决策的科学化水平，积极开展社会语言生活状况跟踪监测与引导工作。2004 年开始设立的国家语言资源监测与研究中心平面媒体、网络媒体、有声媒体、教育教材、少数民族语言、海外华语等六个分中心，分别建设了动态流通语料库和相应的监测管理系统，及时对大众传媒、图书杂志和互联网上出现的外来语、流行语、新词语以及现代汉语中其他新现象进行监测、分析与研究。从 2006 年至今，教育部、国家语委连续 7 年发布中国语言生活状况报告，包括语言生活的各种调查报告和实态数据，积极为国家决策提供参考，为社会提供服务，产生了良好反响。同时，还成立了中国外语战略研究中心、中国语言战略研究中心、汉语辞书研究中心，支持创办了《外语战略动态》、《中国语情》、《语文信息》等研究刊物，旨在开展语言政策、语言国情、语言规划理论和国际语言战略等宏观层面的研究，开展辞书编纂、出版理论研究和该领域国内外对比研究，探讨辞书发展战略，积极为国家战略服务，为社会提供咨询服务。

根据社会语言生活空前活跃、不断变化的新情况，组织专题研讨宣传，积极引导社会舆论。近十年来，还先后组织开展了纪念国务院《关于公布〈汉字简化方案〉的决议》和《关于推广普通话的指示》发布 50 周年、迎奥运用语用字检查、新中国语言文字工作 60 年成就展、纪念《国家通用语言文字法》颁布 10 周年等宣传教育活动，形成良好的舆论氛围。

（五）教育和语言文字工作相互促进作用进一步发挥

语言文字规范化示范校创建工作促进教育教学水平提升，树立语言文字规范化工作典范。2004 年，语言文字规范化示范校创建活动正式启动，旨在通过创建活动，有效提高学校语言文字工作的整体水平，进一步增强广大师生的语言文字规范意识，普遍提高各级各类学校在

校学生的语言文字应用能力，并养成规范使用祖国语言文字的良好习惯，更好地发挥学校在社会中“推广普通话、推行规范汉字”的基础作用，推进学校素质教育的全面实施。截至2011年年底，共创建国家级语言文字规范化示范校1003所，省级和市级示范校19697所。根据语言文字事业中长期规划的部署，到2020年，全国省级示范校应占学校总数的5%，国家级示范校应占省级示范校总数的10%。

“中华经典诵写讲”进校园工作加强学生中华民族优秀文化传统和革命传统教育，促进学生语言文字应用能力提升。中华民族优秀文化传统教育和革命传统教育是素质教育的重要内容，在学校开展中华经典的诵读、书写、讲解工作，既能有效传承和弘扬中华优秀传统和革命传统，培养学生的民族自豪感和爱国情怀，又能推广普及普通话和规范字，促进学生语言文字应用能力的提升。2010年，“中华诵·经典诵写讲”试点工作在部分省（自治区、直辖市）和直属高校开展，全国共有11所直属高校及20个省（自治区、直辖市）的近两万所学校参与其中，在课程建设、教材建设、学科建设、活动开展、人才培养等方面进行了积极探索和大胆实践。中华经典诵写讲活动有力地促进了学生语言文字应用能力的提升。

少数民族双语教师普通话培训促进双语教育质量提高，推动民族地区国家通用语言文字的推广和普及。从2001年起，教育部在新疆、西藏等地开展少数民族双语教师普通话专项培训，重点培训边远农村少数民族聚居区普通话不达标的双语教师。至2011年，已经固定在新疆、西藏、广西、云南、贵州、四川、青海、甘肃、海南和内蒙古等10个省区举办此培训项目，共计培训少数民族双语教师4000多人次，极大地促进了双语教师普通话水平和教学能力的提高，增强了师生国家通用语言文字意识，提升了民族地区双语教育质量，有利促进了当地国家通用语言文字的推广和普及。2011年，该项目正式列入“国培计划”项目，在经费上得到了充分保障。

（六）语言文字的交流与合作进一步深化

积极推动香港澳门的普通话测试。港澳回归以来，与内地的经济、文化联系更为紧密，港澳地区群众学习普通话的热情持续高涨。1996年以来，国家语委支持所属普通话培训测试中心与香港高等院校合作开展普通话水平测试，此项测试在港澳地区得到了广泛认可。在国家语委帮助下，港澳地区已建立了15家普通话培训测试机构，并为其培养了100余名测试员，培训普通话教师1000余名。截至2011年年底，当地接受普通话水平测试的公务员、教师等各界人士已达7.7万多人次，对港澳地区国家通用语言文字的推广普及、普通话应用水平的提高，以及港澳人士就业竞争力的提升起到了积极的促进作用。

积极开展与台湾的中华语文工具书合作编纂工作。为贯彻2009年《第五届两岸经贸文化论坛共同建议》中关于“鼓励两岸民间合作编纂中华语文工具书”的精神，方便两岸人民的沟通和语文应用，加强两岸文化交流合作，2010年以来，两岸开始实施中华语文工具书合作编纂项目。2012年，两岸合作编纂中华语文工具书成果发布会分别在北京和台北举行，开通了中华语文知识库网站，完成《两岸常用词典》的编写，同时启动中型词典《中华语文大词典》的编撰工作，并在原有工作基础上，积极开展两岸科技名词对照工作。两岸力图通过工具书的编纂平台，构建沟通协商机构，逐步缩小语言文字方面的差异。

不断加强两岸四地的语言文字交流与合作。为促进两岸四地信息交流与沟通，共同推动中华文化的信息化进程，“两岸四地中文数字化合作论坛（CDF）”于2002年成立，并于同年10月在福州召开了第一届会议，迄今该论坛已举办五届。为搭建两岸四地专家学者的学术交流平台，全国语言文字标准化技术委员会语汇分会和语音分会于2005年11月在天津共同主办首届“海峡两岸现代汉语问题学术研讨会”，迄今已成功举办六届。2010年5月，国家语委立项支持、历经5年编纂完成的《全球华语词典》出版。词典收录20世纪80年代以来各华人社区常见的特有词语，是各地华人历史和社会生活的实态记录。该词典的编纂与出版,可以帮助不同华语区消除语言隔阂,加强各地华人的交流与沟通,有利于汉语走向世界。

三、语言文字规范化、标准化、信息化建设进一步推进

(一)探索语言文字规范化、标准化、信息化建设新思路

建立健全工作机构,制定完善工作规章。加强语言文字规范化、标准化工作,先后成立了负责制定、审定、评测的专业机构,包括国家语委语言文字规范(标准)审定委员会、全国语言文字标准化技术委员会(下设语音拼音、语汇、语法语篇、汉字、少数民族语言文字、外语应用6个分会)、中国文字整理与规范研究中心、中国文字字体设计与研究中心、国家语委语言文字规范标准测查认证中心。此外,全国信息与文献标准化技术委员会书面语转写分会、全国术语标准化技术委员会少数民族语分会也挂靠在国家语委。

制定完善了《国家语委语言文字规范(标准)审定委员会章程》、《国家语委语言文字规范(标准)管理办法》等规章,保证语言文字规范化、标准化工作运行更加科学规范。

明确指导思想,探索工作新思路。以"大力推广和规范使用国家通用语言文字,科学保护各民族语言文字"为指导,统筹兼顾,妥善处理国家通用语言文字和少数民族语言文字的关系,不断提高依法执政的能力和水平。坚持科学发展观,以语言文字规范标准建设为核心,以信息化为主线,以评测认证为抓手,以科学研究和语言工程建设为基础,做好语言文字规范化、标准化、信息化工作,促进语言生活和谐发展。在规范标准制定和信息化建设中,开门做工作、开门办规范,深入调研,采取多种方式广泛听取各界意见和建议,"问计于民,问道于贤",深入基层,服务社会。

(二)语言文字规范标准建设取得重要进展

1. 多项语言文字规范标准发布实施。党的十六大以来,国家语委组织制修订语言文字规范标准 13 项(见表 18-1),同时还以《中国语言生活绿皮书》发布了 7 项语言文字规范草案(见表 18-2)。这些规范标准进一步完善了语言文字规范标准体系,有力促进了社会语言文字应用的规范化、标准化信息化,在文化教育、印刷出版、辞书编纂、信息处理等方面发挥了重要作用。

表 18-1　近年来国家语委组织制修订的语言文字规范标准

规范标准名称	发布时间	发布部门
GF3007—2006 中国通用音标符号集	2006. 2	教育部、国家语委
GF2002—2006 汉字应用水平等级及测试大纲	2006. 8	教育部、国家语委
GB/T 20532—2006 信息处理用现代汉语词类标记规范	2006. 9	国家质检总局、国家标准委
GB/T 13504—2008 汉语清晰度诊断押韵测试(DRT)法	2008. 7	国家质检总局、国家标准委
GF0011—2009 汉字部首表	2009. 1	教育部、国家语委
GF0012—2009　GB13000. 1 字符集汉字部首归部规范	2009. 1	教育部、国家语委
GF0013—2009 现代常用字部件及部件名称规范	2009. 3	教育部、国家语委
GF0014—2009 现代常用独体字规范	2009. 3	教育部、国家语委
汉语口语水平等级标准及测试大纲	2010. 10	教育部、国家语委
汉语国际教育用音节汉字词汇等级划分	2010. 10	教育部、国家语委
出版物上数字用法	2011. 7	国家质检总局、国家标准委
中国人名汉语拼音字母拼写规则	2011. 10	国家质检总局、国家标准委
标点符号用法	2011. 12	国家质检总局、国家标准委

表 18-2　《中国语言生活绿皮书》的语言文字规范草案

规范标准名称	发布时间	发布部门
现代汉语常用词表(草案)	2008. 10	教育部、国家语委
日本汉字的汉语读音规范(草案)	2009. 10	教育部、国家语委
文语转换与语音识别系统语言文字评测规范(草案)	2009. 10	教育部、国家语委

续表

规范标准名称	发布时间	发布部门
机器翻译系统语言文字评测规范（草案）	2009.10	教育部、国家语委
语料库系统语言文字评测规范（草案）	2009.10	教育部、国家语委
现代汉语语料库元数据规范（草案）	2009.10	教育部、国家语委
基于概念层次的语句概念结构语料库标注规范（草案）	2009.10	教育部、国家语委

在这些规范标准中，《汉字部首表》规定了汉字的部首表及其使用规则，适用于工具书编纂、汉字信息处理及其他领域的汉字排序检索，为汉字教学提供重要参考。《汉语口语水平等级标准及测试大纲》规定了母语非汉语人群及华人华裔在日常生活领域运用汉语口语交际的水平等级标准及其测试大纲，适用于母语非汉语人群及华人华裔的汉语口语水平测试。《出版物上数字用法》规定了出版物上汉字数字和阿拉伯数字的用法，适用于各类出版物（文艺类出版物和重排古籍除外），政府和企事业单位公文，以及教育、媒体和公共服务领域的数字用法也可参照执行。《中国人名汉语拼音字母拼写规则》规定了使用汉语拼音字母拼写中国人名的拼写规则，同时解决了一些特殊场合的变通处理办法以满足应用需要，适用于文化教育、编辑出版、中文信息处理及其他方面的中国人名汉语拼音字母拼写。

《通用规范汉字表》研制完成。研制和实施《通用规范汉字表》，对提升国家通用语言文字的规范化、标准化水平，促进国家经济社会和文化、教育事业发展具有重要意义。《通用规范汉字表》自 2001 年启动研制，2011 年修订完善上报国务院，2011 年 8 月 17 日经国务院常务会议审议通过。《通用规范汉字表》的研制工作历经十年，先后修改 90 余稿，对新中国成立以来的文字政策和汉字规范进行了全面梳理与总结，是对 50 余年来汉字规范整合优化后的最新成果。

《公共服务领域外文译写规范》研制取得阶段性成果。做好公共服务领域外文译写规范工作是促进我国对外开放的现实需求，同时也是传播中国理念、提升我国国际形象的重要途径。《公共服务领域外文译写规范》研制于 2011 年启动，该规范将涉及英、俄、日、韩四个语种，涵盖交通、旅游、文娱、体育、卫生、商贸、餐饮、住宿等领域，内容包括公共服务领域外文译写的规则、示例及中外文对照表等。《公共服务领域外文译写规范英文（通则）》作为国家标准项目已于 2012 年年初研制完成。

2. 新时期普通话审音工作启动。新中国成立以来，我国先后进行过两次普通话审音工作。为进一步贯彻落实《中华人民共和国国家通用语言文字法》，适应新时期语言生活发展的需要，完善普通话语音规范标准体系，促进普通话推广工作，国家语委于 2011 年启动了新时期普通话审音工作。新时期普通话审音工作将全面总结国语运动一百年、特别是新中国 60 多年来语音规范化的成果，研究确定新时期普通话审音工作的基本原则、整体方案和实施路线图，调整、完善 1985 年发布的《普通话异读词审音表》，建立健全普通话语音规范标准体系，以满足现代语言生活需要。

（三）数字化语言资源建设取得成效

伴随着信息技术的快速发展，国家语委充分借助现代技术手段，加强语言文字信息化工作，建设了一批数字化语言资源，为国家语言文字事业的发展提供科学化的基础支撑和决策参考。

国家语言资源监测语料库。国家语言资源监测与研究中心组织研发的语言监测系统，通过构建语言监测框架体系，初步建成了完整的集语言资源采集、存储、加工与应用开发于一体的语言监测技术平台。作为该平台核心的国家语言资源监测语料库，采集了大量的语言数据，为社会语言生活的监测与研究提供了可靠的基础。其中，基于平面媒体语料库、有声媒体语料库、网络媒体语料库组成的主流媒体语料库，实现每年 10 亿字的数据采集；教育教材语料库已实现各种教材 1500 万字的存储；少数民族语言文字语料库实现每年不同语种两亿字的数据采集。目前,国家语言资源监测语料库的规模还在不断扩大,通过对获取的语言监测数据进行深度研究和解析,将有助于更好地掌握语言国情、弘扬中国文化、促进语言产业、推动语言研究。

国家语委现代汉语通用平衡语料库。该语料库基于不同学科、不同类型出版物、五四以来不同历史时期等角度,按照科学的比例平衡选取了大约1亿字符的语料,是目前最大的现代汉语平衡语料库。该语料库完成了7000万字的语料切分和标注,它的建设对于更好地服务于语言文字规范标准的制定、语言文字的学术研究、语文教育、语言文字信息处理、语言文字的社会应用等将起到重要作用。

汉字属性多功能平台。汉字属性多功能平台是汉字标准化基础工程的重要组成部分,是开展汉字研究、辅助汉字教学以及汉字国际推广的重要资源平台。该平台以国家标准《信息交换用汉字编码字符集·基本集》中6763个常用字为核心,以汉字内码扩展规范中的20902个字为目标,力求对每个字的字形、字音、字义、字与字的关系、排序、频率等属性进行较为详尽的描述。

(四)语言文字系统政务信息化水平显著提升

中国语言文字网及专项工作网站建设。2002年,中国语言文字网开通。十年来,中国语言文字网取得了良好的社会效益,尤其在宣传国家的语言文字政策,服务社会语言生活,引导社会规范使用语言文字,提高国民语文素养方面发挥了重要作用。近年来,国家语委科研网、“中华诵”经典诵读行动官方网、普通话语音规范网、公共服务领域外文译写网、“中华语文知识库”网站等专门的工作网站开通使用,有力地推动相关专项工作的开展。

语言文字系统网站建设。中国语言文字网开通以后,国家语委积极推进语言文字工作系统的网站建设和信息化建设。据不完全统计,全国语言文字工作系统各级网站(页)共120多家,已有29个省(区、市)建立了语言文字网,初步形成以中国语言文字网、教育部门户网站为龙头，链接各地语委工作网、学校语言文字网和语言文字专业网站的网络系统。

支持民族地区建立语言文字工作网站。2005 年，在国家语委的积极推动和帮助下，西藏藏语言文字网正式开通，该网站具有藏、汉两种版面，藏文版面完全支持我国制定的一系列藏文编码国家标准，实现了藏文信息资源真正意义上的共享。2008 年，新疆语言文字双语网开通。

开展政务信息化工作培训。国家语委分别于 2004 年、2008 年和 2009 年在甘肃、江苏和浙江省召开语言文字工作系统网站建设与管理汇报交流会、全国语言文字工作系统网站建设培训交流会议和全国语言文字工作系统网站建设评估交流会，积极为各地的政务信息化建设提供服务。

（五）注重加强科学研究的保障作用

国家语委科学研究工作以服务国家、服务社会、服务群众为使命，以全面保障国家语言文字事业发展为目标，积极开拓，努力进取，取得了突出成绩，为构建和谐语言生活提供了强有力的学科支撑、理论支撑。

2002 年，国家语委成立了国家语委科研规划领导小组，领导、规划、部署国家语委的科研工作。印发了《语言文字应用研究“十五”科研规划及项目指南》、《国家语委语言文字应用科研工作“十一五”规划》、《国家语委“十二五”科研规划》，充分发挥科研规划的引领与示范作用。下设的领导小组办公室注重加强制度建设，制定《国家语委科研项目管理办法》、《国家语委科研基地管理办法（试行）》等，建立健全以公平、公正、公开为原则的科研管理制度；积极开展科研立项，设立了近 500 项语言文字应用研究项目，为国家语言文字事业改革和发展提供了科研保障；加强科研机构及专家队伍建设，与相关科研单位共建了十余个语言文字应用研究机构，建设国家语委科研工作专家库，团结学界,充分发挥专家学者的智慧;积极推进地方语委的科学研究工作;建立国家语委科研网,构建科研评审及管理综合平台,提升科研评审和管理的信息化水平。

2010—2011 年开展的“三项调查”即普通话普及情况调查项目、普通话培训测试现状调研项目、普通话审音工作调查项目,围绕推广普及国家通用语言文字这一工作核心,开展调查研究,直接服务国家相关决策。筹备成立中国应用语言学学会,先后发起和主办了七届全国应用语言学学术研讨会、六届全国社会语言学学术研讨会、三届全国应用语言学系主任(所长)论坛等一系列全国性重要学术会议,在国家语言文字立法、语言文字规划、语言文字规范标准建设、推动语言文字信息化发展等方面发挥了重要作用。

四、科学保护各民族语言文字

党的十七届六中全会《决定》中指出,要“大力推广和规范使用国家通用语言文字,科学保护各民族语言文字”。中共中央政治局委员、国务委员刘延东在纪念《国家通用语言文字法》颁布十周年座谈会发表的重要讲话中指出,当前“要尊重语言文字发展规律,注重主体性和多样性的辩证统一,在国家通用语言文字发挥主导作用的前提下,依法处理好少数民族语言文字、方言和繁体字以及外国语言文字的学习使用问题,使它们按照法律的要求各得其所、各展所长,保障社会语言文字生活的和谐健康”。党的十六大以来,语言文字工作在科学保护各民族语言文字,构建和谐语言生活方面开展了积极探索。

(一)积极倡导语言资源观,构建和谐语言生活

语言是文化的载体和重要组成部分,是国家不可再生的、珍贵的非物质文化资源,是构成文化多样性的前提条件。同时,语言也日益成为重要的经济资源,为经济和高新科技的发展提供重要的推动力量。党

的十六大以来，国家语委进一步倡导树立语言资源观，调查中国语言资源的基本状况，制定切实可行的语言资源保护、开发措施，妥善处理各种语言关系。在语言资源观的指导下，国家语委设立了一批课题，以构建和谐语言生活为目标，深入研究如何科学地收集、整理和展示我国少数民族语言和汉语方言的面貌，及时记录和保存语言、方言资料，保护各民族语言文化遗产。其中特别关注到对人口较少民族的语言文字的保护，设立了“土族语言文字的应用与保护”“撒拉语的保护和抢救”等课题，推进相关民族语言文字保护的研究与实践。

（二）以现代技术手段助力语言保护

中国语言资源有声数据库建设。2007 年，国家语委启动了中国语言资源有声数据库建设工程，通过广泛采集、保存和展示反映汉语方言与少数民族语言基本面貌的语音数据，以便更好地掌握语言国情，加快普通话推广和语言文字信息化建设，保护衰危的语言及方言，向社会提供语言资源服务和口头文化资源服务。为保证这项建设工作的科学性，国家语委召开多次专题会议进行有声数据库建设的前期论证，设立 20 余项课题研制中国语言资源有声数据库的技术规范和工作规范。2008 年至 2010 年，先后在江苏五个城市进行试点工作。2010 年，有声数据库建设的重要规范《中国语言资源有声数据库调查手册》正式出版，试点工作顺利完成。截至 2012 年 7 月，江苏已全面完成全省 70 个调查点的调查工作，采录了近 500 小时的有声语料，开通了中国语言资源有声数据库（江苏库）展示网。上海、北京、辽宁、广西等地相继启动了本项工程建设。中国少数民族语言资源有声数据库建设调查规范等技术标准的研制工作也在顺利进行。

建设系列数据库开发语言资源。国家语委积极推进相关语言资源数据库建设，借助现代技术手段加强语言资源的保护和开发，成果明显。“蒙古语语言知识库”的立项研制，填补了蒙古语语言知识资源开发的空白，其成果在学术价值和实际应用方面达到了领先水平，有利于推动蒙古语言信息处理教学和研究，以及蒙古文电子政务、移动通信、网络媒体等相关领域的发展。“现代藏语语法信息词典数据库研究”项目，提出了完整的藏语语法体系的信息化表征方式，构建了四万余词的信息词典和500万词的标注语料，为进一步开展藏语文本语法标注、机器自动分词、藏汉机器翻译等应用项目奠定了基础。“达斡尔、鄂温克和鄂伦春语语音声学参数数据库”“藏、维、彝民语语音参数数据库”“藏语韵律数据库与韵律建模”“中国朝鲜语语料库”“汉、锡伯语名词术语数据库建设”“馆藏少数民族文献信息库”等项目的研制和建设，也从多角度推动了语言资源的保护和开发。

（三）少数民族语言文字规范化、标准化、信息化建设取得较大进展

建立完善工作机制。为进一步推动少数民族语言文字规范化、标准化工作，国家语委成立了全国语言文字标准化技术委员会民族分会；调整成立了全国术语标准化技术委员会民族分会，加强了附设的蒙、藏、维哈柯、朝、彝5个工作组的工作。2005年召开了全国民族语言文字规范标准建设及信息化工作会议，进一步推动少数民族语言文字规范化、标准化、信息化工作。2007年与国家民委文宣司共同举办了“中国少数民族语言文字工作成就展暨民族语文国际学术研讨会”，以“构建和谐语言生活，弘扬优秀民族文化”为主题，集中展示建国以来我国在少数民族语言文字新闻出版、广播影视、翻译、规范化、标准化、信息处理、古籍整理、书法等领域的成就。

加强规范标准建设。在各地民语委、各专业机构和专家学者的共同努力下，蒙、藏、维、哈、朝、彝、傣等传统通用少数民族语言文字的规范标准建设取得了显著成果。加强了少数民族语术语标准化工作。研制了蒙、藏、维、哈、彝等少数民族人名汉字音译转写规范，其中《维吾尔人名汉字音译转写规则》、《哈萨克人名汉字音译转写规则》已在新疆实施，取得了良好的社会效果。开展了现代蒙古语常用词词表、藏文

拉丁转写标准、现代维吾尔文学语言正字正音标准、朝鲜语新词术语规范、壮文基本词汇规范、彝文规范方案完善等研制工作。这些标准发布后，基本满足了少数民族语言的应用需求。

加强科学研究。教育部、国家语委落实中央领导批示，加强了少数民族语言文字应用科学研究。2004年编制下发了《民族语言文字规范标准建设与信息化课题指南》，之后分批启动了99项科研项目，主要包括少数民族文字的字符集及平台建设、民族语言文字规范标准建设、民族语言文字资源库建设、语言保护与应用等，得到了民族地区的充分肯定。其中，“中国少数民族文字字符总集”收集了我国古今非拉丁字母的少数民族文字38种，是迄今国内外收录中国少数民族文字文种最多、字符最全的字符集。“基于ISO 10646的维、哈、柯、傣文电子出版系统研发”，基本解决了该领域长期存在的信息共享难的问题，其成果荣获2006年首届钱伟长中文信息科学技术奖、2007年第三届王选新闻科学技术奖一等奖。“统一平台上少数民族文字识别系统研发”是国内外独创的具有自主知识产权的少数民族文字识别系统，支持蒙、藏、维、哈、柯、朝及阿拉伯等多文种文档识别，该项目产品已在民族地区推广使用，其成果入选“2007年中国少数民族十大新闻”。

第十九章　教育系统党的建设和思想政治教育工作成效显著

推动教育事业科学发展，关键是加强和改善党的领导。党的十六大以来，以胡锦涛同志为总书记的党中央高度重视教育工作，坚持高举旗帜，全面贯彻党的教育方针，牢牢把握正确的办学方向，着力培养社会主义事业合格建设者和可靠接班人。各级党委强化责任意识，推动教育事业优先发展、科学发展，教育系统党的建设和思想政治教育工作成效显著。

一、加强和改善党对教育工作的领导

党的十六大以来，各级党委以科学发展观统领教育发展全局，努力提高领导教育工作能力和水平，教育系统领导班子和干部队伍建设全面加强。

（一）不断提高推动教育事业科学发展自觉性

党和国家历来高度重视教育事业。改革开放以来，在我国经济社会发展的关键时刻，党中央、国务院都要制定和出台纲领性文件，为教育事业发展指引方向。

党的十六大以来，以胡锦涛同志为总书记的党中央以科学发展观统领教育事业的改革和发展，就教育工作作出了一系列重大决策部署，特别是2010年召开的全国教育工作会议，是党中央、国务院在新世纪召开的第一次、改革开放以来召开的第四次全国教育工作会议，对于引领和推进我国教育改革发展，加快建设人力资源强国，推进社会主义现代化，实现中华民族伟大复兴具有重大而深远的意义。这次会议颁布的《教育规划纲要》是改革开放以来继《中共中央关于教育体制改革的决定》、《中国教育改革和发展纲要》、《中共中央国务院关于深化教育改革　全面推进素质教育的决定》之后，党中央推进教育改革发展又一个里程碑，也是新世纪继《科技规划纲要》、《人才规划纲要》之后又一个支撑国家战略的纲领性文件。全国教育工作会议召开后，31个省（自治区、直辖市）和新疆生产建设兵团均召开了教育工作会议，党政主要负责同志出席会议并讲话，一些领导同志还深入学校蹲点、调研或作报告，各个省（自治区、直辖市）相继发布省级教育规划纲要，结合自身实际出台一批新的政策举措。

党的十六大以来，各地党委、政府把推动教育事业优先发展、科学发展作为重要职责，以长远目光来看待教育事业，正确处理好教育发展、经济发展与其他发展的关系，正确处理好眼前利益与长远利益的关系，真正把教育放在发展的优先地位，把教育放在全局工作中重点谋划和部署，健全领导体制和决策机制，以更大的决心、更多的财力、更多的精力支持教育事业，加强教育宏观政策和发展战略研究，制订符合本地实际的教育发展规划和政策措施。及时研究解决教育改革发展的重大问题和群众关心的热点问题，把推进教育事业改革发展作为各级党委政绩考核的重要内容，各地教育改革发展呈现出意气风发、你追我赶的新局面。

经过不懈努力，党中央、国务院关于教育工作的方针政策、《教育规划纲要》的思想理念逐步深入人心，优先发展教育正在逐步成为全党全社会的共识和行动。

（二）领导班子和干部队伍建设全面加强

加强和改善党对各级各类学校的领导，实现教育事业科学发展，关键要靠坚强有力的领导班子和干部队伍来推动和落实。党的十六大以来，各级各类学校领导班子和领导干部队伍建设全面加强，领导干部思想政治素质和办学治校能力进一步提高。

第一，高校领导班子和领导干部建设取得了显著成效。教育部党组及各高校主管部门认真贯彻中央关于加强高校领导班子建设的精神，以加强党的执政能力和先进性建设为重点，在加强高校领导班子和干部队伍建设方面采取了一系列重要措施，取得了显著成效。一是高校领导体制机制进一步健全。党的十六大以来，中央有关部门及各地积极推动党委领导下的校长负责制贯彻落实，各高校紧密结合实际，积极探索党委领导下的校长负责制有效实现形式，制定了相关文件和制度，多地先后出台了暂行规定或试行办法，许多高校制定了实施细则以及党政会议制度、三重一大制度等，为促进高校领导体制的不断完善与创新进行了有益探索。二是领导班子思想政治素质进一步提升。各高校党委精心组织党委中心组学习、领导干部寒暑期研讨班和务虚会，学习理论，分析形势，沟通信息，研讨重大问题、明确工作思路，通过学习贯彻“三个代表”重要思想、保持共产党员先进性教育、学习实践科学发展观、创先争优等活动，不断提高思想政治水平，确保马克思主义在高校意识形态领域的主导地位。三是领导班子结构进一步优化。教育部党组始终坚持德才兼备、以德为先用人标准，抓好高校班子配备，初步形成了班子年龄结构合理，经历、专长、性格互补，以年富力强的中青年为主体、老中青搭配的梯次结构，一批优秀的女干部、党外干部走上领导岗位，初步建立了一支素质较高、结构合理的高校领导干部队伍。四是干部选拔任用机制进一步完善。教育部党组不断建立健全高校领导班子调整配备机制，注重制度建设和程序规范，民主推荐、民主测评的科学化程度进一步增强，干部考察的深度和广度进一步提高，干部交流、竞争性选拔等工作取得新进展。近十年来，超过三分之一的直属高校开展了公开选拔、竞争上岗副校长工作，成功开展两所大学校长和六所高校总会计师公开选拔试点，高校主要领导干部的交流力度进一步加大，干部交流的途径进一步拓展，同时促进党政之间交叉任职，干部能上能下的氛围逐步形成。五是领导班子的办学治校能力进一步增强。各高校领导班子在学校改革发展中，根据高等教育面临的新形势新任务，结合实际，明确办学思路，确定发展目标和发展战略，注重发挥自身特色和优势，积极推进校内管理体制改革，正确处理学校发展过程中的各种关系，学校人才培养质量不断提高，教学科研水平不断提升，社会服务能力不断加强，文化传承创新能力不断强化，各项事业得到长足发展。六是教育职员改革取得了初步成效。教育部先后在多所高校进行改革试点，并逐渐扩大范围，建立高校教育职员岗位等级聘任和相应职级晋升机制，打通三级、四级职员晋升通道，推进学校内部人员分类管理，促进了高校职员队伍职业化、专业化建设，在探索符合高校实际的领导体制方面取得了初步成效。

第二，中小学校长队伍整体水平不断提高。中小学校长队伍建设是基础教育改革发展最根本的事业。近年来，通过完善中小学校长负责制，优化队伍结构、改进校长管理机制、加强校长培训等有效措施，不断提升校长队伍的整体水平，中小学校长队伍更趋年轻化、专业化、知识化。一是校长队伍管理体制进一步健全。2003 年，国家出台了《关于深化中小学人事制度改革的实施意见》，积极推行中小学校长聘任制；2006 年《义务教育法》颁布后，各省、自治区、直辖市积极贯彻落实，出台了一系列规范中小学校长、教师队伍管理体制的文件，逐步形成了“以县为主”的中小学校长管理体制。二是校长任职资格条件与标准进一步确立。根据国家《实行全国中小学校长持证上岗制度的规定》，各地认真执行中小学校长“持证上岗”制度，担任中小学（含职业中学）校级领导，均按规定参加校长岗位培训，取得中小学校长岗位培训合格证书，对已获得“岗位培训合格证书”的校长，在颁证后的每五年中继续参加国家规定时数的培训，获得相应的培训合格证书，并作为校长继续任职的必备条件。三是校长选拔任用进一步规范。目前，已全面推行中小学校长聘任制度，并把公开招聘、平等竞争、择优聘任作为遴选的主要方式,通过实行聘任制度,转换用人机制,已初步实现了中小学校长由身份管理向岗位管理的转变,由行政任用关系向平等协商的聘任关系转变。四是校长考核评价制度进一步完善。根据2008年国务院常务会议审议批准的《关于义务教育学校实施绩效工资的指导意见》。各地进一步完善校长考核评价办法,普遍建立了学校综合目标考核体系,采取平时考核与年终考核相结合的方式对学校进行考核;试行校长职级制,中小学校长逐渐摒弃了"官本位",向"学者型"、"专家型"角色转变,为校长提供了公平、公正、公开的竞争平台和展示才华的舞台。校长职级制的推行,促进了校长资源的合理流动和均衡配置,也促进了义务教育均衡的进一步落实。五是校长培训得到进一步加强。近年来,各地严格按照教育部《中小学校长培训规定》推进中小学校长培训工作,并根据教育形势的发展需要,不断调整培训内容,更新培训模式,开展不同类型的培训,基本形成了一个体制健全、措施有力、规范有序、效果明显的工作新局面。除常规性培训外,各地还组织实施了大量专项性的校长培训项目,采取多种形式为农村校长提供更多学习与培训机会,在经费投入、政策保障方面予以倾斜。积极探索培训交流合作机制,大力推广远程教育培训。

第三,教育部机关和直属单位干部工作进一步规范化、科学化。党的十六大以来,教育部党组全面加强改进机关和直属事业单位干部工作,规范化、科学化水平不断提高。近年来,在深入调研和广泛征求干部群众意见的基础上,陆续出台了一系列加强和改进机关干部队伍建设的文件,进一步规范了选人用人程序,完善了机关和直属单位干部工作制度体系,干部选拔机制不断完善。近年来,部机关坚持多种竞争性选拔方式并举,通过竞争上岗、公开选拔、"两推一述"、差额选拔等方式选任干部。1999年开始探索试点机关副司长竞争上岗,2005年后部机关空缺副司长100%实现竞争上岗。

教育部积极推进学习型党组织建设,努力在直属机关形成重视学习、崇尚学习、坚持学习的浓厚氛围。坚持和完善部党组中心组学习制度，加强司局级党员干部理论学习，举办机关党校处级党员干部理论研讨班，认真组织开展适合青年特点的理论学习。积极开展多种形式的学习活动，举办形势报告会、理论学习座谈会、专题知识讲座、学习征文评选等，同时，还创办了教育部机关手机党校，每月举办一次“司局级干部集体学习”，每两月举办一次“教育改革发展大讲堂”，为直属机关党员干部搭建学习平台、提供学习服务。按照“统筹规划、全员参与、选调结合、规范管理”的要求，统筹部机关培训规划、各司局培训计划和个人学习提高计划。面向部机关全体干部和直属单位中层正职以上干部开展自主选学，机关干部全员学习已蔚然成风。通过召开机关与直属单位领导班子思想政治建设工作座谈会，举办任职培训班、专题培训班、理论研修班、选派干部交流任职、挂职锻炼等形式，不断总结交流经验，提高干部的理论素养、政治素质和履职能力。同时，部党组高度重视教育系统政风行风学风建设工作，2011 年研究制订了《教育部机关作风评议实施方案》，构建了包括工作思路、服务基层、廉洁自律、转变职能、协调配合、会风文风等在内的十项评议指标体系；坚持外部评议、司局互评、司局内部自评相结合，统筹建立了机关作风评议工作模式，开展了机关作风评议工作，进一步提高了机关作风建设的针对性和实效性。

二、加强和改进教育系统党的建设

（一）学习型党组织建设普遍开展

建设马克思主义学习型政党，是党的十七届四中全会提出的一项重大战略任务，是提高党的执政能力、保持和发展党的先进性纯洁性的一项战略举措。认真抓好学习型党组织建设，对于贯彻落实《教育规划纲要》，促进教育事业科学发展具有十分重要的意义。教育系统以邓小平理论和“三个代表”重要思想为指导，全面学习贯彻党的十七大和十七届四中、五中、六中全会精神，深入贯彻落实科学发展观，围绕贯彻落实《教育规划纲要》,根据《中共中央办公厅关于推进学习型党组织建设的意见》,按照“科学理论武装、具有世界眼光、善于把握规律、富有创新精神”的总要求,扎实推进学习型党组织建设。

第一,围绕中心工作,学习贯彻中央关于教育事业改革发展的重大决策部署。

教育系统紧紧围绕学习贯彻中央关于教育事业改革发展的重大决策部署,结合本地本部门本单位实际,谋划和推动学习型党组织建设。

围绕党和国家的中心工作,组织开展了学习贯彻党的十七届四中、五中、六中全会以及胡锦涛同志在庆祝清华大学建校100周年大会、在庆祝中国共产党成立90周年大会上重要讲话等系列活动。党中央、国务院召开全国教育工作会议后,教育系统先后印发了《关于认真学习贯彻全国教育工作会议精神全面实施教育改革和发展规划纲要的通知》,编写了《教育规划纲要辅导读本》、《教育规划纲要学习辅导百问》等学习材料,教育部党组成员及有关专家组成宣讲组分赴31个省(自治区、直辖市)和新疆生产建设兵团开展教育规划纲要宣讲活动。

围绕党建工作中心,教育系统深入扎实开展中央部署的学习实践科学发展观和创先争优两大活动。普遍建立学校领导班子成员联系基层制度,党员领导干部发挥表率作用,带头学习调研、带头分析检查、带头整改落实,全国教育系统共推动落实学习实践科学发展观活动整改措施41.8万条,共选树和宣传了近20万名各级各类先进典型。2010年8月,中央印发了新修订的《中国共产党普通高等学校基层组织工作条例》,教育系统迅速制定贯彻落实工作方案,举办多期《中国共产党普通高等学校基层组织工作条例》培训班推进学习落实。

围绕重大节点,教育系统以庆祝新中国成立60周年、庆祝中国共产党成立90周年、纪念辛亥革命100周年等重大活动为契机,组织广大师生深入学习党的理论、党的历史、党的优良传统和优良作风,开展“我爱我的祖国”、“永远跟党走”等主题教育活动,不断掀起学习型党组织建设的高潮。通过多形式多渠道的学习活动,教育系统充分领会和把握了党中央的决策精神，思想上始终与党中央保持高度一致。

第二，落实工作要求，学习型党组织建设制度化规范化水平有效提升。

根据中央精神和中宣部印发的任务分工，教育部研究制定了《贯彻落实〈中共中央办公厅关于推进学习型党组织建设的意见〉的目标任务分工方案》的细化分工方案，明确了各项任务具体标准和要求，将教育系统推进学习型党组织建设任务逐项落实，实现学习型党组织建设制度化长效化。

丰富和完善了各项学习制度。制定下发了《中共教育部党组关于学习贯彻学习型党组织建设工作座谈会精神进一步抓好教育系统学习型党组织建设的通知》、《教育部直属机关党委关于推进学习型党组织的实施意见》等系列文件。进一步完善了中心组学习制度、党员干部培训制度、调查研究制度、党支部学习制度、党员个人自学制度、学习考核制度等。加强学习考勤、通报、督查等制度建设，制订详细学习计划，明确学习内容和要求，科学安排学习时间和活动，加强对学习过程的管理，强化检查和定期考核，向党员干部推荐学习文选和学习书目，办好网上党校，形成有效促进学习的制度体系。

规范和加强了干部培训工作。组织开展学习贯彻《教育规划纲要》分层次分系列专题培训，举办了省部级领导干部专题培训班、省级教育行政部门分管厅领导专题研讨班和远程专题培训近 10 期。开展高校领导干部培训，组织直属高校领导海外培训团等海外培训班，近 200 位校级领导参加。举办高校领导干部和高校中青年干部进修班，先后培训近 500 人。举办全国优秀中小学校长高级研究班等常规重点班次 25 期，培训 1512 人次。在西藏、新疆举办小学和初中骨干校长研修班各 2 期，培训 400 人。组织实施中小学校长培训项目，西部中小学校长 1053 人参加培训，中西部农村中小学校长 1.1 万人参加远程专题培训。

第三，深化理论武装，学习型党组织建设思想性科学性不断增强。

教育系统按照“武装头脑、指导实践、推动工作”的要求，抓好中国特色社会主义理论体系的学习，推动广大党员用马克思主义中国化的最新成果指导客观实践和改造主观世界，提高运用科学理论分析和解决实际问题的能力。

开展专项研究，将学习型党组织建设纳入教育部人文社会科学研究专项任务项目，形成了一批高水平的理论研究成果。在2010年度教育部哲学社会科学研究重大课题攻关项目中设立了“提高党的建设科学化水平研究”、“中国共产党认识和解决民生问题的历史经验研究”等课题。开展“马克思主义中国化、时代化、大众化研究”专项课题研究，仅2010年批准立项78项，资助经费282万元。围绕纪念建党90周年，设立“纪念中国共产党建党90周年专项课题”，共批准立项304项，资助经费608万元。各类研究项目成果已经转化为推动工作前进的强大动力。

（二）中国特色社会主义理论体系进教材、进课堂、进头脑工作不断深化

教育系统按照中央的部署和要求，全面加强思想政治理论课建设，推动中国特色社会主义理论体系进教材、进课堂、进学生头脑，取得了显著成效。思想政治理论课教学的亲和力、吸引力和感染力明显增强，课堂秩序和教学效果明显改善，初步呈现出教师愿讲、学生爱听的可喜局面，基本实现了教学状况明显改善的目标。

一是思想政治理论课课程体系、教材体系不断完善。2005年和2010年，中央两次专门研究加强和改进高校思想政治理论课建设工作，分别确定了本专科思想政治理论课方案和研究生思想政治理论课方案，形成了从专科、本科到硕士、博士研究生等不同层次相互衔接、梯次推进，内容更加科学、结构更加合理的课程体系。2005年起，中央将本专科思想政治理论课教材纳入马克思主义理论研究和建设工程集中编写，每年进行修订，充分体现了科学性、权威性、准确性。2010年将

研究生思想政治理论课必修课教学大纲编写纳入中央马工程，选修课教学大纲编写纳入教育部马工程，目前研究生思想政治理论课5门课程教学大纲陆续出版，于2012年秋季开学使用。

二是师资队伍建设进一步加强，整体素质不断提高。全国高校思想政治理论课教师队伍规模不断壮大，有专兼职教师5.3万人，整体素质不断提高，中共党员占84%。教师队伍年龄结构、职称结构、学历结构不断优化，大多数教师具有硕士博士学位，中青年教师成为主干力量。从2006年开始实施思想政治理论课新方案起，形成了全员培训、骨干研修、在职攻读博士学位、国内外学习考察等相结合，中央、地方、高校既分工负责又相互衔接的思想政治理论课教师培训体系，全国各省(区、市)培训思想政治理论课专兼职教师12万人次。2007年起与中宣部连续举办34期高校思想政治理论课骨干教师研修班，共培训骨干教师3400多人。2012年组织研究生思想政治理论课5门新课程教师示范培训，培训教师近800人次，并将示范培训课件、讲稿、教学录像挂在思想政治理论课建设网站，供教师学习参考，指导各地、各高校做好全员培训。从2008年起，举办思想政治理论课教师在职攻读马克思主义理论学科博士学位计划，培养教师400多人。从2009年起，中宣部、教育部连续联合开展了高校思想政治理论课骨干教师考察活动，800名教师参加考察。从2011年起启动“思想政治理论课中青年教师择优资助计划”、2012年起启动“思想政治理论课教学能手表彰计划”，连续实施三年，一批坚持正确政治方向、理论功底扎实、善于联系实际，具有较高教学水平和科研能力的中青年教师和教学能手脱颖而出。思想政治理论课教师的职业发展有了良好的平台，教师的归属感、荣誉感和成就感不断提升，教师的思想政治素质、理论水平和实践能力不断提高，涌现出一批深受学生欢迎的明星教师。

三是教学方法进一步改进，教学水平不断提高。教育部通过人文社科研究项目形式设立课题，资助教师加强科研和教学。研究制作“精彩一门课”全程教学示范片、“精彩一课”、“精彩教案”、“精彩课件”,出版了思想政治理论课教学案例。加强“高校思想政治理论课课程网站”建设,40多所高校参加网站共建工作。加强思想政治理论课视频公开课建设,2位教师课程已上线,还有几位教师课程将于2012年陆续上线。广大教师转变教学理念,积极采用启发式、研究式、参与式、互动式、案例式等更加灵活、多样、有效的教学方法,运用多媒体、网络等现代教学手段,组织开展社会实践活动等方式进行教学,增强了教育教学的效果,激发了学生的学习热情。

四是管理制度逐步健全,宏观指导进一步加强。中央高度重视思想政治理论课建设工作,2008年中宣部、教育部联合召开“加强和改进高校思想政治理论课工作会议”,李长春同志接见会议代表,刘延东同志发表重要讲话,刘云山同志、陈奎元同志出席会议,会后不久印发《中共中央宣传部　教育部关于进一步加强高校思想政治理论课教师队伍建设的意见》。2010年11月,教育部召开了全国高校思想政治理论课教师队伍建设工作会议,会后印发《高等学校思想政治理论课建设标准(暂行)》。2011年教育部召开5个片会,进行专项督导检查,加强宏观指导。连续两年派出8个督导组赴8省部分高校进行专项督查。此外还陆续印发了《中共中央宣传部　教育部关于做好高校思想政治理论课骨干教师参观考察活动的通知》、《中共中央宣传部　教育部关于高等学校研究生思想政治理论课课程设置调整的意见》、《教育部关于成立2010—2014年高等学校思想政治理论课教学指导委员会》等文件。各地、各高校认真落实中央有关部署和要求,不断加强对高校思想政治理论课建设的宏观指导力度,体制机制不断健全,初步形成了各方面共同关心支持思想政治理论课建设的良好局面。

(三)基层党组织建设全面加强

党的基层组织是党全部工作和战斗力的基础,是落实党的路线方针政策和各项工作任务的战斗堡垒。为以改革创新精神全面加强和改进高校党的建设,中组部、教育部党组2008年年初启动了修订《中国共产党普通高等学校基层组织工作条例》工作。2010年8月,中共中央发布了关于印发《条例》的通知。新修定的《条例》贯彻了中央对高等学校党建工作的新要求,体现了党的理论创新、实践创新、制度创新的新成果,吸收了各地各高校党建工作新经验,成为新时期高校党建工作必须遵循的基本规章。近年来,教育系统重点围绕新修定印发的《中国共产党普通高等学校基层组织工作条例》和基层组织建设年的要求,不断推进基层党组织建设。

第一,高度重视,深入贯彻落实中央有关部署。

教育部高度重视高校党建工作,从1990年开始,会同中组部、中宣部每年联合召开全国高校党建会,至今已举办20次,中央领导同志多次出席并发表重要讲话。多年来,各地各高校认真贯彻落实《中共中央国务院关于进一步加强和改进大学生思想政治教育的意见》、《中国共产党普通高等学校基层组织工作条例》等文件精神,学生党建工作体制机制不断健全。各地各高校基本形成了"分管书记负责抓,组织部门重点抓,总支书记牵头抓,支部书记直接抓"的工作体制,建立了学校党委、学院党委(党总支)、学生党支部三级运行机制,建立了较为完善的学生党员发展、培养、考察等制度体系。高校普遍做到党员发展工作长远有规划、年度有计划、年终有检查。

为落实中央关于开展创先争优活动有关要求,教育部党组先后印发《关于在教育系统深入开展创先争优活动的通知》等54个指导性文件,召开10多次视频工作会和经验交流会,认真部署推动高校创先争优活动。部党组成员先后30余次赴新疆等地调研指导创先争优活动。2012年,教育部紧紧围绕"强组织、增活力,创先争优迎十八大"这一主题,制定下发了《关于在创先争优活动中深入开展基层组织建设年活动的实施意见》,召开了在创先争优活动中深入开展基层组织建设年活动视频会和高校基层组织建设年工作推进会。会同中组部在北京举办了高校院系党组织书记示范培训班,在井冈山大学、延安大学、临沂大学分别举办了高校党校校长、院系分党委书记、党建组织员示范培训班，近200所高校的500余名党务工作者参加了培训。

第二，规范管理，党员发展数量质量明显提升。

近年来，高等学校按照“坚持标准、注重质量、优化结构”的原则，加大在学生和学科带头人、青年教师中发展党员的力度。截至2011年6月，普通高校在校学生党员总数为305.8万人，学生党员占学生总数的比例为13.2%，全国高校专任教师党员总数60.5万人，专任教师党员占专任教师总数的比例为52%。

各高校在学生党员发展方面坚持标准、规范程序、严格把关。在发展党员过程中，注重考查学生一贯的政治立场、政治倾向和实际表现；注重考察学生党员的综合素质和参加社会实践情况，防止简单地把学习成绩作为发展入党的唯一条件；注重严把审批程序，真正把好“入口关”，做到“成熟一个，发展一个，合格一个”。积极发动学校老党员参与党建工作，制定印发了《关于在高等学校聘请离退休老同志担任特邀党建组织员的意见》，召开了全国高校特邀党建组织员工作经验交流会。进一步加强党员教育管理服务工作，推动构建多层次、多渠道的党员经常性学习教育体系，把教育培养贯穿党员成长发展全过程，努力提升党员质量。

第三，创新形式，组织设置有效性、组织活动吸引力不断增强。

强化院系级党组织建设，正式将党政联席会议制度确立为院系级党组织的工作体制和决策方式。完善党支部设置形式，推动高校建立健全学校党委、院系党委（党总支）、党支部三者相互衔接的工作体系。探索在学生社团、学生公寓、学生社会实践服务队建立党小组。截至2011年6月，全国2383所高校共建立学生党支部81311个，基本实现了“一年级有党员、二年级有党小组、高年级有党支部”的学生党建工作格局。探索以实验室、课题和项目组、科研平台等新兴学术组织设置教师党支部的形式，努力实现高校基层党组织全覆盖。下发并深入贯彻落实《关于加强民办高校党的建设工作的若干意见》，召开了全国民办高校党建工作座谈会，努力推动民办高校党组织全覆盖。

扎实开展好主题教育、社会实践、民主评议、“三会一课”等活动，实施基层党建创新项目立项建设。加强高校基层党建工作信息化建设，充分掌握和利用微博客、飞信、论坛等新媒体技术，拓展党员教育渠道，形成具有时代感和实效性的工作方式方法。

第四，心系群众，为民服务创先争优取得实效。

在教育系统深入开展学习实践科学发展观活动中，各地各高校集中解决了一批影响和制约学校科学发展以及师生员工关心、社会关注的突出问题、“老大难”问题。推进教育教学、内部管理体制、运行机制和人事分配制度改革，进一步修改完善了学校“发展战略规划”、“学科建设和队伍建设规划”和“基础能力建设规划”，构建了充满活力、富有效率、有利于高校科学发展的政策制度体系。着力解决了一些领导干部党性锻炼不够的问题和社会反映强烈的学术不端问题，营造了为人师表、立德树人、团结和谐的良好氛围。

在教育系统深入开展创先争优活动中，各地各高校紧紧围绕“落实教育规划纲要、服务学生健康成长”这一活动主题，以“三亮三比三评”为抓手，扎实开展“为民服务创先争优”活动。普通高校国家助学金资助标准从原来每生每年2000元提高到3000元，惠及430万名家庭经济困难学生。2011年举办1.5万场现场和网络招聘活动，为大学毕业生提供岗位信息数500余万条。教育部专门制定了《机关干部深入基层开展调研蹲点活动的方案》，组织机关干部分赴新疆等10省份开展为期一个月的调研蹲点活动。2011年9月至10月对教育部直属高校进行了党风廉政建设专项检查。会同中国教科文卫工会研究制定《高等学校教师职业道德规范》，与中国科协联合印发《关于开展科学道德和学风建设宣讲教育的通知》。“为民服务创先争优”活动找准问题，不走过场，取得实效，赢得了群众的好评。

（四）民办高校党建工作取得积极进展

民办高校是我国高等教育事业的重要组成部分。党和政府高度重视民办高校党的建设,2006 年教育部与中组部联合印发了《关于加强民办高校党的建设工作的若干意见》,2012 年 7 月召开了全国民办高校党的建设工作座谈会,研究进一步加强和改进民办高校党的建设。各省、自治区、直辖市结合自身实际,先后出台多个加强民办高校党建工作的文件,建立健全相应工作机构,积极选派富有党建工作经验的干部到民办院校担任党组织负责人,民办高校党建工作取得了积极进展。

第一,民办高校党委领导班子建设得到加强。各校积极推进"双向进入、交叉任职",一些民办高校党组织领导班子成员通过法定程序进入学校决策机构和行政管理机构,学校决策机构和行政管理机构中的党员进入党组织领导班子,民办高校党委参与学校重大问题决策的体制机制逐步健全。建立起党委书记与院长沟通机制、党政领导联席会议机制,学校党委负责人、行政负责人形成工作合力,党组织负责人在学校决策和管理中的作用得到进一步发挥。

第二,民办高校学生思想政治教育得到加强。各校积极建立健全思想政治教育工作机构,逐步形成党组织统一领导、有关职能部门各司其职、密切配合、齐抓共管的良好局面。各校高度重视辅导员、思政课教师、班主任等大学生思想政治教育工作队伍建设,严格选聘标准,加大配备力度,注重培养培训,逐步建立起一支政治强、业务精、纪律严、作风正的思政队伍。各校通过开展形式多样、丰富多彩的各类校园文化活动,充分发挥"第二课堂"的思想政治教育功能,积极开辟学生网络思想政治教育新阵地。

第三,民办高校基层党组织建设得到加强。目前,全国绝大多数民办高校建立了党组织,党组织工作覆盖面不断扩大。截至 2011 年 6 月 30 日,我国民办高校中有校级党委 510 个,院(系)党委及党总支 2037 个,教职工党支部 5059 个,学生党支部 6430 个。各校积极而慎重地做好学生党员发展工作,坚持和完善发展党员工作的标准和程序,吸收了一批优秀的学生加入党组织。截至 2011 年 6 月 30 日,我国民办高校学生党员 34.39 万人,占民办高校学生总数的 8.1%,占全国学生党员总数的 11.3% 。

第四,民办高校校园安全稳定局面得到加强。各校积极开展平安、文明、和谐校园建设活动,建立科学有效的诉求表达机制、矛盾调处机制、权益保障机制,统筹化解矛盾纠纷,维护教职工合法权益,切实解决师生员工工作、生活、学习中遇到的困难,有效维护了校园和谐稳定。

(五)大学生思想政治教育工作切实改进

教育部每年开展的高校师生思想政治状况滚动调查显示,近年来,高校师生思想政治状况总体积极健康向上。高校学生的思想政治面貌发生明显变化,理想信念更加坚定,爱国热情持续高涨,社会责任感显著增强,道德素质和现代文明素质明显提升,是大有作为、大有希望的一代,是党和人民完全可以信赖的一代。

大学生思想政治状况总体向好、大学生先进典型层出不穷,这充分表明了以胡锦涛同志为总书记的党中央作出的进一步加强和改进大学生思想政治教育的决策是非常及时英明的,也充分表明了党的十六大特别是《中共中央国务院关于进一步加强和改进大学生思想政治教育的意见》印发以来,在党中央的正确领导下,大学生思想政治教育工作取得了显著成效。

第一,强化制度保障,健全领导体制工作机制。党的十六大特别是《中共中央国务院关于进一步加强和改进大学生思想政治教育的意见》印发以来,各级党委和政府把大学生思想政治教育工作列入经济社会发展总体规划、摆在更加突出的位置,把为大学生健康成长营造良好的社会环境特别是良好的文化环境、舆论环境和校园周边环境作为一项重点工作,一手抓建设,一手抓管理,促进大学生思想政治教育环境日益改善。有关部门各负其责,把推进大学生思想政治教育作为重要职责、纳入目标考核体系,相继出台一系列配套文件及具体措施,为大学生思想政治教育的深化发展提供了有力的制度保障。“党委统一领导、党政群齐抓共管、有关部门各负其责、全社会大力支持”的大学生思想政治教育领导体制和工作机制基本落实，有效运转、充满生机活力的工作格局基本形成。2012 年 2 月，教育部会同中宣部印发《全国大学生思想政治教育工作测评体系（试行）》，工作长效机制进一步完善。

第二，加强队伍建设，推进辅导员队伍专业化、职业化。近年来全国高校辅导员队伍建设取得较大成效，队伍规模保持继续增长态势。截至 2011 年 4 月，全国高校共有专职辅导员 106654 人，兼职辅导员 36031 人，班主任 273677 人。从整体上看，专职辅导员人数配备已基本达到国家要求。队伍结构更趋合理，学历层次和政治素质明显提升，本科和研究生学历占比到 95%，党员比例为 88%，教育部直属高校辅导员党员比例已近 99%。

第三，创新工作形式，增强工作时代感和实效性。在主题教育方面，党的十六大以来，教育部坚持把重大主题、重大事件、重要节点作为开展思想政治教育的有利契机，开展主题鲜明的宣传教育活动，努力增强用社会主义核心价值体系引领校园思潮的科学性和有效性。在实践育人方面，近年来，大学生响应党和国家的号召，积极投身社会实践和志愿服务。据统计，累计共有 5.3 万余名大学生参与北京奥运会赛会志愿服务；10 万余名大学生参与上海世博会志愿服务；20 多万名学生参与广州亚运会亚残运会志愿服务；每年有 200 多万名学生参加全国大中专学生志愿者暑期文化科技卫生“三下乡”社会实践活动；自 2003 年起已经累计有 13 万余名大学生参加大学生志愿服务西部计划。在高校校园文化建设方面，教育部自 2006 年起组织开展高校校园文化建设优秀成果评选活动，目前已举办五届，活动累计收到申报项目 2700 余项，覆盖全国 31 个省（自治区、直辖市）及新疆生产建设兵团，累计评选出优秀成果近 500 项，每年选取优秀成果汇编出版《高校校园文化建设理论与实践》（目前已出版四辑），并组织召开高校校园文化建设优秀成果评选表彰暨专题工作研讨会，深入交流研讨新时期加强和改进校园文化建设工作经验做法。2012 年，为促进高校博物馆共享优质资源，推动高校博物馆发挥育人功能，凸显大学的文化传承功能，在上海成立了全国高校博物馆育人联盟。在大学生心理健康教育方面，我们先后印发了《关于进一步加强和改进大学生心理健康教育的意见》、《关于加强普通高等学校大学生心理健康教育工作的意见》、《普通高等学校大学生心理健康教育工作实施纲要（试行）》；2011 年，印发了《普通高等学校学生心理健康教育工作基本建设标准》及《普通高等学校学生心理健康教育课程教学基本要求》。大学生心理健康教育工作机制不断完善。

第四，树立先进典型，发挥示范引领作用。党的十六大以来，教育部表彰了一大批见义勇为、舍己救人、孝老爱亲、诚实守信、扶危济困的大学生先进典型，搭建"全国大学生年度人物"、"全国高校辅导员年度人物"等选树、宣传典型人物的平台，用身边的人、身边的事教育引导广大青少年学生感受和践行中华传统美德。组织开展"劳动模范进校园"、"道德模范进校园"、"郭明义精神进校园"、"杨善洲先进事迹报告会"等活动，用道德模范的先进事迹感召青少年学生，用精神标杆的优秀品质引领青少年学生，充分发挥先进典型在加强和改进大学生思想政治教育工作中的引导、示范和辐射作用。教育部还多次组建全国优秀大学生先进事迹报告团、大学毕业生建功立业先进事迹报告团赴各地高校巡讲，编辑出版《励志青春——全国大学生先进事迹选编》丛书等，广泛宣传大学生先进事迹。据统计，在三届全国道德模范评选中，教育系统入选人数比例近 20%，其中近三分之二来自高校。越来越多的年轻学子感动中国、感动校园，在人们心中树起了美好价值理念的标杆。

三、教育系统党风廉政建设和反腐败工作取得显著成绩

党的十六大以来，教育部党组始终把党风廉政建设和反腐败工作作为重大政治任务，各级教育部门、纪检监察机关和各高校认真贯彻中

央要求和中央纪委的部署，把加强反腐倡廉建设摆在重要位置，坚持“标本兼治、综合治理、惩防并举、注重预防”的方针，紧密结合教育改革发展实际，以惩治和预防腐败体系建设为重点，以改革创新精神推进教育系统反腐倡廉建设，取得了显著成绩。

（一）反腐倡廉教育实效性得到提升

针对不同岗位、不同群体特点，因人施教，分层分岗施教，持之以恒开展“四项教育”。一是对党员领导干部进行党的性质和宗旨教育。2008 年以来，中组部、教育部每年举办中管高校主要领导党性党风党纪专题培训班。2010 年，以《廉政准则》为主题对教育系统 3995 名党员领导干部进行廉政培训，直属高校 750 名校领导参加了集中培训。二是对重要岗位工作人员进行岗位廉政和风险防范教育。每年举办会议、培训班等，对财务、基建、招生工作人员进行专题廉政培训，增强其廉洁意识，规范其从业行为。三是对教师队伍开展职业理想和职业道德教育。积极开展“全国教书育人楷模”推选活动，弘扬高尚师德。研究制定大中小学教师职业道德规范，不断提升教师思想素质、职业精神和廉洁从教意识。四是对青少年学生开展廉洁修身教育。在全国大中小学全面开展廉洁教育，把廉洁教育融入国民教育体系，推动各级各类学校落实廉洁教育课程开发、教材建设和社会实践活动。

（二）权力运行监控监督机制基本形成

围绕重点部位和关键环节，加强制度建设，规范和制约权力运行。一是严把科学决策关。坚持和完善党委领导下的校长负责制，印发《教育部关于进一步推进直属高校贯彻落实“三重一大”决策制度的意见》，积极规范领导班子决策行为和领导干部从政行为。二是严把考试招生关。深化考试招生“阳光工程”，完善招生管理体系、招生运行体系和监督保障体系，严肃查处违规问题，规范招生行为，2011 年全国高考招生违规发生率降为万分之 1.22，为历史最低。三是严把基建工程关。制定《教育部直属高校基本建设管理指导意见》等文件，加强对高校基建工作的监管。四是严把财务管理关。制定《高等学校总会计师管理办法》，积极推进会计委派制，加强对高校财经工作的领导。五是严把物资采购关。稳步推进高校政府采购工作，积极探索建立"网上竞价"采购管理系统，加强资金使用监管。六是严把科研经费管理关。印发《教育部关于进一步贯彻执行国家科研经费管理政策　加强高校科研经费管理的通知》，制订加强科研经费监管的五年工作规划，进一步规范高校科研经费管理工作。七是严把校办企业管理关。制订促进校办企业规范管理三年规划，出台关于校办企业运营管理规范、校办企业领导人廉洁从业规定等制度，健全高校国有资产监管体系。八是严把学术诚信关。印发《关于严肃处理高等学校学术不端行为的通知》，制订加强学风建设三年规划，开展"全国科学道德和学风建设宣讲教育"，完善制度，健全体制机制，实现学风建设机构、学术规范制度和不端行为查处机制三落实、三公开。

落实党内监督制度，监督工作制约力有效提高。一是落实述职述廉、廉政谈话和诫勉谈话制度。教育部党组制定了《关于建立健全党员领导干部述职述廉工作制度的办法》、《关于建立健全领导干部谈话制度的暂行办法》和《关于对党员领导干部函询的暂行办法》。近年来，对 48 名司局级干部进行诫勉谈话，函询 64 人。二是建立健全党员领导干部民主生活制度。按规定召开民主生活会，统一思想，改进作风，加强监督，增进团结。三是规范领导干部从业行为。按照中央要求，制定了《部属高校领导干部报告个人有关事项工作方案》、《关于做好领导干部报告个人有关事项的通知》，积极组织做好直属高校领导干部个人有关事项的报告工作。同时，针对领导干部报告个人有关事项中出现的新情况，不断完善相关制度，建立和完善了执行个人有关事项报告制度的保障机制。2011 年，教育部印发了《中共教育部党组关于进一步加强直属高校党员领导干部兼职管理的通知》，开展高校党员领导干部兼职的清理工作，提高了领导干部廉洁自律意识，规范了领导干部从业行为。

（三）反腐倡廉监督检查的科学化水平提高

积极探索纪检监察与业务管理工作的有效结合方式，坚持用系统的思维、统筹的观念、科学的方法推进反腐倡廉建设。一是加强对中央重大决策部署贯彻执行情况监督检查机制建设，坚决维护党的政治纪律，全面推动国家重大教育政策和改革措施的落实。二是积极开展巡视工作，对75所直属高校和11家直属单位进行了巡视。重视巡视成果运用，找准和推动问题解决，促进了被巡视单位领导班子建设和党风廉政建设，推动了教育事业科学发展。三是按照中央纪委工作部署开展专项检查。采取定量考核与定性评估相结合的方式，针对不同检查项目，分别设计考评指标体系，细化为近百个考核指标，重点对直属高校贯彻落实《关于加强高等学校反腐倡廉建设的意见》、直属高校工程建设工作及1001个500万元以上的工程项目、党风廉政建设责任制和廉政准则贯彻落实情况进行了量化考核和绩效评估，有力推动了高校反腐倡廉建设工作。四是深入开展廉政理论研究。全国高校共设立廉政研究机构78家，承担各类重大廉政研究课题300余项，为反腐倡廉建设提供了理论支撑。

（四）治理教育乱收费工作取得新成效

教育部党组高度重视并认真解决群众反映强烈的问题，坚持把治理教育乱收费作为重要的民生工程，积极创新工作理念、工作机制和方式方法，不断强化治理效果。一是努力突破治理难点。印发了《关于治理义务教育阶段择校乱收费的八条措施》《关于加强中小学教辅材料使用管理工作的通知》等文件，明确了解决问题的责任制、时间表、路线图，推动治理工作取得突破性进展。二是加强监督检查。每年春季、秋季开学后，组织开展专项检查，确保收费政策落到实处。2003年至今，各级政府和有关部门共派出检查组12.4万个，检查学校203.2

万所(次),查出清退违规收费金额 26.21 亿元,查处涉及教育乱收费的案件 34491 件,学校收费行为日益规范。三是构建工作新机制。坚持谁主管谁负责,强化地方政府的责任,建立了信访举报反馈通报机制、教育乱收费问题督查督办机制、行风评议机制、收费政策宣传机制,形成了上下联动、横向配合的治理工作大格局。同时,对违纪违法案件严肃查处,始终保持强劲势头,不断净化教育环境,切实维护教育系统的良好形象。

十年来,高校始终坚持稳定压倒一切,围绕中心、服务大局,把维护高校稳定作为高校党建的重要工作来抓。建立健全党委负责、协调各方的维护稳定领导体制和工作机制,落实维稳工作责任制和责任追究制。大力开展校园矛盾纠纷排查化解工作,及时解决师生实际困难和关系切身利益的问题,及时整改校园安全稳定隐患。深入开展平安校园创建活动,推进高校安全保卫队伍建设,加大校园安全人防物防技防建设投入,建立健全校园安全防控体系。积极推进应急管理,大力开展应急演练,不断提升防范和处置突发事件的能力水平。广泛开展大学生安全法制教育,不断增强学生安全法制意识。不断深化校园及周边治安综合治理,持续开展校园及周边突出治安问题的集中专项整治行动,有效地净化了校园及周边治安环境。十年来,在党中央、国务院的正确领导下,在教育部的部署指导下,在各有关部门的密切配合下,各地教育部门和各高校共同努力,保持了高校持续稳定向上的良好局面,为高等教育事业发展提供了有力保障,也为全社会稳定作出了重要贡献。

结语　沿着中国特色社会主义教育发展道路奋勇前进

教育的普及和国民素质的提高，一直是中国共产党孜孜以求的奋斗目标之一。新中国成立以来，党和国家始终高度重视教育。以实现社会主义现代化和中华民族伟大复兴为重要使命、以全心全意为人民服务为宗旨的中国共产党人，将教育作为立党为公、执政为民的根本任务摆在重要位置。

以毛泽东同志为核心的党的第一代中央领导集体，确立了"民族的、科学的、大众的"方针，创立了社会主义教育制度；以邓小平同志为核心的党的第二代中央领导集体，确立了教育在社会主义现代化建设全局中优先发展的战略地位，开启了教育事业改革开放的新时期；以江泽民同志为核心的党的第三代中央领导集体，制定和实施科教兴国战略，努力建设一个面向21世纪的中国特色社会主义教育体系。党的十六大以来，以胡锦涛同志为总书记的党中央，深入实施科教兴国战略和人才强国战略，作出了优先发展教育、建设人力资源强国和办人民满意教育的重大部署，开创了教育事业科学发展的新局面。

在党中央、国务院的正确领导下，全党全社会和全国各族人民经过60多年特别是改革开放30多年的不懈努力，推动教育事业取得举世瞩目的伟大成就，13亿人口的发展中大国实现了全面普及九年义务教育的世纪梦想，完成了高等教育大众化的历史跨越，取得了职业教育发展的重大突破，教育公平不断推进，教育质量稳步提高，建成了世界最大规模的教育体系,保障了亿万人民群众受教育的权利,极大地提高了全民族素质,推进了科技创新、文化繁荣,为经济发展、社会进步、民生改善作出了不可替代的重大贡献,实现了从人口大国到人力资源大国的转变。

回顾共和国教育60多年的风雨历程,我们党领导人民在创建和发展新民主主义教育、探索和实践社会主义教育的基础上,不断深化对我国社会主义教育事业发展规律的认识,开辟了中国特色社会主义教育发展道路,从根本上回答了“培养什么样的人、怎样培养人”、“办什么样的教育、怎样办教育”等重大问题,这条道路就是在中国共产党领导下,坚持以马克思列宁主义、毛泽东思想、邓小平理论和“三个代表”重要思想为指导,深入贯彻落实科学发展观,优先发展教育,全面贯彻党的教育方针,立足基本国情,遵循教育规律,推进教育事业科学发展,培养德智体美全面发展的社会主义建设者和接班人,办好人民满意的教育,建设人力资源强国。

胡锦涛总书记强调,“我们取得一切成绩和进步的根本原因,归结起来就是:开辟了中国特色社会主义道路,形成了中国特色社会主义理论体系。”中国特色社会主义教育发展道路是中国特色社会主义道路的有机组成部分,正是由于成功开辟了这一道路,才使我国用几十年时间走完了西方国家上百年的路,实现了教育持续协调发展,领先于众多发展中人口大国完成了全民教育目标,迅速缩小了与发达国家的差距,初步形成与社会主义市场经济体制和全面建设小康社会目标相适应的教育体制机制。目前我国教育供给能力和发展水平的国际排序,略高于人均经济总量和发展水平的排序,在世界范围内引起广泛关注,充分证明中国特色社会主义教育发展道路的强大生命力。

中国特色社会主义教育发展道路,是在不断立足和适应社会主义初级阶段基本国情的实践中探索出来的,是在充分总结国内成功经验和认真借鉴国际先进理念的基础上不断完善的,这条道路既坚持了马克思主义教育理论,又体现了中国国情;既坚持了社会主义教育基本原则，又借鉴了人类文明优秀成果；既继承了我国教育优良传统，又具有鲜明的时代特征。主要体现为以下八个方面的基本特征：

——坚持党的教育方针和社会主义办学方向，以中国特色社会主义理论体系为指导。中国特色社会主义是当代中国发展进步的根本方向，中国特色社会主义理论是我们党把马克思主义基本原理同中国实际和时代特征相结合，在改革开放的伟大实践中形成的包括邓小平理论、“三个代表”重要思想以及科学发展观等重大战略思想在内的科学理论体系，是马克思主义中国化的最新成果，是全国各族人民团结奋斗的共同思想基础。以中国特色社会主义理论体系为指导，推动教育事业科学发展，必须全面贯彻党的教育方针，坚持教育为社会主义现代化建设服务，为人民服务，与生产劳动和社会实践相结合，把社会主义核心价值体系融入国民教育、精神文明建设和党的建设全过程，推动中国特色社会主义理论体系进教材、进课堂、进头脑，培养德智体美全面发展的社会主义建设者和接班人。

——坚持把教育摆在优先发展的战略地位，促进教育与经济社会协调可持续发展。教育是国家和民族发展最根本的事业，优先发展教育是党和国家提出并长期坚持的重大方针，把优先发展教育作为贯彻落实科学发展观的基本要求和推动教育事业科学发展的重要保障，切实保证经济社会发展规划优先安排教育发展，财政资金优先保障教育投入，公共资源优先满足教育和人力资源开发需要。坚持党对教育工作的领导，明确政府发展和管理教育的责任，形成推动教育优先发展的合力，统筹发展各级各类教育，实现教育和经济社会协调发展，充分发挥教育在社会主义现代化建设事业中的基础性、先导性、全局性地位和作用。

——坚持把以人为本、全面实施素质教育作为战略主题，面向全体学生，促进学生全面发展。教育的根本任务是培养人才，把全面实施素质教育作为教育改革发展的战略主题，是贯彻党的教育方针的时代要求，就是把促进人的全面发展、适应社会需要作为衡量教育质量的根本标准,把促进学生健康成长作为学校一切工作的出发点和落脚点。全面推进素质教育,核心是提高学生思想道德素质、科学文化素质和身体健康素质,坚持德育为先、能力为重、全面发展的原则,促进德育、智育、体育、美育有机结合,关心每个学生,促进每个学生主动地、生动活泼地发展,为每个学生提供适合的教育,努力培养造就数以亿计的高素质劳动者、数以千万计的专门人才和一大批拔尖创新人才。

——坚持立足社会主义初级阶段基本国情,遵循教育发展规律和人才成长规律办教育。教育事业关系长远、涉及全局,按照面向现代化、面向世界、面向未来的要求,教育改革发展必须整体考虑,既要立足当前,又要着眼长远。我国仍是一个发展中国家,将长期处于社会主义初级阶段,教育改革发展要立足于我国实现现代化的需求,从我国教育的实际出发,主动适应人民群众的新期盼,按照教育发展的规律和人才成长的规律,统筹考虑各方面的需要和可能,选择好可行路径和务实措施,培养适应经济社会发展需要的各级各类人才,并为未来发展储备人才,尽最大可能满足人民群众的合理期望。同时,教育改革发展要瞄准世界教育发展变革的前沿,吸收世界一切教育优秀成果为我所用,坚持继承和创新相结合,把促进优秀传统教育思想和世界先进教育理念与我国当代教育改革发展实践更好地结合,提高我国教育现代化水平和国际竞争力。

——坚持把教育公平作为改善民生、促进社会和谐的重要途径,努力办好人民满意的教育。教育公平是社会公平的重要基础,坚持教育公平是我国教育的社会主义性质所决定的,是促进社会公平正义、构建社会主义和谐社会的客观要求,是体现发展为了人民、发展依靠人民、发展成果由人民共享的重要方面,也是现代教育的基本原则。坚持教育的公益性和普惠性,把促进公平作为国家基本教育政策。建设惠及全民的公平教育,必须抓住机会公平这个关键,满足保障公民依法享有受教育权利的基本要求,促进义务教育均衡发展和扶持困难群体。教育公平的主要责任在政府,根本措施是合理配置教育资源。推进教育公平是复杂的社会系统工程,也是一个需要逐步实现的历史过程。要坚持在经济社会发展的基础上,以发展促公平,以改革促公平,以政策支持促公平,不断满足广大群众日益增长的多层次、多样化教育需求。

——坚持把提高质量作为提高教育现代化水平的重点任务,走内涵式发展道路。提高教育质量,是教育改革发展的核心任务,各级各类教育都要更加注重提高质量,走内涵式发展道路。树立科学的质量观,把促进人的发展、适应社会需要作为衡量教育质量的根本标准。树立以提高质量为核心的教育发展观,坚持规模和质量的统一,把教育事业的重心从单纯追求规模、搞外延扩张转到注重质量和强化特色的内涵式发展上来。全面实施素质教育,建立以提高教育质量为导向的管理制度和工作机制,健全教育质量保障和评价体系,使教育资源配置和学校工作重点集中到强化教学环节和提高教育质量上来,鼓励学校办出特色、办出水平。教育事业发展的关键在教师,必须紧紧依靠广大教师和教育工作者,遵循教育规律办学教学,不断提高教师政治和业务素质,弘扬尊师重教的社会风气。

——坚持把改革开放作为教育发展的强大动力,正确处理改革、发展、稳定的关系。教育事业发展的生机活力在改革开放,必须坚持以改革推动发展,以改革提高质量,以改革增强活力。坚持解放思想、实事求是、与时俱进的思想路线,加快重要领域和关键环节改革步伐,在人才培养体制、考试招生制度、现代学校制度、办学体制、管理体制、扩大教育开放等方面开展全方位的改革,顶层设计、综合配套、协调推进,以形成与社会主义市场经济体制和全面建设小康社会目标相适应的充满活力、富有效率、更为开放、有利于科学发展的教育体制机制。在坚定不移地深化改革、推动发展的同时,注重把改革力度、发展速度和社会可承受程度有机统一起来,注重系统设计和整体安排,采取顶层设计、试点先行、有序推进的路径,关键性改革和发展项目先行试点,稳步有序推进。

——坚持统筹学校教育、家庭教育、社会教育等各方资源,为构建学习型社会奠定更好的基础。教育是一个系统工程,整合学校、社会、家庭各方面的力量,共同担负起培育下一代的责任,加强学校教育、家庭教育和社会教育的融合,为青少年健康成长创造良好环境,形成全社会推进素质教育的强大合力。积极利用社会力量监督和评价教育、参与教育管理,完善相关政策,发动更多社会力量支持教育、投入教育、兴办教育。全方位整合学校、家庭、社会教育等各方面的资源,不断增强学校教育的开放性,推动全民学习、终身学习的学习型社会建设。

从现在起到2020年,我国进入全面建设小康社会的关键时期和深化改革开放、加快转变经济发展方式的攻坚时期,也是我国从教育大国向教育强国、从人力资源大国向人力资源强国迈进的重要时期。我们要全面贯彻党的教育方针,深入落实《教育规划纲要》各项目标任务的总体部署,不断推进教育事业科学发展,沿着中国特色社会主义教育发展道路奋勇前进,为把我国建设成为人力资源强国、人才强国、创新型国家而不懈奋斗,为中华民族伟大复兴和人类文明进步作出更大贡献!

后　记

百年大计，教育为本；千秋伟业，人才奠基。党的十六大以来，以胡锦涛同志为总书记的党中央带领全党全国各族人民，深入实施科教兴国战略和人才强国战略，坚定不移走中国特色社会主义教育发展道路，我国教育改革发展取得了新的重要成就。为充分展示党的十六大以来教育系统深入贯彻落实科学发展观、推动教育改革发展的全貌，在人民出版社的精心策划和大力支持下，教育部组织编写了《科学发展　辉煌成就》（教育卷）。

教育部党组专门成立编写领导小组，教育部部长袁贵仁同志任组长，作为本卷主编审定本卷提纲并作序；副部长杜玉波、鲁昕、王立英、李卫红、杜占元、郝平、刘利民同志，党组成员顾海良同志，党组成员、部长助理林蕙青、陈舜同志作为领导小组成员，对编写工作作出了重要指导。成立了编写工作组，教育部办公厅主任刘大为任组长，有关司局和单位负责同志张力、孙霄兵、杨光、袁振国、邓传淮为副组长，刘自成、徐孝民、张东刚、翟博、韩民、杨银付、马涛、李燕丽为成员，具体组织编写工作。

教育部各司局和有关直属单位负责同志组成具体编写组，同时调集业务骨干组成写作组，按照分工方案精诚合作，认真撰写基础文稿、提供相应素材。各司局单位执笔和审稿的同志分别如下：国家教改办：袁振国、刘自成、王洪元、彭斌柏、梅强、赵应生、蒋开球、钟贤坤、李万星、王雅丽；政策法规司：孙霄兵、刘自成、柯春晖、黄兴胜、夏娟、王大泉、杨志刚;发展规划司:谢焕忠、宋德民、张泰青、陈锋、曹志芳、徐小强、周天明;人事司:廖舒力、王磊、沈国华;财务司:吴国生、胡延品、赵建军、郭鹏、周为、华成刚;基础教育一司:高洪、王民养、高学贵、陈东升;基础教育二司:郑富芝、李天顺、申继亮、刘昌亚、姜瑾、刘月霞、柳夕浪、章空尽、王正科、顾定倩、吴菁;职业教育与成人教育司:葛道凯、刘宏杰、刘英、蔡妍、宁锐;高等教育司:张大良、刘贵芹、李智、吴爱华;教育督导团办公室:何秀超、林仕梁、郭佳、崔立双、马书义;民族教育司:阿布都、何光彩、田晓勤;教师工作司:许涛、赵建军、董萍、郑国民(北师大教授);体育卫生与艺术教育司:王登峰、卢逊、万丽君、张芯;思想政治工作司:冯刚、徐艳国、江嵩、余先亭;社会科学司:杨光、陈矛、徐青森;科学技术司:王延觉、雷朝滋、张拥军、郤忠智、杨东占;高校学生司:王建国、荆德刚、杨松、李强;直属高校工作司:陈志龙、范海林;学位管理与研究生教育司:郭新立、黄宝印、赵玉霞、林晓青;语言文字应用管理司:姚喜双、张世平、彭兴颀、周道娟、容宏、孟庆瑜;语言文字信息管理司:田立新、王奇、易军、李强、冯向华;国际合作与交流司:张秀琴、生建学、聂瑞麟、陶洪建;机关党委:王家勤、郭宇光;联合国教科文中国全委会秘书处:杜越、秦昌威、遇晓萍;监察局:李耀建、于天琪;中国教育科学研究院:袁振国、曾天山、刘芳、王素、方晓东;国家汉办:许琳、樊钉、王甬、李立桢;教育管理信息中心:展涛、曾德华、杨伟平;留学基金委:刘京辉、杨新育、曹士海;考试中心:姜钢、刘军谊、李光明、王和军、刘芃、高升、韩家勋、任子朝;留学服务中心:白章德、程家财、刘剑波;资助中心:张光明、涂义才、周春树、喻小明、李红翔、左涛、王澜、王振亚;高教教学评估中心:季平、李亚东、李岩、王红、盛敏。

国家教育发展研究中心承担了本卷各章节的具体编撰和修改工作,参与人员有:张力、韩民、杨银付、马涛、高书国、王建、玉丽、王烽、张家勇、单大圣、许海霞、王蕊、安雪慧、汪明、王晓燕、涂端午、马陆亭、刘承波、张伟、窦现金、卢海弘、管西亮。

刘大为、孙霄兵、杨光、袁振国、邓传淮、刘自成、张东刚、翟博、韩民、李燕丽、张文斌对本卷文稿进行了全面校核并提出了修改意见。张力和马涛对全书进行了统稿。国家教育发展研究中心单大圣、天津大学许晶为本书编写做了大量基础性的具体工作。

本卷所涉及的全国性教育事业统计数据，均暂未包括台湾省、香港特别行政区和澳门特别行政区，除注明外，引自历年《中国教育统计年鉴》（人民教育出版社）或教育部主网站 http://www.moe.edu.cn。

本书编写组

2012 年 8 月

责任编辑:杜文丽
封面设计:徐　晖
责任校对:高　敏

图书在版编目(CIP)数据

百年大计　教育为本——党的十六大以来教育事业改革发展回顾(2002—2012)/袁贵仁 主编. -北京:人民出版社,2012.10
("科学发展　成就辉煌"系列丛书)
ISBN 978-7-01-011293-0

Ⅰ.①百… Ⅱ.①袁… Ⅲ.①教育事业-成就-中国-2002—2012
Ⅳ.①G52

中国版本图书馆CIP数据核字(2012)第233308号

百年大计　教育为本
BAINIAN DAJI JIAOYU WEIBEN
——党的十六大以来教育事业改革发展回顾(2002—2012)

袁贵仁　主编

人民出版社 出版发行
(100706　北京市东城区隆福寺街99号)

北京中科印刷有限公司印刷　新华书店经销

2012年10月第1版　2012年10月北京第1次印刷
开本:710毫米×1000毫米 1/16　印张:26.75
字数:351千字　印数:0,001-5,000册

ISBN 978-7-01-011293-0　定价:55.00元

邮购地址 100706　北京市东城区隆福寺街99号
人民东方图书销售中心　电话 (010)65250042　65289539